Gerhard Banse, Armin Grunwald (Hrsg.)

Technik und Kultur

Bedingungs- und Beeinf ussungsverhältnisse

Karlsruher Studien Technik und Kultur
Band 1

Herausgeber:
Prof. Dr. Gerhard Banse
Prof. Dr. Andreas Böhn
Prof. Dr. Armin Grunwald
PD Dr. Kurt Möser
Prof. Dr. Michaela Pfadenhauer

Technik und Kultur

Bedingungs- und Beeinflussungsverhältnisse

Gerhard Banse
Armin Grunwald
(Hrsg.)

Umschlaggestaltung: Christian-Marius Metz

Impressum

Karlsruher Institut für Technologie (KIT)
KIT Scientific Publishing
Straße am Forum 2
D-76131 Karlsruhe
www.uvka.de

KIT – Universität des Landes Baden-Württemberg und nationales
Forschungszentrum in der Helmholtz-Gemeinschaft

KIT Scientific Publishing 2010
Print on Demand

ISSN: 1869-7194
ISBN: 978-3-86644-467-6

Inhaltsverzeichnis

Das Kulturelle in der Technik
Kulturbegriffe und ihre Operationalisierung für die Technik 73
Wolfgang König

Das Technische in der Kultur 89
Peter Janich

Pictures of the Future
Beitrag zu einem ganzheitlichen Bild von Technik und Kultur? 103
Dietmar Theis

Technisierung als Bedingung und Gefährdung von Kultur
Eine dialektische Betrachtung 113
Armin Grunwald

Technik und Kultur

Kultur & Technik als Medien menschlicher Selbstverwirklichung

Kultur und Technik

Editorial

Die wechselseitigen Beziehungen zwischen Technik und Kultur sind zwar so alt wie die Menschheit selbst: die technischen Hervorbringungen haben die Kultur und die kulturellen Muster und Praxen haben die Technik beeinflusst, deren Hervorbringung, Veränderung, Verbreitung wie Verwendung – nicht so alt sind indes die theoretischen Reflexionen über diesen Zusammenhang. In zahlreichen Ansätzen, Konzeptionen und Ausarbeitungen wird erst in jüngerer Zeit auf die Zusammengehörigkeit beider Bereiche hingewiesen, und in diversen Disziplinen wird der Zusammenhang zwischenzeitlich reflektiert. Leitende Fragestellungen sind etwa:

- Wie lässt sich die Wechselbeziehung von Kultur und Technik begrifflich und konzeptionell fassen?
- Inwiefern lässt sich das Verhältnis von Technik und Kultur im Zusammenhang mit Kommunikationsmedien (Buch, Bild, Film, Radio/TV) als ein spezifisches verstehen?
- Welche Bedeutung haben Innovationen in der Interdependenz von Kultur und Technik und welche Bedeutung hat diese Interdependenz für Innovationen?
- In welcher Form entwirft unsere Kultur „Zukunft", d. h. auf welche technischen, sozialen und kulturellen Gegebenheiten der Gegenwart wird hierbei in extrapolierender Weise Bezug genommen?
- In welcher Weise ist Kultur in Technik „vergegenständlicht", inwieweit ist der Umgang mit Technik von kulturellen Aspekten beeinflusst bzw. wie wirken kulturelle Aspekte auf Technik zurück und gestalten sie?

Bereits diese wenigen Fragestellungen verdeutlichen, dass es sich bei „Technik und Kultur" um ein Arbeitsgebiet handelt, das perspektivisch weiter entwickelt werden kann und muss. Darüber hinaus wächst die Bedeutsamkeit dieses Forschungsfeldes gegenwärtig mit der Globalisierung, etwa infolge von Techniktransfer und Interkultureller Kommunikation. Zunehmend wird allerdings deutlich, dass dieser Bereich erfolgreich nur in gemeinsamer Anstrengung von Geistes-, Sozial-, Kultur- und Technikwissenschaftlern erforschbar ist, weshalb eine Integration und Strukturierung der vorhanden disziplinären Ansätze bzw. Ergebnisse erforderlich ist.

Diese Erschließungs- und Strukturierungsarbeit mit voranzubringen ist Anliegen der „Karlsruher Studien Technik und Kultur".

*

Der vorliegende 1. Band *Technik und Kultur. Bedingungs- und Beeinflussungsver-hältnisse* ging aus zwei interdisziplinären Fachgesprächen an der Universität (TH) Karlsruhe im März und Dezember 2008 hervor. Ziel war eine disziplinenübergreifende Standortbestimmung zum Thema „Technik und Kultur". Wenn das in diesem Band zwar nicht vollständig und umfassend erreicht wurde (wohl auch nicht erreicht werden konnte), so werden durch die Beiträge – die von allgemeinen Begriffsklärungen zu „Technik" und „Kultur" über disziplinäre Diskussionsangebote bis zu konkreten Beispielen der Technikverwobenheit von Kultur bzw. der Kulturverwobenheit von Technik reichen – doch gewichtige „Standort-Koordinaten" deutlich gemacht, die in den nachfolgenden Bänden dieser Reihe detaillierter gekennzeichnet werden.

Michaela Pfadenhauer
Gerhard Banse
Andreas Böhn
Armin Grunwald
Kurt Möser

Einführung

Am 06. und 07. März 2008 trafen auf Initiative der Herausgeber des vorliegenden Bandes an der Universität (TH) Karlsruhe Wissenschaftler und Praktiker aus Philosophie, Technikphilosophie und -geschichte, Soziologie, Kultur-, Kunst und Medienwissenschaft von verschiedenen Universitäten und Hochschulen, der Siemens AG, des Zentrums für Kunst und Medientechnologie Karlsruhe (ZKM) sowie des Instituts für Technikfolgenabschätzung und Systemanalyse (ITAS) des Forschungszentrums zusammen. Ziel war eine disziplinenübergreifende (interdisziplinäre) Standortbestimmung unter dem Thema „Technik und Kultur – Bedingungs- und Beeinflussungsverhältnisse". Im Rahmen des Fachgesprächs mit Impulsvorträgen diskutierten die Teilnehmer zunächst über allgemeine Begriffsklärungen von „Technik" und „Kultur". Der Bogen der Diskussion spannte sich dann von neueren Ansätzen in Philosophie und Kunst bis hin zu konkreten Beispielen der Verwobenheit von Technik und Kultur, so etwa zur Bedeutung von Elektrizität in der Gesellschaft. Um die Vorträge zu publizieren, wurde ein „zweistufiges" Verfahren gewählt: Alle nach dem März-Treffen eingereichten Beiträge wurden allen Autoren übergeben und dann im Rahmen eines Autorentreffens (im Dezember 2008) beraten. Im Nachgang konnten dadurch manche Überlegung präzisiert oder konkretisiert, Missverständnisse beseitigt und Querverbindungen oder -verweise hergestellt sowie die Geschlossenheit des Gesamtmanuskripts verbessert werden. Am Rande des Dezembertreffens wurde auch über das „Wie?" der Publikation gesprochen, was zur Gründung der Reihe „Karlsruher Studien Technik und Kultur" im Universitätsverlag Karlsruhe führte. Mit dem vorliegenden Band, der auch einen Überblick über weiterhin zu Bearbeitendes gibt, wird diese Reihe eröffnet.

Gerhard Banse und *Robert Hauser* geben in ihrem Beitrag einen Überblick über die wechselseitigen Beziehungen zwischen Technik und Kultur und gehen auf theoretische Reflexionen dieser Beziehungen ein. Erläutert werden Problemstellungen, die sich im Laufe der Menschheitsgeschichte ergaben, sowie kurz unterschiedliche Verständnisse von Technik („enge" und „weite" Technikverständnisse). Es wird eine Spezifizierung des Kulturbegriffes vorgeschlagen, um so das Zusammenwirken und die wechselseitige Beeinflussung von Technik und Kultur (besser) beschreiben zu können. Hinsichtlich Technik-Entstehung und Technik-Verwendung wird dieser Zusammenhang exemplarisch aufgezeigt.

Der Begriff „Technik" ist – so *Günter Ropohl* in seinem Beitrag – in seinen möglichen Bedeutungen nach wie vor sehr vielfältig. Sei es nun die Menge der künstlich erschaffenen Gegenstände, ein spezifisches Können, ein besonderes Wissen, eine be-

stimmte Form des Handelns oder die Quintessenz menschlicher Weltbemächtigung –
es scheint nicht ganz klar zu sein, ob es sich um Mehrdeutigkeiten, gar bloße Äquivokationen handelt, oder ob sich die verschiedenen Begriffsbedeutungen auf einen übergeordneten „Reflexionsbegriff" beziehen lassen. Der Beitrag unterscheidet eine nominalistische und eine essenzialistische Begriffsstrategie und warnt vor zu weit gehen-
den Schlüssen aus begrifflichen Betrachtungen.

Eine Sichtung der Ansätze zum Kulturverständnis nimmt *Christoph Hubig* vor. Er
zeigt, dass die prädikative/attributive Verwendung von „Kultur"/„Umwelt"/„kultürlich" vielfältig und kategorial inhomogen ist. Auch ist kein „Inbegriff" (Edmund Husserl) von „Kultur" ersichtlich, weil kein „gemeinsames Interesse" der Begriffsver-
wendung auszumachen ist, das einen solchen begründen könnte. Vielmehr divergieren
die Interessen entsprechend den Abgrenzungsversuchen zwischen Kultur und *Zivilisation*, Kultur und *Lebenswelt* sowie Kultur und *System*. Sein Vorschlag zur Systematisierung orientiert sich an der jeweils zugrunde liegenden Abgrenzung zu „Natur", die
entweder prädikativ, als logisches oder als transzendentales Reflexionsverhältnis gefasst wird. Die Unterscheidung *von* oder *zwischen* Gegenständen, Verfahren, Gegebenheiten etc. wird überführt in eine *an* diesen.

Wolfgang König bezieht sich in seinem Beitrag auf Kultur als Determinandum der
Technik. Hierzu prüft er die Leistungsfähigkeit dreier Kulturbegriffe: „Kultur" als
Gesamtheit der Künste, als System von Bedeutungen und als Totalität der menschlichen Hervorbringungen. Abschließend stellt er die Konzepte „Innovationssysteme"
und „Innovationskulturen" sowie „Technikstile" und „Technikkulturen" vor, welche
den weiten Kulturbegriff für die Technik operationalisieren.

Technik als Determinandum für Kultur zu verdeutlichen ist Anliegen der Darlegungen von *Peter Janich*. Dazu beschäftigt er sich mit dem Sprachgebrauch speziell
für das Verhältnis von Technik und Kultur und zieht in die Betrachtung den so genannten „linguistic turn" mit ein. „Kultur" wird dargestellt als vielfältiges Aufgaben-
gebiet, in dem Technik nicht vorkommt (bzw. erst in dem Moment, in dem Technik
alt ist und ins Museum wandert). Aufgezeigt wird ebenfalls die Herkunft der Begriffe
Technik und Kultur. Im zweiten Teil wendet sich der Beitrag kritisch dem Naturalisie-
rungsprogramm der Kultur in den Naturwissenschaften zu. Technische Praxen als
Grundlagen der Forschung werden dort auf eine rein naturwissenschaftliche Perspektive reduziert. Abschließend geht Janich auf die Technikförmigkeit der Kultur ein.

Für Innovationsplaner eines Unternehmens muss gelten – so *Dietmar Theis* in seinem Beitrag –, dass es nicht nur eine Zukunft geben kann, die in der Gegenwart angelegt ist, sondern dass in der Regel mehrere Zukünfte beachtet werden sollten. Dabei
geht es vor allem um Fragen der Techniknutzung im Zusammenhang mit Bedürfnissen und kulturellen Mustern, um Akzeptanz und Ausbreitung neuer Techniken sowie
um die Rolle der Technik in Zukunftsentwürfen und Utopien. Im Beitrag wird vorgestellt, wie das Unternehmen Siemens AG in Bezug auf „Pictures of the Future" vorgeht.

Die Dualität in Technikdiskussionen von Technisierungshoffnungen auf der einen und Technisierungsbefürchtungen auf der anderen Seite mag aufgrund ihrer Gleichzeitigkeit irritierend sein. Aus diesem Grund geht *Armin Grunwald* semantischen Fragen im Kontext des Technisierungsbegriffs nach. Es werden Überlegungen angestellt, inwieweit eine begriffliche Analyse dazu beitragen kann, das Verständnis der Technikdebatten zu verbessern. Der Beitrag bleibt im Rahmen begrifflicher Überlegungen, er analysiert den Begriff der Technisierung semantisch und pragmatisch, geht über zur These der Technisierung als Bedingung von Kultur sowie als Gefährdung von Kultur und versucht schließlich, diese beiden Seiten dialektisch zusammenzuführen.

In seinem Beitrag befasst sich *Andreas Böhn* mit Aspekten von Form und Funktion von Zeichen, d. h. mit dem sprachwissenschaftlichen Teilbereich der Semiotik. Es wird der Zusammenhang zwischen formalen Strukturen und Funktionen im Hinblick auf das Signifikat, also das Zeichen, gesehen. Ein Messer etwa ist etwas, das schneidet, und es besteht aus einer Klinge und einem Stiel. Im weiteren Verlauf des Beitrags wird Bezug genommen auf durch Technik entstehende neue Produkte, welche z. B. die gleichen Eigenschaften wie andere Signifikate besitzen, ihrer Oberkategorie aber nicht so einfach zuzuordnen sind.

Die Überlegungen von *Andreas Metzner-Szigeth* zu Kultur und Technik in Bezug zur menschlichen Selbstverwirklichung werden in einer dreistufig angelegten Vorgehensweise entfaltet. Erstens wird eine Thematisierungsstrategie und Reflexionsrahmung nachvollzogen, die mit den Mitteln der begrifflichen Explikation von „Kultur" und „Technik" arbeitet und die die wechselseitigen Bezugnahmen der Bedeutungsmomente und Sinngehalte dieser Begriffe ermittelt. Zweitens geht es um eine andere Thematisierungsstrategie und Reflexionsrahmung, die danach fragt, wie Kultur und Technik entstanden sind, und welche Funktionen sie erfüllen, um vor diesem Hintergrund ihr Verhältnis zu entschlüsseln. Drittens werden Kultur und Technik mit Blick auf die ihnen zugerechnete Eigenschaften, als Zwecke zu gelten bzw. als Mittel zu fungieren, hinterfragt und als „Medien" menschlicher Selbstverwirklichung charakterisiert

Globalisierung ermöglicht – so *Marc Hermeking* – intensiven weltweiten Austausch von Gütern, Dienstleistungen, Kapital und Informationen. Technische Güter sind hierbei ein wesentlicher Bestandteil. Durch die Unterschiedlichkeit der verschiedenen Kulturen kann es aber bei der Handhabung moderner Technik zu persönlichen und wirtschaftlich-rechtlichen Konflikten kommen. Das Schlüsselwort heißt Interkulturelle Kommunikation: sie befasst sich mit der (sprachlichen) Interaktion zwischen Menschen aus unterschiedlichen Kulturen. Zwar liegt deren Schwerpunkt auf Sprache, mitunter wird aber auch Technik als Bestandteil interkultureller Interaktionen betrachtet. Diese Schnittstellen herauszukristallisieren ist die Intention des Beitrags.

Yannick Julliard geht der Signifikanz der Stromversorgung in der modernen Industriegesellschaft nach und versucht, die Bedeutung der Elektrizität für das Leben in der modernen Gesellschaft zu umreißen. Im Anschluss an empirische Beobachtungen über den prognostizierten Verbrauch elektrischer Energie in den Planungsszenarien

der Weltwirtschaft lassen sich technikphilosophische Überlegungen anstellen, weshalb die Elektroenergie eine derart rasche Verbreitung innerhalb der letzten Jahrzehnte erfahren hat. Am Beispiel dieser Alltagstechnik werden neuere philosophische
Konzepte, wie etwa das Konzept, Technik sei ein Medium des menschlichen Lebens
geworden, überprüft und einer Kritik unterzogen. Der Beitrag schließt mit der Vorstellung der technologischen Textur als eines Modells, das die Verbindung von Technik und Handlungsmöglichkeiten in ihrer geschichtlichen Entwicklung erklärt. Dies
geschieht vor allem im Hinblick auf die Eingliederung der technischen Möglichkeiten
in das Alltagsleben und die Weiterentwicklung der elektrischen Anwendungen in der
Vergangenheit, sowie die zu erwartenden Veränderungen in naher Zukunft, etwa,
wenn von der „All Electrical Society" gesprochen wird. In einem zweiten Schritt lassen sich Fragen nach der Umgestaltung der Energieversorgung erheben. Die verblei-
benden Optionen, so die These, sind eng mit der Verwebung der Elektrizität in das
Alltagsleben verknüpft und lassen sich ohne Berücksichtigung der technosozialen Zusammenhänge nicht beantworten.

Der grundlegende Gedanke des Beitrages von *Oliver Parodi* lautet: Technik kann
als materielles, institutionelles und geistiges Produkt sowie als materieller, institutioneller und geistiger Prozess unter den Bedingungen von Kultur aufgefasst werden.
Nach einigen konzeptionellen Überlegungen zu Technik als kultureller Unternehmung
werden im zweiten Teil am Beispiel Wasserbau kulturelle Elemente in Technik konkret aufgezeigt und Verbindungslinien zur abendländischen Geistesgeschichte ge-
knüpft. In den beiden Wasserbaustilen „Massivwasserbau" und „Naturnaher Wasserbau" lassen sich höchst unterschiedliche kulturgeschichtliche Weltbildmotive erkennen.

Das Verhältnis von Technik und Kultur ist in der Geschichte der Menschheit immer eng gewesen. Was die heutige Situation so besonders macht, ist die globale und
fast gleichzeitige Entwicklung auf der Grundlage digitaler Technik, was – so der Ausgangspunkt für *Rafael Capurro* – zu digitalen Kulturen innerhalb einer globalen Kultur führt. Dies bedeutet allerdings nicht, dass damit alle kulturellen Unterschiede eingeebnet werden, der „digital divide" zeigt diese im Gegenteil deutlich an. Alle Phänomene werden heute im Horizont des Digitalen verhandelt, was dazu führt, dass man
das Digitale als Wirklichkeitsbegriff, der lokal und global auf unterschiedliche Weise
den Horizont bestimmt, sehen kann. In der Philosophie befassen sich mit dem Wirklichkeitsbegriff die Ontologie, die Metaphysik und die Erkenntnistheorie, was in diesem Beitrag weiter ausgeführt und erläutert wird.

Der vorliegende Band wird mit einer Auswahlbibliografie abgerundet. Da diese
vor allem auf Zuarbeiten der Autoren beruht, erhebt sie zwar Anspruch auf Relevanz,
nicht aber auf Vollständigkeit (vor allem hinsichtlich nicht-deutscher Quellen). Gemeinsam mit den Literaturangaben der einzelnen Beiträge stellt sie einen Fundus an
bibliografischen Angaben dar, die zumindest die vielfältigen Facetten wie die lange
Geschichte des Denkens über den Zusammenhang von Technik und Kultur aufweisen.

Wir danken den Autoren für ihre Geduld bei der Abfassung der Texte entsprechend den Vorgaben der Herausgeber, Frau *Waltraud Laier* für die mühevolle Arbeit der Herstellung der Druckvorlage und Frau *Melanie Simonidis-Puschmann* für ihre Unterstützung bei der Zusammenfassung der Beiträge.

Karlsruhe, 31. Oktober 2009

Gerhard Banse
Armin Grunwald

Technik und Kultur – ein Überblick

Gerhard Banse, Robert Hauser

1 Problemstellung*

Die wechselseitigen Beziehungen zwischen Technik und Kultur sind so alt wie die Menschheit selbst: die technischen Hervorbringungen haben die Kultur und die kulturellen Muster und Praxen haben die Technik beeinflusst, deren Hervorbringung, Veränderung, Verbreitung wie Verwendung (vgl. z. B. Klemm 1979; Mumford 1934).

Nicht so alt sind indes die theoretischen Reflexionen über diesen Zusammenhang. Abgesehen davon, dass manche frühen Menschheitsperioden nach dem technischen oder technisch bedingten Entwicklungsstand benannt werden (z. B. Bronze- oder Eisenzeit) oder sich Ähnliches bezogen auf die Gegenwart findet (z. B. Raumfahrt- oder Atomzeitalter, Industriegesellschaft, Postindustrielle Gesellschaft), wird traditionell (vor allem im deutschen Sprachraum) zwischen Technik und Kultur häufig Fremdheit oder gar ein offener Antagonismus gesehen, auf den gelegentlich mit entsprechenden Bewegungen reagiert wurde (vgl. z. B. Spehr 2000). Die massive Verbreitung von Technik, so Befürchtungen, gefährde die kulturelle Identität und führe zu einer Verflachung der kulturellen Vielfalt. Vielfach wurden vereinfachende Annahmen gemacht, etwa dergestalt, dass Technik per se nicht zur Kultur gehöre (da diese auf „schöne Künste" reduziert wurde) oder dass Technik (nur) ein „Kulturfaktor" sei, der die Kultur befördere und das Leben lebenswerter mache (aber selbst nicht unbedingt zur Kultur gehöre). Das Reden von den „zwei Kulturen" ist in dieser Hinsicht wohl symptomatisch (vgl. Snow 1967; vgl. dazu Kreuzer 1969; Zimmerli 1990), und Abhandlungen zur Darstellung von Technik durch Literatur (und Sprache) sind Legion (vgl. z. B. Greenberg/Schachterle 1992; Krause 1989; Segeberg 1987).

In jüngeren Ansätzen wird demgegenüber häufig auf die Zusammengehörigkeit beider Bereiche hingewiesen und Fachdisziplin übergreifend vielfältig thematisiert (vgl. z. B. Dettmering/Hermann 1990/1994; Dietz/Fessner/Maier 1996; Hubig 1997; Hubig/Poser 2007a; Kaiser/Matejowski/Fedrowitz 1993; König/Landsch 1993). In den Kulturwissenschaften ist ein verstärktes Interesse an Technik als Kulturform und der Wechselwirkung zwischen technischen und kulturellen Faktoren festzustellen – etwa in den cultural studies und der kulturwissenschaftlichen Technikforschung

---

* Der Beitrag basiert weitgehend auf Banse/Hauser 2008a, 2008b.

(vgl. z. B. Beck 1997; Hauser 2009; Hermeking 2001). Die Technikwissenschaften betrachten Technik zunehmend als der materialen Kultur zugehörig – mit Konsequenzen für Studieninhalte (vgl. z. B. Ropohl 2005; Spur 1998). In der Soziologie wird nach der (kulturellen) Alltäglichkeit und der Omnipräsenz von Technik und deren Auswirkungen auf Individuum und Gesellschaft gefragt (vgl. z. B. Hörning 1988, 1995; Rammert 2007). Wie sich Technik und Kultur gegenseitig beeinflussen, durchdringen und bedingen, wird so in verschiedenen Disziplinen in den Blick genommen, auf eine je spezifische Weise.

Die systematische *(technik-)philosophische* Reflexion darüber, wie das Verhältnis von Technik und Kultur zu denken ist („Kultur und Technik", „Technik als Kulturform", „Technik in der Kultur", „kultivierte Technik/technisierte Kultur" …) gewinnt auch aufgrund signifikanter Globalisierungstendenzen, wie z. B. Techniktransfer und interkulturelle Kommunikation, an Relevanz. Der mit diesen Tendenzen verbundene Gesellschafts- und Kulturwandel und die sich daraus ergebenden Problemfelder (für Politik, Wirtschaft und die Gesellschaft als Ganzes) erfordern eine adäquate, d. h. interdisziplinäre Bearbeitung (vgl. exemplarisch etwa Banse 2005; Grunwald et al. 2006; Paschen et al. 2002).

Dass es sich bei all diesen Überlegungen nicht um ein vom internationalen Wissenschaftsdiskurs losgelöstes „Artefakt" handelt, belegt neben der lebensweltlichen Bedeutung von spezifischen und konkreten Beziehungen zwischen Technik und Kultur (etwa Auswirkungen von Entwicklungen im Bereich der IuK-Technik auf Kommunikationsweisen und -praxen) auch die (national wie international) registrierbare Zunahme entsprechender universitärer Grund- oder Aufbaustudiengänge. Das bisher in sich kaum systematisch strukturierte, oftmals auf einer sehr allgemeinen Ebene verbliebene Forschungsfeld („die" Technik und „die" Kultur) kann durch solche Begriffe wie „Innovationskulturen", „Technologietransfer", „Sicherheitskulturen", „Technikgestaltung" oder auch in der Forderung nach „Technikbildung" (technische Allgemeinbildung) und „technologischer Aufklärung" stichwortartig untersetzt und im Hinblick auf aktuelle Themen konkretisiert werden.

Zunehmend wird deutlich, dass diese Felder erfolgreich nur als gemeinsame Anstrengung von Geistes-, Sozial-, Kultur- und Technikwissenschaftlern erforschbar sind, dass eine Integration und Strukturierung der vorhanden disziplinären Ansätze bzw. Ergebnisse erfolgen muss. Dies kann und soll auch dazu führen, für die bisher verschiedenen, oftmals unabhängig voneinander erfolgenden kulturrelevanten Forschungen im Bereich der (Technik- und Medien-)Philosophie wie der Technikfolgenabschätzung eine gemeinsame konzeptionelle Basis zu schaffen.

2 Technikverständnisse

Ohne den Überlegungen von Günter Ropohl zur gegenwärtigen Diskussion über Technikverständnisse vorgreifen zu wollen (und zu können!),[1] sind an dieser Stelle indes trotzdem kurze Ausführungen erforderlich, da es sonst nicht sinnvoll möglich ist, etwas zu den Beziehungen von Technik und Kultur auszuführen. Mit der gewählten Vorgehensweise – unterschiedlich „breite" Konzeptualisierungen mit je unterschiedlich weitem Erklärungsanspruch – wird deutlich, wie Kulturelles systematisch ausgeblendet bzw. in den Blick genommen wird. Dabei wird von vier Gruppen von Technikverständnissen ausgegangen.[2] Hintergrund dafür sind vor allem die Dimensionen und Erkenntnisperspektiven der Technik, wie sie von Ropohl vorgeschlagen wurden (vgl. Ropohl 1999, S. 32; Ropohl 2001, S. 18).

Die Technikverständnisse, die unten genannt werden, deuten zugleich einen Paradigmenwechsel an, der von Ropohl als Übergang vom szientifischen zum technologischen Paradigma beschrieben wurde: das szientifische Paradigma reduziert Technik auf angewandte Naturwissenschaft und entfremdet sie dadurch der soziokulturellen Totalität, es beschränkt sich auf die Analyse und Synthese sachtechnischer Gebilde. Das technologische Paradigma berücksichtigt überdies die soziokulturellen und sozioökonomischen Entstehungs- und Verwendungszusammenhänge der Sachsysteme (vgl. Ropohl 1998, S. 2).

(1) So genannte *„enge Technikverständnisse"* rücken das Gegenständliche, das „Arte-Faktische" von Technik in den Mittelpunkt (Realtechnik, Sachtechnik, technische Sachsysteme). Mit diesem „Technikbild" geraten vor allem folgende Zusammenhänge in den Blickpunkt:

- Technik ist etwas vom Menschen „Gemachtes", „Hervorgebrachtes", „Erzeugtes" (im Unterschied zum in der Natur „Gegebenen"); sie ist nicht – im ursprünglichen Sinne des Wortes – „naturwüchsig" und „fällt auch nicht vom Himmel", sondern sie muss „geschaffen" werden, womit einsichtig wird, dass Technik nicht „natürlich", sondern „künstlich" ist.

---

1 Vgl. den Beitrag von Ropohl in diesem Band.
2 Weitere Gruppen bilden einerseits die sogenannten „weiten" Technikverständnisse, die bestimmte systematische menschliche Handlungsabläufe oder –vollzüge („Techniken") konzeptualisieren (vgl. dazu etwa auch die Beiträge von Grunwald und Janich in diesem Band), andererseits jene Verständnisse, für die die Medialität der Technik zentral ist (vgl. z. B. Hubig 2002, 2006). – Generell ist darauf zu verweisen, dass mit dieser Gruppenbildung *nicht* der Anspruch erhoben wird, die unterschiedlichsten Technikverständnisse umfassend (oder gar „abschließend") zu klassifizieren, sondern es soll lediglich verdeutlich werden, dass mit unterschiedlichen Konzeptualisierungen unterschiedliche (Erkenntnis-, Erklärungs-, […])Zwecke korrespondieren: bestimmte Konzeptualisierungen sind adäquat (nur) zu bestimmten Zwecken bzw. bestimmte Zwecke erfordern eine bestimmte, adäquate Konzeptualisierung.

– Technik ist in Zweck-Mittel-Beziehung eingebunden. Das schließt ein, nicht nur über die Mittel, sondern auch über die Zwecke zu reflektieren!
– Technik ist das Produkt eines zielgerichteten (planenden) Handelns (sowohl bei der Erzeugung als auch bei der Verwendung).

Berücksichtigung finden so vor allem naturale (vor allem physische, chemische und biotische) und ökologische, aber auch ökonomische und politische Aspekte. Der Rahmen des Technischen ist vor allem das Naturgesetzlich-Mögliche, ergänzt durch das Technologisch-Realisierbare und das Ökonomisch-Machbare.
Damit bleiben jedoch Fragen nach der Entstehung von Technik (Bedingungen, Mechanismen, Phasen, Muster usw.) ebenso ausgeklammert wie die nach den Bedingungen, Voraussetzungen und Effekten der Verwendung.

(2) Mit dem Konzept des Mensch-Maschine-Systems wird das enge, sich auf das Gegenständliche beschränkende Technikbild erweitert, indem Verwendungs- bzw. Nutzungszusammenhängen auf der Ebene des Individuums einbezogen werden. Auf dieser Grundlage können Vorschläge zur Technikgestaltung (vor allem aus der Sicht der sog. Arbeitswissenschaften wie Ergonomie, Arbeits- und Ingenieurpsychologie) sowie zur „Qualifikation" der Techniknutzer (vor allem aus der Sicht der Pädagogik i. w. S.) erarbeitet werden. Technik ist stets in menschliche Handlungsvollzüge eingebunden, für die generell gilt: „Eine Technologie, die nicht eingebettet ist in einen Handlungskontext von Menschen, die ihre Möglichkeiten und Risiken verstehen und besonnen mit ihr umzugehen wissen, hat nicht die geringste Chance, von der Gesellschaft, die diese Menschen insgesamt bilden, auf Dauer akzeptiert zu werden" (Stetter 1999, S. 160).

(3) Werden darüber hinaus soziale (vor allem sozio-ökonomische) Zusammenhänge sowohl der Entstehung wie der Verwendung bzw. Nutzung technischer Sachsysteme einbezogen, wird ein in wesentlichen Aspekten verbreitertes Technikbild unterstellt – Technik wird als *„sozio-technisches" System* unterstellt,[3] Technik mithin als soziales „Phänomen" betrachtet (vgl. auch Banse/Striebing 1991; Ropohl 1993).

So gefasst bezeichnet Technik nicht nur die von Menschen gemachten Gegenstände (technische Sachsysteme, „Artefakte") selbst, sondern schließt auch deren Entstehungs- und Verwendungszusammenhänge („Kontexte") ein (also das „Gemacht-Sein" und das „Verwendet-Werden"). Damit wird Technik nicht als etwas Statisches angesehen, sondern zu einem Bereich mit Genese, Dynamik und Wandel.

---

3   „Ein soziotechnisches System ist [...] ein Handlungs- oder Arbeitssystem, in dem menschliche und sachtechnische Subsysteme eine integrale Einheit bilden" (Ropohl 1999, S. 142).

Auf diese Weise wird Technisches in seinem Werden, Bestehen und Vergehen als auf das engste mit Individuum und Gesellschaft, mit Politik und Wirtschaft sowie – wie noch gezeigt wird – mit Kultur untrennbar verflochten aufgefasst wird. Der Rahmen des Technischen wird in diesem Technikverständnis um das Gesellschaftlich-Wünschenswertes bzw. -Durchsetzbare („Akzeptable"), das Ökologisch-Sinnvolle sowie das Human-Vertretbare erweitert. Konstituierende Elemente dieses Technikbildes sind zusätzlich soziale und ethische Aspekte.

(4) Obwohl mit dem sozio-technischen Verständnis sowohl der Entstehungs- als auch der Verwendungszusammenhang prinzipiell umfassend einbezogen sind, zeigt sich, dass vielfach vorrangig einerseits der Entstehungszusammenhang thematisiert wird, andererseits die sozialen Bedingungen und „Kontexte" auf sozioökonomische reduziert werden.

Diese Einschränkungen lassen sich überwinden, wenn einerseits die „alltägliche Technik" („Technik des Alltags" – vgl. dazu z. B. Joerges 1988), d. h. nicht nur die Produktionstechnik, andererseits kulturelle Zusammenhänge sowohl hinsichtlich der Hervorbringung wie der Verwendung technischer Sachsysteme berücksichtigt werden, *Technik als Kulturprodukt* betrachtet wird. Es gilt zu begreifen, dass Technik „ihren Einsatz und ihren alltäglichen Gebrauch [...] in einem soziokulturellen Kontext, im Kontext kollektiver Interpretationen und Deutungen" (Hörning 1985, S. 199) findet. Ausgangspunkt ist die Einsicht, dass technische Objekte keinesfalls notwendigerweise so und nicht anders, wie sie uns allgegenwärtig sind, d. h. aus autonomen technischen Bedingungen, in den Alltag gelangen. Technische Sachsysteme sind in ihrer Entstehung wie in ihrer Verwendung Ausdruck sowohl eigener wie fremder („eingebauter") Absichten und Zwecke. Trotz aller genau eingebauter und eingeschriebener Handlungsanweisungen, deren Befolgung gerade für den Laien die optimale Funktionsnutzung verspricht, bietet auch und gerade die Alltagstechnik oft erhebliche Spielräume der Nutzung: Aufgegriffen von dem einen, schlecht eingesetzt von dem anderen, ignoriert vom dritten – stets jedoch vor dem Hintergrund bestimmter Nutzungserwartungen, beeinflusst durch Wertung und Werbung sowie eingebettet in bestimmte gesellschaftliche und technische „Infrastrukturen". Die „Nützlichkeit von Technik ist immer auch etwas kulturell Interpretiertes" (Hörning 1985, S. 200). Damit wird auch deutlich, dass Kultur über die sie „tragenden" Menschen die Implementierung und Diffusion technischer Lösungen erheblich beeinflusst, indem diese z. B. für die Realisierung von Zwecken genutzt oder nicht genutzt (abgelehnt), Modifizierungen, Nachbesserungen und Anpassungen erzwungen sowie Verhaltens„vorschriften" für Mensch-Technik-Interaktionen hervorgebracht werden.

An dem unten genannten Beispiel von Techniksicherheit bzw. Sicherheitskultur kann gezeigt werden, dass mit diesen unterschiedlichen Technikverständnissen

z. B. unterschiedliche Sicherheits- bzw. Schutzkonzepte verbunden sind (siehe Tabelle 1).[4]

Tabelle 1:   Technikverständnisse, Sicherheitsverständnisse und Schutzkonzepte[5]

Technik	Verständnisse	Sicherheitsver-ständnisse	Kriterien für Techniksicherheit	Schutzkonzepte
Enges Technikverständnis	Technik als Realtechnik/technisches Sachsystem/technisches Artefakt	Technik als Problemquelle	Funktionsfähigkeit der Sachtechnik	Optimierung der Funktionsfähigkeit der Sachtechnik
Mittelweites (mittleres) Technikverständnis	Technik als Mensch-Maschine-System (MMS) bzw. Mensch-Maschine-Interaktion	Mensch als Problemquelle	Arbeitssicherheit	Verbesserung der Arbeitssicherheit
	Technik als soziotechnisches System	Interaktion zwischen sozialem und technischem System als Problemquelle	Reibungslose Interaktion zwischen sozialem und technischem System	Optimierung der Interaktion zwischen sozialem und technischem System
	Technik als kultivierte Technik	Dysfunktionale Beziehung zwischen verschiedenen Kollektiven, die mit einer Technik umgehen, als Problemquelle	Sicherheitskulturelle Aspekte in Unternehmenskulturen	Herstellen von Anschlussfähigkeit zwischen Kollektiven hinsichtlich impliziter und expliziter Kommunikations-, Denk-, Verhaltens- und Empfindungsnormen sowie der dahinterliegenden Werthaltungen
	Technik als Medium			
Weites Technikverständnis	Technik als Handlungspraxis / gelingende Regel-Reproduzierbarkeit			

Quelle: Eigene Darstellung

---

4   Unberücksichtigt bleibt dabei indes, dass Technik als (gelingende bzw. gelungene!) Technik „Absicherung" bedeutet (im Sinne von „Absicherung vor [...]" oder „Absicherung durch [...]") und dass ihr (allerdings in einem anderen Sinne) Sicherheit inhärent ist (im Sinne von wiederholbarem erfolgreichem Regelvollzug). Im Rahmen dieses Verständnisses sind etwa technische Pannen oder Versagensfälle als Fälle des Misslingens der Absicherung bzw. des Regelvollzugs interpretierbar.

5   In diese Tabelle wurden die oben in Fußnote 2 genannten Ergänzungen aufgenommen. In Anlehnung an einen Vorschlag von Günter Ropohl werden darin die drei Bereiche enges, mittelweites (mittleres) und weites Technikverständnis unterschieden.

3 Kulturkonzeption

Ebenso wie im Abschnitt über Technikverständnisse dieses Beitrages ist es auch nicht die Absicht dieses Abschnitts, den nachfolgenden Darlegungen zu Kulturkonzeptionen, insbesondere im Beitrag von Christoph Hubig, vorzugreifen.[6] Vielmehr soll (lediglich) eine Spezifizierung des Kulturbegriffs vorgeschlagen werden, die es ermöglicht, das Zusammenwirken und wechselseitige Beeinflussen von Technik und Kultur (als kultivierte Technik) zu beschreiben, und die eine Operationalisierung von kulturellen Kontexten zur Untersuchung – etwa von „Sicherheitskulturen" als Form kollektiven Umgangs mit Technik – zulässt.

„Kultur" ist einerseits zum Mode- und Allerweltsbegriff geraten, der dadurch wissenschaftlich unergiebig zu werden droht. Andererseits gibt es in den zugehörigen Wissenschaften eine Vielzahl von Konzepten, Sichtweisen und Begriffsexplikationen, die insgesamt nicht „restlos" ineinander überführbar sind (vgl. näher dazu Paschen et al. 2002, S. 73f., sowie Gerhards 2000, Einleitung): es gibt weder „das" allgemein akzeptierte Verständnis von Kultur noch „die" Kulturtheorie. Deshalb wird vom konzeptionellen Ansatz der kultivierten Technik (vgl. Hauser 2008, 2009) ausgegangen, der für die hier anzustellenden Überlegungen als adäquate Beschreibung gesehen wird. Hierbei werden Technik und Kultur als sich gegenseitig bedingend angenommen. Sehr verkürzt dargestellt wirkt Kultur (bezogen auf eine konkrete Nationalkultur) in Form der gemeinsam gesprochenen Sprache, der (gemeinsam) erlebten bzw. tradierten Geschichte und der gemeinsamen Institutionen (hier in einem weiten Verständnis von Institutionen) als Primärkontext[7] und Sekundärkontext[8] auf Technik. Die Technik kann dabei wiederum auf den Primär- und längerfristig auf den Sekundärkontext zurückwirken.

Um die Wechselwirkungen zwischen Kultur und Technik zu konkretisieren, bedarf es einer differenzierten Beschreibung von Technik (siehe Tabelle 2). In Abbildung 1 wird ein Modell von Technik vorgestellt, das Technik auf vier eng verknüpften (sich z.T. überlappenden) und sich gegenseitig beeinflussenden Ebenen fasst, die in verschiedener Form in Wechselwirkung mit kulturellen Einflüssen aus dem Primär- und dem Sekundärkontext stehen.

---

6 Vgl. den Beitrag von Hubig in diesem Band.

7 Der Primärkontext stellt die (immer besondere) historische Entwicklung sowie die damit verbundenen sprachlichen und institutionellen Entwicklungen der Technik dar. Der Primärkontext ist der speziell die Technik betreffende Teil des Sekundärkontextes bzw. in diesen eingebettet.

8 Der Sekundärkontext bezieht sich mit der Berücksichtigung der allgemeinen geschichtlichen, sprachlichen und institutionellen Entwicklungen und Strömungen der Nationalkultur, in denen konkrete Technik entwickelt, eingeführt und genutzt wird, auf den weiteren Referenzrahmen, in dem dann der Primärkontext betrachtet wird.

Tabelle 2: Ebenen der Beziehungen von Technik und Kultur

Ebenen	Interdependenzen zwischen Technik und Kultur zeigen sich in ...
Materielle Ebene (betrifft den Umgang mit Technik als materiellem Artefakt)	Technikgestaltung (Einfluss auf Prozess und Ergebnis); Umgang mit Technik (Nutzungsmuster) und/ oder mit Infrastrukturen; verfügbaren Ressourcen
Kognitive Ebene (betrifft die Wissensordnungen, Bedeutungen und Nutzungsmuster im Umgang mit Technik)	Formen des und Umgang mit dem vorhandenen technischen Wissen(s) (etwa explizites und implizites Wissen); Zeichen, Symbolen und Wissenssystemen; Alltagswissen, „common sense"; Umgangstechniken (Wissen über den Umgang mit der Technik); Technologien (Wissensproduktion über Sachtechnik)
Normative Ebene (betrifft normative Vorstellungen in Bezug auf den Umgang mit Technik)	Bewertung des vorhandenen Wissens; Deutungssysteme, Werten und Normen, Weltanschauungen, Selbstbilder, Vorannahmen
Ökonomische Ebene (betrifft wirtschaftliche Aspekte des Umgangs mit Technik, z. B. hinsichtlich Technikanschaffung, -wartung, -nutzung etc.)	Anschaffungskosten, Betriebskosten, Wartungs- und Instandhaltungskosten, Recyclingkosten etc. sowie Gebühren, die für technische Abnahmen entrichtet werden müssen

Quelle: Eigene Darstellung nach Hubig/Poser 2007b, S. 19

Abbildung 1: Schalenmodell der kultivierten Technik

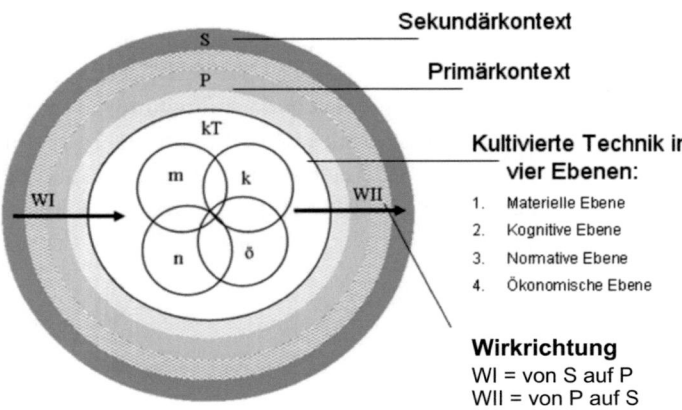

Quelle: Eigene Darstellung, nach Banse/Hauser 2008a

Das folgende „Schalenmodell" soll diese wechselseitige Beeinflussung vereinfacht schematisch darstellen (siehe Abbildung 1). Dabei werden die Beziehungen zwischen der kultivierten Technik (kT) (als „Kern") mit den vier sich überlappenden Ebenen, der materiellen (m), der kognitiven (k), der normativen (n) und der ökonomischen (ö) Ebene und dem sie umschließenden Primärkontext (P), der wiederum in den Sekundärkontext (S) eingebettet ist, durch unterschiedliche „Schalen" symbolisiert, die sich gegenseitig beeinflussen (hier angedeutet durch das Wellenmuster). Die beiden Pfeile stehen dabei für die wechselseitigen Beziehungen zwischen Technik und Kultur: Die kulturelle Beeinflussung des Sekundärkontextes wirkt zunächst auf den Primärkontext (WI), der wiederum den Umgang mit kultivierter Technik prägt; zudem wirkt auch der Umgang mit der kultivierten Technik auf den Primärkontext (WII), der letztlich wiederum die Kultur, den Sekundärkontext, nachhaltig beeinflussen und verändern kann.[9]

Innerhalb der Nationalkultur wirkt Technik auf die Menschen, indem diese auf verschiedenen kollektiver Ebenen (Mikro-, Meso-, und Makroebene)[10] sogenannte kulturelle Standardisierungen bzw. Konventionen im Umgang mit Technik in den Bereichen Kommunikation, Handeln/Verhalten, Denken und Fühlen/Empfinden entwickeln (vgl. Hansen 2003, S. 45). Dabei wird angenommen, dass sich unterschiedliche Wechselwirkungen zwischen den Kollektiven und der jeweiligen Technikebene ergeben (vgl. Hauser 2009). Die nachfolgende Matrix zeigt exemplarisch, wie bei der empirischen Untersuchung von kultivierter Technik vorzugehen wäre (siehe Tabelle 3). Für jedes kulturelle Kollektiv müssten die für die jeweils untersuchte kultivierte Technik auf allen vier Ebenen wichtigsten Aspekte in den vier Standardisierungsbereichen gesucht, gefunden und beschrieben werden. Diese müssten dann zum Primär- und Sekundärkontext in Bezug gesetzt, d. h. kontextualisiert werden.

Die kulturellen Standardisierungen können hinsichtlich der Entstehung von Sicherheitskulturen auf der Ebene der Multikollektive (Mesoebene) durch folgende (exemplarische) Fragen präzisiert werden:

(1) *Kommunikation*: Wie wird über Techniksicherheit kommuniziert? Wie ist Kommunikation im Unternehmen organisiert? Welche konkreten Sprach- und Kommunikationspraxen haben sich herausgebildet?

(2) *Handeln/Verhalten*: Welche sicherheitsrelevanten Handlungspraxen haben sich im Umgang mit Technik(en) bzw. technischen Systemen herausgebildet und wie sind

---

9   Dieses Modell ähnelt (aber nur) äußerlich dem von Klaus Kornwachs verwendeten Kern-Peripherie-Modell der Wissenschaftstheorie (vgl. Kornwachs 1996, S. 45f.).

10 Klaus P. Hansen differenziert Kulturen in vier verschiedene Kollektivebenen, wodurch eine analytische Trennung möglich wird (Segmentierung von Kulturen): Die kleinste Einheit sind *Monokollektive*. Das sind in der Regel Kleinstgruppen, wie beispielsweise Familien, bestehend aus Eltern und Kindern. Die Monokollektive bilden als größere Einheit *Multikollektive*. So kann ein Unternehmen z. B. als Multikollektiv aufgefasst werden. Alle Menschen, die die gleiche Sprache sprechen, eine gemeinsame (National-)Geschichte erlebt haben und gemeinsam Institutionen erschaffen und teilen, bilden das *Dachkollektiv* bzw. die Nationalkultur. Darüber können *Globalkollektive* bestehen, die ebenfalls einen Kanon gemeinsamer Standardisierungen teilen (vgl. Hansen 2003, S. 194-234).

diese institutionalisiert[11]? Wie werden die Rahmenbedingungen des Primärkontextes (insbesondere Richtlinien, Verordnungen etc.) in das Handeln inkorporiert? Welche Verhaltensregeln haben sich „eingebürgert"? Welche Anerkennungsmechanismen für vorbildliches Verhalten bzw. welche Sanktionen bei Verstoß existieren?

(3) *Denken:* Welche Kompetenzen und welchen Informationsstand haben die Akteure? Welche Sensibilität und Akzeptanz? Welche impliziten Werte und Normen bestimmen als Annahmen und Deutungen (allgemein: „Bilder") das Denken (damit auch das Handeln/Verhalten)?

(4) *Fühlen/Empfinden:* Wie zufrieden sind die Individuen mit der Arbeitsumgebung? Welche Strukturen der Anerkennung und Motivation existieren? Wie sicher oder unsicher fühlen sich die Individuen? Wie wird mit „gefühlten" Unsicherheiten im Kollektiv umgegangen? Wie hoch ist das Vertrauen in die Technik, aber auch in die Institutionen?

Tabelle 3:   Vollständiges Drei-Ebenen-Modell der kultivierten Technik Internet

Ebene / Standardisierung	Materielle Ebene	Kognitive Ebene	Normative Ebene	Ökonomische Ebene	Kultur (Primär- und Sekundärkontext)
Kommunikation					
Handeln/Verhalten					
Denken					
Fühlen/Empfinden					

Quelle: Eigene Darstellung

4   Kultur und Technik

Technik wird nicht nur durch den kulturellen Kontext (s. o.) stark beeinflusst, sondern ist selbst eine kulturelle Hervorbringung, eine Kulturform. Das Verhältnis zwischen Kultur und Technik ist reziprok: Durch Technik wird Kultur ins Werk gesetzt, fortgeschrieben, verdinglicht, und die Umwelt wird kultiviert. Technik als Kulturform bildet jedoch (ist sie erst einmal in den Alltag integriert) selbst einen Teil dieser Umwelt, sie wird beständig weiter kultiviert. Indem sie aber (durch kulturelle Einflüsse) Verände-

---

11 In Verbindung zum Primärkontext.

rung erfährt oder gar aus kulturellen Bedürfnissen heraus neu geschaffen wird, wirkt sie wiederum als Umwelt auf den Kontext zurück und verändert diesen. Im Sinne „Kultur als Kontext" kann deshalb davon ausgegangen werden, dass Technik vor allem in Form technischer Sachsysteme nicht einfach von diesem „kulturellen Umfeld" nur quasi „eingeschlossen" ist (vor allem in Form von Wirkungen und Einflüssen des Umfeldes auf Konzipierung, Gestaltung, Bewertung, Auswahl und Nutzung von technischen Lösungen[12]), sondern Technik zeitigt – vor allem durch den zweckbezogenen Einsatz – in unterschiedlichster Weise Wirkungen in diese „Umgebung" hinein, „korrodiert", beeinflusst und verändert sie direkt und indirekt, in vorhersehbarer wie nichtvorhersehbarer Weise (man denke nur an „Wandlungen" der Nutzergewohnheiten, Erschließung neuer Einsatzbereiche, „Anpassung" des Rechtsrahmens oder Initiierung technischer Neuerungen). In diesem Sinne kann neue oder veränderte Technik „angestammte" Kultur, d.h. in längeren Zeiträumen aufgebaute, bewährte, „eingeübte", vertraute Praxen und Verständnisse beeinflussen bzw. Anstöße zu gravierenden und qualitativen Veränderungen in den Wahrnehmungs- und Handlungsmustern geben. Sie wirkt damit direkt auf bestehende Standardisierungen bzw. Konventionen, die entweder angepasst oder durch neue ersetzt werden. Dabei ist nicht (nur) die materielle Ebene von Technik wirksam, sondern die stärksten Wechselwirkungen mit dem bestehenden Kontext gehen von der kognitiven, der normativen und der ökonomische Ebene von Technik aus (siehe Tabelle 2).

Auf Grund dieses wechselartigen Verhältnisses zwischen Kultur und Technik kann von „kultivierter Technik" gesprochen werden (vgl. näher dazu Hauser 2009). Kultivierung wird hierbei nicht nur als ein „nachträglicher" Prozess des Bebauens, Pflegens bzw. Verehrens im Sinne des lateinischen *cultūra* bzw. auch *cultivare* verstanden, sondern auch im Sinne des spätlateinischen *cultivus*, das „Vorauszusetzende" (vgl. Pfeiffer 1997, S. 742f.). Kultur und Technik bedingen sich in gewisser Weise gegenseitig: Das eine wäre ohne das andere nicht denkbar. Technik kann daher niemals ohne ihren kulturellen Kontext gedacht werden (vgl. Grunwald 2002a, S. 44f.). Dieser ergibt sich zunächst aus den drei Kontextebenen Sprache, Geschichte und Institutionen: Durch Sprache und sprachliche Standardisierungen werden Bedeutungen zugewiesen, indem Technik in eine Beziehung zur Umwelt gesetzt wird. Kultivierte Technik ist zudem nicht geschichtslos, sie kann im Grunde nur aus ihrer Geschichte heraus verstanden und erklärt werden. Im Institutionalisierungsgrad spiegelt sich ihre Bedeutung und ihre Funktion für den Gesamtkontext wider. Bei der Beschreibung und Analyse von Technik als Kulturform müssen daher ihre Genese, der Sprachgebrauch

---

12 Mit dem Hinweis auf Gestaltung, Bewertung und Auswahl ist angedeutet, dass es einerseits einen Bereich wissenschaftlicher wie technischer „Zwangsläufigkeiten" bzw. „innerer Logiken" gibt (*wenn* der „Schritt A" gegangen wird, *dann* ergibt sich folgerichtig der „Zustand B"), andererseits einen Bereich, der Variationen zulässt bzw. Möglichkeiten eröffnet, die Bewertungs-, Auswahl- und Gestaltungs*notwendigkeiten* implizieren.

und ihre Institutionalisierungsformen betrachtet werden. Dies kann als kultureller Primärkontext kultivierter Technik bezeichnet werden (s. o).

Dabei muss der Gesamtkontext der Dachkultur, in der eine Technik betrachtet wird, beachtet werden – der Primärkontext der Technik ist somit in den Kontext der Dachkultur einzuordnen. In der Regel sollte kultivierte Technik daher immer auf den kulturellen Kontext eines Dachkollektivs (d. h. Geschichte, Institutionen und Sprache) rückbezogen und daraus erklärt werden können. Dieser „weite" kulturelle Kontext kann als Sekundärkontext von kultivierter Technik bezeichnet werden (s. o.). Das heißt, Primär- und Sekundärkontext greifen ineinander und bedingen sich gegenseitig. Auf der Mikro- und Mesoebene sind bei der Technikbetrachtung vor allem die Wechselwirkungen zwischen dem Primärkontext der kultivierten Technik und den Standardisierungen bzw. Konventionen der Individuen zu analysieren. Dabei gilt es, die relevanten Akteure und ihre Kollektive (diese können, müssen aber nicht identisch sein) zu identifizieren sowie die oft unreflektierten Denkgewohnheiten und Handlungsprogramme der Akteure und ihre Wirkung bei der Analyse mit zu berücksichtigen. Die starke Beziehung zwischen kulturellem Kontext und Technik hat insbesondere Auswirkungen auf den intra- und interkulturellen Techniktransfer, auch wenn sie häufig nicht berücksichtigt oder von beiden Seiten (den exportierenden und den importierenden Akteuren) marginalisiert wird: „Dass sich die impliziten [kontextabhängigen – A.d.V.; GB, RH] Aspekte einer Kultur der bewussten Reflexion entziehen, ist für die Analyse […] so lange relativ unschädlich, wie Akteure und Beobachter vor dem Hintergrund derselben Kultur agieren bzw. Handeln analysieren. […] Anders ist es, wenn die Menschen jeweils unterschiedliche Kontexte im Hinterkopf haben. Nur wo der kulturelle Kontext der in Frage stehenden Regel für alle Beteiligten derselbe ist, kann durch ihn gekürzt werden" (Hegmann 2004, S. 18). So konnte etwa Marc Hermeking an einigen Beispielen verdeutlichen, dass Unterschiede zwischen dem Entstehungskontext (z. B. Deutschland) und dem Nutzungskontext (z. B. Arabische Emirate) beim interkulturellen Techniktransfer auch (negative) Auswirkungen auf den Gebrauchswert bzw. die Funktionsfähigkeit der Technik haben können (vgl. Hermeking 2001).

Entsprechend den oben genannten Differenzierungen erstens zwischen Entstehungs-Zusammenhängen von Technik einerseits und Verwendungs-/Nutzungs-Zusammenhängen von Technik andererseits, zweitens hinsichtlich der Ebenen des Technischen (siehe Tabellen 2 und 3) und drittens der Unterscheidung zwischen kulturellem Mikro-, Meso und Makrobereich sowie zwischen Primär- und Sekundärkontext werden im Folgenden zunächst Beispiele (einschließlich Literaturangaben) genannt, die den Einfluss des Kulturellen in unterschiedlicher Weise deutlich sichtbar werden lassen. Daran anschließend wird sodann je ein Beispiel aus den zwei Bereichen Technikentstehung und Technikverwendung etwas näher ausgeführt.

4.1   Technik-Entstehung

Beispiele für den Einfluss des Kulturellen auf den Prozess der Technikentstehung sind u. a.:

- unterschiedliche Konstruktionsstile bzw. -kulturen (vgl. König 1999, 2003b; vgl. auch König 2003a[13]);
- nationale, regionale, lokale und unternehmenstypische Innovationskulturen (vgl. z. B. Bredeweg/Kowol/Krohn 1994; Grupp/Dominguez-Lacasa/Friedrich-Nishio 2002; Hirsch-Kreinsen; Irrgang 2007; Jungnickel/Witczak 2006; Meier 1994; Spur 2006; Wieland 2001);
- zeit- und epochenspezifische Form- bzw. Gestaltgebungen (Design) technischer Sachsysteme (vgl. z. B. Dreher 2005; Mumford 1959, 1974).

Beispiel: Utopien/Visionen/Leitbilder

Unter *Utopien* versteht man mögliche, d. h. denkbare Gesellschaftsmodelle des Heils oder des Unheils, die auf der Grundlage existierender bzw. entsprechend interpretierter Zustände oder Tendenzen entworfen werden. Sie liefern nicht nur kontrastierende Modelle zur geschichtlichen Wirklichkeit, sie sind auch Konstruktionen des Hypothetisch-Möglichen (vgl. näher dazu Banse 2008b).

Visionen waren (im nichtreligiösen Sinne) zunächst subjektive Wahrnehmungen oder Vorstellungen, die „irrtümlich" für wirklich bzw. verwirklichbar gehalten werden. Gegenwärtig umschreibt man mit Vision „einen (fast ausschließlich) intentional hergestellten gedanklichen Inhalt, der durch das menschliche Handeln in der Zukunft verwirklicht werden soll und dadurch Einfluß auf das menschliche Tun und Denken ausübt. Er ist kommunizierbar, drängt darauf, mitgeteilt zu werden und hat eine nicht genauer spezifizierbare Tendenz, sich auszubreiten" (Hebrik 2001, S. 70). Visionen dienen damit der Kommunikation und können, da sie Informationen speichern und transportieren sowie diese für andere zugänglich werden lassen, als Medien betrachtet werden. Der Inhalt von Visionen (als Medium), so lässt sich nun weiter präzisieren, betrifft im säkularen Verständnis von Vision in erster Linie Wissen über Zukünftiges.[14] Dieses Wissen repräsentiert sich in Form von Zukunftsbildern und wird über das Medium Sprache vermittelt. Nach Armin Grunwald kann Zukünftiges – wenn man von bildhaften Darstellungen absieht – nur als sprachlich formulierte Zukunft existieren, denn Zukunft ist – mit der gerade genannten Ausnahme – nicht anders als

---

13 Vgl. auch den Beitrag von König in diesem Band.
14 Darüber, wie dieses Wissen zustande kommt, ist damit noch nichts ausgesagt, und auch nicht darüber, wie es zu bewerten ist. Das liegt auch nicht im Erkenntnisinteresse dieser Arbeit (vgl. dazu aber z. B. Grunwald 2007).

sprachlich erfassbar, denn „weder lebensweltlich noch wissenschaftlich haben wir einen außersprachlichen Zugriff auf zukünftige Gegenwarten" (Grunwald 2007, S. 56).

Technikvisionen sind in diesem Verständnis gedankliche Konstrukte, die es erlauben, ideelle „Grenzüberschreitungen" vorzunehmen, Grenzüberschreitungen in den Bereich des noch Unvorstellbaren, des Noch-nie-Gesehenen und -Geschehenen, das der Verbesserung bzw. Erleichterung menschlichen Lebens dienen soll (auch in Form von „Abschreckungen"!).

Mit Blick auf technische Innovationen können Utopien und Visionen Handlungsräume für menschliche Aktivitäten, seien sie politischer, ökonomischer, technischer oder wissenschaftlicher Art, eröffnen, sie können ganz sicherlich helfen, Motivationen für „Seinsveränderungen" bzw. kritisch-konstruktive Haltungen und Einstellungen zur „Wirklichkeitstranszendenz" zu befördern (vgl. Mannheim 1985). Johanna Greiner und Elisabeth Huber beschreiben Vision ebenfalls als Motivation für zukünftiges Handeln: „Visionen hingegen lösen Faszination aus, motivieren und geben Kraft für grundlegend Neues, ohne den Blick für die Realität zu verlieren" (Greiner/Huber 2000, S. 33). Die Motivation kann hierbei jedoch nur aus der normativen Bewertung der Vision abgeleitet werden: nur wenn das Zukunftsbild normativ „aufgeladen" ist (wünschenswert oder unerwünscht), kann überhaupt daraus eine Motivation entspringen, die wiederum handlungsleitend sein kann.[15] Daraus lässt sich ein weiterer immanenter Wesenszug der Vision ableiten: im praktischen Sinne ist sie weniger handlungsanleitend als vielmehr handlungsmotivierend. Die Funktion von Utopien als auch von Visionen könnte demnach allgemeiner darin gesehen werden, in Form von möglichen Zukunftsentwürfen ein Hinterfragen des eigenen gegenwärtigen Handelns (Denkens, Entscheidens usw.) zu motivieren, indem (mögliche) erwünschte oder unerwünschte Folgen (des gegenwärtigen Handelns) in diesen Zukunftsbildern sichtbar werden.

Leitbilder – um eine etwas modernere Terminologie als Karl Mannheim zu verwenden – können helfen, Neues generierendes Denken und Handeln auszuprägen, sie können deshalb „feldgenerierend" und „pfadselektierend" wirken (vgl. Dierkes/Hoffmann/Marz 1992).

Neben dem kommunikativen Aspekt wird auch die Orientierungsfunktion vor allem von Leitbildern in der Literatur hervorgehoben (vgl. Mambrey/Paetau/Tepper 1995, S. 35; Dierkes/Hoffmann/Marz 1992, S. 50). Diese ist dabei wesentlich stärker und direkter als bei Visionen. Während Visionen eher zur Reflexion des Handelns motivieren (s. o.), gibt das Leitbild eine Orientierung vor bzw. vermittelt Orientierungswissen, indem es ein Ideal vorgibt, an das sich die jeweils betreffende Technik so weit wie möglich annähern soll.

---

15 Die Bewertung des Zukunftsbildes kann nur auf dem gegenwärtig zur Verfügung stehenden Wissen basieren (vgl. Grunwald 2007, S. 59).

Gemeinsam haben Utopien, Visionen und Leitbilder, dass sie eine wertende Bezugnahme auf Zukünftiges darstellen. Sie transportieren als Medien kulturspezifisch normative Vorstellungen von dem, was „gut" oder „schlecht" ist und schließen damit anderes aus. Sie sind deshalb in hohem Maße wertend und können als kultureller Kontext die Technikentwicklung beeinflussen. Dass Utopien, Visionen und Leitbilder tatsächlich als Medien genutzt werden, um Wertvorstellungen etwa in Diskursen um so genannte „emerging technologies" zu transportieren, kann man derzeit sehr gut an der wissenschafts-intern wie öffentlich geführten Debatte um Nanotechnologie, Sensorsysteme und/oder RFID nachweisen, was hier allerdings nicht erfolgen kann (vgl. aber z. B. Banse et al. 2007; BSI 2004; Coenen 2007; Hilty et al. 2003; Mattern 2003).

4.2   Technik-Verwendung

Beispiele für den Einfluss des Kulturellen auf den Prozess der Technikverwendung sind u. a.:

- der intra- und interkultureller Techniktransfer (vgl. z. B. Dreher/Stegmaier 2007; Hermeking 2001[16]; Hettlage 1990; Irrgang 2006; Kegler/Kerner 2003; Landeszentrale 1988);
- Technikbewertung und -auswahl (vgl. z. B. Bungart/Lenk 1988; Grunwald 2002b; Ropohl/Schuchardt/Wolf 1990; VDI 1991a, b);
- die Faktoren von Technikakzeptanz bzw. -akzeptabilität (vgl. z. B. Petermann/Scherz 2005; Renn/Zweck 1997; Schönberger 2007);
- die Faktoren individueller Risikowahrnehmung (vgl. z. B. Haller 2003; Jungermann 1990).

Beispiel: Sicherheitskultur

Kulturelles etwa in Form von (tradierten) Werten oder Normen menschlichen Verhaltens beeinflusst den Umgang mit technischen Sachsystemen. Das betrifft auch sicherheitsrelevante Mensch-Technik-Interaktionen (vgl. Banse/Hauser 2008b; Grote/Künzler 1996).

Technikerzeugung wie -nutzung erfolgen in einer kulturell verfassten „Umwelt", die auch relevant für die Gewährleistung bzw. Realisierung von technischer Sicherheit ist. Ein konzeptioneller – und operationalisierbarer – Ansatz in dieser Richtung ist der der Sicherheitskultur. Dieses Konzept ist noch nicht sehr alt und bislang wenig operationalisiert. International wurde es von der International Nuclear Safety Advisory Group (INSAG) im Jahre 1986 als Reaktion auf das Reaktorunglück in Chernobyl in die Diskussion gebracht. Im so genannten Safety-Culture-Konzept hat sie darauf auf-

---

16   Vgl. auch den Beitrag von Hermeking in diesem Band.

merksam gemacht, dass neben den technischen Maßnahmen auch die soziokulturellen Aspekte von entscheidender Bedeutung sind. Im Jahre 1991 wurde durch eine internationale Beratergruppe der Begriff „Sicherheitskultur" wie folgt definiert und in die Praxis geführt: Ein „assembly of characteristics and attitudes in organisations and of individuals which establishes that, as an overriding priority, [nuclear] safety issues receive the attention warranted by their significance" (zit nach Swiss Re 1998, p. 18; vgl. auch KSA 2004). Erfasst, benannt und beschrieben werden somit auch kulturbedingte Verhaltensmerkmale, die für die Gewährleistung von technischer Sicherheit bedeutsam sind, nicht nur bei den sogenannten „Hoch-Risiko-Technologien", sondern bei jeglichen technischen Sachsystemen, einschließlich etwa der Informations- und Kommunikationstechnologien (IT-Sicherheit) (vgl. Banse 2006).

Deutlich wird, dass „Sicherheitskultur" sowohl eine mehr „theoretische" Ebene (vor allem in Form von Anweisungen, Regeln, Vorschriften, Statements, Codes usw.) als auch eine mehr „praktische" Ebene (als gelebte und praktizierte Sicherheitskultur) besitzt. Oder anders ausgedrückt: Auf der praktischen Ebene umfasst Sicherheitskultur die sicherheitsbezogenen Einstellungen, Werte und grundlegenden Überzeugungen der Mitarbeiter bzw. Nutzer (vgl. Grote/Künzler 1996, 2000). „Beeinflußt werden die Charakteristika einer Sicherheitskultur durch technische, ökonomische und organisatorische Zwänge, repräsentiert werden sie durch sicherheitstechnische Vorrichtungen, Regelwerke, Vorschriften, Aufsichtsdienste und Praktiken einerseits sowie informelle Praktiken, individuelle und kollektive Sinnvorstellungen der Mensche andererseits. Sicherheitskulturen bieten für den einzelnen Menschen folglich einen Rahmen, der die Ordnung der menschlichen Wahrnehmung erst ermöglicht" (Hartmann 1995, S. 10; vgl. auch Weißbach 1995).

Mit Hans-Jürgen Weißbach sind Sicherheitskulturen in Unternehmen zunehmend heterogen, aber auch „hybrid". So gibt es z.B. an Fertigungsstraßen oder selbst an einzelnen Anlagen eine große Pluralität jener Berufsgruppen, die für die Sicherheit einer Anlage zuständig sind. In einer Fertigungsstraße etwa arbeiten nicht nur Mechaniker und Maschinenbauer, sondern auch Hydrauliker, Elektriker, Elektroniker, Regeltechniker und Programmierer, die – vom Facharbeiter bis zum Ingenieur – auf verschiedenen Kompetenzniveaus arbeiten. Deshalb lässt sich das „Aufeinanderprallen" einer Vielzahl von Sicherheitsauffassungen sowie sicherheitsbezogener Normen und Werte konstatieren, ohne dass sich für diesen Vorgang eindeutige Hierarchien oder Übersetzungen finden lassen (vgl. Weißbach 1993, S. 97f.; vgl. auch Weißbach et al. 1994). Das trifft auch auf andere Unternehmensbereiche zu.

Für Sicherheitskulturen ist bedeutsam, dass nicht alle relevanten Akteure innerhalb einer Sprachgemeinschaft (etwa Konstrukteure und Nutzer) die gleichen impliziten Werthaltungen besitzen bzw. ihnen folgen müssen. Das kann schwerwiegende Folgen haben (z.B. sprachliche Missverständnisse oder Übersetzungsfehler als Auslöser von Irrtümern mit Unfallfolgen). Deshalb sind diese impliziten Grundlagen möglichst weitgehend zu explizieren, um sie kommunizieren und in technische Regelwerke u. ä. transformieren zu können.

In Kontext der Intrakulturalität[17] von Sicherheitskultur werden z. B. folgende Themen debattiert:

- Technikeinsatz, Arbeitsorganisation und Sicherheitskultur;
- Sicherheitskultur als Zusammenspiel von Mensch, Technik und Organisation;
- menschliche Fehlhandlungen und fehlerfreundliche Technik;
- Differenz zwischen verordneter, formaler und realisierter Sicherheit(skultur);
- Erfassung, Bewertung und Beförderung von Sicherheitskulturen.

Da die Entwicklung von technischen Sachsystemen unterschiedlichster Größenordnung eng in (technische) Kulturen eingebunden ist, ist davon auszugehen, dass die impliziten Werte und Normen, die sich u. a. in Operationsroutinen „vergegenständlichen" und konstituierende Elemente von Sicherheitskulturen sind, nicht nur prägend für das technische Handeln sind, sondern auch Einfluss auf das technische Sachsystem selbst haben. Daher kann der Import von Technik, die in anderen Technik- und Sicherheitskulturen konstruiert und gefertigt wurden, im aufnehmenden System und seinem kulturellen Kontext dazu führen, dass dessen Sicherheitskultur überfordert wird. Die Einführung kann im Ergebnis scheitern, weil das fremde Element nicht sicher eingefügt werden kann. Wenn eine „Normalisierung" im Umgang mit importierten Artefakten im Zielsystem nicht möglich ist, kann daraus eine dauerhafte Überforderung der Nutzer bzw. ein subprofessioneller (und damit „suboptimaler") Umgang mit dieser Technik resultieren (vgl. Weißbach 1993, S. 93).

Bei Techniktransfer in andere Länder und damit andere Kulturen kommt hinzu, dass einerseits unterschiedliche Sicherheitskulturen (die der Ursprungs- und die der Zielregion) relevant werden, andererseits weitergehende „höherstufige" sprachliche Verständigungsprozesse erforderlich sind (vgl. Moosmüller 1996). Der Austausch von technischem (einschließlich sicherheitsrelevantem) Wissen (z. B. Dokumentation) zwischen Akteuren (z. B. soziale Gruppen, Organisationen, Unternehmen) unterschiedlicher Kulturen ist dabei ein wichtiger Forschungsgegenstand.[18]

Intrakulturalität von Sicherheitskultur bezieht sich auch auf die Entwicklung, den Einsatz und die Bewertung von Produkten, auf Hierarchieverständnisse sowie auf erforderliche Qualifikation(en), betrifft den generellen sicherheitskulturellen Ansatz (etwa notwendiges bzw. erwartetes Detailwissen) und die Nutzungsmuster (trial-and-error versus „Gebrauchsanweisung") ebenso wie Lehr-Lern-Situationen und den Umgang mit Konflikten (etwa Konfliktvermeidung versus Konfliktaustragung).[19]

---

17 Zu Intrakulturalität bezogen auf Technik und technisches Handeln generell vgl. neben Hubig/Poser 2007a auch Gronau/Eversheim 2008; Rösch 2008.

18 Vgl. auch den Beitrag von Theiß in diesem Band.

19 Mit Sicherheitskultur wird natürlich nur ein Aspekt von Techniksicherheit erfasst, der jedoch bei Vernachlässigung zu spürbaren Folgen wie Unfällen, Krankheit, technischen Störungen usw. füh-

5   Fazit

Das Dargelegte lässt sich in folgenden Feststellungen zusammenfassen:

(1) Die Beziehungen zwischen Technik und Kultur sind wohl so alt wie die Menschheit selbst, genauer: als die Menschen begannen, ihre Handlungen mittels (technischer) Artefakte zu unterstützen.

(2) Nicht so alt sind indes die theoretischen Reflexionen über diesen Zusammenhang.

(3) Traditionell wird (vor allem im deutschen Sprachraum) zwischen Technik und Kultur häufig Fremdheit oder gar ein offener Antagonismus gesehen, auf den gelegentlich mit entsprechenden Bewegungen reagiert wurde In jüngeren Ansätzen wird demgegenüber häufig auf die Zusammengehörigkeit beider Bereiche hingewiesen und Fachdisziplin übergreifend vielfältig thematisiert.

(4) Beispielsweise ist in den Kulturwissenschaften ein verstärktes Interesse an Technik als Kulturform und an der Wechselwirkung zwischen technischen und kulturellen Faktoren festzustellen – etwa in den Cultural Studies und der kulturwissenschaftlichen Technikforschung; die Technikwissenschaften betrachten Technik zunehmend als der materialen Kultur zugehörig – mit Konsequenzen für Studieninhalte.

(5) Wie sich Technik und Kultur gegenseitig beeinflussen, durchdringen und bedingen, wird so in verschiedenen Disziplinen in den Blick genommen, auf eine je spezifische Weise.

Literatur

Auer-Rizzi, Werner; Blazejewski, Susanne; Dorow, Wolfgang; Reber, Gerhard (2007): Unternehmenskulturen in globaler Interaktion. Analysen, Erfahrungen, Lösungsansätze. Wiesbaden

Banse, Gerhard (Hg.) (2005): Neue Kultur(en) durch Neue Medien(?). Das Beispiel Internet. Berlin

Banse, Gerhard (2006): Einige Aspekte im Zusammenhang mit IT-Sicherheit und IT-Sicherheitskultur(en). In: Galántai, Zoltán; Petsche, Hans-Joachim; Várkonyi, Lászlo (Hg.): Internet Security and Risk – Facetten eines Problems. Berlin, S. 19-34

Banse, Gerhard (2008): Visionen der Informationsgesellschaft – Gestern, Heute, Morgen. In: Banse, Gerhard; Kiepas, Andrzej (Hg.): Visionen der Informationsgesellschaft 2016. Berlin, S. 33-52

Banse, Gerhard; Grunwald, Armin; Hronszky, Imre; Nelson, Gordon (eds.) (2007): Assessing Societal Implications of Converging Technological Development. Berlin

Banse, Gerhard; Hauser, Robert (2008a): Technik und Kultur. Das Beispiel Sicherheit und Sicherheitskulturen. In: Rösch, Olga (Hg.): Technik und Kultur. Berlin, S. 51-83

---

ren kann. – Zu verweisen ist in diesem Zusammenhang auch auf die Bedeutung von Vertrauen (bzw. Misstrauen) als eine bestimmte Erwartungshaltung in komplexen Situationen bei unvollständigem (oder gar Nicht-)Wissen (vgl. näher dazu z. B. Dernbach/Meyer 2005; Klumpp et al. 2008; Kornwachs 2006). Und das trifft auf Sicherheitskulturen zu.

Banse, Gerhard; Hauser, Robert (2008b): Technik als (Intra- und Inter-)Kulturelles. Exemplarisches. In: Gronau, Norbert; Eversheim, Walter (Hg.): Umgang mit Wissen im interkulturellen Vergleich. Beiträge aus Forschung und Unternehmenspraxis. München (acatech), S. 49-77

Banse, Gerhard; Striebing, Lothar (1991): Technik. In: Hörz, Herbert; Liebscher, Heinz; Löther, Rolf; Schmutzer, Ernst; Wollgast, Siegfried (Hg.): Philosophie und Naturwissenschaften. Wörterbuch zu den philosophischen Fragen der Naturwissenschaften. Neuaufl. Bd. 2. Berlin, S. 871-876

Beck, Stefan (1997): Umgang mit Technik. Kulturelle Praxen und kulturwissenschaftliche Forschungskonzepte. Berlin

Bredeweg, Udo; Kowol, Uli; Krohn, Wolfgang (1994): Innovationstheorien zwischen Technik und Markt. Modelle der dynamischen Kopplung. In: Rammert, Werner; Bechmann, Gotthard (Hg.): Konstruktion und Evolution von Technik. Technik und Gesellschaft, Jahrbuch 7. Frankfurt am Main/New York, S. 187-205

BSI – Bundesamt für Sicherheit in der Informationstechnik (Hg.) (2004): Risiken und Chancen des Einsatzes von RFID-Systemen. Trends und Entwicklungen in Technologien, Anwendungen und Sicherheit. Ingelheim

Bungard, Walter; Lenk, Hans (1988): Technikbewertung. Philosophische und psychologische Perspektiven. Frankfurt am Main

Büttner, Torsten; Fahlbruch, Babette; Wilpert, Bernhard (2003): Sicherheitskultur. Konzepte und Analysemethoden. Asanger

Coenen, Christopher (2007): Utopian Aspects of the Debate on Converging Technologies. In: Banse, Gerhard; Grunwald, Armin; Hronszky, Imre; Nelson, Gordon (eds.): Assessing Societal Implications of Converging Technological Development. Berlin, pp. 141-172

Demorgon, Jaques; Molz, Markus (1996): Bedingungen und Auswirkungen der Analyse von Kultur(en) und interkulturelle Interaktion. In: Thomas, Alexander (Hg.): Psychologie interkulturellen Handelns. Göttingen/Bern, S. 43-80

Dernbach, Beatrice; Meyer, Michael (Hg.) (2005): Vertrauen und Glaubwürdigkeit. Interdisziplinäre Perspektiven. Wiesbaden

Dettmering, Wilhelm; Hermann, Armin (Hg.) (1990/1994): Technik und Kultur. Bd. I – XII. Düsseldorf

Dierkes, Meinolf; Hoffmann, Ute; Marz, Lutz (1992): Leitbild und Technik. Zur Entstehung und Steuerung technischer Innovationen. Berlin

Dietz, Burkhard; Fessner, Michael; Maier, Helmut (Hg.) (1996): Technische Intelligenz und „Kulturfaktor Technik". Kulturvorstellungen von Technikern und Ingenieuren zwischen Kaiserreich und früher Bundesrepublik Deutschland. Münster u. a.

Dreher, Jochen (2005): Interkulturelle Arbeitswelten. Produktion und Management bei DaimlerChrysler. Frankfurt am Main/New York

Dreher, Jochen; Stegmaier, Peter (Hg.) (2007): Zur Unüberwindbarkeit kultureller Differenz: Grundlagentheoretische Reflexionen. Bielefeld

Gerhards, Jürgen (2000): Die Vermessung kultureller Unterschiede. Deutschland und USA im Vergleich. Opladen

Greenberg, Mark L.; Schachterle, Lance (1992): Literature and Technology. Bethlehem, PA

Greiner, Johanna; Huber, Elisabeth (2000): Mit Visionen neue Kräfte mobilisieren. In: Niedermair, Gerhard (Hg.): Zeit für Visionen. Sternenfels, S. 19-44

Grote, Gundula; Künzler, Cuno (1996): Sicherheitskultur in soziotechnischen Systemen. In: Grote, Gundula; Künzler, Cuno (Hg.): Theorie und Praxis der Sicherheitskultur. Zürich, S. 37-51

Gronau, Norbert; Eversheim, Walter (Hg.) (2008): Umgang mit Wissen im interkulturellen Vergleich. Beiträge aus Forschung und Unternehmenspraxis. München (acatech)

Grote, Gundula; Künzler, Cuno (2000): Diagnosis of Safety Culture in Safety Management Audits. In: Safety Science, vol. 34, pp. 131-150

Grunwald, Armin (2002a): Das Technische und das Nicht-Technische. Eine grundlegende Unterscheidung und ihre kulturelle Bedeutung. In: Banse, Gerhard; Meier, Bernd; Wolffgramm, Horst (Hg.): Technikbilder und Technikkonzepte im Wandel – eine technikphilosophische und allgemeintechnische Analyse. Karlsruhe (FZK), S. 37-48

Grunwald, Armin (2002b): Technikfolgenabschätzung. Eine Einführung. Berlin

Grunwald, Armin (2007): Umstrittene Zukünfte und rationale Abwägung. Prospektives Folgenwissen in der Technikfolgenabschätzung. In: Technikfolgenabschätzung. Theorie und Praxis, Nr. 1, S. 54-63

Grunwald, Armin; Banse, Gerhard; Hennen, Leonhard; Coenen, Christopher (2006): Netzöffentlichkeit und digitale Demokratie. Tendenzen politischer Kommunikation im Internet. Berlin

Grupp, Hariolf; Dominguez-Lacasa, Icíar; Friedrich-Nishio, Monika (2002): Das deutsche Innovationssystem seit der Reichsgründung. Indikatoren einer nationalen Wissenschafts- und Technikgeschichte in unterschiedlichen Regierungs- und Gebietsstrukturen. Heidelberg

Haller, Ludger (Hg.) (2003): Risikowahrnehmung und Risikoeinschätzung. Hamburg

Hansen, Klaus P. (2003): Kultur und Kulturwissenschaft. 2. Aufl. Tübingen/Basel

Hartmann, Anja (1995): „Ganzheitliche IT-Sicherheit“: Ein neues Konzept als Antwort auf ethische und soziale Fragen im Zuge der Internationalisierung von IT-Sicherheit im 21. Jahrhundert. In: 4. Deutscher Sicherheitskongreß. 8. bis 11. Mai 1995. Bonn, Sektion 7, S. 1-13 (BSI 7165)

Hauser, Robert (2008): Culture and Technology: The Internet and its Handling in Germany and Russia. In: Sudweeks, F.; Hrachovec, H.; Ess, Ch. (eds.): Cultural Attitudes towards Technology and Communication 2008. Proceedings of the Sixth International Conference on Cultural Attitudes towards Technology and Communication. Nimes, France, 24-27 June 2008. Murdoch WA, Australia (Murdoch University), pp. 363-373

Hauser, Robert (2009): Technische Kulturen oder kultivierte Technik? Das Internet in Deutschland und Russland. Berlin (in Vorbereitung)

Hebrik, Regine (2001): Soziologische Untersuchung zum Begriff der Vision. Magisterarbeit. Konstanz (Universität)

Hegmann, Horst (2004): Implizites Wissen und die Grenzen mikroökonomischer Institutionenanalyse. In: Blümle, Gerold; Goldschmidt, Nils; Klump, Rainer; Schauenberg, Bernd; Senger, Harro von (Hg.): Perspektiven einer kulturellen Ökonomik. Münster, S. 11-28

Hermeking, Marc (2001): Kulturen und Technik. Techniktransfer als Arbeitsfeld der Interkulturellen Kommunikation – Beispiele aus der arabischen, russischen und lateinamerikanischen Region. Münster u. a.

Hettlage, Robert (1990): Technologietransfer und Kulturkonflikt. Zur Notwendigkeit einer schöpferischen Selektion. In: Scheuringer, B. (Hg.): Wertorientierungen und Zweckrationalität. Soziologische Gegenwartsbestimmungen. Festschrift für Friedrich Fürstenberg zum 60. Geburtstag. Opladen, S. 71-90

Hilty, Lorenz; Behrendt, Siegfried; Binswanger, Mathias; Bruinink, Arend; Erdmann, Lorenz; Fröhlich, Jürg; Köhler, Andreas; Kuster, Nils; Som, Claudia; Würtenberger, Felix (2003): Das Vorsorgeprinzip in der Informationsgesellschaft. Auswirkungen des Pervasive Computing auf Gesundheit und Umwelt. Bern (TA-SWISS)

Hirsch-Kreinsen, Hartmut (1997): Innovationsschwächen der deutschen Industrie. In: Rammert, Werner; Bechmann, Gotthard (Hg.): Innovation – Prozesse, Produkte, Politik. Technik und Gesellschaft, Jahrbuch 9. Frankfurt am Main/New York, S. 153-173

Hörning, Karl H. (1985): Technik und Symbol. Ein Beitrag zur Soziologie alltäglichen Technikumgangs. In: Soziale Welt, Jg. 36, S. 185-207

Hörning, Karl H. (1988): Technik im Alltag und die Widersprüche des Alltäglichen. In: Joerges, Borgward (Hg.): Technik im Alltag. Frankfurt am Main, S. 51-94

Hörning, Karl H. (1995): Technik und Kultur. Ein verwickeltes Spiel der Praxis. In: Halfmann, Jost; Bechmann, Gotthard; Rammert, Werner (Hg.): Theoriebausteine der Techniksoziologie. Technik und Gesellschaft, Jahrbuch 8. Frankfurt am Main/New York, S. 131-151

Hubig, Christoph (1997): Technologische Kultur. Leipzig

Hubig, Christoph (2002): Mittel. Bielefeld (Bibliothek dialektischer Grundbegriffe)

Hubig, Christoph (2006): Die Kunst des Möglichen. Bd. I: Philosophie der Technik als Reflexion der Medialität. Bielefeld

Hubig, Christoph (2007): Die Kunst des Möglichen. Bd. II: Ethik der Technik als provisorische Moral. Bielefeld

Hubig, Christoph; Poser, Hans (Hg.) (2007a): Technik und Interkulturalität. Probleme, Grundbegriffe, Lösungskriterien. Düsseldorf (VDI)

Hubig, Christoph; Poser, Hans (2007b): Technik und Interkulturalität. Probleme, Grundbegriffe, Lösungskriterien. In: Hubig, Christoph; Poser, Hans (Hg.): Technik und Interkulturalität. Probleme, Grundbegriffe, Lösungskriterien. Düsseldorf (VDI), S. 11-56

Irrgang, Bernhard (2006): Technologietransfer transkulturell. Komparative Hermeneutik von Technik in Europa, Indien und China. Frankfurt am Main

Irrgang, Bernhard (2007): Innovationskulturen, Technologietransfer und technische Modernisierung. In: Kornwachs, Klaus (Hg.): Bedingungen und Triebkräfte technologischer Innovationen. München (acatech), S. 149-166

Joerges, Bernward (Hg.) (1988): Technik im Alltag. Frankfurt am Main

Jungermann, Helmut (1990): Technisches und intuitives Risiko. In: Zimmerli, Walter Chr.; Sinn, Hansjörg (Hg.): Die Glaubwürdigkeit technisch-wissenschaftlicher Informationen. Düsseldorf, S. 31-37

Jungnickel, Rolf; Witczak, Daniela (2006): Innovationen am Standort Deutschland im internationalen Vergleich. In: Spur, G. (Hg.): Wachstum durch Technologische Innovationen. Beiträge aus Wissenschaft und Wirtschaft. München (acatech), S. 171-188

Kaiser, Gert; Matejowski, Dirk; Fedrowitz, Jutta (Hg.) (1993): Kultur und Technik im 21. Jahrhundert. Frankfurt am Main u. a.

Kegler, Karl R.; Kerner, Max (Hg.) (2003): Technik Welt Kultur. Technische Zivilisation und kulturelle Identitäten im Zeitalter der Globalisierung. Köln u. a.

Klemm, Friedrich (1979): Zur Kulturgeschichte der Technik. München 1979

Klumpp, Dieter; Kubicek, Herbert; Roßnagel, Alexander; Schulz, Wolfgang (Hg.) (2008): Informationelles Vertrauen für die Informationsgesellschaft. Berlin u. a.

König, Wolfgang (1999): Künstler und Strichezieher. Konstruktions- und Technikkulturen im deutschen, britischen, amerikanischen und französischen Maschinenbau zwischen 1850 und 1930. Frankfurt am Main

König, Wolfgang (2003a): Der Kulturvergleich in der Technikgeschichte. In: Archiv für Kulturge-schichte, Bd. 85, S. 413-35

König, Wolfgang (2003b): Technikkulturen im internationalen Vergleich. Beispiele aus dem Maschi-nenbau um 1900 und dem Automobilbau um 2000. In: Kegler, Karl R.; Kerner, Max (Hg.): Technik Welt Kultur. Technische Zivilisation und kulturelle Identitäten im Zeitalter der Globali-sierung. Köln u. a., S. 163-79

König, Wolfgang; Landsch, Marlene (Hg.) (1993): Kultur und Technik. Zu ihrer Theorie und Praxis in der modernen Lebenswelt. Frankfurt am Main u. a.

Kornwachs, Klaus (1996): Vom Naturgesetz zur technologischen Regel – ein Beitrag zu einer Theorie der Technik. In: Banse, Gerhard; Friedrich, Käthe (Hg.): Technik zwischen Erkenntnis und Ge-staltung. Philosophische Sichten auf Technikwissenschaften und technisches Handeln. Berlin, S. 13-50

Kornwachs, Klaus (2006): Vertrauen in das Neue – Innovationen verantworten. In: Spur, Günter (Hg.): Wachstum durch technologische Innovationen. Beiträge aus Wissenschaft und Wirtschaft. München (acatech), S. 189-213

Krause, Markus (Hg.) (1989): Poesie & Maschine. Die Technik in der deutschsprachigen Literatur. Köln

Kreuzer, Helmut (Hg.) (1969): Literarische und naturwissenschaftliche Intelligenz. Dialog über die „zwei Kulturen". Stuttgart

KSA – Eidgenössische Kommission für die Sicherheit von Kernanlagen (2004): Sicherheitskultur in einer Kernanlage. Erfassung, Bewertung, Förderung. KSA-Report, No. 04-01, Januar

Künzler, Cuno; Grote, Gudela (1996): SAM – Ein Leitfaden zur Bewertung von Sicherheitskultur in Unternehmen. In: Rüttinger Bruno; Nold, Helmut; Ludborzs, Boris (Hg.): Psychologie der Ar-beitssicherheit. 8. Workshop 1995. Heidelberg, S. 78-93

Kumbruck, Christel (1996): Psychologische Ergebnisse aus Simulationsstudien zur telekooperativen Rechtspflege. Die Nutzung digitaler Signaturen. In: Büllingen, Franz (Hg.): Technikfolgen-abschätzung und Technikgestaltung in der Telekommunikation. Workshop-Beiträge. Bad Honnef (WIK), S. 245-275

Landeszentrale für Politische Bildung des Landes NRW (Hg.) (1988): Technik – Wirtschaft – Kultur. Kultur im technologischen, ökonomischen und sozialen Entwicklungsprozess. Münster 1988

Mambrey, Peter; Paetau, Michael; Tepper, August (1995): Technikentwicklung durch Leitbilder. Neue Steuerungs- und Bewertungsinstrumente. Frankfurt am Main

Mannheim, Karl (1985): Ideologie und Utopie [1929]. 7. Aufl. Frankfurt am Main

Mattern, Friedemann (2003): Vom Verschwinden des Computers – Die Vision des Ubiqutous Com-puting. In: Mattern, Friedemann (Hg.): Total vernetzt. Szenarien einer informatisierten Welt. Ber-lin u. a., S. 1-41

Meier, Bernd (1994): Kultur der Neugier. Forschung und Entwicklung in Deutschland im internatio-nalen Vergleich. Köln

Moosmüller, Alois (1996): Interkulturelle Kompetenz und interkulturelle Kenntnisse. Überlegungen zu Ziel und Inhalt im auslandsvorbereitenden Training. In: Roth, Klaus (Hg.): Mit der Differenz leben: Europäische Ethnologie und Interkulturelle Kommunikation. Münster u. a., S. 8-20

Mumford, Lewis (1934): Technics and Civilization. London

Mumford, Lewis (1959): Kunst und Technik. Stuttgart

Mumford, Lewis (1974): Mythos der Maschine. Kultur, Technik und Macht. Wien

Paschen, Herbert; Wingert, Bernd; Coenen, Christopher; Banse, Gerhard (2002): Kultur – Medien – Märkte. Medienentwicklung und kultureller Wandel. Berlin

Petermann, Thomas; Scherz, Constanze (2005): TA und (Technik-)Akzeptanz(-forschung). In: Technikfolgenabschätzung. Theorie und Praxis, Nr. 3, S. 45-53

Pfeiffer, Wilhelm (1997): Etymologisches Wörterbuch des Deutschen. 3. Aufl. München

Rammert, Werner (2007): Technik – Handeln – Wissen. Zu einer pragmatistischen Technik- und Sozialtheorie. Wiesbaden

Rauterberg, Matthias (1998): Menschliches Fehlverhalten und Sicherheitskultur. In: Illustrierte Zeitschrift für Arbeitssicherheit, Nr. 2, S. 13-20

Renn, Ortwin; Zweck, Axel (1997): Risiko und Technikakzeptanz. Berlin u. a.

Rösch, Olga (Hg.) (2008): Technik und Kultur. Berlin

Ropohl, Günter (1993): Technik. In: Brockhaus Enzyklopädie. Bd. 21. Mannheim, S. 672-674

Ropohl, Günter (1998): Einleitung: Wie kommt die Technik zur Vernunft. In: Ropohl, G.: Wie die Technik zur Vernunft kommt. Beiträge zum Paradigmenwechsel in den Technikwissenschaften. Amsterdam 1998, S. 1-5

Ropohl, Günter (1999): Allgemeine Technologie. Eine Systemtheorie der Technik [1979]. 2. Aufl. München/Wien

Ropohl, Günter (2001): Das neue Technikverständnis. In: Ropohl, G. (Hg.): Erträge der Interdisziplinären Technikforschung. Eine Bilanz nach 20 Jahren. Berlin, S. 11-30

Ropohl, Günter (2005): Materielle Kultur als Bildungssubstanz. In: Hilt, Annette; Nielsen, Cathrin (Hg.): Bildung im technischen Zeitalter. Sein, Mensch und Welt nach Eugen Fink. Freiburg/München, S. 126-146

Ropohl, Günter; Schuchardt, Wilgard; Wolf, Rainer (Hg.) (1990): Schlüsseltexte der Technikbewertung. Dortmund (Institut für Landes- und Stadtentwicklungsforschung und Bauwesen NRW)

Schönberger, Klaus (2007): Technik als Querschnittsdimension. Kulturwissenschaftliche Technikforschung am Beispiel von Weblog-Nutzungen in Frankreich und Deutschland. In: Zeitschrift für Volkskunde, H. 2, S. 197-222

Segeberg, Harro (Hg.) (1987): Technik in der Literatur. Frankfurt am Main

Snow, Charles Percy (1967): Die zwei Kulturen [1959]. Stuttgart

Spehr, Michael (2000): Maschinensturm. Protest und Widerstand gegen technische Neuerungen am Anfang der Industrialisierung. Münster

Spur, Günter (1998): Technologie und Management. Zum Selbstverständnis der Technikwissenschaft. München/Wien

Spur, Günter (2006): Ansatz für eine technologische Innovationstheorie. In: Spur, Günter (Hg.): Wachstum durch technologische Innovationen. Beiträge aus Wissenschaft und Wirtschaft. München (acatech), S. 215-239

Stetter, Christian (1999): Schreiben und Programm: Zum Gebrauchswert der Geisteswissenschaften. In: Kerner, Max; Kegler, Karl (Hg.): Der vernetzte Mensch. Sprache, Arbeit und Kultur in der Informationsgesellschaft. Aachen, S. 157-180

Swiss Re (1998): Safety Culture – a Reflection of Risk Awareness. Zürich (Swiss Reinsurance Company)

VDI – Verein Deutscher Ingenieure (1991a): Technikbewertung – Begriffe und Grundlagen. Erläuterungen und Hinweise zur VDI-Richtlinie 3780. Düsseldorf (VDI)

VDI – Verein Deutscher Ingenieure (1991b): VDI-Richtlinie 3780 „Technikbewertung – Begriffe und Grundlagen". Düsseldorf (VDI) März

Weißbach, Hans-Jürgen (1993): Kommunikative und kulturelle Formen der Risikobewältigung in der informatisierten Produktion. In: Weißbach, Hans-Jürgen; Poy, Andrea (Hg.): Risiken informatisierter Produktion. Theoretische und empirische Ansätze – Strategien zur Risikobewältigung. Opladen 1993, S. 69-102

Weißbach, Hans-Jürgen (1995): Die Patientenchipkarte als noch unbewältigte Herausforderung an eine neue IT-Sicherheitskultur. In: BSI – Bundesamt für Sicherheit in der Informationstechnik (Hg.): Patienten und ihre computergerechten Gesundheitsdaten. Ingelheim 1995, S. 33-42

Weißbach, Hans-Jürgen; Florian, Michael; Illigen, Eva-Maria; Möll, Gerd; Poy, Andrea; Weißbach, Barbara (1994): Technikrisiken als Kulturdefizite. Die Systemsicherheit in der hochautomatisierten Produktion. Berlin

Wieland, Thomas (2001): Pfadabhängigkeiten im deutschen Innovationssystem. Zwischenbericht. München (Münchner Zentrum für Wissenschafts- und Technikgeschichte)

Zimmerli, Walter Christoph (Hg.) (1990): Wider die „Zwei Kulturen". Fachübergreifende Inhalte in der Hochschulausbildung. Berlin u. a.

Technikbegriffe zwischen Äquivokation und Reflexion

Günter Ropohl

1   Einführung

Die Diskussionen über den „richtigen" Technikbegriff wollen kein Ende nehmen. Die Vielfalt möglicher Bedeutungen ist bekannt: Mal meint „Technik" die Menge der künstlichen Gegenstände, mal ein spezifisches Können, mal ein besonderes Wissen, mal eine bestimmte Form des Handelns und mal die Quintessenz menschlicher Weltbemächtigung (vgl. Gaycken 2008; Grunwald/Julliard 2005; Hubig 2006, S. 37ff.).

Muss man darin Mehrdeutigkeiten, also Äquivokationen des Wortes „Technik" sehen? Oder kann man all diese gleichnamigen Bedeutungen auf einen einzigen theoretischen Sinn reduzieren, der neuerdings als „Reflexionsbegriff" apostrophiert wird? Schon Gottl-Ottlilienfeld hatte erklärt, dass es nicht einen einzigen Technikbegriff gibt, sondern deren vier: Realtechnik, Individualtechnik, Intellektualtechnik und Sozialtechnik (vgl. Gottl-Ottlilienfeld 1923, S. 9). Diese Begriffe entsprechen übrigens halbwegs den Bedeutungen, die ich zuvor genannt habe.

Nun sind Begriffsauslegungen weder wahr noch falsch; sie können nur mehr oder weniger zweckmäßig sein. Im Folgenden will ich sozusagen metatheoretisch fragen, was man überhaupt von Begriffsdiskussionen erwarten kann. Ich unterscheide zwei Arten: eine nominalistische und eine essenzialistische Begriffsstrategie. *Nominalistisch* diskutiert man Sprachverwendungsregeln für einen Begriffsnamen und grenzt formal eine Klasse von Phänomenen ab, die der Name bezeichnen soll. *Essenzialistisch* hingegen diskutiert man Wesensdeutungen der Phänomene, die der Name bezeichnet und bestimmt substanziell die wesenseigenen Begriffsinhalte.

Manche Definitionsdebatten könnten entschärft werden, wenn man diese unterschiedlichen Begriffe des Wortes „Begriff" auseinanderhalten würde. Besonders substanzielle Wesensdefinitionen versuchen auf vorgeblich begrifflicher Ebene voraussetzungsreiche Deutungen zu suggerieren, die keineswegs allein aus dem Begriffsnamen folgen. Meine These lautet: Begriffsdiskussionen können zu einer jeweils zweckmäßigen Sprachverwendungsregel führen, aber nicht theoretische und empirische Problemanalysen ersetzen.

Das will ich zeigen, indem ich zunächst (2) nominalistische Technikbegriffe vorstelle, dann (3) die Heterogenität und Unzulänglichkeit der essenzialistischen Technikbegriffe kritisiere und schließlich (4) die Technik in meinem Verständnis als integralen Bestandteil der Kultur charakterisiere und die Beziehungen zwischen technischen und anderen kulturellen Artefakten problematisiere.

2   Nominalistische Technikbegriffe

Die nominalistische Definitionsstrategie besteht, wie gesagt, darin, eine Klasse von Phänomenen abzugrenzen, für die der Begriffsname gelten soll. Für den Namen „Technik" kann der Begriffsumfang unterschiedlich dimensioniert werden. Ein *enger Technikbegriff* umfasst lediglich die künstlich gemachten Sachen. Implizit beherrscht er das Selbstverständnis von Technikwissenschaftlern und Ingenieuren, und explizit hat ihn der Technikphilosoph Friedrich Dessauer präzisiert: Danach ist Technik „reales Sein" aus „naturgegebenen Beständen", und „das an den Personen haftende Können" gehört nicht dazu, weil es „mit dem Träger verschwindet" (Dessauer 1956, S. 234f.). Ein *weiter Technikbegriff* hingegen umfasst jede Art von kunstfertigen und zweckmäßigen Verfahrensroutinen in beliebigen menschlichen Handlungsfeldern. Implizit tritt er nicht nur in der Umgangssprache auf, sondern auch explizit in den Sozialwissenschaften, in denen offenbar immer noch eine Definition von Max Weber nachwirkt: „Technik eines Handelns bedeutet uns den Inbegriff der verwendeten Mittel desselben im Gegensatz zu jenem Sinn oder Zweck, an dem es letztlich orientiert ist, ‚rationale' Technik eine Verwendung von Mitteln, welche bewusst und planvoll orientiert ist an Erfahrungen und Nachdenken, im Höchstfall der Rationalität: an wissenschaftlichem Denken. Was in concreto als ‚Technik' gilt, ist also flüssig" (Weber 1976, S. 32), und Weber gibt dann eine lange Aufzählung, die von der „Gebetstechnik" bis zur „erotischen Technik" reicht.

Den engen Technikbegriff halte ich für unzweckmäßig, weil er sich auf das künstlich Gemachte beschränkt und die menschliche Dimension herstellenden und gebrauchenden Handelns unterschlägt. Der weite Begriff allerdings scheint mir ebenfalls unzweckmäßig, weil er jegliches menschliche Handeln einschließt und nicht selten das künstlich Gemachte, das Artefakt, ignoriert. Darum favorisiere ich bekanntlich einen *mittelweiten Technikbegriff*, der gleichermaßen die künstlichen Sachen und das sachbezogene Handeln einschließt. „Technik umfasst:

- die Menge der nutzenorientierten, künstlichen, gegenständlichen Gebilde (Artefakte oder Sachsysteme);
- die Menge menschlicher Handlungen und Einrichtungen, in denen Sachsysteme entstehen;

- die Menge menschlicher Handlungen, in denen Sachsysteme verwendet werden" (VDI 2000, S. 2).

Zusätzlich kann man die Sachsysteme nach einer inzwischen geläufigen Einteilung dadurch spezifizieren, dass sie Masse, Energie und/oder Information wandeln, transportieren oder speichern. Weil das Wort „Masse" keine sinnvolle Adjektivbildung erlaubt, wird häufig von „Stoff" gesprochen, obwohl Stoff auch als Energieträger auftreten kann.[1]

Notabene: Dieser Technikbegriff ist nominalistisch-extensional. Er sagt nur, welche Klassen von Phänomenen man meint, wenn man den Namen „Technik" benutzt. Irgendwelche Erklärungen oder Wesensdeutungen sind darin nicht enthalten. Allenfalls kann man aus der Bestimmung der Phänomenklassen noch ableiten, ob Technik sich auf die naturale Dimension beschränkt oder ob sie auch eine humane und soziale Dimension aufweist. Im letzteren Fall zeigt sich, dass die Technik nicht allein mit einer einzelnen Fachdisziplin zu erschließen ist, sondern nur transdisziplinären Erkenntnis- und Gestaltungsstrategien zugänglich ist (vgl. Ropohl 2002a).

Allerdings wird dem nominalistisch-extensionalen Technikbegriff vorgeworfen, er ermangele philosophischer Tiefe und verfehle das „Wesen der Technik" (z. B. Fischer 2004, S. 20). Und dann darf natürlich das Nonsens-Philosophem von Martin Heidegger nicht fehlen: „So ist denn auch das Wesen der Technik ganz und gar nichts Technisches" (Heidegger 1978, S. 5; vgl. Stekeler-Weithofer 2007). Offenbar vermengt hier der Seinsdenker zwei verschiedene Bedeutungen von „Technik", aber er verschleiert sie zu Gunsten der rhetorischen Volte. Doch nähme man ihn beim Wort: Müsste man dann nicht im Analogieschluss folgern, dass auch das Wesen der Philosophie ganz und gar nichts Philosophisches ist? Wo aber befindet sich das Niemandsland, in dem die Wesen wesen?

3 Essenzialistische Technikbegriffe

3.1 Überblick

Essenzialistische Technikbegriffe wollen nicht extensional eine bestimmte Klasse von Phänomenen als technisch bestimmen, sondern substanziell das Wesen dieser Phänomene deuten. Vor allem die traditionelle Technikphilosophie hat etliche derartige Technikbegriffe hervorgebracht, die Hans Lenk und Simon Moser schon vor längerer Zeit kritisiert haben (vgl. Lenk/Moser 1973). Ich erwähne diese Deutungen lediglich, ohne im Einzelnen darauf eingehen zu können, und nenne exemplarisch wichtige Ver-

---

1 Vgl. kritisch dazu Janich in diesem Band.

treter, über die ein Literaturführer (vgl. Hubig/Huning/Ropohl 2000) näherhin infor-
miert. So wurde Technik gedeutet als

- Fortsetzung des göttlichen Schöpfungsplanes (Friedrich Dessauer);
- säkularisierte Selbsterlösung (Donald Brinkmann);
- übermächtiges Seinsgeschick (Martin Heidegger);
- Fortsetzung der natürlichen Evolution (Hans Sachsse);
- Mittel und Ergebnis menschlicher Arbeit (Karl Marx);
- zweckrationale Mittelwahl (Friedrich von Gottl-Ottlilienfeld);
- Kompensation für das „Mängelwesen" Mensch (Arnold Gehlen);
- luxurierender Überfluss für das Kulturwesen Mensch (José Ortega y Gasset); und
- Ausfluss des „Willens zur Macht" (Friedrich Nietzsche, Oswald Spengler).

Die ersten drei Deutungen sind äußerst spekulativ und für kritisch-realistisches Denken nicht ohne Weiteres nachzuvollziehen. Die übrigen Deutungen mögen wohl von
Fall zu Fall in Betracht kommen, aber sicherlich erfasst keine einzelne Deutung jede
Art von Technik. „Die essentialistischen monolithisch-dogmatischen Globaldeutungen
[…] werden der Komplexität dieses so vielschichtigen Problembereichs nicht gerecht.
[…] Globalaussagen über *die* Technik vergröbern zu stark, als dass sie als repräsentative Aussagen […] der Technikphilosophie gelten könnten" (Lenk 1973, S. 205f.).

Trotzdem können Denker nicht aufhören, neue „Begriffe" zu erfinden; gewisse
„nouveaux philosophes" sehen darin gar die Kernaufgabe der Philosophie (vgl. z.B.
Deleuze/Guattari 2000, S. 9). Kritische Beobachter dagegen äußern Bedenken gegen
solche Strategien der Etikettierung, „eine Form der in den Geistes- und Sozialwissenschaften so verbreiteten *labelling approaches*, welche zunächst Begriffe generieren
und sich dann erst – und manchmal auch nicht – um die Ausarbeitung von Theorien
und Erarbeitung von Empirie kümmern" (König 1993, S. 244). Das trifft offenbar auch
auf einige neuere essenzialistische Technikbegriffe zu, die ich im Folgenden zunächst
auflliste und dann in Auswahl kurz besprechen werde. Danach bedeutet Technik

- eine soziale Konstruktion (z.B. Trevor Pinch/Wiebe Bijker);
- gleichermassen Installation und Medium (Jost Halfmann);
- die Dualität von Ressourcen und Routinen (Ingo Schulz-Schaeffer);
- in ihrer invasiven Form ein gesellschaftliches Dispositiv (Gernot Böhme);
- eine Agentur mit den Trägermedien: Sachen, Menschen, Zeichen (Werner Rammert);
- das Medium der Selbst- und Welterschliessung (Gerhard Gamm);
- einen höherstufigen Reflexionsbegriff (Armin Grunwald/Yannick Julliard; Christoph Hubig).

Versteht man die Technik als eine *soziale Konstruktion* (vgl. z.B. Pinch/Bijker 1987),
dann hebt man eine Teilansicht hervor, die keinesfalls absolutisiert werden darf. Diese
Bestimmung impliziert eine Hypothese über die technische Entwicklung, die Behaup-

tung nämlich, technische Neuerungen würden ganz und gar von gesellschaftlichen Faktoren geprägt. Sie richtet sich gegen den früher verbreiteten technologischen Determinismus, der unterstellte, die technische Entwicklung folge allein technikimmanenter „Eigengesetzlichkeit" und „Perfektionslogik". Insoweit jene Hypothese diese Einseitigkeit korrigiert, hat sie ihren Wert, aber sie verkennt, dass die Technikgenese natürlich auch anderen Einflüssen unterliegt (vgl. Banse 1985; Ropohl 2006). Schon bei den gesellschaftlichen Faktoren vernachlässigen die Vertreter der „sozialen Konstruktion" meist die ökonomischen Kräfte, die tatsächlich bei der Auswahl und Realisierung von Innovationsprojekten eine maßgebliche Rolle spielen. Außerdem bezieht sich diese Deutung eben vorwiegend auf die technische Entwicklung und übergeht die Technikverwendung und deren Folgen.

In einer anderen Sicht wird Technik als *Installation und Medium* verstanden (vgl. Halfmann 1996). Dem Medienbegriff werde ich einen eigenen Abschnitt widmen, so dass ich ihn hier übergehen kann. „Als Installation wird Technik als ein Sachverhalt in der Umwelt sozialer und psychischer Systeme gehandhabt, über den soziale und psychische Systeme im Moment der Beobachtung oder Wahrnehmung keine Kontrolle haben" (Halfmann 1996, S. 129). Damit wird das Sachhafte der technischen Artefakte anerkannt, doch als Installation scheint es sich dem menschlichen Umgang zu entziehen, obwohl doch die Sachen erst in der Verwendung ihren Sinn erfüllen, eine Verwendung, die selbstverständlich Beobachtung und Wahrnehmung einschließt. Dass es Artefakte gibt, die sich dabei der Kontrolle entziehen, will ich nicht leugnen; doch erstens ist das nicht die Regel, und zweitens taucht, wenn es geschieht, das inzwischen durchweg kritisierte Phänomen der „Eigengesetzlichkeit" wieder auf.

Dann wird Technik als *Dualität von Ressourcen und Routinen* gedeutet (vgl. Schulz-Schaeffer 2000). Diese Auffassung stützt sich auf die Gesellschaftstheorie des Engländers Anthony Giddens, der versucht, zwischen individuenbezogener Handlungstheorie und gesellschaftsbezogener Strukturtheorie eine Synthese herzustellen. Die Darstellungen und Ableitungen sind zu komplex, als dass ich sie in einem einzigen Absatz angemessen rekapitulieren könnte. Kurz gesagt, stellt die Sachtechnik strukturelle Hilfsmittel (englisch: *resources*) bereit, mit denen menschliche Akteure ihre Handlungsroutinen vollziehen. Sachmittel und Handlungen werden nicht als disparate Bereiche des „Technischen" bzw. des „Sozialen" aufgefasst, sondern als vielschichtiger Wechselwirkungszusammenhang, in dem die Artefaktstrukturen das Verwendungshandeln prägen und dieses wiederum die Entstehung von Artefakten beeinflusst. Diese Quintessenz, die in höchst elaborierter soziologischer Terminologie vorgetragen wird, hat, auch wenn Schulz-Schaeffer das anders sieht (vgl. Schulz-Schaeffer 2000, S. 95), Vieles mit meiner Theorie soziotechnischer Systeme gemein (vgl. Ropohl 2009).

Das gilt auch für den Bestimmungsversuch von Gernot Böhme, der die, von ihm so apostrophierte, „invasive Technik" als ein *„gesellschaftliches Dispositiv"* auffasst (vgl. Böhme 2008, S. 19). Den Ausdruck „Dispositiv" hat er von dem französischen

„Begriffserfinder" Michel Foucault übernommen, der damit eine Bedingung meint, „die etwas anderes ermöglicht, aber auch einschränkt und dem Ermöglichten dadurch Kontur verleiht" (Böhme 2008, S. 19). Abgesehen davon, dass das französische *dispositif* eigentlich nur so viel wie „Vorrichtung" oder „Anlage" bedeutet und in diesem Sinn häufig für technische Einrichtungen verwendet wird, meint die ungewöhnlich bezeichnete Sonderbedeutung lediglich den längst bekannten Befund, dass Sachsysteme unter Umständen ungeplante Verwendungen ermöglichen und, geplant oder ungeplant, gesellschaftliche Prägekraft entfalten. Das sind techniktheoretische Beschreibungen und Erklärungen, die wohl häufig zutreffen, aber für sich allein nicht das Wesen der Technik ausmachen.

Werner Rammert, der früher dazu neigte, die Sachtechnik als irrelevant für die soziologische Theorienbildung zu betrachten, erklärt inzwischen die Technik als *Agentur mit den Trägermedien: Sachen, Menschen, Zeichen* (vgl. Rammert 2007). Wieder erkennt man das Konzept der soziotechnischen Systeme, die gleichermaßen durch Sachen wie durch Menschen konstituiert werden. Insoweit liegt eine substanzielle Anreicherung der nominalistischen Begriffsbestimmung vor, die ich im ersten Abschnitt vorgeschlagen habe. Problematisch scheinen allerdings die übrigen Schlüsselbegriffe dieser Explikation. Mit der „Agentur", einer seltsamen Übersetzung des englischen *agency*, schreibt Rammert der Technik eine eigenständige „Handlungsträgerschaft" zu, ohne hinreichend zu differenzieren, dass immer nur Teilfunktionen des menschlichen Handelns sachtechnisch zu vergegenständlichen sind (vgl. Ropohl 2008b). Auf den Medienbegriff schließlich komme ich im folgenden Abschnitt ausführlich zu sprechen.

3.2 Technik als Medium

Zu den zahlreichen Aufklebern, die modernen Gesellschaften von emsigen Zeitgeistdiagnostikern angeheftet werden, gehört auch der Schriftzug „Mediengesellschaft", der sich seit den 1980er Jahren verbreitet, aber „bislang nicht zu konzisen, akzeptierten theoretischen Konzepten […] geführt" hat (Kübler 2005, S. 37). Das liegt u. a. daran, dass der Medienbegriff, wie der Technikbegriff, zahlreiche verschiedenartige Facetten aufweist, die zu ebenso vielfältigem wie vieldeutigem Gebrauch verleiten.

Der Ausdruck „Medium" stammt bekanntlich aus dem Lateinischen und bedeutet wörtlich „das Mittlere", also etwas, das zwischen zwei Polen in der Mitte steht. Da die Art der Pole offen bleibt, kann das Mittlere die unterschiedlichsten Dimensionen annehmen: Die Mitte zwischen nah und fern, zwischen früh und spät, zwischen hell und dunkel, als „Mittel" zwischen Zielsetzung und Erfolg, als „Informationsträger" zwischen Sender und Empfänger usw. Ein Nachschlagewerk nennt fünf verschiedene Bedeutungen, hebt allerdings eine „Einrichtung für die Vermittlung von Meinungen, Informationen oder Kulturgütern, insbesondere eines der Massenmedien Film, Funk, Fernsehen, Presse" besonders hervor (Duden 2003, S. 857); inzwischen muss man natürlich noch die elektronischen Rechner und ihre Verknüpfung im weltweiten Netz hinzurechnen, die beliebige Texte, Bilder, Audio- und Videopräsentationen übertragen können. Dieser geläufige Medienbegriff umfasst also all jene Mittel, die als Träger der Informationsvermittlung dienen.

Tatsächlich haben sich Präsenz, Verbreitung und Wirkung der informationstechnischen Medien in modernen Gesellschaften außerordentlich vermehrt, so dass philosophische und soziologische Beobachter der Täuschung erliegen konnten, die Welt wäre nichts als Information. Aber es gibt in der Welt nach wie vor auch unübersehbar viele stofflich-gegenständliche und energetische Phänomene. Die Menschen gehen nicht nur mit Zeichen um, sondern immer auch mit materiellen Produkten der Natur und ihrer eigenen Arbeit. Kein Rechner kann mir den Kaffee kochen oder mich von einem Ort zum anderen bewegen. Und Gesellschaft besteht nicht nur aus „Kommunikation", sondern ebenso sehr aus Kooperation. Doch ungeachtet dieser eigentlich trivialen Befunde neigen etliche Beobachter zu einer Entdinglichung der Technik, indem sie deren Sachhaftigkeit vernachlässigen und sie einseitig als immaterielles Phänomen deuten (vgl. Ropohl 2002b).

Dafür kam das Kautschukwort „Medium" wie gerufen. Christoph Hubig konstatiert eine beträchtliche Vielstimmigkeit in den Auffassungen vom Medienbegriff, den er gleichwohl zu retten versucht, indem er ihn als eine „absolute Metapher" versteht (vgl. Hubig 2006, S. 143ff.). Ob solch hochgradige Abstraktion dann noch für ein realistisches Technikverständnis fruchtbar gemacht werden kann, sei dahingestellt, doch immerhin hat sie die „Begriffserfinder" ungemein beflügelt. Gerhard Gamm beispielsweise behauptet „die generelle Unbestimmbarkeit der Technik" (Gamm 2000, S. 278), welche „die Umstellung auf den Begriff des Mediums" fordert: „Technik ist Medium geworden, das heißt, sie hat sich in etwas verwandelt, in das sich (nahezu) alles übersetzen lässt oder in dem anderes zirkulieren kann" (Gamm 2000, S. 283). Leider wird dieser verblüffende Satz in keiner Weise plausibel gemacht. Trotz aller Technisierung der Gesellschaft verbleiben breite Areale kognitiver Aneignung, emotionalen Erlebens und gesellschaftlicher Praxis – vielleicht könnte man sagen: glücklicher Weise! – in der Domäne des Menschlich-Allzumenschlichen, die sich jeder technologischen Algorithmisierung widersetzt. „Technik […] zielt weniger auf die Welt dinglicher und sachlicher Mittel", sondern sie ist „wesentlich *Medium der Selbst- und Welterschliessung*" (Gamm 2000, S. 285; Hervorhebung im Original). Doch auch diese eindrucksvollen Worte bleiben leer, da sie nicht substanziell angereichert und begründet werden. Tatsächlich findet sich, trotz ein paar knapper Assoziationen, an keiner Stelle des Textes eine nachvollziehbare Explikation dieses Medienbegriffs, der angeblich das Wesen der Technik völlig neu fassen soll.

Auch Jost Halfmann greift den Begriff auf und charakterisiert die Technik als *Installation und Medium* (vgl. Halfmann 1996). Die „Installation" hatte ich schon besprochen und muss nun auf das „Medium" zurückkommen, das an dieser Stelle seinen systematischen Platz hat. Halfmann versucht, einen „genuin soziologischen Begriff der Technik" zu bestimmen (ebd., passim; wörtlich auf der hinteren Rückseite des Buchumschlags) und zieht dafür die Sozialtheorie von Niklas Luhmann heran, der Gesellschaft als System von Kommunikationen versteht. Technik erscheint dann als Medium der Kommunikation. Eine Deutung, die wohl für die Informationstechnik teilweise zutrifft – bezeichnender Weise wird der „Computer als paradigmatische Technik der Moderne" apostrophiert (Halfmann 1996, S. 133ff.) –, wird auf alle Technik ausgeweitet, doch die Versuche, beispielsweise das Auto oder die Waschmaschine informationell zu verstehen, wirken sehr bemüht und wenig überzeugend. Generell also wird hier der Medienbegriff im verbreiteten Sinn verwendet, um den Preis allerdings, dass er nur einen äußerst verengten Technikbegriff erläutern kann.

Rammert hingegen verwendet einen umfassenden Begriff der „Trägermedien", der Sachen, Menschen und Zeichen einschließt. Seine Umschreibung eines weiten Medienbegriffs ist wenig erhellend (vgl. Rammert 2007, S. 60). Schon mit den „Zeichen" ist er ungenau, denn üblicher Weise versteht man unter Medien nicht die Zeichen selbst, sondern die Zeichenträger. Wie er auch Menschen als „Medien" auffassen will, ist verwunderlich; das geschieht sonst allenfalls in der Parapsychologie. Wenn er dann auch die Sachen als „Medien" begreift, erliegt er derselben Absolutisierung der Informationstechnik, die ich zuvor schon bei Halfmann kritisiert habe. „Wenn sich", so sagen Armin Grunwald und Yannick Julliard meines Erachtens zu Recht, „das ganze Leben in Technik als einem Medium ereignet, verliert der Technikbegriff jede Kontur" (Grunwald/Julliard 2005, S. 151).

3.3   Technik als Reflexionsbegriff

Die Diskussion über den Technikbegriff hat jüngst einen neuen Akzent erhalten, indem nun „Technik" als ein „Reflexionsbegriff" aufgefasst wird (vgl. Grunwald/Julliard 2005; Hubig 2006, S. 229ff.). Diese Autoren räumen zunächst die Bedeutungsvielfalt ein, die sich mit dem Wort „Technik" verbindet. Statt nun aber, wie ich es bevorzuge, das Wort als einen äquivoken Namen hinzunehmen, dessen jeweilige Bedeutung von Fall zu Fall entsprechend dem Kontext präzisiert werden muss, beharren die Autoren auf der Idee, was mit demselben Namen belegt sei, müsse auch in gewisser Hinsicht ein und denselben Sinn enthalten. Diese Idee aber versteht sich nicht von selbst. Beispielsweise bezeichnet das Wort „Hahn" gleichermaßen ein Absperrorgan und ein männliches Federvieh. In diesem Fall danach forschen zu wollen, welche tiefere Gemeinsamkeit zwischen dem Gerät und dem Vogel aufzuspüren wäre, schiene jedem vernünftigen Menschen absurd; allenfalls könnte man, wie ja auch im Fall von „Technik", nach irgendwelchen sprachgeschichtlichen Wurzeln suchen, die freilich meist wenig dazu hergeben, die heutigen Wortverwendungen zu klären. Was nun bei dem Ausdruck „Hahn" evident ist, scheint bei dem Wort „Technik" weniger klar: Sind die verschiedenen Bedeutungen, die umgangs- und fachsprachlich existieren, Äquivokationen, oder kann man etwas, das allen Bedeutungen gemeinsam ist, als „Reflexionsbegriff" herausdestillieren?

Den unterschiedlichen Deutungen, die auch diesen philosophischen Ausdruck belasten, kann ich hier nicht nachgehen. In erster Näherung ist ein Reflexionsbegriff ein Begriff ohne empirische Extension, ein Begriff, der allein die Reflexion einer bestimmten Intension, eines spezifischen Aspektbereichs zum Inhalt hat. In der Verwendung des Technikbegriffs „reflektieren wir auf eine oder mehrere bestimmte Perspektiven, unter denen wir Techniken zusammenfassend als Technik beschreiben bzw. unter der wir das ‚Technische' an den Techniken thematisieren" (Grunwald/Julliard 2005, S. 140). Auch Christoph Hubig definiert „Technik" nicht als einen mehr oder minder abgrenzbaren Gegenstandsbereich, sondern als „eine Hinsicht, unter der wir Verfahren, Fähigkeiten, konkrete Vollzüge und deren Resultate identifizieren" (Hubig 2006, S. 233f.). „Technik" bezeichnet dann nicht etwas, was es wirklich gibt, sondern eine gedankliche Zugangsweise des Bewusstseins zur Welt, so zu sagen eine transzendentale Kategorie.

Hubig will damit „definitorische Vorentscheidungen" vermeiden, um die „komplexen Binnenverhältnisse technischen Handelns" offenlegen zu können (Hubig 2006, S. 27f.). Freilich trifft er genau dadurch doch eine begriffliche Vorentscheidung, indem er „Technik" und „technisches Handeln" als Ausdrücke für irgendwie zusammengehörige Phänomene versteht, statt sie als äquivoke Namen für höchst disparate Erscheinungen zu betrachten. Wer z. B. mit einem Meditationsverfahren seine Psyche beeinflusst, setzt eine völlig andere „Technik" ein als derjenige, der Wegstrecken mit dem Auto zurücklegt. Oder wer die Instanz des Datenschutzbeauftragten zur Sicherung der informationellen Selbstbestimmung einsetzt, handelt in ganz anderer Weise „technisch" als derjenige, der eine Waschtischarmatur konstruiert. Als einzige Gemeinsamkeit könnte man den anthropologisch fundamentalen Impetus der menschlichen Weltbemächtigung konstatieren, aber es ist doch zweierlei, ob Menschen dies mit immateriellem regelhaftem Handeln oder mit materieller Sachtechnik verfolgen. So frage ich mich, was man, außer Irritationen, gewinnt, wenn man dem vielfältig benutzten Wort einen kohärenten Begriff glaubt unterstellen zu können.

Überdies welkt der formalistische Reiz, der dieser Begriffskonstruktion zunächst anzuhaften scheint, sehr schnell dahin, wenn die „Perspektiven" oder „Hinsichten" des Reflexionsbegriffs doch wieder substanziell angereichert werden müssen, wobei zum Teil altbekannte „Wesensmerkmale" erneut auftauchen. Sowohl bei Grunwald und Julliard als auch bei Hubig ist es das Mittel-Zweck-Schema, das schon Max Weber und Gottl-Ottilienfeld in die Technikdiskussion eingeführt hatten. Dabei zeigt die Gegenüberstellung der zuvor erwähnten Beispiele, wie unspezifisch das Mittel-Zweck-Schema ist. Eine psychische Konditionierung oder eine organisatorische Konfiguration sind „Mittel" völlig anderer Art als Autos oder Armaturen. Letztere nämlich sind künstliche Gegenstände, zunächst „Zwecke" eines Herstellungshandelns und später „Mittel" eines Verwendungshandelns. Die Besonderheit solchen technischen

Handelns liegt in seinem Bezug auf die sachhafte Künstlichkeit, sei sie nun „Zweck" oder „Mittel". Überhaupt sollte man „Mittel" und „Zwecke" nicht als disparate Phänomenklassen missverstehen, sondern als korrelative Begriffe auffassen, die ihren Sinn nur in spezifischen Handlungskontexten und deren Interpretation erhalten. Etliche verstörende Philosopheme über „Mittel" und „Zwecke" lösen sich in Wohlgefallen auf, wenn man sprachlicher Ungenauigkeit mit begrifflicher Klarheit begegnet (vgl. Ropohl 1999a, S. 155ff.).

Dann nennen als weitere Perspektive bzw. Hinsicht des Reflexionsbegriffs Grunwald und Julliard die „Reproduzierbarkeit" und Hubig die „Disponibilität" oder „Verfügbarkeit", Bestimmungen, die eine gewisse Verwandtschaft miteinander haben. Reproduzierbarkeit gilt wohl idealer Weise für die Funktion von Sachsystemen, doch menschliche praktische Fertigkeiten sind schon vom Einzelnen, obwohl er sie erlernt hat, längst nicht immer erfolgreich zu wiederholen und, wenn sie auf implizitem Wissen beruhen, intersubjektiv kaum zu übertragen und zu reproduzieren. Wenn man „Technik" auf die Kategorie der Verfügbarkeit zurückführt, bezieht man all jene Formen von Verfügbarkeit ein, die mit der Künstlichkeit der Sachen nichts zu tun haben, und schließt andererseits all jene Formen von Künstlichkeit aus, die den Menschen in ihrer Lebenswelt vielleicht gar nicht als verfügbar erscheinen. „Disponibilität" ist, mit einem Wort, eine Kategorie, die den Technikbegriff unnötig ausweitet und zugleich unnötig einschränkt.

Hubig schließlich schlägt noch das Konzept der „Medialität" vor, mit dem er die Verfügbarkeit von Medien als einen Möglichkeitsraum ansetzt. „Technik" hat es, sagt er, nicht einfach mit Mitteln und Zwecken zu tun, sondern mit möglichen Mitteln und möglichen Zwecken. Technik verstehe man erst im Modus der Möglichkeit, wobei er offensichtlich nicht den logischen, sondern den ontologischen Begriff der Möglichkeit meint. Nun ist die Philosophie des Möglichen spätestens seit Ernst Bloch, ihrem großen Meisterdenker, eine höchst umstrittene Angelegenheit. Gewiss ist etwas, was wirklich geworden ist, zuvor möglich gewesen. Doch so lange eine Möglichkeit von keinem Menschen gesehen wird, kann man nicht sagen, es „gäbe" diese Möglichkeit. Darum verstehe ich auch meine früher gestellte Frage „Wo ist die Erfindung, wenn sie noch nicht gemacht worden ist?" (Ropohl 1999b, S. 57) keineswegs als eine, wie Hubig meint, „satirische Zuspitzung" (Hubig 2006, S. 30), sondern als ernsthafte Kritik an der Ontologisierung des Möglichen. Möglichkeiten existieren nicht „wirklich", sondern nur virtuell in der Vorstellungskraft der Menschen. Wird eine Möglichkeit gesehen, kann sie als bloß Denkmögliches oder als Realmögliches erscheinen.

Ob etwas denkmöglich ist, erkennt man daran, dass ein Mensch es widerspruchsfrei gedacht und geäußert hat. Ob aber etwas real möglich ist, zeigt sich erst dann, wenn es wirklich geworden ist. In diesem Sinn ist die Bestimmung der Technik als „Kunst des Möglichen" (vgl. Hubig 2006) eine elliptische Wendung. Der technische Mensch generiert Denkmögliches, und wenn er das Denkmögliche erfolgreich in eine neue Wirklichkeit überführt hat, sieht er, dass das Denkmögliche ein real Mögliches gewesen ist, weil er dessen Machbarkeit bewiesen hat. Technik ist künstliche Wirklichkeit, und nur in dieser Wirklichkeit erweist sich, dass sie möglich gewesen ist. Das technikphilosophische Problem sehe ich nicht so sehr darin, über die Möglichkeit der Möglichkeiten zu spekulieren und diese dann mit dem vieldeutigen Namen „Medialität" zu belegen.

Das Kernproblem scheint mir vielmehr die bewusstseinstheoretische Frage nach den mentalen Vorgängen zu sein, mit denen Menschen Möglichkeiten konstituieren, indem sie diese als solche erkennen und der Verwirklichung zuführen. Technik ist vor Allem die Kunst, Möglichkeiten zu setzen, ihre Machbarkeit zu postulieren und diese durch Überführung in künstliche Wirklichkeit zu verifizieren (vgl. Ropohl 2008). Darum verstehe ich die Technik nicht als die „Kunst des Möglichen", sondern als die *Wirklichkeit des Künstlichen*! Für eine realistische Philosophie liegt die wirkliche Herausforderung der Technik in den Machenschaften, die fortgesetzt neue Sachen in die Welt setzen, Sachen, die dann von den Menschen zu bewältigen sind.

Insgesamt scheint mir der „Reflexionsbegriff" nicht dazu geeignet, eine höherstufige Generalisierung „des Technischen" zu leisten. In Wirklichkeit schleichen sich doch wieder bekannte oder neue Wesensmerkmale ein, die jeweils bloß partikuläre Bedeutung haben. Eines ist allen Deutungen jedenfalls gemeinsam: Sie haben nicht den Fehler, abwegig zu sein, sondern den Fehler, nicht abwegig sein zu können. Irgendwelche plausiblen Beispiele wird man für jede Deutung finden, doch ob sie auch repräsentativ sind für die Technik überhaupt, das steht dahin. Und man wird für jede Deutung auch die Gegenbeispiele finden. So ist nach meinem Eindruck der „Reflexionsbegriff" eine spekulative Krücke zur Ehrenrettung verwirrender Äquivokationen.

4 Technik in der soziokulturellen Totalität

Abschließend will ich zum nächsten Beitrag (Hubig in diesem Band) überleiten und den Technikbegriff in den Kulturbegriff einfügen. Ich möchte diese Gedanken nach längerer Zeit noch einmal in Erinnerung rufen, weil ich sie nach wie vor aufschlussreich finde (vgl. Ropohl 1999c, S. 198ff.). Zwar sind Artefakte nicht die ganze Technik, aber es gibt, so meine bekannte Position, keine Technik *ohne* Artefakte. Andererseits jedoch gibt es „Artefakte ohne Technik", also menschengemachte Künstlichkeiten, die nicht zur Technik – im hier vertretenen Sinn – gehören. Das wird gelegentlich als Einwand geltend gemacht, wenn das „Artefakt" als Definiens der Technik benutzt wird. Allgemein sind Artefakte künstlich von Menschen gemachte, extrapersonale, relativ dauerhafte, materielle, ideelle und soziale Gebilde. Und dann definiere ich die Menge *aller* Artefakte als *Kultur*.

Sachtechnische Artefakte und das darauf gerichtete individuelle und soziale Handeln aber sind selbstverständlich nur ein Teil der Kultur. Darum ist eine Unterscheidung mehrerer Klassen von Artefakten angebracht. Es gibt (siehe auch Abbildung 1):

(a) technische Artefakte: die nützlichen Sachsysteme;
(b) ästhetische Artefakte: die wohlgefälligen Sach- und Zeichensysteme;
(c) symbolische Artefakte: die Zeichensysteme;
(d) kognitive Artefakte: die Wissens-, Deutungs- und Wertsysteme; schließlich
(e) institutionelle Artefakte: die gesellschaftlichen Handlungsmuster und Handlungssysteme.

Abbildung 1:   Technik als Teil der Kultur

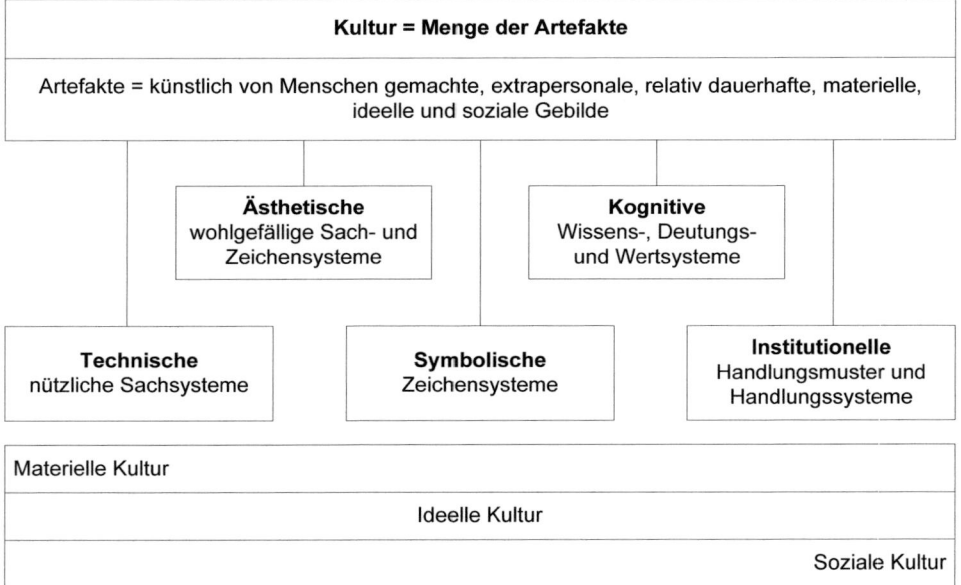

Quelle: Eigene Darstellung

Wie die Übersicht andeutet, kann man tendenziell die technischen und einen Teil der ästhetischen Artefakte der *materiellen Kultur* subsumieren (vgl. Hahn 2005), andere ästhetische, die symbolischen und einen Teil der kognitiven Artefakte der *ideellen Kultur*, sowie andere kognitive und die institutionellen Artefakte der *sozialen Kultur*. Ich kann die Übersicht hier nicht ausführlich kommentieren, sondern lediglich ein paar Fragen auflisten, die eine kultur- und technikphilosophische Problemanalyse vielleicht weiterbringen könnten:

- Nach welchen Kriterien kann man die fünf Artefaktklassen analytisch voneinander abgrenzen (z. B. Seinsstatus, Zweckbestimmung, Urheberschaft)?
- Welche Überschneidungen gibt es gleichwohl zwischen den Artefaktklassen?
- Wie lassen sich insbesondere die ästhetischen, symbolischen, kognitiven und institutionellen Implikate der technischen Sachsysteme präzisieren? Und wie lassen sie sich bei der Gestaltung neuer Sachsysteme im Voraus erkennen und berücksichtigen?

Mit einem Wort: Technik ist, nicht im Sinn eines Wesensmerkmals, sondern im Sinn einer angemessenen Problembeschreibung, integraler Bestandteil der soziokulturellen Totalität, worin die *conditio humana*, die menschliche Lebenslage eingebettet ist. Dies theoretisch auszuloten und praktisch zu gestalten, das ist die Herausforderung für die menschliche Zukunft.

Literatur

Banse, Gerhard (1985): Der „Mechanismus" der Technikentwicklung. In: Deutsche Zeitschrift für Philosophie, H. 4, S. 339-347

Böhme, Gernot (2008): Invasive Technisierung: Technikphilosophie und Technikkritik. Zug

Deleuze, Gilles; Guattari, Félix (2000): Was ist Philosophie? Frankfurt am Main

Dessauer, Friedrich (1956): Streit um die Technik [1927]. 2. Aufl. Frankfurt am Main

Duden (2003): Das große Fremdwörterbuch. 3., überarb. Aufl. Mannheim u. a.

Fischer, Peter (2004): Philosophie der Technik. München

Gamm, Gerhard (2000): Technik als Medium. In: Gamm, Gerhard: Nicht nichts. Frankfurt am Main, S. 275-287

Gaycken, Sandro L. S. (2008): Technisches Wissen: Die Anleitung technischen Handelns. Dissertation. Bielefeld (Universität)

Gottl-Ottlilienfeld, Friedrich von (1923): Wirtschaft und Technik. 2. Aufl. Tübingen

Grunwald, Armin; Julliard, Yannick (2005): Technik als Reflexionsbegriff – Überlegungen zur semantischen Struktur des Redens über Technik. In: Philosophia naturalis, H. 1, S. 127-157

Hahn, Hans Peter (2005): Materielle Kultur. Eine Einführung. Berlin

Halfmann, Jost (1996): Die gesellschaftliche „Natur" der Technik. Eine Einführung in die soziologische Theorie der Technik. Opladen

Heidegger, Martin (1978): Die Technik und die Kehre [1962]. 4. Aufl. Pfullingen

Hubig, Christoph (2006): Die Kunst des Möglichen I. Technikphilosophie als Reflexion der Medialität. Bielefeld

Hubig, Christoph; Huning, Alois; Ropohl, Günter (Hg.) (2000): Nachdenken über Technik. Die Klassiker der Technikphilosophie. Berlin

König, Wolfgang (1993): Technik, Macht und Markt. Eine Kritik der sozialwissenschaftlichen Technikgeneseforschung. In: Technikgeschichte, H. 3, S. 243-265

Kübler, Hans-Dieter (2005): Mythos Wissensgesellschaft. Gesellschaftlicher Wandel zwischen Information, Medien und Wissen. Eine Einführung. Wiesbaden

Lenk, Hans (1973): Zu neueren Ansätzen der Technikphilosophie. In: Lenk, Hans; Moser, Simon (Hg.): Techne – Technik – Technologie. Philosophische Perspektiven. Pullach b. München, S. 198-231

Lenk, Hans; Moser, Simon (Hg.) (1973): Techne – Technik – Technologie. Philosophische Perspektiven. Pullach b. München

Pinch, Trevor J.; Bijker, Wiebe E. (1987): The social construction of facts and artifacts. In: Bijker, Wiebe E.; Pinch, Trevor J.; Hughes, Thomas P. (eds.) (1987): The social construction of technological systems. Cambridge MA/London, pp. 17-50

Rammert, Werner (2007): Technik – Handeln – Wissen. Zu einer pragmatischen Technik- und Sozialtheorie. Wiesbaden

Ropohl, Günter (1999a): Allgemeine Technologie. Eine Systemtheorie der Technik [1979]. 2. Aufl. München/Wien

Ropohl, Günter (1999b): Technik als Gegennatur. In: Ropohl, Günter: Technologische Aufklärung. Beiträge zur Technikphilosophie [1991]. 2. Aufl. Frankfurt am Main, S. 51-71

Ropohl, Günter (1999c): Technische Kultur. In: Ropohl, Günter: Technologische Aufklärung. Beiträge zur Technikphilosophie [1991]. 2. Aufl. Frankfurt am Main, S. 198-215

Ropohl, Günter (2002a): Die Philosophie der Technik – Ein Exempel für die Synthetische Philosophie. In: Philosophia naturalis, H. 2, S. 189-207

Ropohl, Günter (2002b): Wider die Entdinglichung im Technikverständnis. In: Abel, Günther; Engfer, Hans-Jürgen; Hubig, Christoph (Hg.): Neuzeitliches Denken. Festschrift für Hans Poser zum 65. Geburtstag. Berlin u. a., S. 427-440

Ropohl, Günter (2006): Konstruktion oder Emergenz: Zum Verständnis der technischen Entwicklung. In: Petsche, Hans-Joachim; Bartiková, Monika; Kiepas, Andrzej (Hg.): Erdacht, gemacht und in die Welt gestellt: Technik-Konzeptionen zwischen Risiko und Utopie. Festschrift für Gerhard Banse. Berlin, S. 31-48

Ropohl, Günter (2008): Homo faber: Die Macht des Machens. In: Schmidinger, Heinrich; Sedmark, Clemens (Hg.): Der Mensch – ein kreatives Wesen. Darmstadt, S. 259-274

Ropohl, Günter (2009): Allgemeine Systemtheorie in der Technikforschung. In: Berger, Wilhelm; Getzinger, Günter (Hg.): Die Akteur-Netzwerk-Theorie: Konzepte der Handlungsträgerschaft von Technik. S. 31-51 (im Druck); Nachdruck von Teilen in der Einleitung zu: Ropohl, Günter (2009): Signaturen der technischen Welt (im Druck)

Schulz-Schaeffer, Ingo (2000): Sozialtheorie der Technik. Frankfurt am Main/New York

Stekeler-Weithofer, Pirmin (2007): Das Wesen der Technik ist nichts Technisches. Kooperation als Hintergrunderfüllung. In: Hubig, Christoph; Luckner, Andreas; Mazouz, Nadia (Hg.): Handeln und Technik – mit und ohne Heidegger. Berlin, S. 130-144

VDI – Verein Deutscher Ingenieure (Hg.) (2000): Richtlinie 3780 „Technikbewertung: Begriffe und Grundlagen" [1991]. 2. Ausg. deutsch u. englisch. Düsseldorf

Weber, Max (1976): Wirtschaft und Gesellschaft. Die Wirtschaft und die gesellschaftlichen Ordnungen und Mächte [1921]. 5. Aufl. Tübingen

Kulturbegriff – Abgrenzungen, Leitdifferenzen, Perspektiven

Christoph Hubig

Wenn Begriffe einen vielfältigen und ausdifferenzierten Gebrauch aufweisen und dabei gegenläufige oder einander gar explizit widersprechende Tendenzen des Einsatzes dieser Begriffe zu verzeichnen sind, ist dies ein Indiz dafür, dass diese Begriffe auf gesellschaftliche Problemlagen und Brennpunkte sozialer und politischer Auseinandersetzungen abheben. Diese Eigenschaft führt der Begriff „Kultur" im Rahmen der modernen Leitdifferenzen „Kultur – Zivilisation", „Kultur – Lebenswelt" sowie „Kultur – System" seit rund 250 Jahren mit sich. In Abhängigkeit von den unterschiedlichen Strategien und Verwendungsinteressen werden entweder unversöhnliche Gegensätze behandelt oder notwendige Harmonie unterstellt. Unschwer ist zu erkennen, dass solche Begriffe nicht einfach irgendwelche Dinge, Klassen, Sachverhalte oder Sachlagen bezeichnen, sondern hier Vorentscheidungen und Strategien zum Ausdruck kommen, wie bestimmte Gegenstandsbereiche jeweils überhaupt adäquat zu erfassen sind – jene Begriffe haben dann den Status von *Kategorien*, die die *Art* und *Weise* des weiteren Urteilens über bestimmte Sachverhalte, die „adäquate Begrifflichkeit" festlegen. Darüber hinaus ist dem Sprachgebrauch von „Kultur" zu entnehmen, dass die Begriffe als „Leitbegriffe" in orientierender oder politisch-kämpferischer Absicht eingesetzt werden. Damit erlangen diese Begriffe den Status von *Ideen* als Orientierungsgrößen mit dem Anspruch ihrer Einlösung im Erkennen und Handeln.

Angesichts dieser Gemengelage soll zunächst eine Sichtung der Ansätze vorgenommen werden mit dem Ziel, eine grobe „Landkarte" der Begriffsverwendungen zu erstellen. Im zweiten Schritt soll der Versuch einer Systematisierung unternommen werden am Leitfaden einer Reflexion auf das in den verschiedenen Ansätzen implizit unterstellte Verhältnis von Kultur und Natur.

1   Sichtung der Ansätze

1.1   Die Leitdifferenz „Kultur – Zivilisation" (Kulturoptimismus, Kulturpessimismus, Kulturkritik)

Der historisch prominenteste Status kommt sicherlich der Abgrenzung von Kultur gegenüber (bloßer) Zivilisation zu, die sich im Umkreis des I. Weltkriegs zu einem Streit zweier Geisteshaltungen, „deutscher" oder „französischer", zuspitzte und ihren weiteren Niederschlag fand in der im Wesentlichen von deutschen Denkern getragenen kulturpessimistischen Deutung der Technik im Unterschied zur optimistisch-französischen (vgl. dazu Hubig 2000b). Ihr letztes Aufbäumen fand sie im deutschen Kompendium des Halbwissens, Dietrich Schwanitz' Werk „Bildung – alles was man wissen muss", welche den Bildungsstoff als „Marschgepäck" bereitstellt, damit man „bei der Konversation mit kultivierten Leuten mithalten" und sich „in der Welt der Bücher bewegen" kann. Dort heißt es weiter: „So bedauerlich es erscheinen mag: naturwissenschaftliche Kenntnisse müssen zwar nicht versteckt werden, aber zur Bildung gehören sie nicht" (Schwanitz 2002, S. 664). Es ist diese heruntergekommene Auffassung von Bildung als Träger einer Kultur und von Kultur als Träger „wahrer" Humanität, die bereits Mitte des 18. Jh.s in Frankreich bei den Aufklärern die Antithese „Civilisation" auf den Plan rief. Gegen die Salonkultur des Grand siècle und das Kulturideal der galanten Lebemänner machten die Aufklärer die „Arbeit des Menschen und ihre Anwendung auf die Erzeugnisse der Natur" geltend, wobei „die freien Künste, in ihrer Kraft erschöpft, den Rest ihrer Stimme dazu verwenden können, die mechanischen Künste zu preisen" (d'Alembert/Diderot 2001, S. 217; vgl. Beckmann 1777, S. X). Ähnlich Jean-Jacques Rousseau oder Graf Gabriel de Mirabeau, die in ihren Schriften der „kulturellen" Entwicklung anlasten, dass der Mensch, seiner natürlichen Tugenden verlustig, zu Luxus und Entfremdung geführt worden sei, wogegen eine auf der Basis von technischem und wirtschaftlichem Fortschritt vollzogene Reform der Sitten vorzunehmen ist. Der Fortschritt der Menschheit überhaupt hin zur Überwindung der Naturgefahren sowie – damit einhergehend – seiner vollständigen Emanzipation sei nur auf jener Basis zu bewerkstelligen, so der Marquis de Condorcet (vgl. dazu Moras 1930). Diese optimistische Idee der „Zivilisation" als Leitbild eines von technischen und wissenschaftlichen Errungenschaften getragenen Fortschritts hielt sich über die Revolution und die Restaurationszeit durch bis zu ihrer Nationalisierung nach dem 1870er Krieg, in der „Civilisation" als Gegenkonzept zur deutschen „Kultur als Form der Barbarei" stilisiert wurde.

Im Geiste der französischen Geschichtsphilosophie einer gesetzmäßigen Abfolge von Zivilisationsstufen (Auguste Comte) sehen maßgebliche Vertreter der französischen Technikphilosophie die Zivilisation als Wesen der kulturellen Evolution des Menschen, als „hervorgebracht Natürliches", welches zwar gewisse Krisen durchlaufe (als „Dichotomisierung" von Entwicklungen), letztlich aber zu einer immer höheren Kohärenz der technischen Systeme führe, auf deren Basis der Mensch seine Umweltbeziehungen gestalte und damit „Kultur in Übereinstimmung mit der Wirklichkeit" bringe (vgl. Simondon 1958, S. 16, 256). Menschliche Technik produziere keine „Gegennatur", sondern habe einen „biomorphen Charakter" (vgl. Moscovici 1982, S. 498, 43). Im Zuge einer „wissenschaftlich begründeten Technik" füge sich der Mensch als Agens in seine kosmische Umwelt ein – Entfremdung ist allenfalls Resultat defizienter technischer Organisation, wohingegen der technischen Evolution eine „souveräne technische Moralität" (Ellul 1954, S. 97) zukomme unter der Idee der Perfektionierung, zu der wir immerfort gezwungen sind.

Genau dies ist aber nun der Ansatzpunkt der Propagierung eines alternativen Kulturkonzeptes, wie es sich vornehmlich in Deutschland auf der Basis einer anders akzentuierten Rousseau-Lektüre entwickelt hat und schließlich zur These von der „Tragödie der Kultur" führte: Ebenfalls unter Verweis auf Rousseau machte Immanuel Kant den Unterschied geltend zwischen bloßer Kultivierung und „Zivilisierung" einerseits und einer Moralisierung, deren Idee zur Kultur gehöre, andererseits (Kant 1964, A 402f.). Entsprechend bezog Johann Georg Hamann „Kultur" ausdrücklich auf die Entwicklung von Philosophie und Literatur, und Johann Heinrich Pestalozzi – um nur wenige Stimmen aus dem großen Chor zu nennen – sah deren Tatkraft in der Vereinigung der Menschen „als Individua […] durch Recht und Kunst", während die „Kraft der kulturlosen Civilisation" die Menschen nur „als Masse durch Gewalt" vereinige (Pestalozzi 1977, S. 87f.). Dahinter steht die Vorstellung, dass der freie Mensch als Bildhauer an der Erde (Johann Gustav Droysen) Werke schaffe, deren Wert als „Kulturwert" darin liege, dass er hier seinen Geist „objektiviere". Damit ist allerdings die unausweichliche „Tragödie" vorgezeichnet: Denn zu dieser „Objektivation des Geistes" ist der Mensch auf technische Mittel verwiesen, die unter dem „Sachwert" des Funktionierens stehen (vgl. Simmel 1911, S. 127f.) und deren Sachcharakter zu einem „Zwangscharakter" wird, der den Mechanismus der Zivilisation ausmache. Die „Dialektik der Mittel" läge in dem Prozess, dass ursprünglich frei eingesetzte Mittel (etwa in der Handwerkskultur) nun als Maschinen und Systeme den Menschen unter ihre Funktionsmechanismen zwängen, sofern er den Betrieb aufrechterhalten will. Die Werke, die er schaffe, führen ihm vor, dass er nicht mehr ihr „unverstellt authentisches" Subjekt sei, sondern sich in ihnen die „Sachgesetzlichkeit" der Mittel niederschlage und fortschreibe. Diese „Tragödie der Kultur", wie sie unisono von Georg Simmel, Hans Freyer, Hannah Arendt, Günther Anders u. a. beklagt wird (vgl. dazu Hubig 2006, S. 137f.), sei nur zu überwinden durch eine Emanzipation des geistigen Individuums gegenüber seiner Technik, sei es im Modus der Askese, sei es im unmittelbaren „Kampf" zwischen Individuen, wobei – Ironie der historischen Konstellation – die von manchen Kulturpessimisten (Georg Simmel, Oswald Spengler) beschworene Rehabilitierung des Individuellen gegenüber den technischen Systemen im „Kampf" mit Blick auf den I. Weltkrieg eine Situation beschwor, die wie kaum eine andere doch durch die Macht technischer Systeme geprägt war und die (im Namen „deutscher Kultur" gegen „französische Zivilisation") geführte Auseinandersetzung als performative Widerlegung des deutschen Kulturanspruches erscheinen lässt. Bereits Ernst Cassirer erhob den Einwand gegen dieses Kulturkonzept und die damit verbundene These von einer „Tragödie" der Kultur, die sich in der Technik entfremdet habe, indem er diese Auffassung auf ein verengtes Bild des vereinzelten Individuums zurückführte, welches sich bei *seiner* Weltaneignung in der Krise sieht. In Wahrheit aber seien die (technisch realisierten Werke) nicht das entfremdete Gegenüber eines Individuums (erst recht nicht der Menschheit als hochstilisiertem Gesamtindividuum), sondern Mittel der Kommunikation und Interaktion, zu denen sich die Kosubjekte in ein Verhältnis setzen und über ihre unterschiedlichen Deutungen und Umgangsweisen diese Werke dynamisieren und fortschreiben. Die Werke sind nicht Verluste menschlicher Intentionalität, sondern Ansatzpunkte zu ihrer weiteren Entwicklung. Ferner sind die real-, intellektual- und sozialtechnischen Systeme als „symbolische Formen" Möglichkeitsräume bzw. Medien, innerhalb derer wir unsere Weltaneignung vollziehen und die wir in unserer Weltaneignung weiterentwickeln. Dies mache eine Kultur aus, die nicht in einer Tragödie endet, sondern sich über ihre Krisen weiter entwickelt. Im intersubjektiven Austausch und der Auseinandersetzung zwischen Subjekten werden die „festen Formen zu neuer Entwicklung befreit" (vgl. Cassirer 1994, S. 109ff.). Damit ist ein Kulturkonzept vorgezeichnet, das die technische Realisierung nicht als ihr entfremdetes Anderes sieht, sondern als integralen Bestandteil zu ihrer eigenen Fortschreibung.

Aus den unterschiedlichsten politisch geprägten philosophischen Kulturkritiken nachfolgender Zeit lässt sich eines herauslesen: Eine jenseits der „Kultur" allein gelassene Technik wird genauso zum Gegenstand der Kritik wie eine „Kultur", die sich ihrer Techniken entfremdet hat. Sei es, dass Ernst Jünger (aus reaktionärer Perspektive) Kultur als „Oase bürgerlicher Sicherheit" überwunden sehen will (vgl. Jünger 1932, S. 198), sei es, dass – umgekehrt – Max Horkheimer in sozialkritischer Absicht ihr Aufgehen in einer „Kulturindustrie" moniert (vgl. Horkheimer 1959), sei es, dass Odo Marquard das Verhältnis von Kultur und Zivilisation als notwendiges Kompensationsverhältnis zu begreifen sucht (vgl. Marquard 1976). Alle heben auf missliche Vereinseitigungstendenzen ab und machen damit implizit deutlich, dass der integrale Zusammenhang zwischen beiden Instanzen genauer bedacht werden müsste. Es gilt wohl, um Immanuel Kant zu paraphrasieren: „Kultur ohne Technik ist leer, Technik ohne Kultur ist blind". Damit ist aber allenfalls die Problemwurzel benannt, auf der sich die polemische Auseinandersetzung entfaltet hat.

1.2   Die Leitdifferenz „Kultur – Lebenswelt" (Ordnung, Praxen, Text, Medium)

Hinter einem zweiten umstrittenen Begriffspaar, demjenigen von „Kultur" und „Lebenswelt", wird ein weiterer Aspekt ersichtlich, der die Rolle der Technik im Verhältnis zur Kultur thematisiert. Hier wird die Technik der Kultursphäre zugerechnet und in ein Spannungsverhältnis zur Lebenswelt gesetzt. So finden sich auf der einen Seite Ansätze, die angesichts der Notwendigkeit einer Sicherung unserer lebensweltlichen Verhältnisse auf die Notwendigkeit der Einrichtung von Institutionen verweisen, als „Umgießen hoher Gedanken in feste Formen", woraus allererst Handlungsfreiheit resultiere, so der Kulturanthropologe Arnold Gehlen (vgl. Gehlen 1957, S. 111). Im Rahmen der „Superstruktur Technik-Wissenschaft-Wirtschaft" könne allerdings deren Organisation „sinnentleert" werden: dem sei nur durch Verzicht auf einschlägige Gratifikationen zu begegnen. Ähnlich argumentiert der Neukantianer Heinrich Rickert, wenn er hervorhebt, dass man das Leben „bis zu einem gewissen Grade ertöten" müsse, um zu „Gütern mit Eigenwerten zu kommen", den „Kulturwerten" (Rickert 1911/12, S. 154).

Kritisch hingegen rekonstruiert der Phänomenologe Edmund Husserl diese Entwicklung als Verlustgeschichte, in der die „Selbstverständlichkeit" der Lebenswelt in eine „Verständlichkeit" transformiert worden sei im Zuge der Idealisierung unserer Erkenntnisinhalte (von der Geometrisierung über die Arithmetisierung bis zur Algebraisierung) sowie einer „Kausalisierung" als Verknüpfungsprinzip, welches unserem methodischen Zugriff geschuldet sei – die Methoden erscheinen ihm als die „ersten Maschinen". Diese harte Formulierung meint, dass erst ein Sinnverzicht (auf den Eigensinn der lebensweltlichen Zusammenhänge) Kräfte im Rahmen jener idealisierten Strukturen technisch verfügbar machte – hier also nicht eine „Tragödie der Kultur", sondern eine „Krisis der europäischen Wissenschaft" (als Technik) vorläge (vgl. Husserl 1960).

Unter Verzicht auf die Rede von einem *ursprünglichen* Sinn stellt Bernhard Waldenfels, ähnlich wie Talcott Parsons, der das kulturelle Subsystem der Funktion einer Internalisierung von Werten zuordnet („latent pattern maintenance" – vgl. Parsons 1953, pp. 183ff.), aus phänomenologischer Sicht die Ordnungsstrukturen der Kulturen als neue (untereinander inkompatible) Sinnträger heraus (vgl. Waldenfels 1987). Aus machttheoretischer Perspektive beleuchtet der Sozialhistoriker Michel Foucault diese Ordnungsstrukturen als „Dispositive", als Netze, die zwar Möglichkeiten einer individuellen („subversiven") strategischen Wiederauffüllung durch individuelles Handeln bergen, wobei jedoch im Zuge solcherlei Handelns neue dispositive Eigenschaften entstehen, die über die Intentionen der einzelnen Handelnden hinausgehen, so dass das Handeln innerhalb solcher Strukturen von ihm als „strategisches Handeln ohne Subjekt" erachtet werden kann (Foucault 1978, S. 121; vgl. Hubig 2000a). Es findet dann, wie die Soziologen sagen, eine „anonyme Vergemeinschaftung" statt, da aus jenen Strukturen ein Koordinationseffekt hinter dem Rücken der handelnden Subjekte resultiere.

Im Unterschied zu dieser kulturkritischen Haltung, die auf der Folie einer ursprünglichen Lebenswelt argumentiert, verstehen die „Kulturalisten" (Peter Janich u. a.) die Herausbildung von Kulturen als Prozess einer Tradierung von Praxen, die sich als regelmäßige, regelgeleitete und personeninvariant aktualisierte Handlungszusammenhänge bewährt haben (vgl. Hartmann/Janich 1996, S. 37f.). Die Schritte ihres Aufbaus sind dabei durch den unumkehrbaren technischen Bedingungszusammenhang des Einsatzes jeweiliger Mittel geprägt; die Aufbaufolge der Techniken ist die Basis für die Entwicklung einer entsprechenden „Kulturhöhe" (vgl. Janich 1998). Über das rein Instrumentelle und Funktionelle hinaus (als notwendiger Bedingung von Kultur) entspricht dies, so Cornelius Castoriadis, unserer Weltaneignung als „Formierungsbegehren" (Castoriadis 1994, S. 14). Wir finden also im Gegensatz zu einer eher kritischen Einschätzung des Ordnungscharakters von Kultur hier eine Würdigung ihrer Ordnungsleistung unter dem Ideal der Zweckrationalität, einer begrüßenswerten „Entzauberung" der Welt (Max Weber), deren „stahlhartes" Gefüge den unverzichtbaren Rahmen für planvolles Handeln abgibt (vgl. Weber 1988, S. 205f.). Einig sind die Positionen im Aufweis der Technik als notwendiger Bedingung derartiger Kultur.

Über diese Funktionszuweisung an die Technik hinaus kann dann der „Kultur" im engeren Sinne der Charakter eines „Textes" zugeschrieben werden, wobei man im „Text" sowohl die allgemeine Wurzel von „tek" und in einem spezielleren Sinne von „Text" als Träger von Bedeutungen sprechen kann. So versteht Jürgen Habermas Kultur als „Vorrat an Deutungsmustern" (vgl. Habermas 1981, S. 189ff.), der bereits erwähnte Ernst Cassirer fasst sie als Inbegriff symbolischer Formen, unter denen wir unsere Weltbezüge ausdrücken und damit erst bewusst und gestaltbar machen, und der Ethnologe Clifford Geertz sieht „(anti-)antirelativisch" die formale (nicht inhaltliche) Gemeinsamkeit von Kulturen darin, dass sie Systeme von Bedeutungen in symbolischer Form ausmachen, mit deren Hilfe Menschen Einstellungen zum Leben weiterentwickeln (vgl. Geertz 1984, 1991). Versteht man in dieser Weise Kulturen als Texte im engeren Sinne, dann sind sie „Medien der Orientierung" (vgl. Orth 2000) als Aktualisierungsbedingungen der jeweiligen „Tendenz von Lebensstilen" (vgl. Rothacker 1988, Abschn. Nr. 11, 12). Die Gefahr einer derartigen Spezifizierung von „Kultur" i.e.S. liegt aber darin, dass Kultur gleichsam den Charakter einer (kommentierten) Landkarte enthält, die sich dem Blick des neugierigen Leser (oder Ethnologen oder Geisteswissenschaftlers) erschließt, der sich hier zu orientieren vermag oder auf dieser Basis eine Orientierungshilfe für andere entwickelt. War in der Konfrontation von Kultur und Zivilisation die Kultur das Reservat der Werte (im Gegensatz zur Technik als Inbegriff der Mittel), so erscheint hier Kultur als das Reich disponibler Deutungen (im Gegensatz zu rein funktional modellierter Technik). „Bildung", als der kulturellen Sphäre zugehörig, wäre aber verkürzt, wenn man sie als bloßen Umgang mit Deutungen oder als Wissenstransfer über solche Deutungen und Interpretationen erachtete.

Sich zu bilden hängt, wie Georg Wilhelm Friedrich Hegel im Kapitel „Herrschaft und Knechtschaft" der „Phänomenologie des Geistes" unüberbietbar herausgearbeitet hat, damit zusammen, dass man *etwas* bildet und sich zu seinen *Werken* in ein Verhältnis setzt. Ferner: Texte sind nicht bloß Reservoirs von Deutungen oder „Wissensvorräten", sondern Träger von Ansprüchen, was sich auch und gerade daran kund tut, dass sie in Kanons entsprechender Nationalkulturen versammelt sind und verbindliche Standards auszudrücken beanspruchen, unter denen unser Leben zu organisieren sei. Sie exemplifizieren Regeln und werden eben deshalb auch zum Zweck der Erziehung eingesetzt. Sie stellen, wie Wilhelm Dilthey betont, nicht bloße Begrifflichkeiten und ihre Interpretationen vor, sondern „materiale Kategorien" (vgl. Dilthey 1958, S. 191ff.), was signalisiert, dass unser tatsächliches Handeln unter diesen Konzepten sein Selbstverständnis findet und sich an entsprechenden Schemata orientieren soll. Zu diesen Schemata gehören aber auch und gerade die materialen Verfasstheiten des technischen Mitteleinsatzes und des Wirtschaftens. Kultur ist also eher ein „Text" im weiteren Sinne: Ein Gefüge von materialtechnischen, intellektualtechnischen (zeichenverarbeitenden) und sozialtechnischen (normativen) Komponenten. Wie aber verhalten sich diese zueinander? Wir werden diese Frage unter 1.4 wieder aufnehmen. Zuvor ist noch eine dritte Leitdifferenz zu erörtern.

1.3   Die Leitdifferenz „Kultur – System"

Insbesondere angesichts der heutigen Globalisierung, die ihre Wurzeln bereits in der frühen Neuzeit hat und seither durch ihren inneren Widerspruch einer globalisierten Wertschöpfung einerseits (was Ressourcenausbeutung, Produktion und Kapitalverkehr betrifft) und dem Aufstellen und der Nutzung immer neuer Barrieren (was Migration, Verfügung über Ressourcen, Zugang zum Weltmarkt als Anbieter etc.) andererseits geprägt ist, ist ein weiteres Gegensatzpaar virulent, innerhalb dessen Technik in ihrem Verhältnis zur Kultur verortet wird, nämlich dasjenige von „System" und „Kultur". Modelliert man „System" als ein funktionales Gefüge von Elementen, das der Selbstfortschreibung und Selbsterhaltung dient, indem externe Störungen von Systemen so verarbeitet werden, dass die funktionalen Zusammenhänge stabil bleiben, so kann man sie mit Niklas Luhmann als „operativ geschlossen" und „selbstreferenziell" charakterisieren: Systeme wie Wirtschaft, Recht, Wissenschaft, Politik, Religion etc. stehen unter jeweils spezifischen Regeln/Codes, unter denen sie sich fortschreiben und unter denen die jeweiligen „Irritationen" durch andere Systeme erfasst und weiter verarbeitet werden (vgl. Luhmann 1987). Nur sofern eine Erfassung dieser Irritationen unter dem eigenen Code möglich ist, sind diese Irritationen als Störungen identifizierbar (z. B. rechtliche Irritationen des Wirtschaftssystems nach Maßgabe ihrer Monetarisierbarkeit). Insofern erfahren Systeme ihren Umweltkontakt immer nur als „Selbstkontakt": Nach Maßgabe ihres Codes legen sie die Grenze zu ihrer jeweiligen

Umwelt allererst fest. Innerhalb dieser Systeme, die in ihrer Gesamtheit „Gesellschaft" ausmachen, spielt Technik eine zentrale Rolle: Sie ermöglichen Routinen als „feste Kopplungen", als „Kontingenzmanagement" der auftretenden Systemereignisse (vgl. Luhmann 1995, S. 524; Luhmann 1998, S. 517). Sie programmiert die Abläufe innerhalb der Systeme so, dass Antizipation von Effekten, Planbarkeit, Verlässlichkeit, Absicherung, Kompensation bei Schäden und Fortsetzbarkeit des Agierens gewährleistet sind. Technik als Stabilitätsgarant innerhalb der Systeme bildet mithin kein eigenes System. Dieses Technikkonzept ist nicht auf Material-/Realtechnik beschränkt, sondern umfasst neben ihr auch die Intellektual- und Sozialtechniken.

Im interkulturellen Kontakt nun erfahren die Systeme die fremde Kultur als Einspruch (Dirk Baecker). Sie werden herausgefordert durch andere Kulturen als Außer-Ordnungshaftes, und zwar dadurch, dass sie in bestimmten Situationen nicht in der Lage sind, einen „funktionalen Anschluss" des „Einspruchs" an ihr eigenes Regelsystem herzustellen (vgl. Baecker 2001, S. 22, 30, 59f.). Nicht eine *bestimmte* Andersheit (Alterität), die immer noch unter einer Vergleichsinstanz (tertium comperationis) als Unterschiedlichkeit verstehbar ist, liegt hier vor, sondern es erscheint eine Fremdheit (Alienität), weil der eigene Code, der ja funktional maßgeblich ist, nicht einen „Anschluss", eine Übersetzbarkeit herzustellen vermag, die ja auch Voraussetzung selbst einer Abgrenzung wäre. Versteht man unter „Verstehen" Herstellung eines derartigen funktionalen Anschlusses, wie sie sonst unter Systemen möglich ist (etwa, um auf das obige Beispiel zurückzukommen, die Wahrnehmung einer juristischen Sanktion durch ein ökonomisches System als ökonomische Einbuße qua Strafzahlung, Marktbeschränkung, Reduktion des Gewinns durch Ansehungsverlust etc.), so liegt jetzt „Nicht-Verstehen" vor. Jean Baudrillard hat wiederholt dieses Phänomen geltend gemacht zur Erklärung der Unfähigkeit der tauschfixierten westlichen Gesellschaft, das Engagement islamischer Fundamentalisten im „Heiligen Krieg" zu verarbeiten. Andere verweisen auf ein Nicht-Verstehen des chinesischen Wertes der „Harmonie" als Verhältnis von in Netzen organisierten Rollen, die nicht nach unserer Lesart von Individuen wahrgenommen werden, sondern die Individualität dieser Subjekte charakterisieren. In solchen kulturellen „Einsprüchen" realisiere sich für die technisch stabilisierten Systeme die neue Erfahrung, dass sie selber Umwelt der Systeme sind, die sie zu verstehen suchen, also, dass „Umwelt" nicht einzig von ihnen in Relation zu ihnen festgelegt ist. Damit erfahren sich die Systeme selbst als kontingent. Das Kulturelle, so Luhmann, bestehe eben gerade darin, dass Systeme sich und andere Systeme eben als kontingent beobachten (vgl. Luhmann 1999, S. 48).

Zugleich machen die Systeme aber auch in diesem Kontext eine gegenläufige Erfahrung: Jenseits dieser Beobachtung einer Neuformierung des Verhältnisses von System und Umwelt ist zu diagnostizieren, dass bestimmte Subsysteme dieser Systeme zu Subsystemen der anderen Kulturen in deutlicher „Resonanz" stehen. Das betrifft die Erfüllung partikulärer funktionaler Erfordernisse wie etwas hinreichende Versorgung mit Grundnahrungsmitteln und Wasser, Kampf gegen soziale Unterdrückung, Erstellung einer hinreichenden Infrastruktur des Verkehrs und der Kommunikation, Nutzung von Techniken der Informationsverarbeitung u. v. a. mehr, kurz: technisch durchstrukturierte Teilsysteme, die multifunktional orientiert sind und das basale Fundament der elaborierteren unterschiedlichen Systeme abgeben. (Darauf insistiert immerfort auch der Nobelpreisträger für Wirtschaft Amartya Sen.) Hieraus lässt sich erklären, warum trotz differierender kultureller Ordnungssysteme eine gewisse technische und ökonomische Homogenisierung festzustellen ist, in der Teilsysteme der unterschiedlichen Kulturen bestens zu kooperieren scheinen. Dies gilt freilich nur so lange, wie der Funktionszusammenhang nicht gestört ist. Spätestens im Krisenmanagement und in der Wahl von Strategien, mit Störungen umzugehen, also bei gestörter „Resonanz", greifen die alternativen übergeordneten systemischen Strategien. Aus dieser Perspektive erscheint Technik einerseits als *interkulturelles* Phänomen der Stabilisierung von Teilsystemen, andererseits als etwas, was den transkulturellen „Einsprüchen" der Kulturen gegeneinander nichts entgegenzusetzen hätte. Damit deutet sich eine neue Perspektive zur Unterscheidung von Technik (als „Kontingenzmanagement") und Kultur (als übergeordnete orientierende Ordnungsstruktur) an, die jeweils aus der Sicht der Anderen als kontingent erscheint. Wenn Kultur, wie Baecker in der Luhmann-Tradition formuliert, dasjenige ist, „was wir nicht zur Disposition zu stellen bereit sind" (Baecker 2001, S. 59f.), wir hingegen Technik bereitwillig zugunsten einer besseren (effizienteren und effektiveren) Technik aufgeben, scheint ein Unterscheidungskriterium gefunden. Und letztlich wären wir wieder bei der alten Unterscheidung angelangt, zwischen einer Domäne, in der es um Ziele und Wert geht (Kultur) und einer, in der es um die Mittel geht (Technik).

Zwei Einwände jedoch lassen sich hier geltend machen: Zum einen sind Mittel nicht bloße Instrumente zur Realisierung von Zielen (als Handlungszwecken), sondern legen den Raum der Realisierbarkeit möglicher Zwecke fest, die nur dann als Zwecke und nicht als bloße Wünsche oder Visionen erachtet werden. Technik ist insofern nicht nur Inbegriff der Mittel, sondern (analog zu natürlichen Medien) künstliches *Medium* der Ermöglichung von Zwecksetzungen und ihrer Realisierung: Aus diesem Grund ist sie eben nicht bloß nach Maßgabe ihrer Disponibilität mit Blick auf Effizienz und Effektivität zu betrachten, sondern auch nach Maßgabe ihrer Unverzichtbarkeit bei der Festlegung des Horizonts, innerhalb dessen wir überhaupt Zwecksetzungen generieren, ohne die Effizienz (als Verhältnis von Aufwand und *Ertrag*) und Effektivität (als *Zweck*dienlichkeit) gar nicht zu denken wären (vgl. Hubig 2006). Zum anderen stehen diese basalen technischen Kategorien ihrerseits unter Werten, die nicht einfach einer von der Technik zu separierenden Kultur zuzuschreiben wären, sondern bestimmen, was überhaupt als Technik gilt. Der Wandel von Vorstellungen über Technik, wie ihn die Ideengeschichte bis hin zur konkreten Technikgeschichte aufweist, ist weder rein technikinduziert noch top down durch einen Wechsel „kultureller" (z. B. weltanschaulicher) Leitbilder evoziert. Er entspringt einem komplexen Wechselspiel fundamentaler Krisen in der Verarbeitung realtechnischer, intellektualtechnischer und sozialtechnischer Probleme bei der Gestaltung unserer Weltbezüge einerseits und einer hierdurch veranlassten, aber nicht hieraus begründeten Einnahme neuer Weltsichten andererseits, die auch im Rückgriff auf ältere Welt- und Menschenbilder („Renaissancen") oder in visionären Neuentwürfen liegen können. Damit ist aber ein weiterhin ungeklärtes Verhältnis nur benannt.

1.4   Vorschlag für eine Reformulierung des Problems

Angesichts der unterschiedlichen Einschätzungen von Kultur, Zivilisation, Lebenswelt und Technik sowie ihres Verhältnisses zueinander erscheint es sinnvoll, den Anfang jener begrifflichen Entwicklungen aufzusuchen, der ja nicht ein Anfang bloßer Benennungsversuche ist, sondern als Anfang einer Problemsicht und zugleich als (leider vergessener) Anfang des Versuchs, tragfähige Lösungen zu erarbeiten, rekonstruierbar ist. Der Begriff „cultura" verweist ursprünglich auf den Ackerbau im Kontext der Sesshaftwerdung des Menschen, der neolithischen „Revolution". In diesem Prozess etablierte sich eine spezifisch menschliche Technik, die vom bloß instrumentellen Werkzeugeinsatz höherer Spezies deutlich zu unterscheiden ist. Denn im Unterschied zur „Zufallstechnik" der Jäger und Sammler (vgl. Ortega y Gasset 1978, S. 34ff.), die den Widerfahrnissen der Natur ausgeliefert waren, suchen die Menschen ihre Naturbezüge zu sichern und zu stabilisieren, indem sie die Bedingungen des Erlegens von Tieren (durch Einhegung und Zucht) sowie des Erntens von Nutzpflanzenerträgen (durch Anlage von Äckern und Bewässerung etc.) selbst technisch zu gestalten vermochten. Der steuernde Einsatz technischer Artefakte wird mithin ergänzt durch eine, wie es der Kybernetiker William Ross Ashby formuliert hat, „Regelung" im weitesten Sinne als „ausgearbeitete Gegenaktion gegenüber Störungen", die allererst ein „gelingendes Steuern ermöglicht" (Ashby 1974, S. 290). Realtechnik in diesem Sinne hat also zwei Komponenten: Steuerung und Absicherung des Gelingens dieser Steuerung qua Regelung. Kultur in diesem Sinne weist also bereits zwei Komponenten auf, die zu ihrer Realisierung freilich bestimmte Formen der Repräsentation (von Störungen und Handlungserfolg) sowie der Kommunikation (Intellektualtechnik) und der Arbeitsteilung (Sozialtechnik) erfordern. Konsequent ist es daher, wenn Marcus Tullius Cicero dieses Kulturkonzept als „cultura animi" auf den Bereich des Geistigen überträgt und damit in den Fokus der Aufmerksamkeit rückt, dass jene Gestaltung der Verhältnisse zur äußeren Natur eine adäquate Gestaltung der Verhältnisse des Menschen zu seiner inneren Natur mit sich führen muss. Neu ist diese Übertragung nicht, denn bereits Athene wird neben ihrer Charakterisierung als Erfinderin der Realtechniken des Webens und des Behausens sowie der Landwirtschaft als Technikerin dargestellt, die entsprechende Intellektualtechniken (der Zeichenverwendung) für die Beherrschung unserer inneren Natur (Vorstellungen, Affekte etc. – so die Darstellung bei Pindar) sowie für die Gestaltung der zwischenmenschlichen Beziehungen zum Zweck von deren Stabilisierung, also als Sozialtechnikerin (der Regelung juristischer und politischer Auseinandersetzungen, wie z. B. in der Orestie; vgl. Hubig 2006, Kap. 2.1). Alle diese Techniken sind ohne die jeweils andere nicht denkbar und realisierbar. Die *Kultivierung* der inneren und äußeren Natur von ihrer zielgerichteten Weiterentwicklung bis hin zur Disziplinierung wird dabei ergänzt durch eine *Überformung* der äußeren und inneren Natur, soweit das Ziel, stabile Handlungsbedingungen zu erlangen, durch bloße Kultivierung nicht erreichbar erscheint. Georg Simmels Bild ist der Unterschied zwischen der Kultivierung eines Baumes und seiner Überformung als Schiffsmast (vgl. Simmel 1911, S. 248); für die innere Natur wäre analog der Unterschied zwischen einem Sensibilisierungs-, Konzentrations- und Kreativitätstraining auf der einen und der Vermittlung eines von Dritten als bewährt erachteten Wissens auf der anderen Seite anzuführen.

Es geht also darum, die Stabilität von Handlungsbedingungen zu gewährleisten, nicht in dem Sinne, dass das individuelle Handeln hierdurch in bestimmte Schemata gezwungen würde, sondern in der Hinsicht, dass jene Stabilität überhaupt erlaubt, dass individuelles Handeln mit bestimmten kalkulierbaren Folgen planbar wird, gleich, wie man sich zu entsprechenden Folgen als Gratifikationen oder Sanktionen verhält und möglicherweise die diese ermöglichenden Bedingungen verwirft. Ich schlage vor, Kultur als Inbegriff solcher Schemata zu erachten, die als bewährte Schemata tradiert werden. Jedes Handlungsschema, bestehend aus (1) möglichen Werten und Zielvorstellungen, (2) als realisierbar erachteten Zwecken sowie (3) aus verfügbaren möglichen Mitteln, weist sowohl eine real/materiale, eine zeichen/deutungshafte (intellektuale) sowie eine normative Seite (mögliche Sanktionen und Gratifikationen) auf. Dadurch eröffnen sich *Hinsichten* des Unterscheidens, nicht jedoch unterschiedliche Klassen von Schemata, die erlauben würden, technische, intellektuale sowie normative Gegenstände zu separieren. Und es wird ersichtlich, warum gegenstandsbezogene Unterscheidungen zwischen Kultur, Lebenswelt und System genauso scheitern wie Versuche, eine technische Domäne der Mittel von einer kultürlichen Domäne der Werte zu trennen (s. hierzu Hubig 2006, Kap. 7).

2 Versuch einer Systematisierung

2.1 Dogmatisch-naturalistische prädikative Verwendung von „Natur"/„natürlich" (zu 1.1)

Angesichts divergierender Befunde, die alle mit der Leitdifferenz „Kultur – Zivilisation" arbeiten, stellt sich die Frage nach dem Grund der Unterschiede. Er findet sich in dogmatisch-naturalistischen Unterstellungen zur „Natur" des Menschen (als innere und äußere Natur), zur „Natur" seiner Umwelt als „ursprünglicher" sowie zur Evolution oder Naturgeschichte. Als „Natur" oder „natürlich" wird dasjenige etikettiert, was „ursprünglich" anzutreffen sei bzw. vom Menschen unbelassen ist. So wird der „ursprüngliche" Mensch mal als biologisches Mängelwesen, mal als biologisches Überschusswesen modelliert, seine ursprüngliche Umwelt mal als Ort der Gefahren, mal als Aktionsraum, an den er optimaler als alle konkurrierenden Lebewesen angepasst gewesen sei, so dass überschüssige Energien freigesetzt wurden. Und die Evolution erscheint mal als Prozess, der den Menschen als Gipfelpunkt seiner Entwicklung hervorgebracht habe, mal als Geschehen, zu dem der Mensch sich als Fremdkörper verhält und für das er gar eine „Katastrophe" darstellen mag (vgl. Hubig 2006, Kap. 3.2). Diese prädikativen Charakterisierungen, die ihrerseits zahlreiche Binnendifferenzierungen aufweisen, täuschen darüber hinweg, dass eine real erfahrene Natur sowie ihre erkenntnismäßige Modellierung immer auf einem jeweils begründungsbedürftigen Verhältnis des Menschen (in praktischer und theoretischer Hinsicht) beruhen. Wenn nun „Kultur" und „Zivilisation" auf jener brüchigen Kontrastfolie als Alternativkonzepte entwickelt werden, schreibt sich der naturalistische Pluralismus in den Pluralismus der alternativen Kultur-Konzepte fort. Eine biologistische Herleitung von Kultivierung und Überformung innerer und äußerer Natur, sei es aus funktionaler Notwendigkeit, sei es auf der Basis eines Freiraums von Entfaltungsmöglichkeiten „begründet", eröffnet einen Spielraum der „Analyse" von Handlungsprozessen, die entweder als funktional oder dysfunktional erachtet werden, je nachdem, (1) ob und wie ein „Auseinandertreten" der inneren oder äußeren Natur mit ihren funktionalen Abhängigkeiten diagnostiziert wird, je nachdem, (2) wie die artifiziellen Umwelten als „sekundäre Systeme" als menschengemäß affirmiert oder als entfremdet kritisiert werden, und je nachdem, (3) wie die „Eigendynamik" der Entwicklung als natürliches evolutives Geschehen oder als Bedrohung des „eigentlichen" Menschseins erachtet werden. Entsprechend variieren auch die Diagnosen zu den Optionen eines Umgangs mit diesen Entwicklungen, der Gestaltbarkeit, Modifizierbarkeit, Interventionsmöglichkeiten etc. Der Pluralismus der anthropologisch fundierten Kulturtheorien hat seine Wurzeln im unreflektierten Naturalismus der jeweiligen Naturkonzepte. Die objektstufige prädikative Leitdifferenz „Natur/natürlich-Kultur/kultürlich" sollte daher verabschiedet werden.

2.2   Die Leitdifferenz „natürlich – künstlich" als Differenz logischer Reflexionsbegriffe (zu 2.1)

Diejenigen Ansätze, die „Kultur" in ihrem Verhältnis zu „Lebenswelt" zu begreifen suchen, setzen an einem Konzept von Lebenswelt an, welches bereits als Verhältnis des Menschen zu seiner Handlungsumwelt erachtet wird, also kein irgendwie geartetes ursprüngliches Gegenstandsfeld ausmacht. Anstelle eines Weltausschnittes, der für ein erkennendes Subjekt als ursprünglich erscheinen könnte, wird vielmehr Lebens-

welt bereits bei Husserl gefasst als Gesamtheit der intersubjektiv geteilten Weltver-
hältnisse, die als fundierend *an*erkannt sind und nur unter Aufgabe unserer elementaren Erfahrungs- und Handlungsmöglichkeiten zur Disposition zu stellen wären. Zu
solchen „selbstverständlichen" Weltverhältnissen kann man nun seinerseits in ein (re-
flektierendes) Verhältnis treten und diese Verhältnisse beschreiben. Dazu setzen wir
Termini ein, die lebensweltliches (oder wissenschaftliches) Handeln und lebensweltliche (oder wissenschaftliche) Erkenntnisgewinnung, bei der ja vielfältige Prädikate
eingesetzt werden, unter bestimmten tertia comparationis beschreiben. Sie sortieren
als Metaprädikate unsere Vorstellungen, die dem objektstufig-prädikativen Begriffs-
gebrauch, der sich auf dasjenige richtet, „was es gibt", zugrunde liegen. Entsprechend
der Kantischen Terminologie handelt es sich um *logische* Reflexionsbegriffe als con-
ceptus comparationis. Dabei lässt sich, folgt man Peter Janich, Armin Grunwald und
Yannik Julliard, eine erste Unterscheidung, diejenige nämlich zwischen „Technik"
und „Natur" einziehen: „Technik" als Reflexionsterminus zeigt dieser Auffassung von
Reflexion gemäß an, „ob wir uns sprachlicher Mittel bedienen, die unser eigenes poie-
tisch-handwerkliches wie sprachlich-begriffliches *Handeln* betreffen" (Janich 2006, S.
44f.; vgl. Grunwald/Julliard 2005), eben Methoden – als abgesichertes geregeltes
Steuern. Der Begriff „Natur" dagegen zeige an, dass wir „solche (sprachliche) Mittel
benutzen, die das Widerfahrnishafte, am Gelingen und Misslingen unserer technischen Handlungen Gelernte" betreffen, das, was das technisch Mögliche und das technisch Unmögliche (im prädikativen Sinne) bestimmt. In dieser Fassung drücken Reflexionsbegriffe also höherstufige Vorstellungen von denjenigen Vorstellungen aus,
die durch prädikative Ausdrücke vermittelt werden. Reflexion, so könnte man auch
sagen, wird als Auffinden von Metaprädikaten aufgefasst. Es sind Begriffe für die
Konzeptualisierung von Operationen *an* Gegenständen, nicht Begriffe der Unterscheidung *zwischen* Gegenständen. Es wird ferner deutlich, dass „Natur" in ihrer Konzeptualisierung abhängt von „Technik" als primärem Reflexionsbegriff, weil sie ex nega-
tivo charakterisiert wird. Was das „Technische" betrifft, kann dann unterschieden
werden zwischen nicht tradiertem und nicht geregelten poietischem und nennendem
Zugriff auf Gegenstände und tradiertem und geregeltem poietischen und (dann) begrifflichem Zugriff. Tradiert und geregelt werden solche Zugriffe unter dem Interesse,
Bedingungen eines weiteren Disponierens bereitzustellen. Solche Bedingungen machen dann die oben (Abschnitt 1.4) erwähnten realen, epistemischen und normativen
Schemata des objektstufigen Handelns aus. Die Gesamtheit dieser Schemata ist dann
als „Kultur" im Sinne eines solchen logischen Reflexionsbegriffes, also als Metaprädikat zu begreifen. Die im Abschnitt 1.2 erwähnten unterschiedlichen Ausprägungen
von Kulturkonzepten in ihrem Verhältnis zu „Lebenswelt" lassen sich dann als einseitige Fokussierungen auf die reale, epistemische oder normative Seite der jeweiligen
Schemata rekonstruieren (vgl. hierzu Hubig/Luckner 2008).

2.3   „Natur", „Technik" und „Kultur" als transzendentale Reflexionsbegriffe

Während die erwähnten Metaprädikate als logische Reflexionsbegriffe gemeinsame Intensionen von Unterscheidungen an Gegenständen benennen, führt Kant einen weiteren Typ von Reflexionsbegriffen ins Feld, die sich nicht auf Vorstellungen beziehen und deshalb in seiner Liste von Vorstellungen (vgl. Kant 1956, B 376f.) nicht auftauchen. Es handelt sich nicht um Titel- und Sortierworte, sondern um Namen für Regeln eines bestimmten Verstandesgebrauchs als Ensemble von Strategien, unter denen jenes Vergleichen von Vorstellungen (bei den logischen Reflexionsbegriffen) stattfindet. Solcherlei ist Thema einer „transzendentalen Reflexion", als derjenigen Überlegung bzw. Handlung, die (irgendwie) gegebene Vorstellungen mit den Bedingungen ihrer Möglichkeit, also den jeweiligen Erkenntniskräften bzw. -vermögen „zusammenbringt". Eine solche transzendentale Reflexion ist also Voraussetzung der logischen Reflexion; den Katalog der Hinsichtnahmen in Zuordnung zu den Erkenntniskräften als rationalem und empirischem Vermögen, also Verstand und Sinnlichkeit, bezeichnet Kant als transzendentale Topik. Da „Natur", „Technik" und „Kultur" nun nicht einen theoretischen, sondern einen praktischen Weltbezug meinen, ist an dieser Stelle Kant unter Beibehaltung seiner Architektur zu ergänzen bzw. zu modifizieren: Es wäre hier also der Bezug dieser Reflexionsbegriffe zu unserem *Handlung*svermögen als Vermögen der Freiheit herzustellen bzw. zu unseren Vorstellungen hiervon. Die basale Vorstellung im Zusammenhang mit „Handeln" ist die Vorstellung der Disponibilität von Mittel- und Zwecksetzungen. Einen empirischen Nachweis des Vermögens der Freiheit kann es gar nicht geben, will man nicht der von Kant aufgezeigten Amphibolie der Reflexionsbegriffe, hier: der Verwechslung des transzendentalen mit dem empirischen Gebrauch, der „Sensifizierung der Begriffe" – wie sie den Psychologisten und Neurologen unterläuft – erliegen. Dass wir subjektive Freiheit als Konzept unterstellen, erfahren wir daran, dass wir beim Handeln Hemmungen als Provokation empfinden. „Technik" als transzendentaler Reflexionsbegriff würde ausdrücken, dass wir Verfahren, Fähigkeiten, Vollzüge und deren Resultate nach Maßgabe ihrer Disponibilität bzw. Verfügbarkeit relativ zu unserem Freiheitsanspruch identifizieren. Wenn aber nun diese Disponibilität im Lichte einer Reflexion auf unseren Freiheitsanspruch mit ihren Grenzen konfrontiert wird, kann das Andere ihrer selbst ebenfalls mit einem Reflexionsbegriff belegt werden, der zunächst das Negative von Disponibilität ausdrückt. Sowohl „Natur" als auch „Kultur" stehen für dasjenige, was prima facie im singulären Akt technischer Realisierung als nicht disponibel erscheint, freilich in unterschiedlicher Weise. Im ersten Falle, im Falle von „Natur", handelt es sich um abduktiv erschlossene (mithin unsicher unterstellte) Wirkschemata bezüglich der Realisierung unseres Freiheitsanspruchs, im zweiten Falle, im Falle von „Kultur", um Schemata der Mittel-Zweck-Verknüpfung, unter denen bestimmte gewünschte Sachverhalte allererst als Handlungszwecke denkbar werden. Die Anerkennung solcher Schemata kann verweigert werden, sofern Handlungszwecke nicht gesetzt oder Gratifikationen (oder Sanktionen) als unerheblich erachtet werden. Wenn auf Handlungsfreiheit verzichtet wird, können jene institutionalisierten Schemata ignoriert werden, und die „Geburt der (Handlungs-)Freiheit aus der Entfremdung" (Arnold Gehlen) findet nicht statt. Mit „Natur" liegt eine abgrenzende, mit „Kultur" eine affirmative Selbstbeschreibung derjenigen Handlungssysteme vor, in denen Technik eingesetzt wird nach jeweiliger Maßgabe unserer (situativen) Auffassung subjektiver positiver Handlungsfreiheit. „Technik", „Natur" und „Kultur" als transzendentale Reflexionsbegriffe drücken mithin den Bezug unseres Denkens zu unserer Vorstellung zu unserem Handlungsvermögen aus (vgl. hierzu Hubig/Luckner 2008; vgl. auch Hubig 2006, Kap. 7). Die Anerkennung von etwas als nicht disponibel („Natur"), bedingt nicht-disponibel, sofern die Realisierung eines konkreten Zweckes für erforderlich gehalten wird („Kultur"), und disponibel („Technik") beruht auf einer Entscheidung, da sie nicht erkenntnismäßig zu fundieren ist, wie Kant bereits betont. Eine solche ist nur unter normativen Gesichtspunkten zu rechtfertigen. Dass solche Rechtfertigungen unter unterschiedlicher normativer Orientierung erfolgen können, erklärt, warum im Zuge der Problem- und Ideengeschichte unter einer wechselnden Bewertung von wechselnden Erfahrungen der Disponibilität oder Nicht-Disponibilität „Natur", „Technik" und „Kultur" jeweils unterschiedlich gefasst wurden.

Literatur

Ashby, William Ross (1974): Einführung in die Kybernetik. Frankfurt am Main

Baecker, Dirk (2001): Wozu Kultur? Berlin

Beckmann, Johann (1777): Anleitung zur Technologie […]. Göttingen

Cassirer, Ernst (1994): Die „Tragödie der Kultur" [1942]. In: Cassirer, Ernst: Zur Logik der Kulturwissenschaften. Fünf Studien. 6. Aufl. Darmstadt, S. 103-127

Castoriadis, Cornelius (1994): Kultur und Demokratie. In: Lettre international, 27, S. 14-17

D'Alembert, Jean le Rond; Diderot, Denis (2001): Die Welt der Encyclopédie [1751]. Frankfurt am Main

Dilthey, Wilhelm (1958): Der Aufbau der geschichtlichen Welt in den Geisteswissenschaften [1910]. In: Dilthey, Wilhelm: Gesammelte Schriften. Bd. 7. Stuttgart

Ellul, Jacques (1954): La technique ou l'enjeu du siècle. Paris

Foucault, Michel (1978): Dispositive der Macht. Über Sexualität, Wissen und Wahrheit. Berlin

Geertz, Clifford (1984): Anti-Antirelativismus. In: American Anthropologist, no. 2, pp. 263-278

Geertz, Clifford (1991): Dichte Beschreibung. Beiträge zum Verstehen kultureller Systeme. Frankfurt am Main

Gehlen, Arnold (1957): Die Seele im technischen Zeitalter. Reinbek b. Hamburg

Grunwald, Armin; Julliard, Yannik (2005): Technik als Reflexionsbegriff – Überlegungen zur semantischen Struktur des Redens über Technik. In: Philosophia naturalis, H. 1, S. 127-157

Habermas, Jürgen (1981): Theorie kommunikativen Handelns. Bd. 2: Zur Kritik der funktionalistischen Vernunft. Frankfurt am Main

Hartmann, Dirk; Janich, Peter (1996): Methodischer Kulturalismus. In: Hartmann, Dirk; Janich, Peter (Hg.): Methodischer Kulturalismus. Zwischen Naturalismus und Postmoderne. Frankfurt am Main, S. 9-69

Horkheimer, Max (1959): Philosophie als Kulturkritik [1960]. In: Horkheimer, Max: Gesammelte Schriften. Bd. 7. Frankfurt am Main, S. 81-103

Hubig, Christoph (2000a): „Dispositiv" als Kategorie. In: Internationale Zeitschrift für Philosophie, H. 1, S. 34-47

Hubig, Christoph (2000b): Technik- und Kulturkritik in Deutschland und Frankreich. In: Dialektik. Zeitschrift für Kulturphilosophie, Nr. 2, S. 173-184

Hubig, Christoph (2006): Die Kunst des Möglichen I: Philosophie der Technik als Reflexion der Medialität. Bielefeld

Hubig, Christoph; Luckner, Andreas (2008): Natur, Kultur und Technik als Reflexionsbegriffe. In: Janich, Peter (Hg.): Naturalismus und Menschenbild. Hamburg, S. 52-66 (Deutsches Jahrbuch für Philosophie)

Husserl, Edmund (1960): Die Krisis der europäischen Wissenschaften und die transzendentale Phänomenologie [1936]. In: Husserl, Edmund: Husserliana – Gesammelte Werke. Bd. VI. Den Haag

Janich, Peter (1998): Die Struktur technischer Innovationen. In: Hartmann, Dirk; Janich, Peter (Hg.): Die kulturalistische Wende. Zur Orientierung des philosophischen Selbstverständnisses. Frankfurt am Main, S. 129-177

Janich, Peter (2006): Kultur und Methode. Frankfurt am Main

Jünger, Ernst (1932): Der Arbeiter. Herrschaft und Gestalt. Hamburg

Kant, Immanuel (1956): Kritik der reinen Vernunft [1787]. Hamburg

Kant, Immanuel (1964): Idee zu einer allgemeinen Geschichte in weltbürgerlicher Absicht [1784]. In: Kant, Immanuel: Theorie – Werkausgabe XI. Frankfurt am Main, S. 33-50

Luhmann, Niklas (1987): Soziale Systeme. Frankfurt am Main

Luhmann, Niklas (1995): Die Kunst der Gesellschaft. Frankfurt am Main

Luhmann, Niklas (1998): Die Gesellschaft der Gesellschaft. Frankfurt am Main

Luhmann, Niklas (1999): Gesellschaftsstruktur und Semantik. Frankfurt am Main

Marquardt, Odo (1976): Art. Kompensation. In: Ritter, Joachim (Hg.): Historisches Wörterbuch der Philosophie. Bd. 4: I – K. Darmstadt, Sp. 912-918

Moras, Jean (1930): Ursprung und Entwicklung des Begriffs der Zivilisation in Frankreich (1756-1830). Hamburg

Moscovici, Serge (1982): Versuch über die menschliche Geschichte. Frankfurt am Main

Ortega y Gasset, José (1978): Betrachtungen über die Technik [1939]. In: Ortega y Gasset, José: Gesammelte Werke. Bd. VI. Stuttgart, S. 7-69

Orth, Ernst Wolfgang (2000): Was ist und was heißt „Kultur"? Dimensionen der Kultur und Medialität der menschlichen Orientierung. Würzburg

Parsons, Talcott (1953): Working papers in the theory of action. New York

Pestalozzi, Johann Heinrich (1977): An die Unschuld, den Ernst und den Edelmuth meines Zeitalters und meines Vaterlandes [1815]. In: Pestalozzi, Johann Heinrich: Sämtliche Werke. Bd. 24 A. Zürich

Rickert, Heinrich (1911/12): Lebenswerte und Kulturwerte. In: Logos, S. 145-158

Rothacker, Erich (1988): Der Satz der Bedeutsamkeit [1942]. In: Rothacker, Erich: Probleme der Kulturanthropologie. 4. Aufl. Bonn, S. 112-122

Schwanitz, Dietrich (2002): Bildung. Alles, was man wissen muss. Frankfurt am Main

Simondon, Gilbert (1958): Du mode de l'existence des objets techniques. Paris

Simmel, Georg (1911): Philosophische Kultur. Leipzig

Waldenfels, Bernhard (1987): Ordnung im Zwielicht. Frankfurt am Main

Weber, Max (1988): Die protestantische Ethik und der Geist des Kapitalismus [1905]. In: Weber, Max: Gesammelte Aufsätze zur Religionssoziologie. Bd. I. 9. Aufl. Tübingen, S. 1-206

Das Kulturelle in der Technik

Kulturbegriffe und ihre Operationalisierung für die Technik

Wolfgang König

Das Thema „Technik und Kultur" (vgl. König/Landsch 1993) könnte so missverstanden werden, als verstünde man „Technik" und „Kultur" als disjunkte Mengen oder gar als dichotome Gegensätze. Gegen eine solche Interpretation wird in diesem Buch vielfach bekundet, dass Technik als Teil der Kultur begriffen wird. Wenn also in zwei Beiträgen von dem „Kulturellen in der Technik" und vom „Technischen in der Kultur" (Peter Janich) die Rede ist, dann wird es in beiden Fällen darum gehen, die Technik zu kontextualisieren. Diese Kontextualisierung erfolgt gewissermaßen unter zwei Perspektiven: Fragt man nach dem „Technischen in der Kultur", wird die Technik mehr als Determinante behandelt, beim „Kulturellen in der Technik" mehr als Determinandum.

1 Kultur als Kunst, als Bedeutung, als Totalität

Günter Ropohl und Christoph Hubig weisen in ihren Beiträgen auf die große Bedeutung begrifflicher Vorentscheidungen im Themenfeld „Technik und Kultur" hin. Auch ich komme nicht darum herum, mich möglicher zugrunde zu legender Kulturbegriffe zu vergewissern (vgl. Busche 2000; Posner 1992). Dies ist schon deswegen notwendig, weil „Kultur" in der Alltags-, aber auch in der Wissenschaftssprache inzwischen zum universellen Passepartout geworden ist. Bereits eine ältere Studie von 1952 unterscheidet sage und schreibe 164 Kulturbegriffe (vgl. Kroeber/Kluckhohn 1963) und bis zur Gegenwart dürften zahlreiche weitere hinzugekommen sein.

Der Kulturbegriffe sind also viele, ich behaupte aber, dass es in Wissenschaft und Gesellschaft drei dominierende gibt (vgl. Reckwitz 2000):

- „Kultur" als Gesamtheit der Künste,
- „Kultur" als System von Bedeutungen und
- „Kultur" als Totalität der menschlichen Hervorbringungen.

„Kultur" als Gesamtheit der Künste – dabei handelt es sich um den Kulturbegriff des deutschen Feuilletons. Geschaffen wurde dieser Kulturbegriff durch den Neuhumanismus im 19. Jh. (vgl. Albrecht 1993; Bollenbeck 1994). Er schied das als wertvoll erachtete von dem weniger Wert besitzenden. Den Künsten, der Literatur, der Musik, der Bildenden Kunst usw., fügte der Neuhumanismus vor allem noch Bildung und Wissenschaft hinzu. „Kultur" zeichne sich dadurch aus, dass sie nicht auf unmittelbare Brauchbarkeit ziele, sondern ihren Wert in sich trage. Bis zur Gegenwart geht es im Kontext dieses Kulturbegriffs nicht zuletzt um Abgrenzungen: Was gehört als „Hochkultur" unzweifelhaft in den geheiligten Bezirk der „Kultur" und was bleibt als „Massenkultur" außen vor oder fristet allenfalls an den Rändern ein Schattendasein? Was ist Gegenstand der Kulturpolitik und verdient eine finanzielle Förderung von Seiten des Staates? Was gehört in das Feuilleton und was ist in anderen Büchern oder Zeitungen unterzubringen? Die skizzierte Interpretation von „Kultur" als Gesamtheit der Künste ist heute aufgrund der stattfindenden exzessiven Ausweitung und Verallgemeinerung des Kulturbegriffs in der Defensive. Dennoch besitzt sie weiterhin in der Politik und in der Öffentlichkeit beträchtliche Bedeutung. Nicht zuletzt stehen hinter diesem Kulturbegriff nicht unerhebliche professionelle und wirtschaftliche Interessen der „Kulturschaffenden".

Es bedarf keiner besonderen Betonung, dass die Technik in diesem Kulturbegriff keinen Platz gefunden hat. Besonders im deutschen „Kulturraum" wurde sie als bloße Zivilisation von der Kultur geschieden und abgewertet (vgl. Albrecht 1993; Bollenbeck 2007; Rohrkrämer 1999). Die Wirkmächtigkeit und Dominanz des neuhumanistischen Kulturbegriffs zeigte sich darin, dass die Ingenieure und die technischen Vereine nicht wenige Anstrengungen unternahmen, der Technik einen „Kulturwert" zuzusprechen und diese Interpretation in der Öffentlichkeit zu verankern.[1] Hierzu gehörten Traditionsbildungen durch Musealisierung der Technik und Förderung der Technikgeschichte sowie Analogiebildungen zwischen Technik und Kunst. So erhielt das 1903 in München gegründete große Technikmuseum nicht umsonst die Bezeichnung „Deutsches Museum von Meisterwerken der Naturwissenschaft und Technik", erschienen zahlreiche „Kulturgeschichten der Technik", wurde der „Künstleringenieur" Leonardo da Vinci in der Ingenieurwelt zur Leitfigur und betonten die Ingenieure den Stellenwert der Kreativität im Ingenieurschaffen. „Kultur als Gesamtheit der Künste" entfaltete also eine große politische und „kulturelle" Wirkmächtigkeit. Theoretische Bedeutung gewann dieser Kulturbegriff hingegen nicht.

Bei dem zweiten hier zu erwähnenden Kulturbegriff, „Kultur als System von Bedeutungen" verhielt es sich genau umgekehrt: Er entfaltete eine große Wirkung in der Wissenschaft, in der Öffentlichkeit fand er kaum Beachtung. „Kultur als System von Bedeutungen" setzte sich in größeren Teilen der Geisteswissenschaften durch, für

---

1   Hierauf beziehen sich zahlreiche Arbeiten zur Geschichte der Ingenieure, ohne dass dieses Thema bereits zusammenfassend in allen seinen Facetten behandelt worden ist. Die meisten Hinweise finden sich in Dietz/Fessner/Maier 1996; weitere Hinweise in Kaiser/König 2006 und der dort genannten Literatur.

welche denn auch konsequenterweise die Bezeichnung „Kulturwissenschaften" vorgeschlagen wurde. Daneben legten ihn spezielle geisteswissenschaftliche Teildisziplinen ihrer Arbeit zugrunde, wie die Kulturphilosophie oder die Kulturgeschichte (vgl. Daniel 2001; Tschopp 2008; Mergel/Welskopp 1997). Gemäß diesem Kulturbegriff wird „Kultur" als eine Art Meta- oder auch Basisstruktur verstanden, welche das Zusammenleben der Menschen, ihre Interaktionen und Interpretationen anleitet. Die Struktur wird mit Begriffen wie Bedeutungen, Symbole, Werte und Normen konkretisiert.

„Kultur als System von Bedeutungen" wäre unproblematisch, verstünde man dies als Aspekt und nicht als Inbegriff von Kultur. Als Inbegriff von Kultur wird der Anspruch erhoben, das Grundlegende, Eigentliche, Bestimmende des menschlichen Daseins zu erfassen. Eine derartige Hervorhebung von Bedeutungen, Symbolen, Werten und Normen beruht allerdings auf starken idealistischen Vorentscheidungen. Sie weist dem Geistigen von vornherein eine übergeordnete Funktion gegenüber dem Materiellen zu oder klammert sogar das Materielle völlig aus der Betrachtung aus.

Auf die Technik angewendet zeigt sich „Kultur als System von Bedeutungen" vielfach in der Konzentration auf die symbolische Qualität der Technik und die Ignorierung ihrer materiellen Eigenschaften. Ein Kühlschrank zum Beispiel erscheint in solchen Betrachtungsweisen nicht mehr als Maschine zum Kühlen von Lebensmitteln, sondern als Symbol von Modernität. Meiner Auffassung nach kann ein solcher Kulturbegriff nur dann Anspruch auf Relevanz in der Techniktheorie und empirischen Technikforschung erheben, wenn er als *Aspekt*begriff und nicht als *In*begriff Verwendung findet.

„Kultur als Totalität der menschlichen Hervorbringungen"[2] geht mindestens bis in die Aufklärung zurück. „Kultur" als das vom Menschen Gemachte bildete hierbei den Gegenbegriff zur „Natur", dem unabhängig vom Menschen Vorhandenen. Nebenbei sei bemerkt, dass diese an sich naheliegende Unterscheidung mit der zunehmenden Herrschaft des Menschen über die Natur an Trennschärfe verloren hat. So ließe sich über das Natürliche und Kulturelle bei Genmais, dem Hybridschwein, „Naturreservaten" und dem globalen Klima trefflich streiten. Dessen ungeachtet eröffnet ein solcher Kulturbegriff eine erste grobe Orientierung für eine ordnende Interpretation der Welt.

Die Nachteile eines derart umfassenden Kulturbegriffs liegen auf der Hand: Wenn alles von Menschen Gemachte Kultur ist, dann ist der Begriff für eine Binnendifferenzierung der menschlichen Hervorbringungen, wie sie die beiden anderen angeführten Kulturbegriffe leisten, ungeeignet. Tatsächlich entfaltet der weite Kulturbegriff seine Stärken nicht bei der Betrachtung einer einzelnen Kultur, sondern im interkulturellen Vergleich (vgl. König 2003). Das vergleichende Potenzial nimmt zu, wenn man sich die aus der Ethnologie stammende Interpretation von Kultur als raumzeitliche Totalität zu Eigen macht. Damit werden sowohl synchrone Vergleiche zwischen ver-

---

2 Vgl. z. B. Lexikon 1975 und die dort angegebene Literatur.

schiedenen Räumen möglich wie diachrone Vergleiche innerhalb eines Raums. Für solche Vergleiche besitzt der Begriff „Kultur als Totalität der menschlichen Hervorbringungen" eine außerordentliche Flexibilität. Er vermeidet Vorentscheidungen, was denn nun in den Kulturen wichtig und was unwichtig, was von größerem und was von geringerem Wert sei. Allerdings entbindet dieser Kulturbegriff nicht von der Aufgabe, die Frage nach den relevanten Kulturelementen später – jetzt aber in Form begründeter Entscheidungen – zu beantworten. Eine heuristische Hilfe hierfür bieten zeitgenössische Erfahrungen kultureller Differenz, Unterscheidungen der Zeitgenossen zwischen dem Eigenen und dem Fremden.

Der weite Kulturbegriff verlangt nach einer Binnendifferenzierung. Die übliche, aus der Ethnologie stammende, ist die zwischen sozialer, geistiger und materieller Kultur. Soziale, geistige und materielle Kultur bilden in üblichen Betrachtungsweisen disjunkte Mengen. So wird unter soziale Kultur die Art und Weise des menschlichen Zusammenlebens subsumiert, unter geistige Kultur Sprache und Kunst und unter materielle Kultur der Umgang mit den natürlichen Ressourcen und die Technik. Eine solche Zuordnung leuchtet ein, ist anschaulich und besitzt heuristischen Wert. Es lassen sich aber Zweifel anmelden, ob sie der Integration von Sozialem, Geistigem und Materiellem beim menschlichen Handeln gerecht wird. Das Soziale, Geistige und Materielle ließe sich auch als drei Dimensionen begreifen, welche jedwedem Handeln innewohnen. Auf die Technik bezogen:

(1) Technik lässt sich als soziale Institution interpretieren, welche menschliche Interaktionen regelt. Man denke z. B. an technische Einrichtungen zur Regelung des Verkehrs, von Straßen bis zu Ampelanlagen.
(2) Technik lässt sich als Ergebnis geistig-kreativen Schaffens verstehen sowie als mentale und intellektuelle Aneignung durch die Nutzer.
(3) Und Technik lässt sich als Stoffwechsel von Mensch und Natur, als materielle Aneignung der natürlichen Welt begreifen.

Von den angeführten drei Kulturbegriffen erscheint mir der dritte, „Kultur als Totalität der menschlichen Hervorbringungen", am besten dafür geeignet, die Bedeutung der Technik im menschlichen Dasein zu erfassen. Technik ist in dieser Begrifflichkeit nicht etwas neben der Kultur stehendes, wie bei der Interpretation von „Kultur als Gesamtheit der Künste", sondern ein integratives Element der Kultur, welches aber – im Unterschied zur Interpretation von „Kultur als System von Bedeutungen" – einen Eigenwert besitzt. Die mir aufgetragene Frage nach dem Kulturellen in der Technik ließe sich dann so beantworten, dass die Totalität der Kultur die Technik bestimmt. Totalität der Kultur schließt die Technik mit ein, so dass in diesem Kultur- und Technikbegriff auch technische Eigendynamiken unterzubringen sind. Eine weitere Konsequenz der verwendeten Begrifflichkeit besteht darin, dass kulturelle Diversität technische Diversität zur Folge hat.

Die bislang angestellten Überlegungen waren eher allgemeiner Art. Im Folgenden werden sie konkretisiert. Ich stelle zwei Konzepte vor, welche teilweise auf den Kulturbegriff zurückgreifen, um Spezifika des technischen und innovatorischen Geschehens herauszuarbeiten. Dabei stammt der erste Ansatz, der unter Schlagworten wie „Innovationssysteme" und „Innovationskulturen" firmiert, aus der ökonomischen Innovationsforschung, der zweite Ansatz unter der Bezeichnung „Technikstile" und „Technikkulturen" aus der Technikgeschichtsschreibung. Bei all diesen Konzepten handelt es sich um strukturtheoretische Interpretationen der Technik, die gegebenenfalls durch handlungstheoretische zu erweitern bzw. zu ergänzen wären.

2 Innovationssysteme und Innovationskulturen

Die Begriffe „(nationales) Innovationssystem" und „Innovationskultur" stellen die „Innovation" in einen größeren Zusammenhang (vgl. Albert/Laberge 2007; Fagerberg et al. 2005; Freeman/Soete 1997; Lundvall 1992; Nelson 1993, 2002; Niosi et al. 1993; Reith et al. 2006; Sharif 2005; Wengenroth 2001; Werle 2005). Bemühungen, das Innovationsgeschehen in einer Nation und damit deren Innovationsfähigkeit zu beschreiben, lassen sich mindestens bis auf den deutschen Nationalökonomen Friedrich List (1789 – 1846) zurückführen (vgl. Winkel 1977, S. 69-81) und durchziehen das gesamte 19. und 20. Jh. Einen systematischeren Anlauf – jetzt unter dem Label „nationale Innovationssysteme" – unternahmen vor allem englische und dänische Ökonomen seit den 1980er Jahren. Motiviert wurde dies durch die Diskussion um Wachstumsschwächen der westlichen Volkswirtschaften – besonders im Vergleich zur aufstrebenden Industrienation Japan. Mehr als die klassische Innovationsökonomie eines Joseph Schumpeter (1883 – 1950) konzentrierte sich die neue Forschungsrichtung auf technische Innovationen, denen man die entscheidende Rolle für das Wirtschaftswachstum in modernen Volkswirtschaften zuschrieb. Damit setzte sie sich explizit von der ökonomischen Neoklassik ab, die fortdauernde Schwierigkeiten hatte, den technischen Fortschritt in ihren mathematisierten Modellen unterzubringen. Um 1990 drang das Konzept in den politischen Raum vor. Entscheidende Bedeutung gewann dabei die OECD, die Indikatoren für die Messung der nationalen Innovationskraft entwickelte (vgl. Albert/Laberge 2007; Reith et al. 2006, S. 99ff.; Smith 2005). Das Konzept der nationalen Innovationssysteme entwickelte sich also von einem Werkzeug der wissenschaftlichen Analyse zu einem politischen Handlungsinstrument, welches die Überwindung der konstatierten Wachstumsschwächen versprach.

Wie die traditionelle Innovationstheorie gingen die Vertreter der neuen Richtung davon aus, dass Innovationen in Unternehmen entstünden. Im Unterschied zu ihren Vorgängern betonten sie jetzt aber die Einbindung der Unternehmen in größere systemische Zusammenhänge. So verwiesen sie auf die staatliche Technologiepolitik und die Kooperationsbeziehungen der Firmen mit Zulieferern und Kunden. Als zentrale Faktoren für Innovation und Wachstum identifizierten die Innovationsökonomen „Wissen" und „Lernen" (vgl. Lundvall 1992). Üblicherweise dominierten in Unternehmen Routinen – sowohl in der Produktion von Altem wie beim Umgang mit Neuem. Innovationen müssten sich in bestehende Strukturen einpassen oder gegen zur Beharrung neigende institutionelle Kräfte durchsetzen. Im Mittelpunkt der Betrachtung standen zunächst die industriellen Forschungs- und Entwicklungsabteilungen. Später erweiterte sich die Perspektive auf das gesamte nationale Wissenschafts- und Bildungssystem: auf die universitäre und außeruniversitäre Forschung sowie auf die schulische und die Hochschulbildung. Schwerpunkte lagen dort, wo der Staat als politischer Gestalter wirkte. Damit schrieb man ihm die zentrale Verantwortung für die Überwindung der Wachstumsschwächen zu.

In der sich anschließenden akademischen Ausformulierung wurde das Konzept der nationalen Innovationssysteme immer komplexer. Das Unternehmen wurde jetzt in ein Netzwerk industrieller und gesellschaftlicher Beziehungen gestellt (vgl. Franke 2000; Porter 1991). Der Markterfolg wurde gleichermaßen durch Konkurrenz wie durch Kooperation erklärt. Als Bedingungen unternehmerischen Handelns und nationaler Wettbewerbsfähigkeit thematisierten die Forscher die politischen Strukturen, die Banken und den Kapitalmarkt, das Rechtssystem, die Wirtschaftsverfassung, die sozialen Beziehungen, die Technikakzeptanz, das Konsumentenverhalten sowie kulturelle Werte und Normen (vgl. Edquist 1997). Die „nationalen Innovationssysteme" entwickelten sich zu einem umfassenden Konzept und blieben offen für Erweiterungen: „One way of specifying ‚system' is to include in it all important economic, social, political, organizational, institutional, and other factors that influence the development, diffusion, and use of innovations. Potentially important determinants cannot be excluded *a priori*" (Edquist 1997, p. 14).

Die durchgeführten empirischen Arbeiten bezogen sich auf verschiedene Länder (vgl. Nelson 1993). Allerdings waren die dabei benutzten Kategorien für systematische Vergleiche zu heterogen. Die meisten Untersuchungen behandelten die Größe des Landes, seine Ausstattung mit natürlichen Ressourcen, das Wohlstandsniveau, die Industriestruktur, die Exportorientierung, den Rüstungsetat sowie die Ausgaben für Forschung und Entwicklung. Eine Reihe von Arbeiten verwies auf die große Stabilität nationaler Innovationssysteme. So sei das deutsche System in den vergangenen 150 Jahren in den Grundzügen unverändert geblieben (vgl. Grupp/Dominguez-Lacasa/ Friedrich-Nishio 2002). Solche Aussagen unterstreichen die große Bedeutung wirtschafts- und technikhistorischer Forschung für eine Ausarbeitung und Überprüfung des Konzepts. Diese hätte dann allerdings dessen zeit- und disziplingebundenen Schwächen zu überwinden.

Kritiker haben in Frage gestellt, dass auf der Makroebene der Nationalstaat die richtige Einheit für die Analyse innovatorischer Dynamik sei. So kann man aus historischer Perspektive darauf verweisen, dass sich der große Umbruch der Industrialisierung zunächst in Regionen vollzogen habe. Und aus einer aktuellen und zukunftsge-richteten Perspektive lässt sich die Globalisierung anführen, welche eine Internationa-lisierung des innovativen Geschehens mit sich bringe. Allein schon die Polarität der beiden Perspektiven legt die Antwort nahe, dass es unangebracht sei, einen wirt-schaftspolitischen Raum a priori für die Untersuchung von Innovationssystemen zu privilegieren. Die gleiche Legitimität besitzen Vorschläge, Branchen oder Technolo-gien mit Hilfe des Konzepts der Innovationssysteme zu betrachten. Es sollte also nicht von vornherein ausgeschlossen werden, nationale, regionale, lokale, globale, bran-chen- oder technologiespezifische Innovationssysteme zu untersuchen. Solche Über-legungen haben tendenziell dazu geführt, das Epitheton „national" bei „Innovations-systemen" zu streichen.

Bei einer Anwendung und Weiterentwicklung des Konzepts der Innovationssys-teme sollten aber seine nicht unerheblichen Schwächen im Blick behalten werden. Die Stärke des Systembegriffs liegt in seiner universellen Anwendbarkeit. Ein „System" lässt sich darstellen durch seine Elemente und die Beziehungen zwischen den Elemen-ten. Zur Operationalisierung bedarf es der Bestimmung der Systemgrenzen (was ge-hört zu dem System und was nicht) sowie der Konkretisierung der in die Beschrei-bung aufgenommenen Elemente und Beziehungen. Eine solche Operationalisierung und Konkretisierung wurde bei den „Innovationssystemen" allenfalls ansatzweise vorgenommen. In methodisch reflektierten vergleichenden Arbeiten wäre sie jedoch unabdingbar (vgl. König 2003).

Das Konzept der nationalen Innovationssysteme spiegelt eine spezifische raum-zeitliche Problemlage der Wirtschaftspolitik wider und enthält eine Reihe unausge-sprochener Prämissen. Hinter ihm steht das Modell der entwickelten konkurrenzkapi-talistischen Industrieländer. Es kann schwerlich auf Staatswirtschaften oder Entwick-lungsländer angewendet werden. Der Reflexionshorizont des Konzepts ist vielmehr die Industriegesellschaft. Es ist angebots- und nicht nachfrageorientiert. Zu bezwei-feln ist, ob es für die Beschreibung komplexerer Gesellschaften – welche von man-chen als Dienstleistungsgesellschaften bezeichnet werden – geeignet ist (vgl. Wengen-roth 2001). In der Dienstleistungs-, Konsum-, Freizeit- oder Erlebnisgesellschaft – wie auch immer man sie nennen möchte – gelten andere Innovations- und Wachs-tumsbedingungen als in der Industriegesellschaft. Werbung und Marketing erhöhen ihren Stellenwert gegenüber der Produktion. Die Konsumenten und ihre Werthaltun-gen gewinnen gegenüber den Unternehmen an Bedeutung. Zwar enthalten bereits die älteren Arbeiten über Innovationssysteme Hinweise auf den Stellenwert von Werten und Normen für das innovative Geschehen. In den quantitativen Ausarbeitungen des Modells tauchen sie jedoch nicht mehr auf – aus dem einfachen Grund, weil sie weni-ger gut zu messen sind. Jüngst hat die Forschung erneut unter dem Stichwort „Innova-tionskulturen" die Integration von Werten, Normen und symbolischen Bedeutungen in das Konzept der Innovationssysteme angemahnt (vgl. Wengenroth 2001; Wieland

2006). Die Forderung erscheint berechtigt, vermehrt jedoch die bei der Operationalisierung bestehenden Schwierigkeiten.

Eine weitere Prämisse des Konzepts besteht darin, dass Wissen und Wissenschaft die entscheidenden Innovationsfaktoren darstellten. Dies entspricht populären Vorstellungen einer „Wissensgesellschaft". Zwar dürfte die grundsätzliche Bedeutung von Wissen und Wissenschaft in unserer Zeit und darüber hinaus in den vergangenen Jahrhunderten nicht bestritten werden. Bei dem Konzept der Innovationssysteme kommt es jedoch in hohem Maß auf den Faktorenmix und dessen Gewichtung an. Historische und aktuelle Studien haben jedenfalls Zweifel an der behaupteten Korrelation zwischen staatlichen Forschungs- und Bildungsausgaben und dem Wirtschaftswachstum geweckt (vgl. Fox/Guagnini 1993; Wengenroth 2001). Überhaupt sieht es so aus, als habe das Konzept der Innovationssysteme das Steuerungsvermögen staatlicher Technologiepolitik bei weitem überschätzt.

3   Technikstile und Technikkulturen

Auf den ersten Blick scheint es sich bei „Technikstilen" und „Technikkulturen" (vgl. Glotzbach 2006; König 1999) um analoge Begriffe zu „Innovationssystemen" und „Innovationskulturen" zu handeln. Auf den zweiten treten – bei zweifellos vorhandenen Verwandtschaftsbeziehungen – deutliche Unterschiede hervor. Das Konzept des Innovationssystems entstand im Kontext der Nationalökonomie mit Blick auf die jeweilige Gegenwart – zunächst der 1980er Jahre und dann der Zeit danach. Die Konzepte des Technikstils und der Technikkultur wurden im Kontext der Technikgeschichte mit Blick auf die Vergangenheit entwickelt. Sie erhoben im Unterschied zum „Innovationssystem" nicht den Anspruch, das technologiepolitische Handeln anzuleiten und die Technikentwicklung zu steuern. Und schließlich unterschieden sich die Konzepte hinsichtlich der Behandlung von Statik und Dynamik in Technik und Gesellschaft. „Technikstil" und „Technikkultur" zielten integrativ sowohl auf den Stand wie auf den Wandel der Technik. Mit „Innovationssystem" dagegen suchte man Erkenntnisse zur Dynamisierung der Innovationstätigkeit zu gewinnen und anzuwenden.

Das Konzept des Technikstils stammt von dem amerikanischen Technikhistoriker Thomas P. Hughes (vgl. Hughes 1977, 1983, 1987, pp. 68-70). Hughes kennzeichnet damit das schon lange bekannte und beschriebene Phänomen einer unterschiedlichen Ausformung der Technik bei annähernd gleichem Stand des technischen Wissens und Könnens. Er gibt folgende Definition: „Technological style can be defined as the technical characteristics that give a machine, process, device, or system a distinctive quality" (Hughes 1983, p. 405). Die technischen Eigenheiten werden erzeugt durch „cultural factors", welche die Technik damit zu einem „cultural artifact" machen.

„Among the cultural factors are geographical, economic, organizational, legislative, contingent historical, and entrepreneurial conditions."

Hughes fasst den Begriff „Technikstil" also ähnlich weit wie die Ökonomen „Innovationssystem". Die Vorteile des Hughesschen Konzepts liegen erstens darin, dass es den Blick auf die Struktur und Funktion der technischen Artefakte lenkt und damit auf den Kern des Untersuchungsgegenstands der Technikforschung. Zweitens bezeichnet es Technik eindeutig als soziokulturelles Phänomen. Und drittens verweist es auf Eigenarten und Differenzen innerhalb der Technik und fordert damit zu erklärenden Vergleichen auf.

Der Stilbegriff beinhaltet jedoch auch eine Reihe von Nachteilen, die es ratsam erscheinen lassen, ihn zurückhaltender als bislang zu verwenden. Bei Hughes bezeichnet „Technikstil" Variationen von technisch Gleichartigem. Das global verfügbare technische Wissen und Können führt zu im Prinzip gleichen Lösungen, welche nur, entsprechend den jeweiligen soziokulturellen Bedingungen, eine variante regionale und nationale Ausformung erfahren. Damit enthält „Technikstil" Reste eines problematischen Technikdeterminismus. Er klammert das Phänomen aus, dass andersartige soziokulturelle Bedingungen auch zu ganz verschiedenen technischen Lösungen führen können, welche wenig miteinander gemein haben.

Der Einwand ließe sich durch Umdefinition und modifizierte Verwendung des Konzepts entkräften. Weitere Probleme liegen in der Konnotation und Semantik des Stilbegriffs selbst. Wiewohl er mittlerweile auch in anderen Kultur- und Sozialwissenschaften heterogene Verwendung findet (vgl. Gumbrecht/Pfeiffer 1986), besitzt der Stilbegriff seinen klassischen Ort in der Kunst- und Literaturwissenschaft und ist durch diese geprägt. Einerseits bezieht er sich dort auf das Expressive in Kunst und Literatur, die spezifische „Handschrift" eines Künstlers oder einer Kunstrichtung; das Instrumentelle tritt dagegen in den Hintergrund. In der Technik wären die Gewichte anders zu setzen, ist doch der Begriff des instrumentellen Handelns – wenn vielleicht auch nicht ganz zu Recht – mit technischem Handeln gleich gesetzt worden. Andererseits wird der Stilbegriff in Kunst- und Literaturwissenschaft häufig vom Individuum oder von Gruppen von Individuen und ihrer künstlerischen Freiheit her entwickelt. Dies lässt sich auch auf Erfinder und Entwicklungsgruppen übertragen. Geht es aber um die Entstehung von Technik in regionalen oder nationalen Größenordnungen, dann erweisen sich solche individualistischen Konzepte als wenig hilfreich. Die Differenz zwischen den kunstwissenschaftlichen Implikationen des Stilbegriffs und seiner technikgeschichtlichen Brauchbarkeit tritt besonders in den Fällen hervor, in denen „Stil" zur Kennzeichnung individueller, handwerklicher Gestaltung polemisch gegen Industrialismus und Massenproduktion ins Feld geführt wurde und wird – ein im 19. Jh. und bis zur Gegenwart weit verbreiteter Topos antitechnischer Kulturkritik.

Der Verdacht liegt nahe, dass der Stilbegriff in der Technikgeschichtsschreibung auch deshalb so positiv aufgenommen wurde, weil man hoffte, mit seiner Hilfe die antitechnische Kulturkritik zu unterlaufen. Die technikgeschichtliche Rezeption des

Stilbegriffs wäre somit eine weitere Facette der Bestrebungen der „technischen Welt", ihre soziale Anerkennung von Seiten der etablierten Kulturen von Kunst und Literatur durch Anpassung voranzutreiben.

Der Begriff „Technikkultur" sucht die kunstgeschichtlich inspirierten Konnotationen des Stilbegriffs zu vermeiden (vgl. König 1999, bes. S. 220ff.). Er lehnt sich an den Begriff „Kultur als Totalität der menschlichen Hervorbringungen" innerhalb eines bestimmten Raumes und in einer bestimmten Zeit an. Damit verfolgt er einen holistischen Ansatz – im Unterschied zur „Innovationskultur" mit ihrer Beschränkung auf Werte und Normen. Der Begriff „Technikkultur" zielt also nicht auf das Besondere, sondern auf das Allgemeine, nicht auf einzelne Techniken, sondern auf die Gesamtheit der Technik, nicht auf lokale oder firmenspezifische Ausprägungen der Technik, sondern auf regionale und – in hochindustrialisierten Ländern mit ihrem nivellierten technischen Niveau – auf nationale oder sogar übernationale Charakteristika. „Technikkultur" betont die funktionalen Zusammenhänge zwischen Technik und anderen gesellschaftlichen Bereichen, welche die Technikentwicklung wesentlich bestimmen. Der Begriff „Technikstil" könnte – folgt man diesem differenzierenden Vorschlag – weiter benutzt werden, um die Ergebnisse des Technikentstehungsprozesses, das heißt die Struktur und Funktion technischer Objekte, zu kennzeichnen. Der Begriff „Technikstil" besäße also im Vergleich zur „Technikkultur" mehr beschreibenden als erklärenden Charakter.

Die Technikgeschichtsschreibung hat bislang vor allem regionale (vgl. Hughes 1977, 1983) und nationale (vgl. Fickers 2007; Heymann 1995; König 1999; Radkau 1989, bes. S. 21-40) Technikstile bzw. Technikkulturen herausgearbeitet. So hat man für die an den Grenzen der Zivilisation stattfindende technische Erschließung der Natur den Begriff „frontier style technologies" vorgeschlagen (vgl. Cronin 2007). Vergleiche zwischen der deutschen und der amerikanischen Technikentwicklung in der zweiten Hälfte des 19. und in der ersten Hälfte des 20. Jh.s nennen u. a. folgende Charakteristika: In der deutschen Technikkultur waren Unternehmen insbesondere dann erfolgreich, wenn es ihnen gelang, neues Wissen in marktfähige Investitionsgüter umzusetzen. Der daraus hervorgehende Technikstil zeichnete sich durch sein technisches Niveau und seine Qualität aus, durch Energie- und Materialeffizienz, aber häufig auch durch einen hohen Preis. In der amerikanischen Technikkultur erzielten die Unternehmen dagegen die größten Erfolge mit in rationeller Massenproduktion gefertigten kostengünstigen Konsumgütern für den Binnenmarkt. Die Qualität war der Nachfrage angepasst, Energie- und Materialsparen spielte keine Rolle. Die markanten Unterschiede zwischen beiden Technikstilen werden erklärt durch spezifische Technikkulturen – als Ergebnis der jeweiligen Ausstattung mit natürlichen Ressourcen, der unterschiedlichen Faktorkosten – insbesondere der Lohnkosten (vgl. Habakkuk 1962) – sowie der Nachfrage.

Auf einer niedrigeren Generalisierungsebene kann man für den amerikanischen Maschinenbau im 19. und 20. Jh. von einer Produktionskultur sprechen, für den deutschen von einer Konstruktionskultur (vgl. Brown 2000; König 1999). In den USA wurden Entwickeln, Konstruieren und Fertigen als Einheit gesehen. Dagegen betrachteten die deutschen Maschinenbaufirmen die Konstruktionsabteilung als Herz der Fabrik. In der amerikanischen Produktionskultur bestand die Aufgabe darin, zu einem bedienungsfreundlichen Produkt zu gelangen, das sich preiswert, in großen Stückzahlen, mit hohem Maschinen- und geringem Arbeitseinsatz fertigen ließ. Dies erreichte man am besten durch umfangreiche Entwicklungsarbeiten am Produkt selbst. Je mehr man produzierte und je weniger man die gefundene Lösung variierte – desto höher war der Gewinn. Diese Formel galt zwar auch im deutschen Maschinenbau, ließ sich aber auf dessen differenzierten Märkten im In- und Ausland nicht durchsetzen. Die Kunden verlangten spezifische Lösungen, was zu einem durch eine Fülle von Anpassungs- und Variantenkonstruktionen geprägten Technikstil führte. Wegen der höheren Energie- und Rohstoffkosten und den längeren Amortisationszeiten standen Konstruktionsziele wie Materialersparnis, Energiesparen und Haltbarkeit stärker im Vordergrund. Dies konnte zu aufwändigeren Konstruktionen führen, in welche ein höheres Maß an theoretischem Wissen einfloss. Die Produkt- und Produktionsorientierung sowie die höheren Stückzahlen im amerikanischen Maschinenbau ermöglichten eine stärkere Spezialisierung und Differenzierung innerhalb der Konstruktionsbüros mit ausgeprägter vertikaler und horizontaler Arbeitsteilung. In Deutschland zog dagegen die konstruktive Vielfalt der Spezialisierung engere Grenzen. Der auf den amerikanischen Konstruktionsbüros lastende Rationalisierungsdruck dürfte eher höher gewesen sein, hatte aber auch eine bessere Ausstattung mit Arbeitsmitteln, wie Lichtpaus-, Zeichen- und Rechenmaschinen, zur Folge.

Mit den Begriffen „Technikstil" bzw. „Technikkultur" wird der Zusammenhang zwischen der Technik und ihrer sozialen und naturalen Umgebung beschrieben bzw. erklärt. Im Allgemeinen wird dabei die Grundidee der „angepassten Technologie" („appropriate technology") verfolgt (vgl. Schumacher 1977). Das heißt, die vorfindliche Technik wird als Ergebnis einer Anpassung an ihre Umgebung erklärt. Darüber hinaus wäre es aber auch möglich, die Rückwirkung der Technik auf ihre Umgebung zu thematisieren (vgl. z. B. Hecht 1998) bzw. Wechselwirkungsmodelle für das Verhältnis von Technik und sonstiger Kultur zu entwerfen.

4 Technik und Kultur im Prozess der Globalisierung

Die vergleichende Herausarbeitung von Innovationsstilen und Innovationskulturen bzw. Technikstilen und Technikkulturen knüpft an einen weiten Begriff von „Kultur als Gesamtheit der menschlichen Hervorbringungen" an. Es hat sich gezeigt, dass die zugrundeliegenden Innovations-, Technik- und Kulturbegriffe gute Dienste leisten,

um lokale, regionale oder nationale Unterschiede der Technikentwicklung zu beschreiben und zu interpretieren.

Gegen dieses positive Fazit ließe sich ein grundsätzlicher Einwand formulieren:
Es mag ja zugestanden werden, dass in der Vergangenheit die kulturelle Formung der
Technik zu einer Vielfalt technischer Stile und Kulturen geführt habe; in Zukunft
werde es aber zu einer Konvergenz kommen, d. h. die technischen Unterschiede würden sukzessive verschwinden. Der Einwand ließe sich auch kulturpessimistisch zu-
spitzen: Die konvergierende Technik kolonialisiere die anderen Bereiche der Kultur,
die Technik werde zur zentralen Ursache für eine degenerierte globale Einheitskultur.[3]

Die Widerrede hierzu könnte darauf verweisen, dass sich Tendenzen der globalen
Konvergenz nicht nur in der Technik, sondern auch in der Sprache, in der Musik, im
Essen usw. auffinden lassen. Und diese Entwicklung münde nicht etwa in eine globale
Einheitskultur, sondern führe zu zahlreichen Hybriden aus Lokalem und Globalem.
Globalisierung und Lokalisierung seien also komplementäre Erscheinungen, welche
man mit dem Begriff der Glokalisierung zusammenfassen könne (vgl. Robertson
2000). Die Welt werde also nicht zu einem Einheitsgrau zusammenfließen, sondern
im Gegenteil eher bunter werden.

Literatur

Albert, Mathieu; Laberge, Suzanne (2007): The Legimitation and Dissemination Processes of the
    Innovation System Approach. The Case of the Canadian and Québec Science and Technology
    Policy. In: Science, Technology, & Human Values, vol. 32, pp. 221-249

Albrecht, Clemens (1993): Kultur und Zivilisation. Eine typisch deutsche Dichotomie? In: König,
    Wolfgang; Landsch, Marlene (Hg.): Kultur und Technik. Zu ihrer Theorie und Praxis in der mo-
    dernen Lebenswelt. Frankfurt am Main u. a., S. 11-29

Bollenbeck, Georg (1994): Bildung und Kultur. Glanz und Elend eines deutschen Deutungsmusters.
    Frankfurt am Main

Bollenbeck, Georg (2007): Eine Geschichte der Kulturkritik. Von J. J. Rousseau bis G. Anders. Mün-
    chen

Brown, John K. (2000): Design Plans, Working Drawings, National Styles: Engineering Practice in
    Great Britain and the United States, 1775-1945. In: Technology and Culture, vol. 41, pp. 195-23.

Busche, Hubertus (2000): Was ist Kultur? Erster Teil: Die vier historischen Grundbedeutungen. In:
    Dialektik, H. 1, S. 69-90

Cronin, Marionne (2007): Northern visions: Aerial surveying and the Canadian mining industry,
    1919-1928. In: Technology and Culture, vol. 48, pp. 302-330

Daniel, Uta (2001): Kompendium Kulturgeschichte. Theorie, Praxis, Schlüsselwörter. Frankfurt am
    Main

---

3   Gewissermaßen schreibt eine solche Formulierung Jürgen Habermas' These eine „Kolonialisie-
    rung der Lebenswelt" in das Zeitalter der Globalisierung fort; vgl. Habermas 1968, 1981, Bd. 2,
    bes. S. 475ff.

Dietz, Burkhard; Fessner, Michael; Maier, Helmut (Hg.) (1996): Technische Intelligenz und „Kultur-faktor Technik". Kulturvorstellungen von Technikern und Ingenieuren zwischen Kaiserreich und früher Bundesrepublik Deutschland. Münster u. a.

Edquist, Charles (ed.) (1997): Systems of Innovation. Technologies, Institutions and Organizations. London a. o.

Fagerberg, Jan; Mowery, David C.; Nelson, Richard R. (eds.) (2005): The Oxford Handbook of Inno-vation. Oxford

Fickers, Andreas (2007): „Politique de la grandeur" versus „Made in Germany". Politische Kulturge-schichte der Technik am Eeispiel der PAL-SECAM-Kontroverse. München (Pariser Historische Studien 78)

Fox, Robert; Guagnini, Anna (eds.) (1993): Education, Technology and Industrial Performance in Europe, 1850-1939. Cambridge/Paris

Franke, Eva Susanne (2000): Netzwerke, Innovationen und Wirtschaftssystem. Eine Untersuchung am Beispiel des Druckmaschinenbaus im geteilten Deutschland (1945-1990). Stuttgart (Beiträge zur Wirtschafts- und Sozialgeschichte 90)

Freeman, Chris; Soete, Luc (1997): The Economics of Industrial Innovation. 3rd ed. London/ Washington

Glotzbach, Ulrich (2006): Technikstil und Gestalt. Zur Ethik gestaltenden Handels. Hamburg

Gumbrecht, Ulrich; Peiffer, K. Ludwig (Hg.) (1986): Stil. Geschichten und Funktionen eines kultur-wissenschaftlichen Diskurselements. Frankfurt am Main

Grupp, Hariolf; Dominguez-Lacasa, Icíar; Friedrich-Nishio, Monika (Hg.) (2002): Das deutsche In-novationssystem seit der Reichsgründung. Indikatoren einer nationalen Wissenschafts- und Technikgeschichte in unterschiedlichen Regierungs- und Gebietsstrukturen. Heidelberg u. a

Habakkuk, Hrothgar John (1962): American and British Technology in the Nineteenth Century. The Search for Labor-saving Inventions. Cambridge

Habermas, Jürgen (1969): Technik und Wissenschaft als „Ideologie". 2. Aufl. Frankfurt am Main

Habermas, Jürgen (1981): Theorie des kommunikativen Handelns. 2 Bde. Frankfurt am Main

Hecht, Gabrielle (1998): The Radiance of France: Nuclear Power and National Identity after World War II. Cambridge, Mass.

Heymann, Matthias (1995): Die Geschichte der Windenergienutzung, 1890-1990. Frankfurt am Main/New York

Hughes, Thomas P. (1977): Regional Technology Style. In: Technology and its Impact on Society. Stockholm, pp. 211-234 (Tekniska Museet Symposia, 1)

Hughes, Thomas P. (1983): Networks of Power. Electrification in Western Society, 1880-1930. Bal-timore/London

Hughes, Thomas P. (1987): The Evolution of Large Technological Systems In: Bijker, Wiebe E.; Hughes, Thomas P.; Pinch, Trevor J. (eds.): The Social Construction of Technological Systems. New Directions in the Sociology and History of Technology. Cambridge, Mass./London, pp. 51-92

Kaiser, Walter; König, Wolfgang (Hg.) (2006): Geschichte des Ingenieurs. Ein Beruf in sechs Jahr-tausenden. München/Wien

König, Wolfgang (1999): Künstler und Strichezieher. Konstruktions- und Technikkulturen im deut-schen, britischen, amerikanischen und französischen Maschinenbau zwischen 1850 und 1930. Frankfurt am Main

König, Wolfgang (2003): Der Kulturvergleich in der Technikgeschichte. In: Archiv für Kulturgeschichte, Bd. 85, S. 413-435

König, Wolfgang; Landsch, Marlene (Hg.) (1993): Kultur und Technik. Zu ihrer Theorie und Praxis in der modernen Lebenswelt. Frankfurt am Main

Kroeber, Alfred; Kluckhohn, Clyde (eds.) (1963): Culture: A Critical Review of Concepts and Definitions. New York

Lexikon (1975): Kultur. In: Meyers Enzyklopädisches Lexikon. 9. Aufl. Bd. 14. Mannheim/Wien/Zürich, S. 437-438

Lundvall, Bengt-Ake (eds.) (1992): National Systems of Innovations: Towards a Theory of Innovation and Interactive Learning. London/New York

Mergel, Thomas; Welskopp, Thomas (Hg.) (1997): Geschichte zwischen Kultur und Gesellschaft. Beiträge zur Theoriedebatte. München

Nelson, Richard R. (ed.) (1993): National Innovation Systems: A Comparative Analysis. New York/Oxford

Nelson, Richard R.; Nelson, Katherine (2002): Technology, Institutions, and Innovations Systems. In: Research Policy, vol. 31, pp. 265-272

Niosi, Jorge; Saviotti, Paolo; Bellon, Bertrand; Crow, Michael (1993): National Systems of Innovation: In Search of a Workable Concept. In: Technology in Society, vol. 15, pp. 207-227

Porter, Michael E. (1991): Nationale Wettbewerbsvorteile. Erfolgreich konkurrieren auf dem Weltmarkt. München

Posner, Roland (1992): Was ist Kultur? Zur semiotischen Explikation anthropologischer Grundbegriffe. In: Landsch, Marlene; Karnowski, Heiko; Bystrina, Ivan (Hg.): Kultur – Evolution. Fallstudien und Synthese. Frankfurt am Main, S. 1-65

Radkau, Joachim (2008): Technik in Deutschland. Vom 18. Jahrhundert bis heute. Frankfurt am Main/New York

Reckwitz, Andreas (2000): Die Transformation der Kulturtheorien. Zur Entwicklung eines Theorieprogramms. Weilerswist

Reith, Reinhold; Pichler, Rupert; Dirninger, Christian (Hg.) (2006): Innovationskultur in historischer und ökonomischer Perspektive. Modelle, Indikatoren und regionale Entwicklungslinien. Innsbruck u. a.

Robertson, Roland (2000): Globalization: Social Theory and Global Culture. London a. o.

Rohkrämer, Thomas (1999): Eine andere Moderne? Zivilisationskritik, Natur und Technik in Deutschland 1880-1933. Paderborn u. a.

Schumacher, Ernst Friedrich (1977): Die Rückkehr zum menschlichen Maß. Alternativen für Wirtschaft und Technik. „Small ist beautiful". Reinbek b. Hamburg

Sharif, Naubahar (2005): Contributions from the Sociology of Technology to the Study of Innovation Systems. In: Knowledge, Technology, & Policy, no. 3-4, pp. 83-105

Smith, Keith (2005): Measuring Innovation. In: Fagerberg, Jan; Mowery, David C.; Nelson, Richard R. (eds.): The Oxford Handbook of Innovation. Oxford, pp. 148-177

Tschopp, Silvia Serena (Hg.) (2008): Kulturgeschichte. Stuttgart (Basistexte Geschichte 3)

Wengenroth, Ulrich (2001): Vom Innovationssystem zur Innovationskultur. Perspektivwechsel in der Innovationsforschung. In: Abele, Johannes; Barkleit, Gerhard; Hänseroth, Thomas (Hg.): Innovationskulturen und Fortschrittserwartungen im geteilten Deutschland. Köln u. a., S. 23-32

Werle, Raymund (2005): Institutionelle Analyse technischer Innovation. In: Kölner Zeitschrift für Soziologie und Sozialpsychologie, Jg. 57, S. 308-332

Wieland, Thomas (2006): Innovationskultur: Theoretische und empirische Annäherungen an einen Begriff. In: Reith, Reinhold; Pichler, Rupert; Dirninger, Christian (Hg.): Innovationskultur in historischer und ökonomischer Perspektive. Modelle, Indikatoren und regionale Entwicklungslinien. Innsbruck u. a., S. 21-38

Winkel, Harald (1977): Die deutsche Nationalökonomie im 19. Jahrhundert. Darmstadt

Das Technische in der Kultur

Peter Janich

Die gängigen Meinungen vom Verhältnis zwischen Technik und Kultur sind aufzu-
finden bei den Üblichkeiten des Sprachgebrauchs, wenn sie nicht sogar von ihm geprägt sind. Sprachgebräuche sind ein naturwüchsiges Produkt der Sprachgeschichte
(im Sinne von Geschehen, nicht von Geschichtswissenschaft) und haben keinen iden-
tifizierbaren Autor, müssen also von niemandem verantwortet werden. Dennoch trägt
ein Sprecher Verantwortung für das, was er sagt, und er sollte daher sein eigenes
Sprachhandeln nicht besinnungslos, sondern reflektiert ausüben. Deshalb werden die
folgenden Überlegungen mit sprachphilosophischen Bemerkungen zu Technik- und
Kulturbegriffen (und verwandten) beginnen.

Im zweiten Teil soll es um einen wichtigen Teilbereich der abendländischen Kultur gehen, die Wissenschaften. Hier spielt das heute in Lebenswelt, Wissenschaft und
Philosophie starke Programm der Naturalisierung der Kultur für das Verständnis von
Technik, Natur und Kultur, und in diesem Rahmen nicht zuletzt für unser Menschenbild, eine wichtige Rolle.

Ist dieses aus einer kulturalistischen Gegenperspektive kritisiert, soll in einem dritten Teil (gegen naturalistische Missverständnisse angewandter Naturwissenschaft ge-
feit) die Kultur in ihrer Technikförmigkeit dargestellt werden, nachdem sich die Kulturförmigkeit der Technik bereits im ersten Abschnitt aus der Begriffsgeschichte ergeben hatte.

Den Schluss bildet im vierten Teil eine Überlegung zu Grenzen des Technikför-
migen in der Kultur, wie es sich in Moral und Recht als den grundlegenden normativen Orientierungssystemen der Kultur zeigt.

1   Technik- und Kulturbegriffe [1]

Wortgebräuchen ist nicht zu trauen. Dies gilt umso mehr, je mehr sich das Gesagte
von den einfachen Lebensvollzügen in Richtung abstrakter Diskussionen entfernt.

---

[1]   Das mir gestellte Thema überschneidet sich mit Janich 2003. Deshalb sind daraus in den Ab-
       schnitten 1 und 2 Textteile mit geringen Korrekturen und Anpassungen in diesen Text übernom-
       men worden.

Eine allererste, simple Faustregel für den Sprachkritiker (im philosophischen Sinne von „Kritik" als Unterscheiden, Beurteilen) lautet, den Substantiven zu misstrauen, die anders als die „Dingwörter" der Alltagssprache nicht für Dinge des Alltagslebens (wie Möbel und Werkzeuge, oder natürliche Dinge wie Steine, Tiere und Pflanzen) gebraucht werden, sondern aus einer Versubstantivierung von Verben und Adjektiven stammen. Sie suggerieren durch die Form des Substantivs eine Verdinglichung, d. h. eine Neuschöpfung von Dingen, die sprachliche Scheinprobleme nach sich zieht.

Ein einfaches Alltagsbeispiel: Sich oder etwas zu bewegen ist als Handlung ebenso elementar wie dessen sprachliche Bezeichnung; nicht anders steht es mit dem Adjektiv (eigentlich: Partizip Perfekt Passiv) „bewegt". Das Substantiv „Bewegung" dagegen bleibt nicht so harmlos, wie die Inhaltsgleichheit der beiden Sätze „Der Uhrenzeiger bewegt sich gleichförmig" und „Die Bewegung des Uhrenzeigers ist gleichförmig" nahe legt. Denn mit dem Substantiv „Bewegung" werden neuartige Fragen und Behauptungen möglich, die sich nicht in ähnlich einfache Inhaltsgleichheiten von Sätzen mit Verben oder Adjektiven auflösen lassen. So kann gefragt werden, ob jede Bewegung Anfang und Ende, eine Richtung, einen unbewegten Beweger usw. hat. Unschwer ist Aristoteles als Urheber solcher metaphysischer Fragen herauszuhören, die er zur Grundlegung seiner Naturlehre aufwirft und diskutiert – als Lehre von dem, was Anfang und Grund seiner Bewegung in sich selbst trägt.

Dieses Beispiel zieht eine einfache Lehre aus dem so genannten „linguistic turn" der Philosophie: Dort, wo „die Sprache feiert" (Ludwig Wittgenstein), entstehen durch Versubstantivierung von Verben oder Adjektiven (in Ausbeutung von Regeln grammatischer Korrektheit) Scheindinge, denen Scheinfragen und Scheinlösungen nachfolgen. Die Ausgangsverben bzw. –Adjektiva dagegen bezeichnen meist einfache Handlungen oder Naturgeschehnisse bzw. dienen zu deren Spezifizierung, sind also durch Rückgang auf einfache Exemplare des Alltagslebens in ihrer Verwendung meistens harmlos zu rekonstruieren. Deshalb ist bei Begriffsklärungen aus dem Bereich der Abstrakta, als die *prima facie* auch Technik und Kultur gelten dürfen, auf geeignete Verben oder Adjektive (wie technisch oder kultürlich für Produkte menschlicher Handlungen) zurückzugehen, um für die fraglichen Begriffe einen „Sitz im Leben" anzugeben. Doch zunächst ist ein Blick auf die Sprachüblichkeiten für die Wörter Kultur und Technik zu werfen.

Kultur ist heute ein allgegenwärtiges Modewort, vor allem in der Form von sogenannten Bindestrichkulturen wie Streit-Kultur, Unternehmens-Kultur, Bade-Kultur, Ess-Kultur usw. Es scheint nichts mehr zu geben, was nicht mit dem Wort „Kultur" eine Bindestrichvereinbarung eingehen könnte und dadurch die Sache selbst interessanter und wertvoller machte. Um diese Wort-Politik oder Wort-Psychologie soll es hier jedoch nicht gehen.

Das Wort Kultur ist vielmehr auch zur Einteilung von Aufgabenbereichen üblich. Es gibt ein Kulturressort, eine Kulturpolitik, in großen Zeitungen eine Kulturredaktion, einen Kulturstaatsminister und einen Kulturetat. Kultur ist eine öffentliche Aufgabe.

Dabei fällt auf: Technik kommt in ihr nicht vor. Erst wenn Technik alt ist und ins Museum wandert oder unter Denkmalschutz gestellt wird, d.h., erst wenn Technik schön wird, wird sie Teil der Kultur. Aber die Technik der Industrieproduktion, die Technik unter der Motorhaube des Autos, die Computertechnik usw. sind keine Gegenstände, an die man durch das Wort Kultur erinnert wird.

Erinnerung wert ist freilich die Herkunft des Wortes „Kultur": Es leitet sich ab vom lateinischen Verbum *colere* (und mittelalterlich *cultivare*) und bezeichnet die menschliche Tätigkeit, in die Natur nach eigenen Zwecken einzugreifen. Der Ackerbauer und der Viehzüchter, aber auch der Steinbrecher und der Straßenbauer, der Holzfäller und der Bergmann, d.h. jeder für den menschlichen Lebensunterhalt Tätige, der sich dabei der Natur bedient, ist ein „Cultivator". Im heutigen Deutsch ist diese ursprüngliche Bedeutung nur noch im Zusammenhang von Bakterien- und Obstbaumkulturen erhalten.

Schon diese kurze Erinnerung an die Abstammung des Wortes Kultur zeigt, dass mit Kultur ursprünglich bezeichnet war, was wir heute Technik nennen.

Das deutsche Wort *Technik* ist über das französische aus dem griechischen Adjektiv *technike* und dem Substantiv *techne* abgeleitet, und es heißt so viel wie Kunst, künstlich, in den lateinischen Entsprechungen ars und artefactum.

In der vor allem durch Aristoteles[2] prominent gemachten Einteilung zwischen Natur und Technik ist das Technische das Künstliche, d.h. das vom Menschen naturwidrig und kunstvoll nach Zwecken Hervorgebrachte. Es sind die handwerklich herstellenden Handlungen, griechisch *poiesis*, die zu (lateinisch) Artefakten, zu technischen Produkten führen.

Bei Aristoteles war, was häufig übersehen wird und zu Missverständnissen führt, die Gegenüberstellung von Natur und Technik eine solche von Aspekten. Es sollten also nicht etwa alle Dinge oder Ereignisse in zwei Bereiche von natürlich und technisch zerfallen (und dann der Bereich der natürlichen Dinge und Ereignisse „die Natur" heißen). Ein und dasselbe Objekt, das der Mensch handwerklich bearbeitet, kann, aristotelisch gedacht, künstliche Eigenschaften gewinnen und zugleich natürliche behalten. Das ist die Farbe der Marmorstatue ebenso wie die natürlichen Qualitäten der künstlich gezüchteten Kulturpflanzen und Haustiere.

In moderner Alltagssprache kann man drei unterschiedliche Bedeutungen von Technik bzw. technisch unterscheiden: Einmal spricht man von Technik im Sinne der Beherrschung eines Handlungsschemas, etwa, wenn von der Technik eines Pianisten

---

2 Aristoteles befasst sich in mehrfachem Zusammenhang mit Technik, etwa in seiner Physikvorlesung, in der „Metaphysik" (Buch Lamda, 3.1070a) (Technik als das vom Menschen handelnd Hervorgebrachte im Unterschied zu dem von Natur aus Gewordenen) und in der „Nikomachischen Ethik". Dort wird Technik explizit als das bezeichnet, was durch poietische Hervorbringung im Gegensatz zur Praxis steht (vgl. Janich 1996, 1998a; vgl. außerdem HWP 1998).

(„technisch brilliant, aber musikalisch [...]"), eines Malers, einer Tänzerin oder ir-
gendeines handwerklich oder künstlerisch Schaffenden die Rede ist. Zum Zweiten
spricht man von Technik im Zusammenhang mit etablierten Verfahren, etwa einer
Guss- oder einer Informationstechnik (nicht selten in einer wenig sprachbewussten
Vermengung mit dem Wort Technologie). Und zum Dritten bezeichnet man mit
Technik den ganzen Bereich der Produkte handwerklicher und ingenieurmäßiger
Konstruktion.

Lehrbücher der Ingenieurwissenschaften im weitesten Sinne bemühen sich ebenfalls, einen Technikbegriff zu entwickeln und eine möglichst umfassende Definition
zu geben. Dort heißt es üblicherweise, Technik diene dem Transport, der Transformation und der Speicherung von Stoff, Energie und Information. Diese Bestimmung ist
für den sprachkritischen Philosophen insofern provozierend, als die drei (vermeintli-
chen) Gegenstandsbereiche Stoff, Energie und Information drei Wörter höchst unterschiedlichen Charakters (genauer: Begriffstyps) in den Technik- und Naturwissenschaften betreffen. Energie ist ein in der Physik explizit durch Messverfahren definierter Parameter, wissenschaftstheoretisch ein „metrischer" oder „quantitativer Begriff".
Stoff ist dagegen ein z. B. in Einleitungen von Chemiebüchern allgegenwärtiges Wort,
das allerdings innerhalb der Fachwissenschaften undefiniert bleibt. Wissenschaftstheoretisch gesehen ist „Stoff" ein Reflexionsterminus, im Plural „Stoffe" ein Abstraktor
(vgl. Hanekamp 1996; Psarros 1999). Und Information ist ein bestenfalls sekundär
definierter Grundbegriff eines Wissenschaftsbereichs, der sich einerseits mathematische Kommunikationstheorie nennt und andererseits als höchst erfolgreiche Ingeni-
eurdisziplin eine lange Schleppe unverarbeiteter sprachphilosophischer Anhängsel
nach sich zieht. Wissenschaftstheoretisch gesehen ist „Information" ein Abstraktor
(vgl. Janich 1998b, 1999, 2006a). Die ingenieurwissenschaftlichen Bestimmungen
von „Technik" sind also dramatisch inhomogen und sprachphilosophisch wie definiti-
onstheoretisch eher unüberlegt. Die in Natur- und Technikwissenschaften verbreitete
Geringschätzung des Sprachlich-Begrifflichen verkennt, dass damit nicht ein philosophischer Selbstzweck („Schöner definieren!"), sondern eminent praktische Konsequenzen wie Verfügbarkeit und Legitimierbarkeit betroffen sind.

Philosophisch betrachtet geht es bei Technik in den drei erstgenannten Verwendungsweisen letztlich immer um die Beherrschung von Mitteln nach Zwecken, seien
diese Mittel nun Handlungsschemata (wie beim Pianisten), Verfahren (wie bei der
Gusstechnik) oder Produkte und Folgen von Handlungen (wie bei Ingenieur-
Konstruktionen).

War oben darauf hingewiesen worden, dass die ursprüngliche Wortbedeutung von
„Kultur" genau dem entspricht, was man heute unter Technik versteht, so zeigt sich
hier umgekehrt, dass „Technik" genau den Bereich bezeichnet, der einen Kernbereich
der Kultur ausmacht. Mit anderen Worten, ein erster, genauerer Blick auf die Wortverwendungen steht im direkten Gegensatz zu den Üblichkeiten der deutschen All-
tags- und Bildungssprache.

Hier lohnt ein Blick über die deutschen Sprachgrenzen hinaus, genauer, ein Blick sozusagen aus dem europäischen Ausland auf die deutsche Sprache. Im Unterschied zu den romanischen und angelsächsischen Sprachen gibt es im Deutschen einen prägnanten Unterschied von „Kultur" und „Zivilisation". Bei „Kultur" denkt der gebildete Deutsche an Bach, Goethe und Dürer, also an die schönen Künste; bei („technischer") Zivilisation dagegen an Asphaltstraßen, Zentralheizung und Wasserspülung.

Dabei ist bereits vergessen, dass „Zivilisation" (als Form etablierter Technik) abgeleitet ist vom lateinischen *civis*, Bürger. Der Bürger ist der Bewohner einer Burg oder einer von Stadtmauern umfriedeten Stadt; heute lebt niemand mehr in Burgen oder innerhalb von Stadtmauern, sondern in der City. (Ich übergehe hier den politischen Aspekt des Übergangs vom „bourgeois" (als dem Burg- oder Stadtbewohner) zum „citoyen", dem aufgeklärten (Staats-)Bürger der Französischen Revolution – vgl. HWP 1971.)

Auch dieser kurze Blick auf die Ursprungsbedeutung des Wortes Zivilisation verweist darauf, dass es dabei gerade nicht um handwerkliche oder ingenieurmäßig Produkte geht, sondern um ein geregeltes Zusammenleben der Menschen in einer städtischen Gemeinschaft, also um Sitte, Moral, Recht und Staat.

Schon dieser kursorische Blick zeigt also, dass die Technik, deren Etabliertheit sich als Zivilisation äußert, dem Sprachgebrauch nach der Kultur entzogen, aus der Kultur ausgebürgert wurde – wie gesagt, im Deutschen. Der Kultur-Charakter von Technik und Zivilisation ist aber im üblichen deutschen Sprachgebrauch nur übersehen, ignoriert oder zumindest unterbewertet.

An diese Befunde zu den Stichworten Kultur, Technik und der deutschen Rede von Zivilisation sei nun ein Blick auf die Technik in den Wissenschaften angeschlossen.

2 Technik in den Wissenschaften

Eine der kritikbedürftigen Seiten des Naturalisierungsprogramms der Kultur betrifft die Rolle der Technik in den Wissenschaften. Dazu sind die dem Naturalisten als Leitdisziplinen (wenn nicht gar als die einzigen Wissenschaften) geltenden Naturwissenschaften zu nennen (die Ingenieurs- oder Technikwissenschaften rangieren dort als angewandte Naturwissenschaften, der ganze Rest als Geisteswissenschaften). Es ist nämlich die häufigste, wenn auch nicht die einzig übliche Bestimmung von „Naturalismus", alle Wissenschaft (insbesondere Geistes- und Kulturwissenschaften) auf Naturwissenschaft zurückführen oder diese durch jene ersetzen zu wollen.

Konsequent wird für die drei Haupttypen naturwissenschaftlicher Erkenntnisgewinnung, für Messung, Beobachtung und Experiment, angenommen, hier handle es sich um eine durch Naturgesetze ermöglichte technische Praxis. Zwar bestreitet niemand den Charakter der menschlichen Praxis, wo es um Laborforschung oder um Beobachtung des Natürlichen mit technischen Mitteln (wie z. B. in Astronomie oder Biologie) geht, also Naturwissenschaften durch menschliches Handeln hervorgebracht werden. Aber, und das macht die naturalistische Haltung aus, technische Praxen als Grundlage der Forschung werden ihrerseits auf eine naturwissenschaftliche Perspektive reduziert, d. h. als quasi natürlich gesehen. Die Funktion von Messgeräten (in der klassischen Physik etwa von Meterstäben, Uhren, Waagen, Thermometern usw.) verdanke sich nach dieser Auffassung den in ihnen wirkenden Naturgesetzen, ebenso die Funktion von Beobachtungsgeräten (wie Fernrohr oder Mikroskop); und dass sich im Verlauf des Experiments die naturgesetzliche Verbindung von Ursache (dem technisch hergestellten Arrangement) und Wirkung (dem beobachteten Ablauf des Experiments) zeige, erkläre ja gerade, dass man überhaupt experimentieren könne.

Dabei ist längst ausdiskutiert, dass in keinem der drei Bereiche die naturalistische Erklärung ausreicht. Die naturalistisch für empirische Daten verantwortlich gemachten Naturgesetze „gelten" nämlich, wenn überhaupt, dann auch für gestörte Instrumente und Apparate: die stehengebliebene Uhr und die eingerostete Waage, das Farbränder oder Verzerrungen produzierende Fernrohr oder Mikroskop und die unerkannten Störparametern unterliegende Experimentalapparatur falsifizieren kein Naturgesetz, wenn sie unbrauchbare (und vom Forscher verworfene) Daten liefern, sondern verfehlen lediglich menschliche Zwecksetzungen. Mit anderen Worten, der Naturalist ignoriert die technische Investition in naturwissenschaftliche Forschung, das technische Fundament neuzeitlicher Naturwissenschaft und dessen Zweckabhängigkeit.

Mehr noch, auch die Bestimmung von „Naturgesetz" gerät ihm – je nach philosophischer Bildung – mehr oder weniger zum metaphysischen Monstrum, zum menschenunabhängigen Gegenstand (obwohl der Naturalist bei Nachfrage immer menschgemachte sprachliche Sätze als Exemplare von Naturgesetzen nennt, die sich von anderen Sätzen durch Anspruch auf eine spezifische Gültigkeit unterscheiden, und zwar durch einen Fundus historisch erarbeiteter Forschungsmethoden und institutionalisierter Regeln der Wissenschaftlichkeit).

Kurz, Technik (als Labor- oder Beobachtungstechnik) ist das historische und systematische Fundament der Naturwissenschaften. Das naturalistische Credo, wonach Technik nichts anderes sei als Anwendung naturwissenschaftlichen Wissens, ist in Wahrheit zu ersetzen durch die umgekehrte Bestimmung der Naturwissenschaft als angewandte Technik. (Dies verbietet ja nicht Fälle der „Anwendung" naturwissenschaftlichen Wissens in technischen Zusammenhängen – aber „anwenden" ist immer mit einer Umdeutung von Zwecken und Mitteln verknüpft, also selbst nicht durch Rückgang auf Natur und ihre Gesetze zu bestimmen.) Damit ist die metaphysische Überhöhung der Naturgesetze (in Wahrheit eine historische Säkularisierung religiöser Schöpfungsmythen und Schöpferabsichten) mit Gründen zu ersetzen durch die Interpretation von „Naturgesetzen" als technisch bewährte Handlungsvorschriften (unter zusätzlichen Bedingungen wie Universalität und Transsubjektivität), kurz als Know how. Diese instrumentalistische Sicht deckt auch natürliche Gegenstandsbereiche im strengen Sinne ab, wie sie in Astronomie oder Evolutionsbiologie (Naturgeschichte) erforscht werden.[3]

Für Naturwissenschaft als unbestritten bedeutenden Teil unserer Kultur heißt dies, dass (auch hier) die Technik als Fundament der Naturerkenntnis ein Kerngegenstand der Kultur ist. Zugespitzt formuliert, würde die technische Praxis der Naturforschung nicht von der Zweckrationalität des technischen Handelns getragen, gäbe es auch keine Naturwissenschaft im neuzeitlichen Sinne. Naturalisten sind aufgerufen, sich der pervertierten Wertschätzungshierarchien bewusst zu werden, die den Theoretiker höher als den Praktiker, den Wissenschaftler höher als den Ingenieur, und diesen höher als den Techniker (im Sinne des Realisators von Ingenieurskonstruktionen) veranschlagt. Der (von Philosophen gern betonte) Primat der Praxis vor der Theorie betrifft die Gegenstände der Naturwissenschaften im weitesten Sinne, und eine methodische Philosophie zeigt den methodischen Primat der technischen Mittel vor den dadurch erforschten natürlichen Verhältnissen.

Auch die Naturalisierung des Menschenbildes durch die Naturwissenschaften in den drei Aspekten (1) Organismus, (2) Fortpflanzung und Vererbung sowie (3) Evolution verkennt den Primat der lebensweltlichen Praxis (mit ihren technischen Aspekten) gegenüber der Theorie. Ohne eine lebensweltliche Kenntnis organismischer Leistungen (z. B. einer Vertrautheit mit dem „Sehen" für die Physiologie als Wissenschaft des visuellen Systems) hätten die Fächer zur Erforschung von Struktur und Funktion von (menschlichen) Organismen weder Gegenstand noch Methode (und die Erforschung tierischer und pflanzlicher Organismen noch nicht einmal Begriffe) (zu (1)). Ohne die Investition von Kriterien zum Vergleich von Organismen in Abstammungsverhältnissen hätten auch Genetiker weder Gegenstand noch Methode. Das Modell des Züchtungswissens als (begrenztes) Verfügungswissen über den Erbgang menschengesetzter Eigenschaften bei Tieren erlaubt für den (aus moralischen Gründen von Züchtungsexperimenten verschonten) Menschen immerhin die Interpretation vererbter menschlicher Eigenschaften im kulturlichen Auswahlprozess von Fortpflanzungspartnern (zu (2)). Und eine evolutionäre Erklärung der Menschwerdung aus dem Tierreich muss noch immer auf ein bereits investiertes Bild des Menschen als zweckrationales Kulturwesen[4] (mit Sprache, Technik und Geschichte) zurückgreifen, um die Kohärenzthese aller Evolutionstheorien gegen kreationistische Konkurrenz zu verteidigen (zu (3)).

Das heißt, auch in den Naturwissenschaften vom Menschen als Lieferanten aktueller Menschenbilder[5] spielt das technische Verfügungswissen die sine-qua-non-Rolle. Um die performativen Selbstwidersprüche naturalistischer Reduktionen des Menschen

---

3 Für Einzelheiten vgl. Janich 1993, 1997.
4 Zur Erläuterung der Zweckrationalität im Kontext einer methodischen Handlungstheorie vgl. Janich 2001.
5 Zur Diskussion von Menschenbildern in den Perspektiven verschiedener Fachwissenschaften vgl. Janich 2006b.

auf Art und Gattung oder auf Genome und Hirne zu vermeiden, ist methodisch der zweckrational technisch handelnde Mensch auch als Autor der Naturwissenschaften vom Menschen zu berücksichtigen. Als Autor investiert er (zumindest im Sinne praktischer Handlungsvollzüge des Forschers) in die Naturwissenschaft vom Menschen die kulturhistorisch aufgelaufenen „typischen" Aspekte des Menschen in einem lebensweltlichen, vor- und außerwissenschaftlichen Sinne. Dann darf aber das Ergebnis der Naturforschung vom Menschen nicht ihre eigenen Bedingungen dementieren, will sie sich nicht selbst ad absurdum führen. (Das ist der wesentliche Inhalt des „kulturalistischen anthropischen Prinzips".)

Und die Geisteswissenschaften? Auch sie haben selbstverständlich als Teil der Kultur zu gelten. Hier gibt es noch Diskussionsbedarf. Weniger der Gegensatz von nominalistischer und essentialistischer Betrachtungsweise (Günter Ropohl) als vielmehr die normative gegenüber der deskriptivistischen Auffassung von den sprachlichen Mitteln zur Erfassung etwa der (deutschen) Geistesgeschichte wird helfen, sich der Interessengebundenheit definitorischer Verfahren bewusst zu werden und diese deshalb in einen weiteren Zweckzusammenhang, d. h. (mit Jürgen Habermas) unter ein (explizit anzugebendes) Erkenntnisinteresse zu setzen. Eine „l'art pour l'art"-Sichtweise der Geisteswissenschaften verzichtet dagegen auf einen wichtigen Zugang zu Kriterien der Wissenschaftlichkeit. Dass es bis heute keine wissenschaftliche Hermeneutik (für Texte) gibt, ist eher ein Skandal als eine naturgesetzliche oder historisch unabänderliche Tatsache. Die Geisteswissenschaften täten gut daran, die Technikförmigkeit der Kultur zumindest als einen Aspekt der Geschichte ernst zu nehmen und dabei statt einer positivistischen Sicht auf die Naturwissenschaften eine handlungsbezogene, kulturalistische Sicht zu entwickeln, um auf die Suche nach Wissenschaftlichkeit der eigenen Bemühungen zu gehen.

Insgesamt ist die Frage, inwiefern Technik als unverzichtbarer Teil der Wissenschaftskultur anzusehen ist, damit beantwortet. Im engeren und weiteren Sinne gibt es keine Wissenschaft ohne Technik, und da es heutzutage auch keine Kultur ohne Wissenschaft geben kann, gibt es also keine Kultur ohne Technik. Dies mag Anreiz sein zu überlegen, ob sich nicht gar das Konstitutionsverhältnis zwischen „Kultur" und „Technik" herkömmlichen Verständnisses umkehrt, und damit aufschlussreicher von der Technikförmigkeit der Kultur als von der Kulturförmigkeit der Technik die Rede sein sollte.

3   Die Technikförmigkeit der Kultur

Es sind gerade die vielfältigen Aspekte, die von Kulturwissenschaftlern und Kulturphilosophen diskutiert werden, unter denen sich ein prinzipieller Unterschied von Technik und Kultur aufzutun scheint. Da werden Probleme interkultureller Verständnisse (bis hin zum „clash of cultures" von Samuel Huntington – vgl. Huntington 1998) betont, oder es wird die bekannte Historikerproblematik, dass man selbst in der Geschichte steht, die man beschreibt, zur Reflexionsfalle verschärft, wonach es schon Teil der je eigenen Kultur sei, die eigene Kultur zu beurteilen. Hier zeige sich dramatisch der kontingente Charakter von Kultur und ihrer Geschichte, so dass jeglicher Objektivismus, vielleicht sogar jegliche Wissenschaftlichkeit erschwert, wenn nicht gar ausgeschlossen bleibe. Die auf Zweckrationalität und Funktionalität gestützte Technik mit ihren unbestrittenen historischen Fortschritten dagegen sei prinzipiell verschieden. (Auch Vorurteile gegen Ingenieure als Kulturbanausen sind ein Ausdruck dieser Einschätzung.) Unterstützt wird diese Sichtweise sogar von (Logischen) Positivisten (etwa aus dem Umfeld des Wiener Kreises), die einen prinzipiellen Unterschied von Naturgesetzen und Gesetzen in der Geschichtswissenschaft betont oder letztere als unmöglich bezeichnet haben. Aber auch hier lohnt ein zweiter, kritisch philosophischer Blick.

Dazu sollen zwei Beispiele („Rad" und „Draht") aus der Technikgeschichte die Frage klären helfen, wie technischer Fortschritt zu bestimmen ist. Zwei Beispiele sind erforderlich, weil hier zwischen apriorischen und empirischen Fällen der historischen Schrittfolgen zu unterscheiden ist.

Die Erfindung des Rades, vielleicht ein genialer Einfall eines Baumeisters, den Transport von Steinquadern (wie beim Pyramidenbau in Ägypten) statt mit untergelegten Rollen auf Wagen zu ermöglichen, sei als erster Schritt einer historischen Rekonstruktion gegeben. (Mit diesem Beispiel soll natürlich nicht der Eindruck erweckt werden, dass die Erfindung des Rades historisch mit dem Pyramidenbau zusammenfällt – wie die Formulierung zeigt.) Das Wagenrad, entweder frei drehbar auf einer festen Achse oder fest auf einer (am Wagen) frei drehbaren Achse, ist kein Naturgegenstand. Organismen können wegen der zur Versorgung durch Stoffwechsel erforderlichen Kohärenz keine Räder ausbilden. Wir befinden uns also im Bereich der Technik nach aristotelischem Verständnis, also der künstlichen Objekte.

Irgendwann in der Frühantike deutet dann jemand das Wagenrad um in eine Seilrolle: Statt ein Seil zum Heben einer Last mit hoher Reibung über ein Rundholz zu ziehen, wird eine Seilrolle zur Verminderung der Reibung eingeführt. Die Seilrolle erreicht im Flaschenzug von Archimedes gleichsam die Spitze ihrer Karriere. Einfacher als der Flaschenzug ist das (ältere) Wellrad, eine feste Verbindung zweier Seilrollen verschiedener Durchmesser, um so (etwa bei Schiffskränen) eine Über- oder Untersetzung, d.h. die kontinuierliche Anwendung des Hebelgesetzes (Kraft mal Kraftarm gleich Last mal Lastarm) zu realisieren.

Irgendwann in der frühen Antike wird auch das Problem des Durchrutschens von Seilen bei großen Zugkräften erkannt und das Zahnradgetriebe (Minimum zwei ineinandergreifende Zahnräder) erfunden. Sobald dieses mit hinreichender Genauigkeit hergestellt werden kann, wird das Schneckengetriebe erfunden, das nicht nur mit geringem technischen Aufwand eine hohe Untersetzung erlaubt, sondern auch eine Art

Ventil darstellt: Kraft kann nur von der Schnecke auf das Zahnrad übertragen werden, aber in anderer Richtung wirkt die Vorrichtung als (willkommene) Sperre.

Dieser Entwicklungsweg ließe sich weiter verfolgen über die Erfindungen von Kron- und Kegelrädern, Differential- und Schaltgetrieben. Hier soll es aber um ein philosophisches Argument gehen: Apriorisch heißt dieses Räder-Beispiel, weil die Abfolge der einzelnen Entwicklungsschritte (die technische Herstellbarkeit der Erfindungen beiseite gelassen, die natürlich empirische Aspekte hat) allein durch methodische Ordnung bestimmt ist. Prinzipiell könnte ein einziger Genius, eine Art Archimedes-Leonardo da Vinci-Citroen, den ganzen Durchlauf der Konstruktionsschritte allein vollziehen.

Dabei werden, handlungstheoretisch betrachtet, Mittel für einen Zweck (z. B. Wagenrad für Transport) zu neuen Mitteln für neue Zwecke umgedeutet (etwa Seilrolle zur Umlenkung einer Zugkraft; Wellrad zur Einsparung von Kraft; Schnecke als Sperre gegen Zurückfallen der gehobenen Last usw.). Hier lässt sich eine strenge Definition von Fortschritt (und „Kulturhöhe") geben: Die in ihrer methodischen Abfolge nicht umkehrbare Reihe von Erfindungen führt von einer niedrigeren zu einer höheren, fortschrittlicheren Technik. (Die Nichtumkehrbarkeit zeigt sich etwa daran, dass nur derjenige das Zusammenwirken mehrerer Räder in Flaschenzug oder Getriebe erfinden kann, der das Rad schon hat; oder das Schneckengetriebe, der das Zahnrad schon hat.)

Auch im zweiten, empirischen Beispiel (Draht) findet eine Umdeutung von Mitteln und Zwecken statt: Die Kunst des Drahtziehens war für mechanisch verwendete Drähte (für Ligaturen an Werkzeugen sowie für Schmuck; heute etwa für Zäune, Kräne und Seilbahnen) schon entwickelt, und damit waren metallische Drähte verfügbar, als entdeckt wurde, dass elektrische Ladung (von griechisch *elektron*, Bernstein, weil an geriebenem Bernstein Phänomene der elektrostatischen Aufladung und der Anziehung von Staubteilchen oder Wollfäden gegen die Schwerkraft entdeckt wurde) bei Erdung durch einen metallischen Draht verschwindet („abfließt", wie dann im Strömungsmodell für Elektrizität gesagt wird). D. h., für die empirische Entdeckung der elektrischen Leitfähigkeit von Metalldrähten mussten diese künstlichen Objekte aus einem anderen technischen Zusammenhang bereits verfügbar sein. Hier hängt also die Entwicklungshöhe der Technik von nicht planbaren, von kontingenten und damit nur empirisch zugänglichen Umständen ab. Niemand kann vorhersehen oder sich apriori ausdenken, dass Metalldrähte elektrische Leiter sind, und sie allein aus diesem Grund erfinden und herstellen. Bei den Über- und Untersetzungsverhältnissen von Zahnradpaaren ist man dagegen nicht auf die Erfahrung angewiesen, sondern bringt apriorisch-geometrische Kriterien wie das Umfangsverhältnis der Zahnräder in Anschlag. Dessen ungeachtet bleibt auch im empirischen Fall das Kriterium für Fortschritt („Kulturhöhe"[6]) anwendbar. Von der Entwicklung der Elektrostatik bis zur Elektro-

---

6 Der Begriff der Kulturhöhe ist erstmals verwendet in Janich 1998a; daran schließt sich eine Debatte an, die jüngst fortgeführt ist in Gutmann et al. 2002, dort etwa in Schneider 2002.

motorik ist die Reihenfolge Herstellung von Draht – Entdeckung von Stromfluss un-umkehrbar.

Die beiden Beispieltypen wurden, in Anwendung einer klassisch gewordenen Terminologie der theoretischen Philosophie, „apriorisch" und „empirisch" genannt. Der Erkenntniswert dieser Unterscheidung für die Technikgeschichte (im Sinne von Geschichtsschreibung) liegt im Aufweis, dass weder die in der Sache liegende kon-struktive Zwangsläufigkeit (was muss man schon haben, um eine Entwicklung fort-setzen zu können, z. B. Räder für Zahnräder) noch die Kontingenz historischer Zufäl-ligkeiten (was muss man schon haben, z. B. Metalldraht), um eine empirische Entde-ckung machen zu können (z. B. das Abfließen von statischer Aufladung), allein ein ausreichendes Erklärungsmodell für den Gang der Technikgeschichte abgeben. Tat-sächlich sind es sogar immer Mischungen beider Typen von Höherentwicklung, die für historische Erklärungen der Technikgeschichte infrage kommen. Die Richtung einer „Höherentwicklung" hat also sowohl apriorische wie empirische Typen von Schrittfolgen, bleibt aber in beiden Fällen an unumkehrbare Schrittfolgen gebunden. Das Schreiben von Technikgeschichte findet also ein Rationalitätskriterium darin, dass im realen Technikgeschehen bestimmte methodische Abhängigkeiten nicht ver-letzt werden können, sonst hätten sie per definitionem keinen technischen Erfolg.

Die beiden Technikbeispiele haben Modellcharakter auch außerhalb der Geräte- oder Maschinen-Erfindung: etwa die historische Entwicklung der Ökonomie von der Tauschwirtschaft (in der z. B. schon „Schulden", „Schuldner" und „Gläubiger" defi-nierbar sind) über Einführung von Geld (zuerst in Formen von einem ad-hoc gewähl-ten Mittel wie Gold-Nuggets, später über Münzen bis zum Papiergeld staatlich garan-tierten Werts) führen schrittweise (und unumkehrbar) zu Bedingungen für Geldverlei-hen, Zinsen, Banken, Aktien und Börse. Das heißt, für den gesamten, technisch hoch komplexen Bereich des modernen Geldwesens lässt sich ebenso eine methodisch ge-ordnete Geschichte mit nicht umkehrbaren Abhängigkeiten zwischen einzelnen Ent-wicklungsschritten angeben wie bei Rad und Draht.

Es steht zu vermuten, dass auch Bereiche wie die Organisation des Straßenver-kehrs, die Fortschritte der (mit der Ökonomie und neuerdings der Ökologie eng ver-knüpften) Automobil-, Bahn- und Flugzeugtechnik als Mittel moderner Mobilität und andere Bereiche sozialer Organisation ebenfalls den Modellen von Rad und Draht ent-sprechen. Ja, es könnte schwer werden, Bereiche menschlicher Praxen zu finden, die ausschließen, von einer Höherentwicklung nach technischem Vorbild zu sprechen, und damit von einer Kulturhöhe – wohl außer in der Kunst, die über alle Bestim-mungsverschiedenheiten hinweg jedenfalls (selbst in der bildenden Kunst) nicht zweckrational sein will im Sinne der Ingenieurskunst. Damit ist die Technikförmig-keit der Kultur zumindest definiert und in wichtigen Beispielen gezeigt.

Der Begriff der „Kulturhöhe", der am Modell der Technikentwicklung gewonnen ist, hat schon bei seinem ersten Auftauchen heftige Reaktionen hervorgerufen. Sie reichen von dem Missverständnis, nun solle die „Sinnrationalität" der „Zweckrationalität" geopfert werden, über den Verdacht, menschliches Handeln solle nicht mehr moralisch oder rechtlich legitimationspflichtig sein, bis zum Vorwurf, der homo faber verdränge nun auch philosophisch den *homo ludens, homo ridens* oder gar den *homo hermeneuticus* als Schemen der traditionellen Geistswissenschaften. Insbesondere sei es ein Zeichen großer Naivität, für „die" Kultur eine Art von Gradmesser oder gar Skalierung einführen zu wollen. In einer Rezension heißt es lapidar, der Begriff der Kulturhöhe sei Physikalismus in Reinform (vgl. Konersmann 2006).

Leider ist dabei einiges von den Kritikern übersehen worden: (1) „Kultur" wird hier gerade nicht in der Vorgefasstheit der deutschen Debatten verwendet, wo Kultur vor allem die schönen Künste oder die klassische Bildung beinhaltet. Hier geht es vielmehr gerade um die Kulturleistung der Techniker in allen Facetten der dabei entstehenden Arbeitsteilung, vom Handwerker bis zum Laborphysiker, vom technischen Zeichner bis zum Konstrukteur, vom Ingenieur bis zum Städteplaner. (2) Nicht „die Kultur" als ganze im Sinne der gesamten Technikgeschichte soll einen Gradmesser erhalten. Einzelne Entwicklungslinien wie der Maschinenbau, die Elektrotechnik oder die Bergwerkskunst usw. durchlaufen eine Höherentwicklung. Sicher werden dabei Wechselwirkungen solcher Entwicklungslinien (z.B. die feinmechanische Beherrschung einer Mikrotechnik für die Miniaturisierung elektronischer Bauteile) auftreten. Die Begrenzung solcher „Entwicklungslinien" geschieht aber nicht etwa nach traditionellen Fächern der technischen Hochschulen, sondern genau nach dem Kriterium der methodischen Ordnung, das hier in der alltagssprachlichen Form „Was muss man schon haben/können, um etwas Weiteres erfinden/entdecken zu können?" eine Entwicklungslinie als kohärent ausgezeichnet. (3) Kulturhöhe ist kein (moralisch oder rechtlich) wertender Ausdruck, sondern die Feststellung einer technischen Komplexität und Reife, die innerhalb der Entwicklungslinien nach dem Prinzip der methodischen Ordnung (Was ist Bedingung für was?) eindeutig festgestellt werden kann. D.h. aber nicht, dass es nicht von einander völlig unabhängige Entwicklungslinien geben könnte. Ob die Chemie der Alltagsprodukte (kosmetische, Haushalts-, pharmazeutische und Genussmittel) vom Maschinenbau abhängen, kann für die großindustrielle Produktion wichtig sein, nicht aber zur Bestimmung dessen, was man, unabhängig von anderen Entwicklungen, weiß bzw. (herstellen und anwenden) kann. (4) Vor allem aber ist das Technikmodell im Sinne engerer und weiterer Verwendungen des Wortes „Technik" geeignet, von einer Betrachtung von Maschinen auf Beispiele etwa des Geldwesens übertragen zu werden. Deshalb ist auch von „Technikförmigkeit" und nicht etwa von „Technikabhängigkeit" der Kultur die Rede.

4 Grenzen der Technik als Kulturmodell

Zu den elementaren Schritten von Ethiken zählt es, von der Rationalität von Zweck und Mittel die Legitimität der Zwecke selbst und damit ihre Beratung und Transformation zu unterscheiden. Interessenkonflikte etwa sind nicht allein mit Zweckrationalität zu lösen, sondern verlangen Bedürfniskritik und Veränderung von Zwecksetzungen, etwa durch Beratung und durch Rücksicht auf Bedürfnisse Anderer, die von den eigenen Handlungen betroffen sind. Auch diese – wohl unkontroverse – Unterscheidung lässt sich einfach modellieren und führt auf modellhafte Anfänge der Moral (im Sinne faktisch anerkannter Sitte) zurück.

Dies ist nicht Thema des vorliegenden Aufsatzes, aber es ist erwähnenswert, ja erwähnenspflichtig, um nicht das Missverständnis zu befördern, die Kultur als Ganzes könnte nach dem Modell der einzelnen Technikentwicklungen und ihrer Fortschritte verstanden werden. Ob z. B. Menschen oder gar Völker aus der Geschichte lernen (können), ob, um ein dramatisches Beispiel zu nennen, die Einsichten in den verbrecherischen Charakter des Holocaust Gewähr bieten, dass sich solches in der Geschichte nie wiederholt – dafür bietet die Technik als Vorbild leider keinen Grund.

Literatur

Gutmann, Matthias; Hartmann, Dirk; Weingarten, Michael; Zitterbarth, Walther (Hg.) (2002): Kultur, Handlung, Wissenschaft. Für Peter Janich. Weilerswist

Hanekamp, Gerd (1996): Protochemie. Vom Stoff zur Valenz. Würzburg

Huntington, Samuel P. (1998): The Clash of Civilizations and the Remaking of World Order. London a. o.

HWP (1971): Bürger, bourgeois, citoyen. In: Ritter, Joachim (Hg.): Historisches Wörterbuch der Philosophie. Bd. 1: A – C. Darmstadt, S. 962-966

HWP (1998): Technik. In: Ritter, Joachim; Gründer, Karlsfried (Hg.): Historisches Wörterbuch der Philosophie. Bd. 10: St – T. Darmstadt, S. 940-952

Janich, Peter (1993): Grenzen der Naturwissenschaft. München

Janich, Peter (1996): Technik. In: Mittelstraß, Jürgen (Hg.): Enzyklopädie Philosophie und Wissenschaftstheorie. Bd. 4. Stuttgart/Weimar, S. 214-217

Janich, Peter (1997): Kleine Philosophie der Naturwissenschaften. München

Janich, Peter (1998a): Die Struktur technischer Innovationen. In: Hartmann, Dirk; Janich, Peter (Hg.): Die Kulturalistische Wende. Zur Orientierung des philosophischen Selbstverständnisses. Frankfurt am Main, S. 129-177

Janich, Peter (1998b): Informationsbegriff und methodisch-kulturalistische Philosophie. In: Ethik und Sozialwissenschaften. Streitforum für Erwägungskultur, H. 2, S. 169-182

Janich, Peter (1999): Die Naturalisierung der Information. Frankfurt am Main (Sitzungsberichte der Wissenschaftlichen Gesellschaft an der Johann Wolfgang Goethe-Universität, Nr. 2)

Janich, Peter (2001): Logisch-pragmatische Propädeutik. Weilerswist

Janich, Peter (2003): Technik und Kulturhöhe. In: Grunwald, Armin (Hg.): Technikgestaltung, Wunsch und Wirklichkeit. Berlin u. a., S. 91-104

Janich, Peter (2006a): Was ist Information? Frankfurt am Main

Janich, Peter (Hg.) (2006b): Humane Orientierungswissenschaft. Was leisten verschiedene Wissenschaftskulturen für das Verständnis der menschlichen Lebenswelt? Würzburg

Konersmann, Ralf (2006): Mit Rad und Draht. Werden die Naturwissenschaften alles beherrschen? Über Peter Janich: Kultur und Methode. Philosophie in einer wissenschaftlich geprägten Welt. Frankfurt a.M. (Suhrkamp Verlag) 2006. In: Süddeutsche Zeitung, 20. Juni, S. 14

Psarros, Nikos (1999): Die Chemie und ihre Methoden. Eine philosophische Betrachtung. Weinheim u. a.

Schneider, Hans J. (2002): Technikgeschichte als Paradigma für Kulturverstehen? In: Gutmann, Matthias; Hartmann, Dirk; Weingarten, Michael; Zitterbarth, Walther (Hg.): Kultur, Handlung, Wissenschaft. Für Peter Janich. Weilerswist, S. 302-321

Pictures of the Future

Beitrag zu einem ganzheitlichen Bild von Technik und Kultur?

Dietmar Theis

Wenn es um Fragen der zukünftigen Akzeptanz von technischen Produkten und Systemen am Markt geht, müssen sich die Innovationsplaner eines Unternehmens darüber im Klaren sein, dass es für das Kundenverhalten meist nicht nur eine (in der Gegenwart angelegte) Zukunft geben kann, sondern es sind in der Regel mehrere Zukünfte, gespeist aus unterschiedlichen Gestaltungsfaktoren, mit denen die Planer rechnen müssen. Für die Innovationsplanung sind also Kernfragen zu beantworten, wie z.B.:

- Wie wird Technik genutzt und welche Bedürfnisse und kulturellen Muster prägen dies?
- Was bestimmt die Akzeptanz und Ausbreitung einer (neuen) Technik?
- Welche Rolle spielt die Technik in den Zukunftsentwürfen (und Utopien) der Menschen und wie entwickelt sich diese Relation im Laufe der Zeit?

Bei der strategischen Zukunftsplanung gilt es, in einem immer komplexer werdenden Umfeld und angesichts immer kürzerer Produktzyklen die Innovationen möglichst zielsicher zu planen und die finanziellen Mittel effizient einzusetzen. Dies setzt voraus, dass eine klare Vorstellung von den Technologien, den Kundenbedürfnissen und Märkten der kommenden Jahre und sogar Jahrzehnte entwickelt wird, wozu auch die Kernfragen des Verhältnisses von Kultur und Technik gehören.

Angesichts der vielen Unsicherheiten, die naturgemäß mit der Voraussage der Zukunft verbunden sind, liegt es nahe, in möglichst vielen Fällen selbst Trendsetter zu werden, denn nach einem klugen Bonmot ist der sicherste Weg, die Zukunft vorauszusagen, sie selber zu erfinden und zu gestalten. Allerdings ist natürlich auch der Trendsetter nur erfolgreich, wenn die angebotene Produktidee oder Systemlösung dem Kunden langfristig einen echten Nutzen bringt.

Siemens hat sich in den letzten Jahren zu einem integrierten Technologieanbieter entwickelt, der sich in den Märkten positioniert, die aus den globalen Megatrends Urbanisierung, demographischer Wandel und Klimaveränderung resultieren. Mit modernsten technologischen Lösungen aus den drei Sektoren Energie, Industrie und Gesundheit will der Konzern Antworten geben auf Fragen nach einer nachhaltigen elektrischen Energieversorgung, einer differenzierten und doch kostengünstigen Produktion und einem Paradigmenwechsel in der Gesundheitsvorsorge.

Um die FuE-Strategie systematisch zu optimieren, verwendet der Konzern seit mehreren Jahren ein strategisches Zukunftsplanungsinstrument, die „Pictures of the Future". Man geht dabei von zwei gegenläufigen Sichtweisen aus, die einander ergänzen (vgl. Eberl 2001, S. 4): die „Extrapolation" aus der Welt von heute und die „Retropolation" aus der Welt von morgen (siehe Abbildung 1).

Abbildung 1:   Die „Pictures of the Future" bilden einen ganzheitlichen Ansatz, in dem Extrapolation und Retropolation in Szenarien kombiniert werden

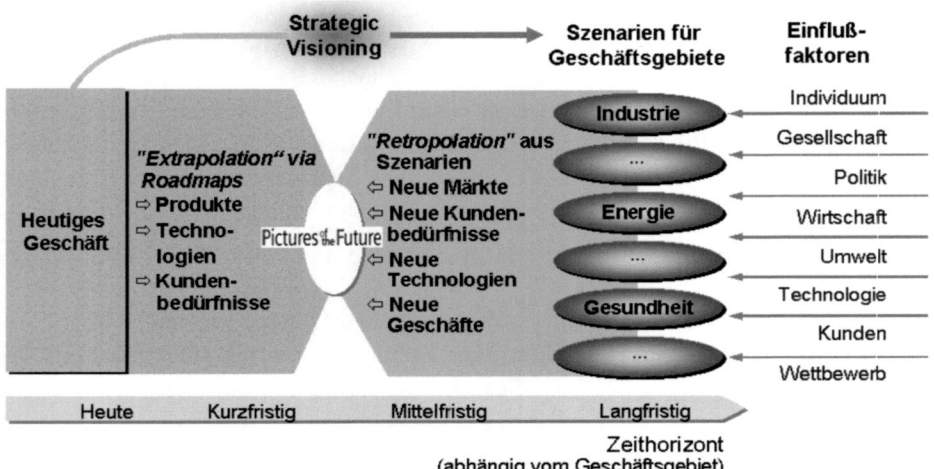

Quelle: Siemens AG, eigene Darstellung

Der Blick nach vorne, die Extrapolation, entspricht einem Road-Mapping-Verfahren, bei dem die heutigen Technologien und Produktfamilien in eine mittelfristige Zukunft fortgeschrieben werden – mit dem Nachteil, dass bei diesem Verfahren Diskontinuitäten und Entwicklungssprünge nicht berücksichtigt werden können. Mit einem komplementären Ansatz in der Szenariotechnik hat man wesentlich bessere Chancen, auch die noch kleinen Signale einer sich ankündigenden Diskontinuität zu erfassen. Bei diesem Verfahren entwickelt man für die jeweiligen Arbeitsgebiete umfassende Szenarien, in denen eine Fülle von Einflussgrößen wie Politik, Ökonomie, Umwelt, Technologie, soziale Strukturen, Wettbewerb etc. angemessen berücksichtigt werden. Aus diesen Szenarien lassen sich durch Retropolation aus der Zukunft in die Gegenwart Problemstellungen und Lösungen identifizieren, die heute angegangen werden müssen, um die antizipierten Kundenbedürfnisse von morgen zu erfüllen.

In den Pictures of the Future werden Extrapolation und Retropolation in Einklang gebracht. Diese konsistenten Bilder der Zukunft zeigen Visionen auf und helfen, in einem systematischen, kontinuierlichen Prozess Zukunftsmärkte zu quantifizieren, Diskontinuitäten aufzuspüren, Kundenanforderungen zu formulieren und Technologien mit hohem Wachstumspotenzial und großer Breitenwirkung zu identifizieren und öffnen somit den Weg zur „Erfindung" der Zukunft statt der reinen Voraussage (siehe Abbildung 2).

Abbildung 2: Die interdisziplinären Teams, die „Picture of the Future"-Szenarios als strategische Entscheidungshilfe für die Geschäftsleitungen erstellen, durchlaufen die Phasen Analysieren und Verstehen – Szenariobildung – Abgleich mit dem Geschäft

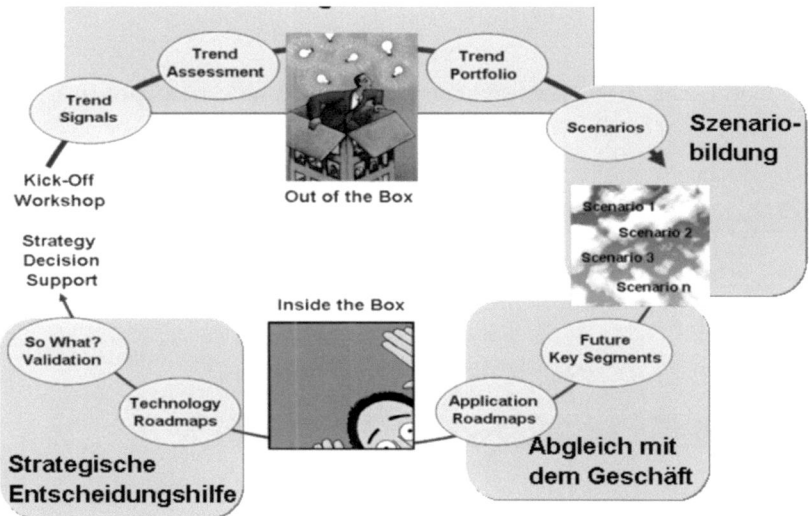

Quelle: Siemens AG, eigene Darstellung

Der Prozess, der zu Szenarienbildung führt, wird von kleinen, interdisziplinär zusammengesetzten Teams durchgeführt, die sich systematisch mit der Analyse beschäftigen, welche Signale als Trend zu deuten sind und welche Schlüsseltechnologien für die jeweiligen Siemens-Sektoren relevant sind, um dann Szenarios zu entwickeln und die Geschäftschancen unter Berücksichtigung der kulturelle Ausprägung der Märkte zu validieren. Die Quellen für die Eingangsinformation sind breit gestreut – von Zeitungsmeldungen über Blogs, Filme, Tagungen bis zu (teilweise im Auftrag erstellte) Studien anderer internationaler Think-Tanks. Einige Trends werden exemplarisch weiter unten genannt.

Veränderte Wettbewerbsstrukturen z. B. im Bereich Industrie entstehen heute durch kleine, flexible und an lokale Märkte angepasste Fertigungen und Mikro-

Unternehmer, die sich zu Netzwerken zusammenschließen und auch große Konzerne dazu bringen, in der Technologie und im Preis angepasste, hochwertige intelligente Produkte rechtzeitig und regional angepasst anzubieten. Entsprechend verändern sich auch die Anforderungen an die Industrieforschung, die den Forderungen nach geringen Kosten, geringstem Leistungsverbrauch, höchster Geschwindigkeit und Vernetzbarkeit ebenso entsprechen muss wie der neuen Rolle als „Knowledge Worker" mit wesentlich intensiverer Vernetzung mit der externen Forschung.

Vor kurzem wurde eine Studie zum Verbraucherverhalten in den entwickelten Industriestaaten im Rahmen eines „Picture of the Future"-Projektes gemacht, die in engem Zusammenhang mit dem Themenkomplex Technik und Kultur steht. Dabei stellten sich (zusammengefasst) die in den Abbildungen 3 und 4 illustrierten Trends heraus:

Abbildung 3:   Gesellschaftliche Entwicklungstrends in den Industrienationen I

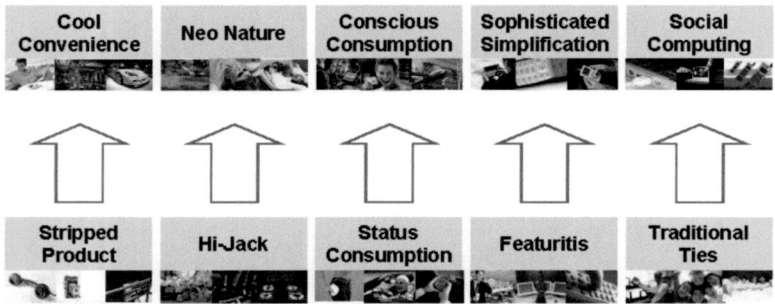

Quelle: Siemens AG, eigene Darstellung

- *Vom Do-it-yourself („Stripped Product") zum smarten Shopper („Cool Cenvenience")*: Die reinen „Bastelmärkte" für preisbewusste, aber unerfahrene Kunden bekommen zunehmend Konkurrenz durch eine Zunahme von Dienstleistungsangeboten und zeitsparenden Produkten bis zum Konsum an Flughäfen und Bahnhöfen („Transumer"). Die Neigung, den Empfehlungen von Lifestyle-Gurus zu folgen, nimmt zu („Curated Consumption").
- *Von der Verschwendung („Hi-Jack") zum ökologischen Haushalt („Neo-Nature")*: Während vor allem in den USA bis vor kurzem aus Unwissenheit oder Desinteresse mit Energie und Rohstoffen einschließlich Wasser unbedenklich verschwenderisch umgegangen wurde, setzt nun ein Umdenken ein (neue energiesparende Architekturen, „zurück zur Natur", Wellness etc.).
- *Vom Verbrauch als Statuszeichen („Status Consumption") zum bewussten Verbrauch („Conscious Consumption")*: Der Trend geht weg von „nur" teuren Arti-

keln als Statuszeichen hin zur kreativen Klasse – „Generation C", wobei „C" für Content steht –, sei es die kreative Fotografie, das intelligente Nutzen des Netzes, die Gestaltung von Internetseiten oder auch nur Klingeltönen für das Mobiltelefon etc.

- *Vom Überfrachteten („Featuritis") zur intelligenten Vereinfachung („Sophisticated Simplification"):* Nicht mehr die Integration aller denkbaren Funktionen im Fernsehgerät oder dem Elektroherd, sondern Reduktion, Einfachheit, Purismus ist im Trend. Weniger ist mehr – es findet die Besinnung auf wesentliche, personalisierte Funktionalitäten statt.
- *Von den herkömmlichen Vernetzungen („Traditional ties") zum sozialen Computing („Social Computing"):* Neben und oft an Stelle des traditionellen Familien- und Freundeskreises mit seiner bescheidenen IKT-Ausstattung und den traditionellen Kommunikationskanälen nach außen tritt das digitale Networking und Community Building, das mobile Computing und die intensive Nutzung moderner IKT.

Abbildung 4:   Gesellschaftliche Entwicklungstrends in den Industrienationen II

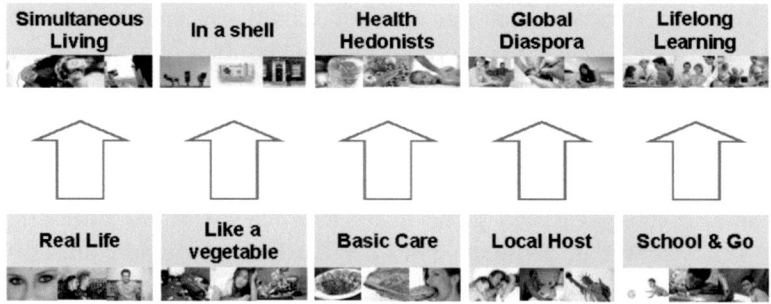

Quelle: Siemens AG, eigene Darstellung

- *Vom realen Leben („Real Life") zu simultanen Lebensformen („Simultaneous Living"):* Während bisher immer nur eine Identität in der realen Welt bestimmend war, kommt es nun zu einer zusätzlichen virtuellen Identität, die sich im e-Commerce und in den digitalen Spielen manifestiert („online oxygen").
- *Von einer Dominanz des Staates („Like a Vegetable") zu dessen Rückzug (In a Shell):* In vielen öffentlichen Dienstleistungen (Energie, Kommunikation, Entsorgung, …) zieht sich der Staat zurück und hinterlässt dem Bürger zunehmenden Raum zur Selbstbestimmung. Gleichzeitig tendiert dieser Bürger DAZU; sich aus Unsicherheit verstärkt in sein geschütztes Lebensumfeld (gesichertes Haus/Wohnung) zurückzuziehen.

- *Von der gesundheitlichen Grundversorgung („Basic Care") zu den „Gesundheitshedonisten" („Health Hedonists")*: Die Zeiten des bedenken- und kritiklosen KonsumierenS von fetthaltigen Speisen nur zur Nahrungsaufnahme haben wir hinter uns gelassen und eine gesunde Lebensart zum Lifestyle erhoben – Jugendlichkeit, natürliche Schlankheit und Schönheit gelten als die erstrebenswerten Ideale.

- *Von der Heimatverwurzelung („Local Host") zur globalen Diaspora („Global Diaspora")*: Das Paradigma „Lebenslanges Leben und Arbeiten in der Heimatstadt", verbunden mit einer strikten Trennung zwischen Arbeit und Privatleben, wird angesichts der zunehmenden Mobilität, die durch informationstechnische Unterstützung möglich wurde, durch mehr (internationale) Beweglichkeit abgelöst. Dies geht auch einher mit einer zunehmend engeren Verknüpfung von beruflicher und privater Sphäre.

- *Vom klassischen Schulbesuch („School & Go") zum lebenslangen Lernen („Lifelong Learning")*: Die Ausbildung war früher vorwiegend in der Jungend angesiedelt und musste für einen lebenslangen Berufseinsatz genügen. Heute brauchen wir ein permanentes nachhaltiges Weiterentwickeln unseres beruflichen Wissens – meist mit Unterstützung entsprechender IT-Technologien (e-learning, mobile education, educational gaming.

Natürlich sind diese neuen Trendaussagen nur sehr holzschnittartig und stark verallgemeinert. Im Einzelfall mag es auch Beispiele geben, die bereits schon wieder eine (teilweise) Umkehr der beobachteten Trends nahe legen – wie etwa der aktuelle deutliche Ruf nach mehr staatlicher Intervention im Bankensektor zur Überwindung der Folgen der Finanzkrise. Dies scheint nicht zum Trend „Rückzug des Staates aus dem Wirtschaftsgeschehen" zu passen – gleichwohl bleibt die Beobachtung, dass sich die Menschen in den Industriegesellschaften gerne in ihr häusliches Umfeld zurückziehen, gültig. Diese Tendenz war ja geradezu einer der Auslöser der amerikanischen Hypothekenkrise. Die Szenarien der „Pictures of the Future" können eigentlich immer nur ex post an plötzlich eintretende große Störungen und Katastrophen angepasst werden. So einschneidende Ereignisse wie der koordinierte Terrorangriff auf die Vereinigten Staaten am 11. September 2001 haben seinerzeit eine umgehende Überarbeitung der „Pictures of the Future" z. B. zu den Themen „Sicherheit" oder „Verkehr" notwendig gemacht.

Die Folgerungen aus den soziokulturellen Trends müssen für ein global operierendes Unternehmen noch dahingehend ergänzt werden, dass auch das Wissen um die kulturgeprägten Verhaltensweisen anderer Nationen rund um den Globus, ihre spezifische Bedürfnisstruktur und entsprechende Technikrezeption einfließt, da dies von großer Bedeutung für die Akzeptanz von Innovationen ist.

So ist beispielsweise bereits die gängige Annahme, die englische Sprache sei die von allen verstandene lingua franca der Welt, falsch. Zwar sprechen 9 % der Weltbevölkerung englisch als ihre erste Sprache, aber 2004 sprachen z. B. 57 % der Internetnutzer gar nicht englisch. Netz-Surfer halten sich auf heimatsprachlichen Seiten etwa doppelt so lange auf wie auf fremdsprachlichen. Die Kosten für den Kundendienst sinken signifikant, wenn die Gebrauchsanleitungen korrekt in der Heimatsprache angeboten werden. Selbst in den USA sprechen in den Ballungsgebieten ca. die Hälfte der Menschen andere Sprachen als englisch (49 % in Los Angeles, 45 % in San Francisco und 42 % in New York). In Nordamerika wird die Maus zur Computerbedienung meist rechteckig bewegt, in Japan navigiert man vorwiegend kreisförmig. Das Fingerzeichen für „OK" in den USA kann in Tunesien eine Todesdrohung sein, „toll" bedeutet es im Libanon und in Deutschland, und in China steht es für die Zahl „Null". Ähnliche unterschiedliche Assoziationsbelegungen haben Farben in unterschiedlichen Kulturen.

Auch bei Kenntnis dieser mehr allgemeinen Ausprägungen der unterschiedlichen Sprachen und Kulturen können Unternehmen immer noch große Fehler im internationalen Geschäft machen, wenn sie aus den Erfolgen am heimischen Markt eins zu eins den Erfolg auch in fremden Märkten postulieren. Das Ziel „ein Produkt für die ganze Welt" greift meist zu kurz. Man muss sich den Kunden am fremden Markt schon sehr genau ansehen, seine unterschiedliche Ausbildung genauso kennen wie sein Lernverhalten und seine Erwartungen (siehe Abbildung 5) – übrigens auch bei der Erstellung der Übersetzungen von Gebrauchsanleitungen!

Abbildung 5:   Kulturell geprägte Unterschiede im Verhalten von Nutzern eines neuen Mobiltelefons in China und Deutschland

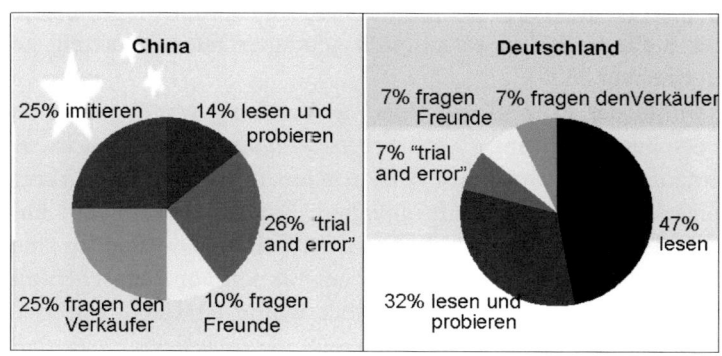

Quelle: Siemens AG Corporate Technology Usability Lab 2003

Allein beim durchschnittlichen Verhalten bei den ersten Lernschritten in der Nutzung eines neuen Mobiltelefons treten kulturelle Unterschiede eklatant zutage. So ergab eine Untersuchung unserer „Usability Labs", dass in China etwa ein Viertel der Leute den Verkäufer fragen, ein weiteres Viertel einfach durch Nachahmung lernt, ein weiteres Viertel mit Versuch und Irrtum arbeitet, 10 % Freunde fragt und etwa 15 % lesen und probieren – keiner nahm wirklich die Gebrauchsanleitung ausführlich zur Hand! In Deutschland ergab eine analoge Messung des Lernverhaltens, dass fast die Hälfte der Nutzer erst einmal die Anleitung lesen, weitere 30 % lesen und probieren, und nur je sieben Prozent gehen nach Versuch und Irrtum heran, fragen Freunde oder bemühen den Verkäufer! Man erkennt leicht, dass für chinesische Kunden eine gute, intuitiv benutzerfreundliche Bedienoberfläche noch wichtiger ist als für die schon sehr anspruchsvollen deutschen Kunden.

Eine ebenfalls kulturell geprägte Erfahrung haben wir beim Vertrieb von Hörgeräten in den USA gemacht. Hörgeräte müssen an die individuellen Bedürfnisse der Patienten angepasst werden, was prinzipiell die Einstellung einer Reihe von Parametern am Gerät in Zusammenarbeit mit dem Patienten nötig macht. In Deutschland gibt es dazu speziell ausgebildete Hörgeräte-Akustiker, die in den Einrichtungen tätig sind, in denen die Hörgeräte verkauft werden. Diese kamen mit der anspruchsvollen und komplizierten Einstellung der Geräte gut zurecht. Als das gleiche Gerät aber auch in den USA auf den Markt gebracht wurde, stellte sich heraus, dass es viele Reklamationen gab. An den Verkaufsstellen (meist Supermärkte) gab es das qualifizierte Personal zur individuellen Einstellung der Parameter nicht. Es musste für diesen Markt eine neue Generation von Hörgeräten entwickelt werden, mit einer Arbeitsablauforientierten, interaktiven bedienerfreundlichen Oberfläche um den unterschiedlichen Bildungsstand des Verkaufspersonals zu berücksichtigen und gleichzeitig die Bedürfnisse der Patienten zu befriedigen.

Eine vertiefte Betrachtung von Kultur und Technik an der Schnittstelle für die interkulturelle Kommunikation ist in diesem Buch im Beitrag von Hermeking nachzulesen, der sich an anderer Stelle auch Fragen kulturell geprägter Internetnutzung gewidmet hat (vgl. z. B. Hermeking 2005).

In diesem Beitrag wurde der Prozess der Vorsorgeforschung von Siemens beschrieben, der in der Forschungsabteilung *Corporate Technology* angesiedelt ist. Es ist eine strategische Kernaufgabe, die auch eine Auseinandersetzung mit der Wirkung von Technik auf das Verhalten der Gesellschaft impliziert. Ein Teil dieser neuen kulturellen Trends, wie sie in den Industriegesellschaften entstehen oder entstanden sind, wurde skizziert, und die internationale Dimension der Interaktion von Menschen mit unterschiedlichem kulturellem Hintergrund mit Technik wurde an Hand von zwei Beispielen beleuchtet.

Die Auseinandersetzung mit den Märkten der Zukunft, die durch Menschen und damit auch durch ihre Kulturen geprägt werden, wird für die Unternehmen zunehmend Chefsache. Es geht nicht mehr nur um Auswertung von Trendinformationen, sondern zunehmend um konsequent und radikal Neues, alternative Produktionsformen und Geschäftsmodelle der Zukunft. Neue Denk- und Handlungsmuster sind gefragt. In diesem Sinne kann man George Bernhard Shaw zitieren: „The reasonable man adapts himself to the conditions that surround him. The unreasonable man adapts surrounding conditions to himself. All progress depends on the unreasonable man".

Literatur

Eberl, Ulrich (2001): Pictures of the Future – ein Verfahren, die Zukunft zu erfinden. In: Pictures of the Future. Die Zeitschrift für Forschung und Innovation der Siemens AG, Ausgabe Oktober, S. 4-5

Hermeking, Marc (2005): Culture and Internet Consumption. Contributions from Cross-cultural Marketing and Advertising Research. In: Journal of Computer Mediated Communication, issue1, article 10, pp. 192-216. – URL: http://jcmc.indiana.edu/vol11/issue1/hermeking.html [12.02.2009]

Technisierung als Bedingung und Gefährdung von Kultur
Eine dialektische Betrachtung

Armin Grunwald

1 Einleitung und Überblick

In den öffentlichen und wissenschaftlichen Technikdebatten der jüngeren Geschichte kommt es immer wieder zu einer Dualität von Technisierungs*hoffnungen* einerseits (z.B. im Hinblick auf die Überwindung von gesundheitlichen Defiziten oder auf eine nachhaltigere Technik) und Technisierungs*befürchtungen* andererseits (wie z.B. Sorgen vor zunehmenden Kontrollmöglichkeiten, Instrumentalisierungen und Autonomieverlusten). Beispielfelder sind die Medizintechnik, in der auf technischen Fortschritt zwar große Hoffnungen gesetzt werden, die aber simultan als „Apparatemedizin" kritisiert wird, oder die Nanotechnologie, in der es zu Technisierungshoffnungen bis hinzu transhumanistischen Erlösungsphantasien (vgl. Coenen 2006; Grunwald 2006), gleichzeitig aber auch zu Befürchtungen einer Technisierung des Menschen kommt (vgl. Grunwald/Julliard 2007). Die irritierende Gleichzeitigkeit entsprechender Hoffnungen und Befürchtungen sei zum Anlass genommen, in diesem Beitrag semantischen Fragen im Kontext des Technisierungsbegriffs nachzugehen und zu fragen, ob und inwieweit eine begriffliche Analyse zum besseren Verständnis der genannten Technikdebatten beitragen kann.[1]

Dabei liegt der Fokus auf dem Begriff der Technisierung nicht in einem historischen oder geschichtsphilosophischen Sinne, in dem etwa gefragt werden könnte, ob die menschliche Entwicklung sich als Technisierungsprozess interpretieren lasse und was dies bedeute. Vielmehr geht es um Technisierungsdebatten und ihre Verhältnisse zu Kulturen und kultureller Entwicklung. Die vorgetragene These ist, dass Technisierung einerseits eine Bedingung von Kultur, sogar eine Bedingung der Möglichkeit von Kultur darstellt, dass sie andererseits aber auch zu Gefährdung von Kultur führen kann. Die eingangs genannte Dualität lässt sich daher als ein *dialektisches Verhältnis*

---

1 Dieser Beitrag geht auf eine mehrjährige Diskussionstradition und gemeinsame Publikationen mit Yannick Julliard zurück (vgl. Grunwald/Julliard 2005, 2007), dem an dieser Stelle herzlich gedankt sei.

von Technisierung und Kultur reformulieren. Vor diesem Hintergrund sind die Ziele des Beitrags zum einen, die genannte These zu entfalten und zu begründen, und zum anderen, eine konstruktive Wendung der Dualität des Technisierungsbegriffs vorzuschlagen. Dabei verbleibt der Beitrag im Bereich begrifflicher Überlegungen und versucht, eine sprachliche Präzisierung vorliegender Verwendungsweisen des Technisierungsbegriffs vorzunehmen.

Zu diesem Zweck wird zunächst der Begriff der Technisierung in seiner Verwendungsweise in aktuellen Technikdebatten und in seinen dortigen Konnotationen sowie in seinen Bezügen zum Technikbegriff kurz analysiert (Abschnitt 2). Sodann geht es zunächst um Technisierung als Bedingung von Kultur (Abschnitt 3) und Technisierung als Gefährdung von Kultur (Abschnitt 4), gefolgt schließlich von dem Versuch, diese beiden Seiten im Verhältnis von Technisierung und Kultur dialektisch zusammenzuführen (Abschnitt 5).

2 Technisierung – Semantik und Pragmatik

Der Begriff der Technisierung wird zunächst kurz vorgestellt (2.1), um sodann den für die weitere Analyse zugrunde gelegten Technikbegriff zu explizieren (2.2) und um schließlich den Technisierungsbegriff auf dieser Basis präzisieren zu können (2.3).

Dabei geht es weder um eine historische Analyse oder Deutung der Rolle von Technisierungsprozessen in der Menschheitsgeschichte oder im Zusammenhang mit kultureller Entwicklung, wie dies etwa Gegenstand technikhistorischer oder kulturphilosophischer Überlegungen sein kann, noch um eine empirische Analyse einzelner Technisierungsprozesse, wie dies z.B. im Rahmen sozialwissenschaftlicher Untersuchungen thematisiert werden kann. Vielmehr beschränkt sich die Betrachtung auf Verwendungen und Verständnisse des Technisierungsbegriffs, wie sie in aktuellen gesellschaftlichen Technikdebatten auftreten und dort, je nach Situation, unterschiedliche argumentative Funktionen erfüllen sollen und unterschiedliche Konnotationen tragen.

2.1 Technisierung – lebensweltliche Annährungen an den semantischen Gehalt

Der Begriff der „Technisierung" ist in der Regel negativ konnotiert und wird häufig in Form von *Technisierungsbefürchtungen* mit einer Unterordnung des Menschen unter Technik, einem Kontrollverlust und zunehmender, Unbehagen verbreitender Abhängigkeit des Menschen von Technik in Verbindung gebracht. Die Rede von der „Kolonialisierung der Lebenswelt" bei Jürgen Habermas oder die Rolle technisch gestützter übermächtiger Systeme bei Herbert Marcuse reflektieren auf diese Wahrnehmungen.

Derartige Befürchtungen umfassen eine ganze Reihe von Facetten, welche sämtlich mit einer stärkeren (und als unfreiwillig vorgestellten) Unterordnung unter Technik verbunden sind:

- Autonomieverlust des Menschen aufgrund der zunehmenden Abhängigkeit von technischen Apparaten oder Systemen (z.B. vom Funktionieren technischer Alltagsgegenstände in der Lebenswelt, von medizinischen Geräten in Bezug auf das Überleben oder vom Internet in der globalisierten Wirtschaft);
- Instrumentalisierung des Menschen, entweder durch andere Menschen mit technischen Mitteln, oder durch technikgestützte Systeme: „Die befreiende Kraft der Technologie – die Instrumentalisierung der Dinge – verkehrt sich in eine Fessel der Befreiung, sie wird zur Instrumentalisierung des Menschen" (Marcuse 1967, S. 178);
- zunehmende externe Kontrollmöglichkeiten individuellen Verhaltens im Falle der weiteren Entwicklung und Implementierung neuro-elektrischer Implantate (vgl. Grunwald 2008);
- Bedrohungen oder Verlust der Privatheit aufgrund der elektronischen Spuren, die die Nutzung digitaler Technologien wie des Internet hinterlässt, und der zunehmenden Verwendung allgegenwärtiger Überwachungstechnologien;
- erhöhte Anpassungszwänge an die Technik, um deren Vorteile überhaupt nutzen zu können (z.B. im Fall neuro-elektrischer Schnittstellen die Konditionierung der eigenen Hirnaktivität, um einen Cursor auf dem Bildschirm gezielt durch angestrengtes Denken zu bewegen);
- Monotonie, Sterilität und Verlust an Spontaneität und Emotionalität aufgrund einer dominierenden „kalten" Rationalität des Technischen.

Umgekehrt werden vielfach Technisierungs*hoffnungen* (häufig ohne sie so zu nennen) mit dem technischen Fortschritt verbunden. Gemeinsam ist wissenschaftlich-technischen Erfolgen die Zurückdrängung des „Unverfügbaren" und seine Überführung in technisch Beeinflussbares. Auf diese Weise hat der Mensch seine Umwelt unter technischen Zwecken umgestaltet, so z.B. durch Landwirtschaft und Straßenbau. Derzeit gerät auch seine körperliche und geistige Verfasstheit zusehends in den Bereich der Beeinflussbarkeit (vgl. Habermas 2001). Wissenschaftlich-technischer Fortschritt führt somit zu einer Erweiterung der menschlichen Handlungsmöglichkeiten und hat eine *emanzipatorische Funktion*. Durch den Fortschritt wird der Bereich des als schicksalhaft, gottgegeben oder von der Natur vorgegeben Hinzunehmenden verkleinert und der Einfluss des Menschen vergrößert. Technisierung als *Erweiterung* der Autonomie des Menschen steht den oben erwähnten Technisierungsbefürchtungen als *Einschränkungen* seiner Autonomie diametral gegenüber.

2.2   Technisierung und reflexiver Technikbegriff[2]

Solange es um *konkrete* Technik oder Techniken (Geräte oder Verfahren) geht, ist die Verständigung, was mit „Technik" bezeichnet wird, meist unproblematisch. Durch die jeweils konkreten Kontexte der betreffenden Kommunikationssituation (z. B. im Haushalt oder im Umgang mit Geräten der Unterhaltungsindustrie) wird der Rahmen gesetzt, der die kommunikative Verständigung für die anstehende Bewältigung praktischer Probleme (z. B. Handlungsweisen im Falle nicht funktionierender Techniken) ermöglicht. Dies gilt auch in der professionellen Befassung mit Technik. Die im Rahmen technischer Berufe und in den Ingenieurwissenschaften etablierte Praxis einschließlich der Lehr-, Lern- und Forschungstätigkeiten legt fest, was dort jeweils unter Technik verstanden wird (vgl. Banse et al. 2006). In diesen lebensweltlichen und professionellen Praxen gelingender Kommunikation über Technik(en) werden grundsätzlich „partikulare" Technikbegriffe einer begrenzten Reichweite verwendet.

Ein allgemeiner, vielleicht gar universeller Technikbegriff, an den ein ebenso allgemeiner Begriff der Technisierung angelehnt werden könnte, lässt sich jedoch aus den in der Lebenspraxis eingeübten partikulären Begriffen der vielen „Techniken" nicht ohne weiteres gewinnen. Aussagen über „die" Technik generell müssen nicht für jede Einzeltechnik gelten, was der Fall wäre, wenn es sich bei „Technik" um einen Oberbegriff handelte, unter den die partikularen Techniken subsumiert werden könnten. „Die" Technik ist entgegen dem verbreiteten Verständnis jedoch kein Oberbegriff zu den lebensweltlichen „Techniken" und auch nicht zu den technischen Artefakten (vgl. Grunwald/Julliard 2005). So folgt z. B. aus einer angeblichen *generellen* Technikfeindschaft der Deutschen auch nach Meinung der Vertreter dieser These keinesfalls, dass die Deutschen technische Produkte *generell* ablehnen würden. Das Reden über „die" Technik muss daher andere Funktionen und damit auch andere pragmatische Orte haben als das lebensweltliche oder das professionelle Reden über partikulare Techniken.

Die Antwort auf die Frage nach dem pragmatischen Ort des allgemeinen Technikbegriffs beruht auf der Beobachtung, dass Lebensbewältigung zum Thema „Technik" nicht nur in gesellschaftlichen Teilbereichen und zu konkreten Praxisfragen mit ihren partikularen Technikbegriffen (z. B. Kernenergie oder Mobilfunk) stattfindet, sondern *in Form einer übergreifenden gesellschaftlichen Diskussion über Technik* allgemein. Hier geht es um Themen wie das Verhältnis von Technik und Natur, die Bedrohung der Dauerhaftigkeit einer technischen Zivilisation (vgl. Jonas 1979), technische Risiken, die Frage nach einem verborgenen Technikdeterminismus oder der weitgehenden Gestaltbarkeit von Technik sowie um die Rolle von Technik in den Selbstbeschreibungen des Menschen und der Gesellschaft oder in Beschreibungen der Natur. Generalisierende Diskussionen über Technik dienen als Mittel der gesellschaftlichen

---

2   Vgl. hierzu ausführlich Grunwald/Julliard 2005.

Selbstverständigung, indem in ihnen z. B. Deutungsmuster zur Diagnose der Rolle von Technik für den Menschen und in der Gesellschaft entwickelt und konträre Positionen klar herausgearbeitet werden. Besonders virulent sind diese Debatten vor allem dort, wo neue Techniken als Handlungsmöglichkeiten in die soziale Praxis erst noch Eingang finden müssen oder wo Anwendungsfelder neuer Erkenntnisse im Alltagshandeln zu suchen sind.

Der Technikbegriff ist daher ein *Reflexionsbegriff*, mit dem auf je spezifische Aspekte von Techniken (Plural!) eingegangen wird (vgl. dazu Grunwald/Julliard 2005). Die allgemeine Frage „Was ist Technik?" ist falsch gestellt. Vielmehr wäre zu fragen: Was ist „das Technische" an bestimmten Handlungsvollzügen oder Gegenständen? Wer von Technik im generischen Singular spricht, interessiert sich *für bestimmte Aspekte* von Technik in *generalisierender Absicht*. In der Verwendung des allgemeinen Technikbegriffs reflektieren wir auf eine oder mehrere Perspektiven, unter denen wir das „Technische" an Handlungsvollzügen und Gegenständen *als Technik generell* bzw. entsprechende generalisierte Eigenschaften dieser Technik thematisieren, wie z. B. das Technik-Natur-Verhältnis oder das Technik-Kunst-Verhältnis. Der Technikbegriff ist in diesem Sinne kein Oberprädikator, unter den sich Objekte subsumieren lassen, sondern ein logischer Reflexionsbegriff (vgl. hierzu und zu anderen Typen von Reflexionsbegriffen Hubig in diesem Band).

Die im Folgenden zur Klärung des Begriffs der Technisierung vorgenommene Rekonstruktion geht davon aus, dass das Kriterium, einem Objekt das Attribut „technisch" zuzuschreiben, direkt oder indirekt an die *Regelhaftigkeit* von Handlungsvollzügen gebunden ist (vgl. dazu Grunwald/Julliard 2005). Technisches Handeln, um in dieser Begriffskonstellation zu beginnen, lässt sich danach durch die Figur der *technischen Regel* rekonstruieren. Technische Regeln stellen das Immer-wieder-Gelingen einer Handlung unter bestimmten Bedingungen in Aussicht. Sie formulieren Sätze über Regelhaftigkeiten, die innerhalb eines Geltungsbereichs Geltung beanspruchen können (ausführlicher vgl. Grunwald 2000), z. B. den Einsatz technischer Mittel betreffend, um bestimmte Ziele zu erreichen. Auf diese Weise wird menschliches Handeln „abgesichert", indem die Erwartbarkeit von Handlungsfolgen konstituiert wird. Technische Regeln schaffen (zumindest ein gewisses Maß an) Erwartungssicherheit in Bezug auf herbeiführbare Zustände oder Effekte.[3]

Diese durch Technik generell ermöglichte Erwartungssicherheit kann je nach Gegenstandsbereich und Handlungsfeld erheblich variieren. In vielen Bereichen der Ingenieurtechnik, vor allem in ausgereiften Entwicklungen, ist ein außerordentlich hohes Maß an Regelhaftigkeit und entsprechender Erwartungsicherheit erreicht wor-

---

3　Dem Einwand, dass auf diese Weise der Technikbegriff zu unspezifisch werde und letztlich mit Handeln generell zusammenfalle (vgl. z. B. Ropohl 2002), kann dadurch begegnet werden, dass Technik gerade nicht *jegliches* Handeln, sondern nur das durch Regeln *verlässlich gemachte*, also im Heideggerschen Sinne „abgesicherte" Handeln umfasst.

den. Hingegen sind in sozio-politischen Praxen (vgl. zu diesem Begriff Hartmann/ Janich 1996) Regelhaftigkeit und Erwartungssicherheit prinzipiell prekär und labil, konkret jedoch auch dort sehr unterschiedlich verteilt, so beispielsweise durchaus hoch im Bereich von Verwaltungen, eher gering dagegen z. B. im Bereich staatlichen wirtschaftspolitischen Handelns. Metaphorisch könnte man von erheblichen Unterschieden in Bezug auf die „Härte" der jeweiligen Regeln sprechen.

Die Rekonstruktion des Technischen über technische Regeln führt „das Technische" letztlich auf Geltungsinvarianz von handlungsbezogenen Aussagen bezüglich Orts-, Zeit- und Personenwechseln zurück. Beispiele sind zunächst technische *Verfahren* und die wiederholbare Nutzung technischer Artefakte – soweit würden auch traditionelle technikphilosophische Positionen gehen. Darüber hinaus aber sind in gleicher Weise geregelte soziale Zusammenhänge, geregelte Entscheidungsprozeduren und rechtlich verdichtete Regeln des Zusammenlebens zu nennen, die ebenfalls einen „technischen Charakter" haben können (vgl. Grunwald/Julliard 2005) – wie dies das Wort „Sozialtechnologie" verdeutlicht.

Technische Regeln entstehen in dem Prozess, eine einmal gelungene Handlung unter bestimmten Bedingungen (in einem Geltungsbereich) wiederholbar zu machen. Der Technikbegriff ist damit ein Reflexionsbegriff für den *Grad an Situationsinvarianz* von Zweck-Mittel-Relationen und bezieht sich auf die Unterscheidung von streng regelgeleitetem Handlungs*schema* und historisch-singulärem (damit einmaligem) Handlungs*vollzug*. Mit dem Attribut *„technisch"* werden Unterscheidungen *an* gesellschaftlichen Praxen, *an* menschlichen Handlungen, *an* Gegenständen oder *an* Verläufen vorgenommen. Das Attribut „technisch" ist eine Zuschreibung, in der der Mittelcharakter oder die Reproduzierbarkeit bzw. Universalität dieser Mitteleigenschaft thematisiert werden.

Ein Beispiel: In der Beherrschung von Musikinstrumenten z. B. erheben technische Übungen in der Regel wenig Anspruch auf eine künstlerische Interpretation; vielmehr ist ihr Ziel, bestimmte Abfolgen möglichst exakt zu reproduzieren (vgl. z. B. die Etüden für Klavier von Czerny). Das Spielen solcher Etüden ist demnach ein technisches Handeln zur Optimierung der technischen Fertigkeit des Spielers. In Konzerten besteht die Aufführungskunst jedoch darin, Musik zu *interpretieren* und sie damit in bestimmte Kontexte und Interpretationsweisen zu stellen. So gibt es brillante „Techniker", die mäßige Interpreten sind, und gute Interpreten, die nur mittelmäßige Techniker sind. Das Attribut „technisch" bezeichnet also die Perspektive der Reproduzierbarkeit, unter der – hier über Musik – geredet wird. Technik (als gegenständliche Artefakttechnik genauso wie als Verfahren) erlaubt die *wiederholte Ausführung* von Handlungen. Sie ermöglicht damit das Aufstellen von Handlungsregeln, die sich vom historisch singulären Kontext ablösen und sich auf andere Situationen übertragen lassen.

Diese Überlegungen weisen darauf hin, in welcher Weise der Begriff der *Technisierung* in diesem Beitrag verstanden werden soll: als Entwicklung hin zu einer größeren Regelhaftigkeit menschlicher Handlungsvollzüge. Technisierung in diesem Sinn zeigt, wie im Folgenden erläutert, eine tief greifende *Ambivalenz*. Technisierung ist keine simple Vertechnikung im Sinne einer stärkeren Implementierung technischer Artefakte in menschliche Handlungszusammenhänge (oder im medizinischen Bereich: in seinen Körper), sondern führt in den Bereich der Organisation individuellen und kollektiven Handelns.

3   Technisierung als Bedingung kultureller Entwicklung

Technisierung als Bedingung kultureller Entwicklung zu verstehen, dürfte erläuterungsbedürftig sein. Dies erfolgt im Folgenden über die in Kulturen als notwendig vorzustellenden Regelhaftigkeiten, entsprechend der obigen Einführung des Technik- und Technisierungsbegriffs.

3.1   Regelhaftigkeit und Verlässlichkeiten

Regeln ermöglichen die Kontinuität von Üblichkeiten des Handelns in der Zeit. Damit wird die Ausbildung und Stabilisierung kollektiver Strukturen und Identitäten über die Zeit hinweg erst ermöglicht. Beliebiges Handeln von solipsistischen Individuen ohne jede gegenseitige Verständlichkeit konstituiert keine Kultur oder Gesellschaft, sondern ein Chaos. Die Wiedererkennbarkeit von Situationen und Verläufen sowie die Verfügbarkeit über (wenigstens einige) verlässliche Regeln des Handelns[4] ist eine Bedingung der Möglichkeit von Kultur, Stabilität und Kontinuität. Technische Regeln sichern das Handeln ab, stellen Erwartbarkeiten von Handlungsfolgen bereit und ermöglichen planendes Handeln (vgl. Grunwald 2000) sowie kooperative Handlungsformen. Ansonsten gäbe es nur eine episodische Aneinanderreihung von singulären Situationen, zwischen denen nicht einmal Zusammenhänge hergestellt werden könnten, weil es keine Kategorien des Vergleichens gäbe – auch zum Vergleichen von Situationen sind bereits Abstraktionsvorgänge und normative Kriterien erforderlich, welche nicht ohne zugrunde liegende Regeln vorstellbar sind.

Insofern die Reflexion auf das Technische in Handlungen und Entscheidungen auf Regelhaftigkeiten bezogen und dahingehend abstrahiert wird, thematisiert sie Verlässlichkeiten, Berechenbarkeiten und Erwartungssicherheiten als Grundlagen kooperativen Handelns (vgl. Claessens 1993). In diesem Sinne stellt die Kategorie des Technischen ein Kernelement auch zum Verständnis von Kulturen dar, indem die Möglichkeiten und Grenzen trans-subjektiven Wissens und trans-subjektiver Orientierungen

---

4   Dies ist anschlussfähig an den technikphilosophischen Begriff der Disponibilität von Mitteln (vgl. Hubig in diesem Band).

zur Sicherstellung funktionierender kooperativer Praxen des Handelns reflektiert werden. An dieser Stelle ist auch das anthropologische Entlastungsargument anzuführen: Regeln des Handelns, sei dies im Zusammenhang mit ingenieurhafter Technik oder in Form regelgeleiteter Institutionen, entlasten davon, ständig in jeder Situation von Grund auf neu über Handlungsmöglichkeiten, Handlungsnotwendigkeiten und Handlungsrationalität nachdenken zu müssen (vgl. Gehlen 1956, 1986; vgl. auch die Rekonstruktion in Hubig 1982).

Das Technische tritt in der Herstellung von Verlässlichkeiten in zwei Formen auf. Einerseits sichern technische Artefakte als Relikte poietischen Handelns Kontinuität, z. B. als Gegenstände historischer Forschung, durch die ex post eine Geschichtsschreibung erfolgt, oder dadurch, dass sie in Lebensvollzügen persistent und mehr oder weniger dauerhaft verfügbar sind. Andererseits sind geregelte soziale Zusammenhänge, geregelte Entscheidungsprozeduren, rechtlich verdichtete Regeln des Zusammenlebens, Traditionen, Riten und Rituale zu nennen, die in kulturellen Vollzügen präsent sind, die für gegenseitige Verständlichkeit sorgen und bei Bedarf aktualisierbar sind. Die Wiederholung von Handlungsschemata und das Reproduzieren von Zuständen sind unzweifelhaft ein Element technischer Artefakte – aber nicht nur. Regelhaftigkeiten sind auch in sozialen Kontexten etabliert – als notwendige Bedingungen für das Bestehen einer Kultur. Institutionen stellen derartige geregelte Handlungszusammenhänge dar, die Verlässlichkeit und Erwartungssicherheit erzeugen.

Die Konstitution von Invarianzen über technische Regeln – in der Artefakttechnik wie im Sozialen – stellt eine kulturelle Leistung dar. Nichts ist von sich aus invariant, sondern wird durch sprachliche Mittel (so z. B. durch die Reflexion auf den Anteil des Technischen und die Möglichkeiten der Etablierung technischer Regeln) *erst als invariant konstituiert*. Diese Konstituierung erfolgt relativ zu vorgängigen Festlegungen der Kriterien für „gleich" und relativ zur Kenntnis des Geltungsbereiches der formulierten Regel. Diese Kriterien richten sich in ihrer substanziellen Ausprägung nach gesellschaftlichen Zwecken und kulturellen Vorverständnissen, sind also selbst kultur*variant* – was wiederum Anlass gibt für Reflexionen auf die Grenzen der Geltung technischer Regeln, ebenfalls in der „technischen" Technik wie im sozialtechnologischen Bereich.

3.2   Technische Regeln und ihre Grenzen

Als zentral erweisen sich daher Angabe und Begründung technischer Regeln. Die Begründung impliziert die Wiederherstellbarkeit der Ausgangssituationen zumindest in den durch den Geltungsbereich der Regel festgelegten *relevanten* Attributen, damit ein „Immer-wieder-Ausprobieren" zur handelnden Überprüfung der Regel, z. B. in einem Labor, möglich wird: In der Ausgangssituation wird ein Handlungsschema aktualisiert; das Resultat dieser Aktualisierung sollte in dem regelmäßig erreichbaren

Zustand Z liegen (vgl. Lange 1996). Durch die systematische Variation bestimmter Attribute der Ausgangssituationen kann der Geltungsbereich der Regel experimentell bestimmt werden, insofern er nicht bereits analytisch zugänglich ist. Ohne die Möglichkeit dieser Wiederherstellbarkeit der relevanten Aspekte der Ausgangssituationen bleibt die Rede von technischen Regeln entweder sinnlos oder wird erläuterungsbedürftig.

Nun ist die Wiederherstellbarkeit der Ausgangssituationen technischer Regeln sehr ungleich verteilt: Im Labor kann der Ingenieur die Parameter eines Experiments zur Überprüfung von Regelhaftigkeiten kontrollieren – in sozio-politischen Situationen ist dies nur unter deutenden Einschränkungen möglich, indem bestimmte Situationen als mit anderen „in relevanten Aspekten vergleichbar" bezeichnet werden. So beruhen z. B. divergierende Antworten auf die viel diskutierte Frage, ob aus der Geschichte etwas gelernt werden könne, auf unterschiedlichen Einschätzungen der Vergleichbarkeiten verschiedener historischer Situationen.

An dieser Stelle öffnet sich also eine methodische Kluft zwischen den technischen Regeln in Natur- und Technikwissenschaften sowie Technik einerseits und ihrer sehr viel schwierigeren Begründbarkeit in sozio-politischen Fragen andererseits. Die Verfügbarkeit und damit die Reproduzierbarkeit von Ausgangssituationen in naturwissenschaftlichen und technischen Labors ermöglicht es, für technische Fragen durch prototheoretische Normen eine von ethisch-politischen Fragen abgekoppelte Basis für Begründungsdiskurse zu schaffen, die Voraussetzungen für wiederholte Ver- und Abläufe komplett zu kontrollieren und damit ein hohes Maß an verlässlichem situationsinvariantem Gesetzeswissen zu begründen (vgl. Kambartel 1979).

In sozio-politischen Praxen hingegen kann aufgrund der Singularität und Historizität der Handlungssituationen nur relativ zu Situations*deutungen* argumentiert werden (vgl. Hartmann/Janich 1996). Diese sind deutungs-, theorie- oder analogievermittelt und führen auf schwächere, voraussetzungsbehaftetere Argumente. Für nicht wiederholbare Handlungen, z B. für Maßnahmen im politischen oder wirtschaftlichen Raum, ist die Formulierung technischer Regeln daher in strengem Sinne nicht möglich. Allerdings wird dort oft sowohl in der Analogiebildung wie auch im Rückgriff auf modellbezogene Rechtfertigungen die Rechtfertigung *nach dem Vorbild einer technischen Regel* versucht: Immer wenn [...], handle [...]! Wiewohl derartige Begründungen aus den genannten Gründen argumentativ ersichtlich schwächer sind als Begründungen ingenieurtechnischen Wissens, gehört ein reflektierter, die Geltungsbedingungen derartiger „Quasi-Regeln" (Hans Albert) berücksichtigender Umgang mit diesen zum Klugheitsgebot in sozio-politischer Praxis.

4   Technisierung als Gefährdung kultureller Entwicklung

4.1   Die Kehrseite der Regelhaftigkeit

Obwohl Regelhaftigkeit damit also Vorbedingung des gemeinschaftlichen Zusammenlebens und auch Vorbedingung zeitübergreifender Kulturbildung ist, ist sie dennoch *ambivalent*. Widerstand gegen Technik als Widerstand gegen ein Übermaß an Regelhaftigkeit tritt nicht historisch zufällig auf, sondern ist in Technik selbst angelegt. Sie beruht auf der tief greifenden *Ambivalenz des Regelhaften*: Einerseits bedarf, wie gesagt, die Sicherung kultureller Vollzüge der Regelhaftigkeit, andererseits kann letztere eine Bedrohung von Freiheit und Individualität werden. Das Regelhafte bzw. Geregelte muss mit dem (historisch) Einmaligen und den Möglichkeiten, außerhalb etablierter Regeln zu operieren, in einer ausgewogenen Balance stehen.

Widerstand gegen Technik, wie sie historisch sowohl gegenüber bestimmten Artefakten als auch gegenüber bestimmten naturwissenschaftlich-technischen Entwicklungslinien zu beobachten ist, ist nicht bloß Widerstand gegen technische Artefakte, sondern verweist auf einen Grundzug menschlicher Gesellschaften: auf die Ambivalenzen zwischen Sicherheit und Freiheit, zwischen Spontaneität und Regelhaftigkeit, zwischen Planung als Eröffnung von Handlungsoptionen und einer „Verplanung" als Schließung von Optionen. In gesellschaftlicher Wahrnehmung bedrohlich wirkt hier vor allem das Technische im Sozialen, weniger die Technik als Ensemble von Maschinen und Apparaten. Beispiele für diese „dunkle Seite" der Regelhaftigkeit und damit „der Technik" sind folgende soziale Bereiche (vgl. Grunwald/Julliard 2007):

- *Bürokratie*: Bürokratie stellt vor dem Hintergrund des reflexiven Technikbegriffs eine Technisierung von Verwaltungsabläufen zuungunsten weniger formaler Kommunikationsmuster dar. Regelhaftigkeit, Kontrolle, hierarchische Strukturierung von Abläufen etc. lassen die Bürokratie als eine „soziale Maschine" erscheinen, die für bestimmte Funktionen bestimmte reproduzierbare Resultate produziert. Der Maschinencharakter äußert sich auch darin, dass eine Bürokratie aus funktional ersetzbaren Einzelteilen besteht – Menschen als „Rädchen im Getriebe". Die gesellschaftliche Ambivalenz dieses Funktionsmusters lässt sich leicht aus negativen Konnotationen von Begriffen wie „Bürokratisierung" erkennen.
- *Militär*: Das Militärische lässt sich ebenfalls als eine Form technischer Verhaltensweisen deuten. Das Marschieren z. B. stellt eine technische Fortbewegungsweise des Menschen dar, mit dem bekannten Stechschritt als extremer Ausprägung. Die Technisierung von Kommunikation durch strikte Hierarchisierung der Kommandostrukturen lässt sich hier anführen, genauso wie sich das Militär insgesamt als technisches System interpretieren lässt. Wird gesellschaftlich das Militär als abgegrenzter Bereich zur Erfüllung bestimmter Funktionen weitgehend anerkannt, so zeigt sich die Ambivalenz jedoch dann, wenn von einer Militarisierung der Ge-

sellschaft insgesamt die Rede ist. Im wilhelminischen Preußen etwa drangen technisch-militärische Umgangsformen in weite Bereiche der Gesellschaft vor.

- *Globalisierung*: Die Globalisierung hat auch ein technisches Gesicht. In Bezug auf die technische Globalisierung gibt es weitreichende Bedenken, dass auf diese Weise weltweit mehr Regelhaftigkeit und mehr Gleichförmigkeit einkehren würden, verbunden mit einem erheblichen Verlust von Traditionen und kultureller Vielfalt.

Befürchtungen einer Bürokratisierung oder Militarisierung der Gesellschaft oder Befürchtungen einer hegemonialen Seite der Globalisierung gegenüber den traditionellen Kulturen stellen der gesellschaftlichen Technikdiskussion in generalisierender Absicht deutliche Fragen: Welcher Grad an Regelhaftigkeit und Reproduzierbarkeit ist nötig, welcher möglich, welcher in welchen Bereichen erwünscht oder auch nur akzeptabel?

Die Technisierung der Gesellschaft als Bedrohung verstanden, stellt sich in diesem Zusammenhang nicht in erster Linie als eine fortschreitende Ausstattung von Individuen und Institutionen mit technischen Apparaten und Systemen und die Zunahme ihrer Abhängigkeit davon heraus, sondern als eine Verschiebung vieler Handlungszusammenhänge in Richtung stärkerer Regelhaftigkeit. Dies ist die eingangs genannte, häufig in öffentlichen Technikdebatte zu beobachtende negative Konnotierung von Technisierung, verstanden als Reglementierung und Unterordnung unter technisch vorgegebene Regelhaftigkeiten mit Befürchtungen von Autonomieverlust und Einbuße an Spontaneität.

4.2 Technisierung von Menschenbildern

Diagnosen von Technisierungen können auf verschiedenen Ebenen vorgenommen werden (nach Grunwald/Julliard 2007): (1) auf der individuellen Ebene durch eine Unterwerfung individueller Freiheiten unter technische Zwänge, (2) auf der kollektiven Ebene durch Unterwerfung gesellschaftlicher Vollzüge unter vermeintliche technische Sachnotwendigkeiten, und (3) als Diagnose einer zunehmend technischen, d. h. regelvermittelten Selbstbeschreibung des Menschen in den Bildern seiner selbst. Menschenbilder sind begriffliche Aggregate aus Zuschreibungen von Eigenschaften des Menschen, die in einer *generalisierenden Rede* Verwendung finden. Sie decken ganz verschiedene Aspekte ab, z. B. die Körperlichkeit des Menschen, die geistige Verfasstheit, seine/ihre kulturelle, soziale bzw. politische Seite etc. Der Begriff „Menschenbild" ist ein *Reflexionsbegriff* zur Erfassung von Eigenschaften, die wir Menschen generell zuschreiben.

In diesem Beitrag sei nur auf die mögliche Technisierung des Menschen als seine zunehmend technomorphe Selbstbeschreibung in technischen Begriffen und mit Analogien aus den Technik- und Naturwissenschaften verwiesen (z. B. in der Form, den

Menschen als eine Baustelle zu modellieren; vgl. Ach/Pollmann 2006). Diese Form der Technisierung des Menschen findet *sprachlich* statt, nicht als eine Ausstattung unserer Lebenswelten mit immer mehr Maschinen, denen wir uns unterordnen müssten. Diese sprachliche Technisierung ist eine Medaille der von vielen Naturwissenschaftlern und einigen Philosophen versuchten *Naturalisierung des Menschen* (vgl. Engels/Hildt 2005). So können z.B. neuroelektrische Schnittstellen einer weiteren Technisierung Vorschub leisten, weil sie eine informationstechnische Rede über Mensch und Gehirn nahe legen (vgl. Janich 1996): Sinnesorgane als Sensoren, Nerven als Datenleitungen, das Gedächtnis als Festplatte etc. Zu fragen ist, ob und in welcher Weise diese begrifflichen Verschiebungen Einfluss auf Menschenbilder haben und welche Folgen dies wiederum haben kann (vgl. Grunwald 2008).

Angesichts der Tendenzen zur Reduktion des Menschen auf das naturwissenschaftlich Beobachtbare und damit auf das technisch Beeinflussbare (vgl. Habermas 2001; Janich 2008) sind in der Tat verstärkt technische Deutungen des Menschen als komplexe, z.B. kybernetische Maschine (vgl. Janich 1996) zu beobachten. In dieser Hinsicht wäre als Technisierung des Menschen der Prozess zu bezeichnen, in dem sich zunehmend technische Deutungen des Menschen als „technische" Menschenbilder durchsetzen. Dieser Prozess käme an ein Ende, wenn es zu einer „rein technischen" Beschreibung des Menschen käme, die nicht mehr der Konkurrenz oder Ergänzung durch andere, nichttechnische Beschreibungen des Menschen (z.B. als zoon politicon, als soziales Wesen, als Teilnehmer einer Kommunikationsgemeinschaft etc.) ausgesetzt wäre. Dies wäre eine Situation, in der Menschen sich mit der technischen Selbstbeschreibung zufrieden geben und sie als die einzig noch zulässige ansehen würden. Die Technisierung als technisch gewendete Seite fortschreitender Versuche einer Naturalisierung des Menschen wäre damit an ihr Ziel gekommen. Für Aspekte des Menschlichen, die sich in dieser Maschinensicht auf den Menschen nicht erfassen ließen, wäre dann kein Platz mehr.

Der Deutlichkeit halber: Maschinenbilder vom Menschen oder andere technisierte Menschenbilder sind kein Problem *per se*; für viele Zwecke gerade wissenschaftlicher Art ist es unerlässlich oder wenigstens zweckdienlich, den Menschen technisch zu modellieren, etwa als ein Information verarbeitendes System: „Ein methodischer Reduktionismus, der in heuristischer Absicht den Menschen in bestimmten Hinsichten mechanistisch deutet, wie es in Medizin und Naturwissenschaften üblich ist und teilweise sehr erfolgreich praktiziert wird, ist von den genannten moralischen Vorwürfen allerdings auszunehmen" (Clausen 2008, S. 14).

Mit einer technischen Modellierung des Menschen ist solange keine Technisierung im Sinne einer stärkeren Regelhaftigkeit verbunden, wie derartige technische Menschenbilder in ihrem jeweiligen Bedeutungs- und Funktionskontext verbleiben und in ihren den jeweiligen Zwecken geschuldeten Restriktionen erkannt und reflektiert sind.[5] Von Ansätzen einer Technisierung des Menschen ist erst dann zu sprechen, wenn derartige technische Menschenbilder aus diesen Verwendungskontexten herausgelöst, von ihren Adäquatheitsbedingungen und Prämissen entkleidet und mit Absolutheitsanspruch als *Bilder vom Menschen generell* in die Debatte eingebracht werden.

Bio- und Gentechnologie und eben durch Nano- und insbesondere Nanobiotechnologie (vgl. Roco/Bainbridge 2002) haben in vielen Kreisen die Idee einer rein technischen, d. h. einer Maschinenbeschreibung in Form eines streng geregelten Systems „Mensch" deutlich näher gerückt. Die mögliche Reduktion des Menschen auf eine besondere Art von EDV-Geräten oder kybernetischer Maschinen im Rahmen einer vollständigen Informatisierung des Menschen (vgl. Janich 1996) ist eine Entwicklung, die kritischer Beobachtung bedarf. Hier zeigen sich möglicherweise Wissenschafts- und Technikfolgen darin, wie wir uns selbst verstehen. Reflexion und Gestaltung unter ethischen und sozialen Aspekten sind gefragt, um die „Bereicherung" des Menschen durch technischen Fortschritt zu erlauben, z. B. für medizinische Zwecke, ohne aber in Gefahr zu geraten, damit technische Menschenbilder zu verbreiten oder ihrer Dominanz Vorschub zu leisten. Es muss weiterhin möglich sein, den Menschen als „trans-technisches" Wesen zu thematisieren, als ein Wesen, das von der Technik in und an seinem Körper profitiert, aber in dieser Technik nicht aufgeht.

5 Technisierungsdiskurs und gesellschaftliche Selbstverständigung

Die Entlastungsfunktion von Technik in der menschlichen Lebensbewältigung und im Aufbau und Erhalt von Kulturen (Kap. 3) ist die Kehrseite der Gefährdung von Autonomie und Freiheit des Menschen durch Technisierung als Unterwerfung unter Regelhaftigkeiten. Beides gehört untrennbar zusammen, und es bedarf steter Reflexion und Aufmerksamkeit, um eine „sinnvolle Technisierung" von einer „sinnentleerten Technisierung" (Gehlen) zu unterscheiden und die Grenze zwischen beiden, die sicher kulturell variabel ist, gemäß kulturellen Entwicklungsständen und gesellschaftlichen Präferenzen zu gestalten, insofern dies möglich ist.

Indem der reflexive Technikbegriff sowohl auf die negativen (Kap. 4) wie auch auf die positiven Eigenschaften (Kap. 3) der Regelhaftigkeit aufmerksam macht, erweist er sich als ein Medium zur Austragung relevanter gesellschaftlicher Debatten

---

5 Gleichwohl darf die faktische Kraft technischer oder naturalisierter Menschenbilder nicht unterschätzt werden. Insbesondere, wenn auf ihrer Grundlage wissenschaftlich-technisches Wissen gewonnen wird, das erfolgreich z. B. zur Behandlung von Krankheiten eingesetzt werden kann, kann dies leicht zu dem Fehlschluss verführen, das zugrunde liegende naturwissenschaftlich-technische Modell des Menschen zu verabsolutieren; zur Unterscheidung von Modell und Modelliertem generell vgl. Janich 2003.

zur Technisierung, ohne in diesen bereits a priori eine technikoptimistische oder
-skeptische Ausgangsposition einzunehmen. Dies erscheint für die Betrachtung von
Technisierungsprozessen erforderlich, um in der geschilderten dialektischen Situation
(Kap. 3 und Kap. 4) nicht von vornherein durch die Wahl des begrifflichen und technikphilosophischen Ausgangspunktes das Ergebnis der Analyse in der einen oder anderen Richtung zu determinieren.

Die Grenze zwischen Technischem und Nicht-Technischem ist nicht fixiert, sondern im Sinne der stärkeren oder schwächeren Regelhaftigkeit kultureller Zusammenhänge pragmatisch fließend und (sicher in Grenzen) gestaltbar. Verschiebungen dieser
Grenze finden oftmals in inkrementellen, sich der Wahrnehmung entziehenden Schritten statt, wie sie sich auch in der Karriere und dem Niedergang verschiedener Technikbilder zeigen (hier wäre eine reizvolle Aufgabe empirischer Technikforschung).
Aufgabe einer kritischen und gleichwohl methodischen Technikphilosophie wäre es,
zum einen den gesellschaftlichen Grenzverlauf zwischen dem Technischen und dem
Nicht-Technischen zu rekonstruieren und zu reflektieren. Zum anderen wäre zu erwarten, dass vor der ethischen und politischen Frage, wie viel an Technisierung in
diesem allgemeinen Sinne der Regelhaftigkeit gesellschaftlich entweder akzeptabel
oder sogar wünschenswert ist, Orientierungsleistungen für die gesellschaftliche
Selbstverständigungsdebatte erbracht werden. Mit den technischen Artefakten, den
traditionellen Gegenständen technikphilosophischer Reflexion, hat dies nur noch wenig zu tun, mit Gesellschaftstheorie hingegen viel.

Dies wiederum macht auf eine weitere Konsequenz aufmerksam. In den üblichen
technikkritischen Debatten werden vor dem Hintergrund von Technisierungsbefürchtungen vielfach Ingenieure und Wissenschaftler kritisiert. Wenn die hier vorgetragene
Analyse zutrifft, dann wäre dies zumindest einseitig, wenn nicht eine nicht rechtfer-
tigbare Zuschreibung. Denn Technisierung in ihrer negativen Konnotation findet, als
ungewollte Zunahme von Regelhaftigkeiten, in den gesellschaftlichen Verhaltungen
zu den technischen Artefakten statt, nicht in den oder durch die technischen Artefakte
selbst. Letzteres anzunehmen wäre ein naiver Technikdeterminismus (vgl. Dolata/
Werle 2007). Wer diesen vermeiden will, muss in den Technisierungsdebatten grund-
legendere Fragen nach den gesellschaftlichen Positionierungen zur Technik stellen.

Die Technisierungsdebatte erweist sich somit als laufende Selbstverständigung der
Gesellschaft in Fragen von Autonomie, Regelhaftigkeit, Verlässlichkeit und Spontaneität. Technisierungshoffnungen wie auch -befürchtungen beziehen sich nur vordergründig auf materiale Technik, sondern zielen auf gesellschaftliche Verhaltungen und
den erhofften bzw. befürchteten gesellschaftlichen Wandel. Dabei ist das zugrunde
liegende Dilemma aus der Institutionentheorie spätestens seit Gehlen wohlbekannt:
die Entlastungsfunktion von Institutionen ist notwendig mit einer Einschränkung von
Freiheiten verbunden (vgl. z.B. Hubig 1982). Dilemmatisch ist diese Situation, weil
das eine – das zu den Bedingungen der Möglichkeit von Kultur gehört – nicht ohne
das andere – das Kulturen und die sie tragenden Menschen einschränkt – zu haben ist.

Literatur

Ach, Johannes S.; Pollmann, Arnd (Hg.) (2006): No body is perfect. Baumaßnahmen am menschlichen Körper. Bioethische und ästhetische Aufrisse. Bielefeld

Banse, Gerhard; Grunwald, Armin; König, Wolfgang; Ropohl, Günter (Hg.) (2006): Erkennen und Gestalten. Eine Theorie der Technikwissenschaften. Berlin

Claessens, Dieter (1993): Das Konkrete und das Abstrakte. Soziologische Skizzen zur Anthropologie. Frankfurt am Main

Clausen, Jens (2009): Ethische Fragen aktueller Neurowissenschaften: Welche Orientierung gibt die „Natur des Menschen"? In: Hildt, Elisabeth; Engels, Eve-Marie (Hg.): Der implantierte Mensch. Freiburg (im Druck)

Coenen, Christopher (2006): Der posthumanistische Technikfuturismus in den Debatten über Nanotechnologie und Converging Technologies. In: Nordmann, Alfred; Schummer, Joachim; Schwarz, Astrid (Hg.): Nanotechnologien im Kontext. Berlin, S. 195-222

Dolata, Ulrich; Werle, Raymund (Hg.) (2007): Gesellschaft und die Macht der Technik. Sozioökonomischer und institutioneller Wandel durch Technisierung. Frankfurt am Main/New York

Engels, Eve-Marie; Hildt, Elisabeth (Hg.) (2005): Neurowissenschaften und Menschenbild. Paderborn

Gehlen, A. (1956): Urmensch und Spätkultur. Bonn

Gehlen, A. (1986): Der Mensch. Seine Natur und seine Stellung in der Welt [1940]. 13. Aufl. Wiesbaden

Grunwald, Armin (2000): Handeln und Planen. München

Grunwald, Armin (2006): Die Ambivalenz technikzentrierter Visionen als Herausforderung für die Technikfolgenabschätzung. In: Petsche, Hans-Joachim; Bartíková, Monika; Kiepas, Andrzej (Hg.): Erdacht, gemacht und in die Welt gestellt. Technik-Konzeptionen zwischen Risiko und Utopie. Festschrift für Gerhard Banse. Berlin, S. 287-304

Grunwald, Armin (2009): Neue Gehirn-Computer-Schnittstellen: Schritte auf dem Weg zur Technisierung des Menschen? In: Hildt, Elisabeth; Engels, Eve-Marie (Hg.): Der implantierte Mensch. Freiburg (im Druck)

Grunwald, Armin; Julliard, Yannick (2005): Technik als Reflexionsbegriff – Überlegungen zur semantischen Struktur des Redens über Technik. In: Philosophia naturalis, Jg. 42, S. 127-157

Grunwald, Armin; Julliard, Yannick (2007): Nanotechnology – Steps towards Understanding Human Beings as Technology? In: NanoEthics, vol. 1, pp. 77-87

Habermas, Jürgen (2001): Die Zukunft der menschlichen Natur. Frankfurt am Main

Hartmann, Dirk; Janich, Peter (1996): Methodischer Kulturalismus. In: Hartmann, Dirk; Janich, Peter (Hg.): Methodischer Kulturalismus. Zwischen Naturalismus und Postmoderne. Frankfurt am Main, S. 9-69

Hubig, Christoph (1982): Ethik institutionellen Handelns. Frankfurt am Main

Janich, Peter (1998): Informationsbegriff und methodisch-kulturalistische Philosophie. In: Ethik und Sozialwissenschaften. Streitforum für Erwägungskultur, H. 2, S. 169-182

Janich, Peter (2003): Modelle und Modelliertes. Zwecke und Methoden. In: Gethmann, Carl F.; Lingner, Stephan (Hg.): Integrative Modellierung zum Globalen Wandel. Berlin u. a., S. 15-33

Janich, Peter (Hg.) (2008): Natur und Menschenbild. Hamburg

Kambartel, Friedrich (1979): Ist rationale Ökonomie als empirisch-quantitative Wissenschaft möglich? In: Mittelstraß, Jürgen (Hg.): Methodenprobleme der Wissenschaften vom gesellschaftlichen Handeln. Frankfurt am Main, S. 320-343

Marcuse, Herbert (1967): Der eindimensionale Mensch. Neuwied

Ropohl, Günter (2002): Wider die Entdinglichung im Technikverständnis. In: Abel, Günter; Engfer, Hans-Jürgen; Hubig, Christoph (Hg.): Neuzeitliches Denken. Festschrift für Hans Poser zum 65. Geburtstag. Berlin u. a., S. 141-156

Roco, Mihail C.; Bainbridge, William S. (eds.) (2002): Converging Technologies for Improving Human Performance. Arlington, VA

Technik und Kultur
Technische Defunktionalisierung und kulturelle Refunktionalisierung von Formen

Andreas Böhn

1 Zeichen, Form und Funktion

Aus technikwissenschaftlicher Perspektive erscheint Technik vorrangig als Instrument zur Erfüllung spezifischer Funktionen und technische Innovation als Verbesserung dieser Funktionalität. In kulturwissenschaftlicher Sicht hingegen produziert Technik Formen, die sie für Nutzer überhaupt erst erkennbar und einsetzbar werden lassen, und technische Innovation führt zur Verlagerung von Funktionalitäten auf andere Formen, die neu sein, aber auch alte aktivieren können. Die alten Formen verschwinden damit jedoch nicht, sondern bleiben als von ihren ursprünglichen Funktionen mehr oder weniger entkoppelte zurück und werden damit kulturell umso besser nutz- und bearbeitbar. Eine Möglichkeit hierbei ist, mit ihnen die neuen technischen Funktionalitäten zu interpretieren.

Das Verhältnis von Form und Funktion dient uns als Orientierung für unser Verhalten gegenüber unserer Umwelt, und Technik stellt für den Nicht-Techniker, der kein Experte für die jeweilige Technik ist, zunächst einmal einen weiteren Teil dieser Umwelt dar, den es zu deuten und in eigene Handlungsroutinen zu integrieren gilt. In der Produktionsperspektive von Technik bringt eine gewünschte Funktion eine bestimmte Form hervor, in der Rezeptionsperspektive muss die Funktionalität hinter der Form zuerst entdeckt und adaptiert werden. Gelingt dies, so wird in der Folge die Form als Zeichen für die Funktion aufgefasst; z.B.: „Die gleiche Form, durch die ein Gegenstand ein Messer ist, fungiert zugleich als Zeichen dafür, daß er als ein Messer verwendbar ist" (Holenstein 1980, S. 25; vgl. Eco 1972, S. 33ff.; Posner 1991, S. 49ff.). Dies wird oft als Postulat eingesetzt. Insbesondere während des Funktionalismus wird die Forderung der Erkennbarkeit der Funktion erhoben.

Die Form als Ausdrucksmoment des Zeichens ist also unmittelbar mit der zugeordneten Funktion, dem inhaltlichen Moment verbunden. Da sie zu ihrer Manifestation jedoch einer bestimmten Materialität bedarf, ist von Anfang an auch die Möglichkeit gegeben, dass sich diese Materialität störend und trennend zwischen Form und Funktion schiebt. Allein schon die soziale Verbindlichkeit, die Repräsentationssysteme gerade zur Erfüllung ihrer Funktion haben müssen, bringt eine Tendenz zur Stabilisierung und *Fixierung* mit sich. Doch bevor im nächsten Abschnitt auf daraus sich ergebende De- und Refunktionalisierungsprozesse näher eingegangen werden soll, ist der primäre Zusammenhang von Zeichen, Form und Funktion noch weiter zu klären.

Formen lassen sich als reine Unterscheidungen verstehen, aus denen sich unsere Wahrnehmungswelt aufbaut. Alle weitergehenden Fragen nach dem Gebrauch, der Bedeutung, der Nützlichkeit oder der Werthaltigkeit von Formen setzen bereits Unterschiedenes voraus, auf das sie sie richten können. Doch auch entwicklungsgeschichtlich muss von der Existenz elementarer Unterscheidungen ausgegangen werden, die dann durch höherstufige kognitive Mechanismen bearbeitet werden können. Hier setzen Kategorisierungsprozesse an, die zu höherwertigen Ordnungen der einfachen Unterscheidungen führen. Kategorien sind bestimmt von zentralen Mitgliedern, Prototypen, die aufgrund einer formalen Struktur, eines Merkmalsbündels als repräsentativ für die Kategorie gelten. Diese Prototypen sind Bezugspunkte für die Anwendung oder Übertragung der Kategorie. Allerdings bilden ihre Eigenschaften keine Ausschlusskriterien, so dass automatisch nicht zur Kategorie gehören würde, was nicht über diese Eigenschaften verfügt. Vielmehr basieren Kategorien auf Verkettungen, die sowohl durch die gesellschaftliche Relevanz bestimmter Erfahrungszusammenhänge, also durch eine bestimmte dominierende Praxis, als auch durch idealisierte Weltmodelle wie z. B. Mythen induziert sein können. Was in einem Kategoriensystem keinen Platz findet, kann in Restkategorien zusammengefasst werden, für die die genannten Regeln nicht gelten. Aus alledem folgt, dass Kategorien entgegen älteren Konzeptionen nicht durch gemeinsame Merkmale bestimmt sein müssen. Allerdings spielen solche gemeinsamen Merkmale eine orientierende Rolle bei der Binnenstrukturierung von Kategorien, zur Konstituierung von Prototypen und Unterkategorien mittels formaler Strukturen, die als Basisschemata fungieren.

Um zu dem Beispiel des Messers zurückzukehren: Es ist gekennzeichnet durch eine formale Struktur, die sich an dem berühmten Lichtenberg'schen Aphorismus ablesen lässt: „Ein Messer ohne Klinge, woran der Stiel fehlt." Ein Messer besteht aus etwas, womit man schneiden kann, und etwas, woran man es halten kann: Klinge und Stiel. Es handelt sich hier um *formale* Kennzeichen, denn materiale Festlegungen werden hierdurch nicht getroffen, sondern nur Einschränkungen vorgenommen. Jedes Material, das die genannten Kriterien erfüllt, kann zur Konstitution eines Messers dienen, kann zur Herstellung eines Messers verwendet werden, etwa Metall für die Schneide, aber auch ein scharfkantiger Stein, Knochen, ein Stück Glas etc. Das Messer ist wohl das prototypische Schneidewerkzeug, und insofern dient es als Bezugspunkt für diese übergeordnete Kategorie und ihre Anwendung. Doch da auch Laseroder sogar Wasserstrahlen als Schneidewerkzeuge benutzt werden, ist es offensichtlich, dass die Bestimmung von gemeinsamen Merkmalen auf Schwierigkeiten stößt. Speziell in der Technik des 20. Jh.s beobachten wir verschiedene Formen der Entkoppelung der Funktionen von Gestaltungsformen. Was etwa ein elektronischer Schaltkasten letztlich bewirkt, ist aus der äußeren Gestalt nicht zu entnehmen und ist unabhängig von den gestalterischen Anstrengungen, die seine Form bestimmen.

Schon bei der Bestimmung des strukturellen Kerns von „Messer" zeigt sich, dass die Kategorie „Schneidewerkzeug" eng mit einer Funktion verknüpft ist, die in diesem Fall seit den Anfängen menschlicher Zivilisation bis heute große praktische Relevanz hatte. Die Konstanz dieser Funktion dürfte es sein, die die Konstanz der Kategorie und ihres Prototyps bedingt. Da die Erfüllung der Funktion hier nun auch mit leicht wahrnehmbaren Qualitäten des Materials gekoppelt ist, eben mit Qualitäten, die die genannte formale Struktur ausmachen, so ist es leicht nachvollziehbar, dass diese Wahrnehmungsqualitäten zum Zeichen, genauer zum Signifikanten für die formale Struktur des Prototyps und mithin die Kategorie als ihrem Signifikat wurden. Zunächst geschah das wohl in der Weise, dass sie bloßes Anzeichen für die Verwendbarkeit eines bestimmten Materials waren, dann aber auch stellvertretend für die gemeinte Kategorie stehen konnten.

Der skizzierte Semioseprozess hat also zum Ergebnis, dass eine Form und eine Funktion einander so zugeordnet sind, dass sie ein Zeichen bilden. Doch ist das Zeichen ebensowenig durch inhärente Qualitäten motiviert, die die Zuordnung regeln würden, wie es die Kategorisierung ist. Die Form, die die Signifikantenseite des Zeichens bildet, ist durch ihre Differenzqualität zu anderen Formen bestimmt. Sie ist von Eigengesetzlichkeiten der Wahrnehmung wie dem Kriterium der „Prägnanz" abhängig. Eine hochfunktionale Eigenschaft, die nur schwer oder indirekt wahrnehmbar ist, eignet sich nicht zur Zeichenbildung. Die Funktion hingegen, die die Signifikatseite des Zeichens bildet, ist von gesellschaftlicher Praxis abhängig. Die Anwendung des Zeichens schließlich ist, wie schon für die Kategorisierung erläutert, von Erfahrungszusammenhängen und Weltmodellen abhängig. Von diesen Abhängigkeiten ist die der Form die stabilste und historisch am wenigsten wandelbare, während die von Funktion und Anwendung zunehmend beschleunigten Veränderungen unterworfen sind.

Formen sind also grundsätzlich dauerhafter als Funktionen. Sind sie einmal semiotisiert, so können sie das Verhaltensmodell, das das mit ihnen gebildete Zeichen darstellt, aufbewahren, auch über die Phase seiner tatsächlichen Gültigkeit hinaus. Die Form kann zum Signifikanten der primären Verbindung von Form und Funktion werden. Es handelt sich hierbei um einen speziellen Fall der Staffelung oder Schachtelung von Semiosen, die Louis Hjelmslev zuerst beschrieben hat und die durch Roland Barthes bekannt geworden ist (vgl. Barthes 1964, S. 93). Ein Zeichen, bestehend aus Signifikant und Signifikat, kann seinerseits als ganzes zum Signifikanten für ein weiteres Signifikat werden, womit also ein neues Zeichen zweiter Ordnung entsteht, dessen Signifikant ein Zeichen erster Ordnung ist. Das Wort „Rose" bedeutet Rose (die Blume), und dieses Zeichen als ganzes kann Liebe bedeuten.

Im hier behandelten Zusammenhang ist eine Form Signifikant für einen prototypischen Gegenstand, und beide zusammen sind Signifikant für die Funktion des Gegenstands, die er repräsentativ ausfüllt. Diese Aufteilung wurde bisher in der Darstellung vernachlässigt, aber sie wird spätestens dann wichtig, wenn die Zuordnung von Form und Funktion in der Praxis sich lockert oder gar auflöst. Denn obwohl der Gegenstand, der ursprünglich durch seine Form eine bestimmte Funktion besonders gut ausfüllen konnte und dadurch zum Prototyp der durch die Funktion konstituierten Kategorie wurde, dieser oder einer eventuell modifizierten Funktion nicht mehr in ausgezeichneter Weise oder vielleicht gar nicht mehr gerecht wird, kann er aufgrund seiner Form nach wie vor den früheren Zusammenhang von Form und Funktion signifizieren.

Unser Alltag ist voll von Beispielen für solche Ablösungen der Zeichenhaftigkeit von der Funktionalität. Ein mittlerweile schon wieder historisches Beispiel wären die Icons für die Herstellung von Modemverbindungen, die man in der Frühzeit der Popularisierung des Internets und noch bis Ende der neunziger Jahre des 20. Jh.s fand. Diese bestanden aus Bildern von Telefonen, die eher Telefonen aus der Mitte dieses Jahrhunderts ähnelten als den damals aktuellen. Das Trennen einer Verbindung wurde durch das Auflegen des Hörers symbolisiert, obwohl bei einer Modemverbindung gar kein Hörer zum Einsatz kommt. Man sagt beim Telefonieren immer noch: „Er hebt nicht ab", alte Menschen verwenden zuweilen sogar noch die Ausdrucksweise „Er hängt nicht aus", obwohl der Angerufene (den man natürlich nicht wirklich „rufen" kann, sonst bräuchte man ja nicht mit ihm zu telefonieren) ein Mobiltelefon benutzt und einen Knopf drücken würde, wenn er „abheben" würde. Auf diesem Knopf sieht man wahrscheinlich wiederum einen Telefonhörer abgebildet, der aus der horizontalen Lage angehoben erscheint, im Unterschied zu der Darstellung in horizontaler Lage auf dem Knopf zum Ausschalten. Gerade das Bedienelement, das das frühere Abheben des Hörers obsolet gemacht hat, ist bei Mobiltelefonen und schnurlosen Netztelefonen häufig mit dem Bild eines abgehobenen oder aufgelegten Hörers bezeichnet.

Die Form eines Telefons mit Hörer ist nun einmal etabliert und prägnanter als die eines Modems, von dem man vielleicht gar nicht so genau weiß, wie es eigentlich aussieht, und das Verhaltensmuster „rufen" ist eindrücklicher als die selbst nicht direkt wahrnehmbare Übermittlung eines elektrischen Signals durch eine Telefonleitung oder über eine Funkverbindung. Daher können solche „überholten" Techniken zu Signifikanten für neue Techniken werden. Dabei bedeutet der Signifikant „Telefon" (Bild eines Telefons) nach wie vor Telefon, aber das gesamte Zeichen kann nun auch für eine Modemverbindung stehen. Der neuere Gebrauch enthält den älteren gewissermaßen in sich, und derselbe nur einmal vorkommende Signifikant findet auf zwei Ebenen Verwendung und wird zwei Signifikaten zugeordnet. Das Zurücktreten der älteren Funktion in der Praxis tut der Signifizierungsleistung keinen Abbruch und kann die Übertragung auf neue Verwendungen zur Bezeichnung neuer Funktionen sogar begünstigen. Solche Staffelungen lassen sich zudem vervielfältigen, wie man am Beispiel des Gebrauchs von „anrufen" für das Herstellen einer Modemverbindung sehen kann.

Der hier verwendete Formbegriff ist nicht mit dem des Signifikanten gleichzusetzen, denn es wird ja gerade behauptet, dass das Bewusstsein mit Formen operiert, bevor diese zu Signifikanten und damit zu Bestandteilen von Zeichen werden. Andererseits ist eine Form etwas anderes als ein reines Aggregat von zufällig gemeinsam auftretenden Merkmalen. Der Begriff der Form dient zur Beschreibung einer kognitiven Leistung, die eine fundierende Rolle für komplexen Zeichengebrauch und Sprachverwendung spielt. „Das Sprachvermögen ist in doppelter Hinsicht hintergehbar, in ursprünglicheren Vermögen fundiert. Als Unterscheidungsvermögen ist es in einem perzeptiv-motorischen Unterscheidungsvermögen und als symbolisches Zeichenvermögen in einem vorsprachlich indexikalischen Zeichenvermögen fundiert" (Holenstein 1980, S. 23).

Das Unterscheidungsvermögen, das eng mit der Kategorisierungstätigkeit zusammenhängt, fasst Wahrnehmungsdaten in einer Form zusammen und weist ihr Sinn zu: „Ein Ding wird immer aufgefaßt als ein Dies und als ein Solches, als ein individuelles Ding einer allgemeinen Art. Dieser Doppelcharakter von Wahrnehmungsgegenständen ist die Basis für die semiotische Unterscheidung von *Token* und *Type*. Ein Gegenstand ist nicht nur ein Ball, sondern zugleich ein Beispiel (ein primitiver Zeichentyp) für einen Ball. Analog semiotisch ausgewertet wird der analytische Charakter des Sinns. Ball sein heißt Eigenschaften wie rund, elastisch usw. aufweisen. Diese Eigenschaften machen nicht nur aus einem Gegenstand einen Ball, sie machen ihn auch als Ball erkennbar. [...] Die spezifische Beschaffenheit macht nicht nur den Sinn eines Gegenstandes aus, sondern kann zugleich als Zeichen für das Vorliegen eines Gegenstandes dieses Typs aufgefaßt werden" (Holenstein 1980, S. 24f.).

Die Konstituierung von Formen ist also die Basis für Semioseprozesse, und Formen sind in sinnhafte Zusammenhänge eingebunden. Sie stellen das Ergebnis einer Verarbeitung von Wahrnehmungsdaten dar, das nicht unabhängig von der Lebenswelt gedacht werden kann, in der sich diese Wahrnehmung vollzieht. Doch da die konkreten Verarbeitungsprozesse selbst wiederum *Tokens* eines *Types*, Aktualisierungen eines Formschemas sind, bleiben die konstituierten Formen grundsätzlich auch außerhalb ihrer Entstehungssituation verfügbar, wenn sie von einem sozialen Gedächtnis aufbewahrt werden. Das ist insbesondere dann der Fall, wenn Formen zum Gegenstand von Darstellungen werden, wenn, anders gesagt, Gegenstände geschaffen werden, die nicht nur *Tokens* des jeweiligen *Types* der Form sind, sondern dazu dienen, an ihnen, an ihrer Formung, ihrer Gestaltung ihre Formqualitäten abzulesen und auf ihren zugehörigen *Type* zu schließen.

Doch damit ist bereits eine neue Stufe der Entwicklung erreicht. In diesem Fall werden Formen nicht mehr nur gebraucht, um Unterscheidungen im Aufbau der Wahrnehmungswelt vorzunehmen und diesen stabilisierten Unterscheidungen Sinn zuzuweisen, sondern es werden nun Formen von anderen möglichen Formen unterschieden. Auch diese Verschiebung ist allerdings in der beschriebenen Tendenz zur Semiotisierung der Formen schon angelegt. Die Form eines Gegenstands kann nicht nur zum Zeichen für dessen Funktion werden, sondern sie kann auch zum Zeichen für die Unterscheidung werden, die durch die Form gesetzt ist, zum Zeichen der Kategorie, der der Gegenstand aufgrund seiner Form zugeordnet wird. Die Form wird zum Zeichen „für sich selbst". Doch diese Formulierung ist irreführend. Tatsächlich hat die Form im einen Fall die Funktion, eine bestimmte Unterscheidung zu treffen, und im anderen Fall hat sie die Funktion, auf ihre Funktion im ersten Fall zu verweisen. Es handelt sich also um zwei klar zu trennende Funktionen, von denen nur die zweite zeichenhafter Art ist. Mit diesem Instrument sind Gestaltungsmerkmale „reifer", später Technologien interpretierbar. So finden sich im Automobildesign Elemente des zweiten Typs, wenn etwa „front end"-Gestaltungen auf die längst versteckten Kühler anspielen oder sogar auf die Geschichte der Kühlergestaltung rekurrieren.

Auf eine derartige Schachtelung von Funktionen wurde schon im Zuge der allgemeinen Überlegungen zur Semiotisierung von Formen hingewiesen. Was sich für den Vorgang der Entstehung von Zeichen aus dem Gebrauch von Formen konstruieren lässt, stellt ein allgemeines Potenzial der Zeichenverwendung dar. Jedes Zeichen als Einheit von Signifikant und Signifikat lässt sich prinzipiell zum Signifikanten für ein weiteres Signifikat machen. Auf dieser Möglichkeit beruht auch das Zitieren. Doch neben der systematischen Möglichkeit ist nach den Gründen zu fragen, warum diese Möglichkeit in einzelnen konkreten Fällen oder bei bestimmten Klassen von Formen und Zeichen stärker als bei anderen genutzt wurde und wird. Die zweite Funktion baut auf der ersten auf, steht systematisch über ihr, impliziert Distanzierung und Reflexion. Ein Zurücktreten oder Verschwinden der ersten Funktion kann also die Herausbildung der zweiten begünstigen. Die Untersuchung von Prozessen der De- und anschließenden Refunktionalisierung kann daher zu den Bereichen führen, in denen derartige Prozesse verstärkt auftreten.

2   Defunktionalisierung und Refunktionalisierung von Formen und Zeichen

Die technische Defunktionalisierung von Formen durch die Entstehung neuer technischer Verfahren, die veränderte Funktionalitäten hervorbringen, kann durch interpretative Anbindung neuer Funktionen an alte Formen verschleiert werden. In entgegengesetzter Weise kann sie auch durch betonte Formalisierung derart gesteigert werden, dass sie als reine Zeremonie erfahren wird und so eine eigene neue Funktion gewinnt. Im Allgemeinen dürften jedoch beide Wege nur Verlangsamungsmöglichkeiten des Ablösungsprozesses der Form von der Funktion sein. Ist dieser weit genug fortgeschritten, bleiben die Formen sozusagen „rein" und frei verfügbar zurück. An keine bestimmte Funktion mehr gebunden, sind sie grundsätzlich für neue Funktionszuschreibungen offen. Letzteres ist jedoch ein Idealtyp und nur virtueller Extrempol einer Entwicklung, ebenso wie auf der anderen Seite das unterschiedslose Zusammenfallen von Funktion und Form. Beide Pole dienen nur zur Entwicklung eines theoretischen Modells, mit dem tatsächliche Prozesse beschrieben werden können.

Es kommt zwar vor, dass vergangene Funktionen vollständig „vergessen" werden. Dies liegt jedoch zumeist daran, dass sie von späteren, eventuell auch schon wieder verblassten Funktionen ersetzt wurden. Auch die annähernd „reine" Form kann zum Zeichen *für* ihre frühere Verwendung werden, wenngleich sie nicht mehr *in* dieser Funktion gebraucht wird. Beispielsweise war der Drehschalter für Gasleitungen zur Zeit der Gasbeleuchtung ausgesprochen funktional, da sich mit ihm leicht, mit einem Handgriff, die Leitung öffnen oder schließen ließ. Als die Elektrifizierung die Gasbeleuchtung ersetzte, behielt man zunächst den Drehschalter bei, obwohl er zum An- und Ausschalten von Strom wesentlich weniger funktional als ein Kippschalter ist. Man setzte offenbar auf die Gewöhnung der Nutzer an den Drehschalter und darauf, dass dieser sich als Zeichen für die Funktion des Ein- und Ausschaltens etabliert hatte. Noch ausgeprägter ist der Verlust an Funktionalität bei der Bedienung von Autobremsen. Der Widerstand des Bremspedals resultierte ursprünglich aus der Notwendigkeit, mechanisch Kraft auf die Bremse auszuüben. Moderne Bremssysteme erübrigen dies, aber dennoch bieten die Bremspedale einen Widerstand, um den funktionalen Zusammenhang zwischen Kraftausübung und Bremswirkung zu simulieren. Der graduell skalierbare Widerstand dient nur noch als Zeichen für die Intensität des Bremsens. Er wird dafür wohl auch wegen der Gewöhnung und der intuitiven Steuerbarkeit eingesetzt, obwohl sich die Bremse an sich auch mit einem Handregler bedienen ließe.

Die in historischen Situationen realisierten Funktionen und Bedeutungen können sich als Bedeutungsschichten an Zeichen anlagern und bilden dann ein Reservoir, aus dem in aktuellen Verwendungen geschöpft werden kann. Wenn auf solche archivierten Bedeutungen zurückgegriffen wird, erhöht das deren Zugänglichkeit, hält die Erinnerung an sie wach, zugleich wirkt die Aktualisierung aber auch auf das Archivierte verändernd ein. Die neue Bedeutung, die durch den Verweis auf die frühere Bedeutung entsteht, bildet eine weitere Bedeutungsschicht, die zukünftig an dem Zeichen haften und andere Schichten überlagern kann. So hat sich im 19. Jh. durch die Rückgriffe auf das Formenrepertoire der europäischen Architekturgeschichte für die Gestaltung von Industriebauten und Maschinengehäusen ein eigener Stil entwickelt, der zum Bestandteil der Geschichte dieser Formen geworden ist. Die „dorischen" und „gotischen" Dampfmaschinengestaltungen vor etwa 1870 beispielsweise bilden einen eigenen Typus aus, von dem sich spätere funktionalistische Varianten betont absetzen.

Prozesse der Defunktionalisierung und anschließenden Refunktionalisierung von Formen gehen mit einer Entpragmatisierung, mit einer Herauslösung der Form aus ihrem Verwendungskontext einher. Sie eröffnen die Möglichkeit von Erfahrungen eigener Art, nicht Erfahrungen *mittels* der Formen, deren primäre Aufgabe ja durchaus die Konstituierung der Erfahrungswelt ist, sondern Erfahrungen *an* den Formen, die somit von Instrumenten zu Gegenständen der Wahrnehmung sich verändern. Solche Entpragmatisierungen und Umperspektivierungen können nun kaum dort auftreten, wo unmittelbare praktische Relevanz besteht und ständiger Handlungsdruck herrscht, also auf der Ebene der eigentlichen technischen Funktionalität. Hingegen ist mit ihnen verstärkt auf der Ebene der Erscheinungsweisen von Technik zu rechnen, die sich unter den Begriff *„Kultur"* fassen lassen.

Gestützt auf Reiner Wild möchte ich folgende terminologische Vereinbarung treffen: Unter „Kultur" ist eine spezifische Dimension von „Zivilisation" zu verstehen. „Mit *Zivilisation* soll (in Unterscheidung von *Natur*) die Gesamtheit der menschlichen Lebensäußerungen bezeichnet werden" (Wild 1992, S. 351). Es ist also gerade nicht die in der deutschen Tradition vorherrschende Entgegensetzung von technischer Zivilisation und geistiger Kultur gemeint. Funktionen der Kultur sind „die Regelung des menschlichen Zusammenlebens", die „Stiftung von Zusammenhängen zwischen verschiedenen Lebensäußerungen [...] durch symbolische Akte, in denen den einzelnen Lebensäußerungen (Handlungen) etwas angefügt, sie gleichsam angereichert werden, wobei die Anfügung auf andere Lebensäußerungen verweist und so Verbindungen hergestellt werden." Darin ist eine „Deutung" impliziert, die in Zusammenhang mit Weltbildern und nicht zuletzt mit der Bildung und Bestätigung von Individual- und Gruppenidentitäten steht (Wild 1992, S. 354ff.).

Unter Kultur ist also eine spezifische Dimension von Zivilisation zu verstehen, deren Unterscheidung von anderen Dimensionen wie der technischen eine rein analytische ist. Es gibt keine rein kulturellen oder rein technischen Objekte, sondern nur Hinsichten, in denen ein Objekt oder eine Verfahrensweise jeweils der einen oder der anderen Dimension zugeordnet werden kann. Kultur umfasst die Repräsentation von Normen, Werten, Welt- und Selbstbildern innerhalb einer Zivilisation und bildet damit handlungsentlastete Bereiche aus, die eben deshalb Freiräume für neuartige „kulturelle" Handlungen eröffnen. Die Produktion und die Rezeption von spezifischen Repräsentationen gehören vornehmlich zu diesen Handlungen. Kulturelle Repräsentationen beschränken sich nicht darauf, beispielsweise eine Norm zu fixieren und intersubjektiv verfügbar und verbindlich zu machen, sondern sie „reichern sie an", indem sie sie zu den übrigen Normen in Beziehung setzen, durch Anbindung an werthaltige Ereignisse, Orte oder Gegenstände legitimieren, diesen Beziehungsstiftungen darüber hinaus eine Erfahrungsqualität verleihen, die sie als „passend", „stimmig", „schön" erscheinen lassen. Sie dienen also der Rückversicherung und Selbstvergewisserung einer Zivilisation und implizieren daher die Bedrohungen, Probleme und Widersprüche als unausgesprochenes Komplement, die ein Bedürfnis nach Sicherheit und Gewissheit entstehen lassen.

Daher können und müssen im Bereich kultureller Repräsentation etwa auch Normenkonflikte ihren Ausdruck finden, gerade wenn *keine* praktikablen Lösungen für sie zur Verfügung stehen. Denn im handlungsentlasteten Feld der Kultur gelten besondere Regeln, hier bleibt folgenlos, was ansonsten katastrophale Folgen hätte, und ermöglicht somit ganz andersartige Wirkungen. Der Modellcharakter kultureller Repräsentationen erlaubt es, Konflikte auszuagieren, Affekte zuzulassen, Möglichkeiten zu akzeptieren, die in der Wirklichkeit des gesellschaftlichen Lebens ausgeschlossen wären. Es ist also nur eine Fortsetzung dieser Funktion von Kultur, wenn mit der Erfahrung von Geschichte die Konflikte verschiedener historischer, als fixierte aber gleichzeitiger Repräsentationen hinzukommen und ihrerseits nach Repräsentation verlangen. Hierzu zählen auch unterschiedliche Entwicklungsstadien der technischen Zivilisation.

3   Funktionswandel von Formen und Symbolismus

Wenn man Kultur als Gesamtbereich der Lebensäußerungen mit symbolischer Komponente fasst, so ist damit schon ein besonderer Bezug zum Zeichenhaften, zur Modellierung gesetzt. Modellierung durch Zeichen kann jedoch funktional verschieden ausgerichtet sein: auf die Natur, auf die Außenwelt der Objekte, auf die man einwirken möchte, wobei Modelle Orientierung bieten können; auf die Gesellschaft, die Menschen, deren Verhalten zueinander und zur Außenwelt mit Hilfe von Zeichen koordiniert werden kann; und schließlich auf die Innenwelt der Menschen, auf ihre mentalen Aktivitäten und ihren Affekthaushalt. Selbstverständlich stehen auch diese Funktionsbereiche in einem Interdependenzverhältnis, und es ist nochmals zu betonen, dass für den dritten, den kulturellen Bereich insofern kein Sonderstatus angenommen wird, als er ebenso wenig wie die ersten beiden unabhängig von den anderen ist. Dennoch kann man Ausdifferenzierungen dieser Funktionen feststellen, die eine spezifische Betrachtung erfordern. Im Zuge weitergehender Ausdifferenzierung bilden Bereiche wie Wissenschaft, Recht und Kunst je eigene Gesetzmäßigkeiten der Entwicklung aus, die sie nicht unabhängig von anderen Bereichen machen, aber ausschließen, dass ihre Entwicklung von der anderer Bereiche abgeleitet werden kann. *Autonomie* des Kulturprozesses bedeutet also *nicht*, dass Kultur von anderen Gesellschaftsbereichen unabhängig wäre.

Historisch greifbar wird die Ausdifferenzierung des Kulturellen an einem Vorgang, den ich schon in systematischer Perspektive beschrieben habe: der Transformation funktionstragender Formen in Zeichen für Funktionen. Der Begriff „Symbol" wird häufig gerade für Phänomene verwendet, bei denen sich die praktische Funktion und die Zeichenfunktion überlagern, ineinander verschränkt und nur analytisch zu unterscheiden sind. Die partizipative Beziehung des Symbols zum Symbolisierten wurde in der ethnologischen Forschung schon früh gesehen und konnte durch Vergleich mit Erkenntnissen der Entwicklungspsychologie bestätigt werden. Sowohl in ontogenetischer als auch in phylogenetischer Hinsicht lassen sich Phasen bestimmen, in denen die Unterscheidung von Subjektivem und Objektivem unvollständig ist und keine klare Trennung von Zeichen und Bezeichnetem vorliegt. Christopher Hallpike spricht von „begrifflichem Realismus" (Hallpike 1986, S. 190) und charakterisiert diesen Symbolismus unter Berufung auf Jean Piaget: „Das innere oder geistige Bild ist, als verinnerlichte Nachahmung, von der Wahrnehmung abgeleitet; die Bedeutung, für die das Bild gebraucht wird, beruht hingegen nicht auf Nachahmung, sondern auf Assimilation, was auch für die Veräußerlichungen von Bildern, etwa zu symbolischen Gesten oder bei der Wahl von konkreten Objekten, mit denen andere symbolisch dargestellt werden, gilt. Weil das Bild von der Wahrnehmung abgeleitet und deshalb „ausgelöst" ist, eignet es sich von Natur aus als Bedeutungsträger für Gefühle und konkrete Erfahrungen, und zwar im Gegensatz zur Sprache, die, weil sie von ihrem Medium her willkürlich und kollektiv ist, das notwendige Medium für allgemeine und unpersönliche Ideen ist. Der Symbolismus wird vor der Sprache ausgebildet und ist unabhängig von ihr, aber die Sprache selbst hat am Anfang die Funktion eines Symbols und nicht eines Zeichens" (Hallpike 1986, S. 168f.).

Symbole sind also nicht einfach nur eine entwicklungsgeschichtliche Vorstufe zu arbiträren Zeichen (das sind sie auch), sondern sie sind emotional-affektiv „gefärbt", was ihnen eine ganz eigene Wertigkeit verleiht. Das prädestiniert sie für die kulturellen Funktionen der Produktion von Selbstbildern und der Konfliktmodellierung.

Der Begriff der „emotional-affektiven Färbung" ist vor allem in Luc Ciompis ebenfalls auf Piaget aufbauenden, aber dessen einseitigen „Kognitivismus" überwindenden Konzept der „Affektlogik" entfaltet worden.[1] „Es beruht auf der ökonomischen Annahme, daß die ganze Komplexität psychischer Strukturen und Prozesse aus dem Wechselspiel von nur zwei grundlegenden und in ihrer Wirkung komplementären Funktionseinheiten erwächst: einem qualifizierenden Fühlsystem, das mit einer kleinen Zahl von affektiven Grundzuständen operiert (wie sie zumindest allen höheren Tieren gemeinsam sind) und einem quantifizierend-abstrahierenden Denksystem, das sich im Laufe der Evolution bis zum heutigen Menschen enorm verfeinert hat. Durch die – meist repetitive – Aktion, das heißt im weitesten Sinne die gesamte erlebte Erfahrung, verbinden sich beide zu funktionell integrierten affektiv-kognitiven Bezugssystemen oder Fühl-, Denk- und Handlungsprogrammen. In ihrer Kombination bilden diese ein hochdifferenziertes Gesamtsystem zur Bewältigung der begegnenden Wirklichkeit. Auf dieser Basis nun schlage ich ein neues psycho-sozio-biologisches Modell vor, in dem den Affekten oder Emotionen – beziehungsweise ihren neurophysiologischen Korrelaten – grundlegende organisatorische und integrative Funktionen zukommen. So verbinden sie zusammengehörige kognitive Inhalte zu kontextabhängigen Fühl-, Denk- und Verhaltensprogrammen mit gleicher emotionaler Färbung. Auch spielen sie bei der funktionsgerechten Speicherung und Mobilisierung von Gedächtnisinhalten eine zentrale Rolle" (Ciompi 1993, S. 76).

---

1   Der Begriff findet sich in verschiedenen Zusammenhängen und Disziplinen, vor allem in Psychologie, Soziologie und Ethnologie; vgl. Geertz 1983, S. 67, 87 u. ö.

Symbole fungieren als „Startbefehle" für solche Programme. Der Automatismus, den diese Metaphorik impliziert, ist tatsächlich wirksam, da das Symbol die kognitiv-affektive Verknüpfungsstruktur der psychischen Organisation gewissermaßen simuliert und sich direkt in psychische Prozesse „einklinkt". Selbstverständlich ist dies eine idealtypische Darstellung, da immer die Notwendigkeit der psychischen Verarbeitung und damit die Möglichkeit der reflexiven Distanzierung gegeben sind. Doch alle kulturhistorischen und ethnologischen Befunde weisen darauf hin, dass sich die Entwicklung von einem hochgradigen Automatismus zu distanzierten Umgangsweisen nur sehr allmählich und nicht ohne Residuenbildung vollzieht.

Das hat seinen Grund darin, dass nach Ciompi die genannten Programme mit ihrer homogenisierenden emotional-affektiven Färbung kein besonderes Kennzeichen der „Primitiven", sondern der Menschen schlechthin sind. Zahllose Fühl-, Denk- und Verhaltensprogramme stellen somit – und das ist die zentrale Annahme der Affektlogik – auf verschiedensten hierarchischen Stufen die eigentlichen Bausteine der Psyche dar, die entsprechend als ein höchst komplex organisiertes Gefüge solcher Programme verstanden werden kann (vgl. Ciompi 1993, S. 76).

Der kollektive, konventionelle und systematische Charakter des primitiven Symbolismus ist durch Sprache und auf ihr aufbauende gesellschaftliche Institutionen ersetzbar, aber nicht – jedenfalls nicht ohne weiteres – die von Hallpike angesprochene „emotionale Durchschlagskraft, die Prägnanz und die Immunität gegen Widerlegung und Widerspruch" (Hallpike 1986, S. 175). Diese Eigenschaften beruhen letztlich auf der engen Verbindung des Symbols mit entwicklungsgeschichtlich frühen mentalen Aktivitäten, die grundierend auch bei allen später ausgebildeten mitwirken, eben auf seiner affektiven Färbung. Die Bildlichkeit des Symbols sichert seine Anbindung an die Wahrnehmungswelt einerseits und an das Gedächtnis andererseits. Komplexe von Sinneseindrücken und prägnanten Wahrnehmungsgestalten können unwillkürliche Erinnerungen „heraufbeschwören", die nicht der Steuerung durch das Bewusstsein unterliegen und daher dem Subjekt auch nicht als eigene Leistung, sondern als äußere „Eingebungen" erscheinen.[2]

Es wird also alles Begegnende auf Handlungen von Subjekten zurückgeführt und mit Intentionen und deren Bewertungen verknüpft. Daher eignen sich Symbole als Ausdruck verdichteter Präsenz und Wirkungskraft solcher Subjekte, als privilegierte Positionen in einer insgesamt symbolisch geordneten Welt, in denen die menschlichen Subjekte mit den in den Symbolen anwesenden in direkten Kontakt treten können.

---

2   Diese Wirkungsweise des Symbols fügt sich also in das subjektivische Schema ein, das nach Günter Dux am Anfang, und zwar immer wieder aufs Neue am Anfang der menschlichen Entwicklung steht (vgl. Dux 1982, S. 101f.).

Das lässt sich aus moderner Beobachterperspektive nun wiederum so formulieren, dass in Symbolen kognitive Dissonanzen zur Darstellung kommen, die auf der Divergenz von subjektivem Wahrnehmungsmuster und objektiven Wahrnehmungsdaten beruhen. Da, wo die Welt nicht so ist, wie sie sein sollte oder müsste, werden diese Gegensätze mit und in Symbolen vermittelt, indem das Symbol die angenommene Struktur anschaulich vorführt, erlebbar macht und mit den emotionalen Zuständen des Subjekts verbindet, und eben dadurch den Widerspruch in diese Struktur integriert. Auch wenn aus analytischer Sicht das Gelingen der Integration zweifelhaft sein mag, so ist eine Widerlegung der „Lösung" des Symbols kaum möglich, da es die reflexive Distanz gar nicht zulässt, die für den rationalen Akt der Widerlegung nötig wäre. Das Symbol simuliert gewissermaßen den Zustand am Ende einer gelungenen Verarbeitung von Wahrnehmungsdaten und nimmt so dem Bewusstsein jeden Anlass für Fragen nach der Qualität des Verarbeitungsprozesses.

Die kulturelle Leistung von Symbolen lässt sich zusammenfassend so beschreiben:

- Symbole können das Kategoriensystem einer Gesellschaft oder Teile davon, also Schemata zur Erfassung der Wirklichkeit, „Weltbilder", zur Darstellung bringen.
- Sie erbringen diese Darstellungsleistung ohne die reflexive Distanzierung von Zeichen, die für ihr (abwesendes) Bezeichnetes stehen; vielmehr machen sie das Dargestellte gegenwärtig, erlebbar und anschaulich erfassbar.
- Der präsentische und aktuale Charakter der Darstellung bringt eine emotionale Färbung mit sich, die nicht nur zu einer kognitiven, sondern auch affektiven Verarbeitung führt.
- Die Verankerung in unbewussten und unkontrollierten mentalen Vorgängen und die Verbindung mit elementaren Mechanismen der Wahrnehmung und des Gedächtnisses verleihen dem Symbol eine „Stimmigkeit", eine positive emotionale und kognitive Qualität auch bei Darstellung von an sich Negativem, die widerspruchsresistente und spannungsauflösende Konfliktmodellierung ermöglicht.
- Das Symbol vereinigt also instrumentelle Eigenschaften des Zeichengebrauchs mit Vorzügen der Instinktsteuerung und automatischer Regelsysteme des Organismus. Es schafft ein Modell, das Übersicht, kognitive Beherrschbarkeit und die Möglichkeit zum gefahrlosen Probehandeln bietet. Zugleich bindet es dieses Modell in Mechanismen der Bestätigung und des Abbaus der durch Reize induzierten psychischen Spannung ein.

Der anthropologisch-kulturhistorische Ort des Symbols liegt genau *zwischen* dem Gebrauch von Formen für den Aufbau der Wahrnehmungswelt und der Repräsentation der Wahrnehmungswelt durch diese Formen. Als Bestandteile von Symbolen haben Formen einerseits schon repräsentative Funktion und werden andererseits noch nicht als von dem durch sie Repräsentierten geschieden, noch nicht als Zeichen für das Repräsentierte aufgefasst. Sie können bearbeitet und fixiert werden, aber damit wird noch nicht unbeding: eine Relativierung ihrer Geltung verbunden. Man kann in Bezug auf den primitiven Symbolismus durchaus von Kultur in dem hier gemeinten Sinn sprechen, denn die Funktionen von Kultur liegen bereits als ausdifferenzierte vor: die Verbindung von Lebensäußerungen miteinander im Rahmen von sinnstiftenden und rechtfertigenden Deutungen und in Richtung auf die Regelung des gesellschaftlichen Lebens und die Bildung von Individual- und Gruppenidentitäten.

Die weitere Ausdifferenzierung der repräsentativen Funktion in Zeichensystemen, vor allem der Lautsprache und der Schrift und die damit zusammenhängende allgemeine gesellschaftliche Ausdifferenzierung verändern die Rolle des Symbolismus in der Gesellschaft, aber sie lassen ihn nicht einfach verschwinden. Die Ethnologie hat sich vermehrt Vergleichen zwischen primitiven und ausdifferenzierten Gesellschaften zugewandt und gerade auf diesem Feld Entsprechungen gefunden. Mary Douglas sieht sogar „im menschlichen Symbolbewußtsein ein gefährliches *Backlash*-Potential" (Douglas 1974, S. 207), das bei sozialen Konflikten und Benachteiligungen bestimmter Gruppen zu kontraproduktivem Verhalten führen kann. Widerspruchsresistenz und Stimmigkeit des Symbols sind also äußerst ambivalente Eigenschaften. Zugleich zeigen jedoch solche Fälle, in denen gegen rationale Erwägungen und gegen eigene Interessen am Symbolischen festgehalten wird, seine ungebrochene Attraktivität und Virulenz.

Was ohne Zweifel als Kennzeichen des Symbolismus erhalten bleibt, ist die Fähigkeit zur Verbindung von Darstellung, Anschaulichkeit, Aktualität, emotionaler Färbung und Stimmigkeit. Formen, die zum Zeichen für ihre Funktion geworden sind, stellen diese Funktion anschaulich dar, da sie zu ihr in einer motivierten statt einer rein arbiträren Relation stehen. Indem sie ästhetisch die signifikante Seite des Zeichens verauffälligen, leiten sie zum aktualen Vollzug eines imaginierten Gebrauchs der Form an. Die Form eines Messers ruft bestimmte Handlungsroutinen für den Gebrauch des Messers auf, mit denen auch emotionale Färbungen wie etwa Vorsicht im Umgang damit oder die Furcht vor körperlicher Verletzung verbunden sind. Auch wenn kein tatsächlicher Gebrauch erfolgt, keine reale Handlung stattfindet, so lassen sich gleichwohl an bloß vorgestelltem Handeln die Stimmigkeit von Bewegungsabläufen erleben oder bestimmte Affekte erzeugen. Dies gilt ganz allgemein gerade auch für Formen von Technik, die hinsichtlich ihrer Funktionalität als überholt gelten müssen, aufgrund ihrer hochgradigen Semiotisierung und Kulturalisierung und der daraus folgenden Vertrautheit jedoch bevorzugt werden. Sie können geradezu als Symbole einer gelungenen Verbindung von Technik und Lebenswelt erscheinen und als solche gegen das als spannungsreich empfundene Verhältnis zur aktuellen Technik ausgespielt werden.

(Ich danke Kurt Möser für seine hilfreichen Hinweise und Anregungen insbesondere zu technikhistorischen Anwendungsmöglichkeiten.)

Literatur

Barthes, Roland (1964): Mythen des Alltags. Frankfurt am Main

Douglas, Mary (1974): Ritual, Tabu und Köpersymbolik. Sozialanthropologische Studien in Industriegesellschaft und Stammeskultur. Frankfurt am Main

Ciompi, Luc (1993): Die Hypothese der Affektlogik. In: Spektrum der Wissenschaft, H. 2, S. 76-87

Dux, Günter (1982): Die Logik der Weltbilder. Sinnstrukturen im Wandel der Geschichte. Frankfurt am Main

Eco, Umberto (1972): Einführung in die Semiotik. München

Geertz, Clifford (1983): Dichte Beschreibung. Beiträge zum Verstehen kultureller Systeme. Frankfurt am Main

Hallpike, Christopher R. (1986): Die Grundlagen primitiven Denkens. Stuttgart

Holenstein, Elmar (1980): Von der Hintergehbarkeit der Sprache. Kognitive Unterlagen der Sprache. Frankfurt am Main

Posner, Roland (1991): Kultur als Zeichensystem. Zur semiotischen Explikation kulturwissenschaftlicher Grundbegriffe. In: Assmann, Aleida; Harth, Dietrich (Hg.): Mnemosyne. Formen und Funktionen der kulturellen Erinnerung. Frankfurt am Main, S. 37-74

Wild, Reiner (1992): Literaturgeschichte – Kulturgeschichte – Zivilisationsgeschichte. In: Danneberg, Lutz; Vollhardt, Friedrich (Hg.): Vom Umgang mit Literatur und Literaturgeschichte. Positionen und Perspektiven nach der „Theoriedebatte". Stuttgart, S. 349-363

Kultur & Technik als Medien menschlicher Selbstverwirklichung
Überlegungen zur philosophischen Anthropologie und Gesellschaftstheorie

Andreas Metzner-Szigeth

1   Einleitung

Die Fülle an Thematisierungsstrategien und Reflexionsrahmungen, die sich auf die Erschließung des Verhältnisses von Kultur und Technik richten, spiegelt die Komplexität der wechselseitigen Bedingtheiten und Beeinflussungen wider, mit der beide Phänomene aufeinander einwirken. So weit sich das Feld der Erörterungen von Kultur und Technik also auch erstrecken mag, es ist davon auszugehen, dass der Zusammenhang von Theorie und Praxis, der ihnen zu Grunde liegt, einen sinnvollen Diskurs zwischen allen Ansätzen ermöglicht, unabhängig davon, von wo aus, wie und mit welchen Mitteln sie dieses Verhältnis gedanklich erschließen.

Sicher ist daher, dass es sowohl erforderlich als auch möglich ist, seine Aufmerksamkeit auf bestimmte Ausschnitte oder charakteristische Verbindungen zu konzentrieren, ohne – auf der substanziellen Ebene – Gefahr zu laufen, keinen wesentlichen Zugang zu diesem Verhältnis zu finden, und ohne – auf der diskursiven Ebene – die nötige Anschlussfähigkeit zu verlieren. Dem folgend ist es gerechtfertigt, mein Thema im Verlauf einer dreistufig angelegten, mitunter etwas sprunghaft verfahrenden Vorgehensweise zu entfalten.

Erstens wird (im Abschnitt 2) eine naheliegende Thematisierungsstrategie und Reflexionsrahmung nachvollzogen, die mit den Mitteln der begrifflichen Explikation von „Kultur" und „Technik" arbeitet. Sie richtet sich darauf, das Verhältnis zwischen beiden Phänomenen verständlich zu machen, indem die wechselseitigen Bezugnahmen der Bedeutungsmomente und Sinngehalte dieser Begriffe ermittelt und aufgeklärt werden.

Zweitens geht es (im Abschnitt 3) um eine andere Thematisierungsstrategie und Reflexionsrahmung, die danach fragt, wie Kultur und Technik entstanden sind und welche Funktionen sie erfüllen, um vor diesem Hintergrund ihr Verhältnis zu entschlüsseln.

Drittens werden (im Abschnitt 4) Kultur und Technik mit Blick auf ihnen zugerechnete Eigenschaften, als Zwecke zu gelten bzw. als Mittel zu fungieren, hinterfragt und als „Medien" menschlicher Selbstverwirklichung charakterisiert.

2 Kultur & Technik: begriffliche Dimensionen und gesellschaftliche Praxis

2.1 Gedanken zur begrifflichen Bestimmung von Kultur

Um der Weite dieses Phänomens gerecht zu werden, ist es unumgänglich, zumindest zwischen einem „ethnologischen" und einem „humanistischen" Begriff des Kulturellen zu unterscheiden. Während der erste deskriptiv auf alle Aspekte einer Lebensweise zielt, auf das Selbst- und Weltverständnis eines Volkes inklusive seiner Bräuche und Werte, ist der zweite normativ zu verstehen, stellt Kultur etwas durch Bildungsprozesse Hervorgebrachtes und im Sinne einer fortschreitenden Zivilisierung Hervorzubringendes dar.

Zwei essenzielle Komponenten jedes Kulturbegriffs sind erstens die Annahme des Vorhandenseins von sowohl räumlich wie zeitlich begrenzten, ideellen wie materiellen „Mustern", und zweitens die Annahme eines Nexus zwischen der Idee von Kultur als einem Subjekt, das etwas bewirkt, und der Idee von Kultur als einem Objekt, auf das etwas einwirkt. Zusammen ergibt dies die Eigenschaft, sowohl Produkt von Handlungen als auch konditionierendes Element weiterer Handlungen (jeweils inklusive kommunikativer Akte) zu sein.

Gerade in diesem Sinne ist Kultur mehr als die Menge der Elemente eines unscharf ausdifferenzierten gesellschaftlichen Bereichs, der darauf spezialisiert wurde, kulturelle „Güter" zu produzieren und in dem „Kulturschaffende" tätig sind, in Kunst, Musik und Literatur. Sie stellt in diesem besonderen Sinne aber auch mehr dar als einfach Lebensstile oder auch eine Menge von Normen, Werten oder Überzeugungen. Vielmehr ist sie als eine Art von Matrix zu verstehen, die Bedeutungsfelder ausweist, die bestimmte Assoziationsmöglichkeiten bietet (und andere ausschließt), die sinnstiftende Begründungen für distinkte Handlungsweisen und Interaktionsmuster bereithält, die miteinander verbunden deskriptiv und präskriptiv arbeitet, also kognitiv richtiges („funktionales") und normativ richtiges („gutes") Handeln (oder besser: Opportunitäten des Handelns) ausweist und in diesem Sinne Wirklichkeit (um-)gestaltende Praxis ist.

2.2 Gedanken zur begrifflichen Bestimmung von Technik

Um der Breite dieses Phänomens gerecht zu werden, ist es unabdingbar, zumindest zwischen den Bedeutungen der artefaktischen Technik, des technischen Handelns, des technischen Wissens und der Technikkultur zu unterscheiden.

Dies spricht zunächst für ein Verständnis, in dem Technik erstens die Menge der nutzenorientierten, künstlichen, gegenständlichen Gebilde umfasst, zweitens die Menge menschlicher Handlungen, in denen Sachsysteme entstehen, und drittens die Menge menschlicher Handlungen, in denen Sachsysteme verwendet werden (vgl. Ropohl 1993, S. 672; vgl. hierzu auch Ropohl in diesem Band). „Technik" umfasst so nicht nur die von Menschen gemachten Gegenstände („Artefakte") selbst, sondern schließt auch deren Entstehungs- und Verwendungszusammenhänge („Kontexte") ein (also ihr „Gemacht-Sein" und ihr „Verwendet-Werden").

Darüber hinaus ist anzumerken, dass hier keine systematische Unterscheidung von „Technik" und „Technologie" nachvollzogen wird, erstens, weil sie im außerdeutschen Sprachraum keine Rolle spielt, und zweitens, weil sowieso komplexere Unterscheidungen erforderlich sind, nämlich mindestens – wie o. g. – die zwischen den Bedeutungen der artefaktischen Technik, des technischen Handelns, des technischen Wissens und der Technikkultur.[1] Dies hat u. a. den Vorteil, dass die Komponente des technischen Wissens jedwede Thematisierung von Technologie im Sinne einer Wissenschaft der Technik (vgl. Banse 1997) ermöglicht, aber auch alle anderen Formen von Technikwissen inkludiert.

Insofern die „Nützlichkeit von Technik […] immer auch etwas kulturell Interpretiertes" (Hörning 1985, S. 200) ist, ist weiter einzusehen, dass Kultur den Entwurf und die Implementierung technischer Lösungen (für sozio-kulturell ausbuchstabierte Zwecke) ebenso erheblich beeinflusst wie deren Aneignung und Nutzbarmachung durch ihre Verwender. Auf beiden Seiten der „Schnittstelle" von Technik und Kultur bilden sich daher Komplemente, einerseits „Technikkulturen", andererseits „Kulturtechniken".

Grundsätzlich ist hier zu berücksichtigen, dass sich parallel zur Entwicklung neuer Fragestellungen und Arbeitsfelder ein Perspektivenwechsel im Verständnis der Technik vollzogen hat, dem gegenüber es darauf ankommt, die essentiell wichtigen Teile beider Perspektiven angemessen aufnehmen zu können. Ausgehend von der einen – früher dominanten – Perspektive werden Technik und Gesellschaft als etwas wesentlich Getrenntes wahrgenommen, als Phänomene, die sich in der Welt vergleichsweise fremd gegenüberstehen, und zwar stark, doch nur äußerlich aufeinander einwirken. Dieser Sichtweise entsprechend wird die Technik als durch ihre Gegenständlichkeit und eigene Gesetzmäßigkeit geprägt gesehen. Ausgehend von der anderen – heute (zumindest bereichsweise) dominanten – Perspektive wird der Blick auf den inneren Zusammenhang von Technik und Gesellschaft gerichtet, der im iterativen Prozess der gesellschaftlichen Hervorbringung von Technik gesehen wird, die als Hervorgebrachtes formativ innerhalb des gesellschaftlichen Entwicklungsgeschehens wirkt. Dieser

---

1 Die Bedeutung der „artefaktischen Technik" entspricht ungefähr dem deutschen Begriff der „Technik", jedenfalls in seiner zu kurz gegriffenen Unterscheidung gegenüber der „Technologie", die wiederum mit der Bedeutungsebene des „technischen Wissens" korrespondiert.

Sichtweise entsprechend wird die Technik als Prozess technischen Handelns begriffen, der in seinem Verlauf und seinen Ergebnissen als ein durch die Logik des Sozialen bestimmter angesehen wird. Verkürzt betrachtet steht damit auf der einen Seite das Naturale und (Arte-)Faktische der Technik im Vordergrund, die als bestimmende Größen ihres Seins angenommen werden, während auf der anderen Seite das Kulturale und sozial Konstruierte der Technik im Vordergrund stehen, so dass angenommen wird, diese seien die bestimmenden Größen des technischen Geschehens. Dabei wird Technik dem ersten Sinne nach als (naturgesetzlich bestimmtes) Mittel für sozial gesetzte Zwecke betrachtet, die in ihre dingliche Gestalt und Funktionsweise eingearbeitet werden. Im zweiten Sinne wird die Technik als ein Medium sozialer Handlungs- und Kommunikationsprozesse verstanden, das genuin gesellschaftlichen Charakters ist und daher nur von sozialwissenschaftlich zu erschließenden Gesetzmäßigkeiten bestimmt ist.

2.3   Vergleiche und Verbindungen

Weder *ist* Technik Kultur, noch *ist* Kultur Technik – das wären falsche „Gleichsetzungen", die dem je Besonderen beider Phänomene nicht gerecht würden. Durchaus möglich sind aber der „Vergleich" von Technik mit (bzw. gegenüber) Kultur und von Kultur mit (bzw. gegenüber) Technik, um beides, das ihnen Gemeinsame und das sie Trennende, klarer herauszuarbeiten.

Noch besser erscheint mir, gerade auch um die Dimensionen der Begriffe herauszuarbeiten, um die es hier geht, sie als Knoten eines semantischen Netzes zu begreifen. Zwecks Vereinfachung kann hierbei anfangs so vorgegangen werden, jeweils zwei von ihnen als Gegensatzpaare zu behandeln, also etwa, um zunächst einen größeren Bogen zu schlagen, Kultur und Natur, Kultur und Gesellschaft, Technik und Natur sowie Technik und Gesellschaft, um dann, im engeren Zusammenhang, das Verhältnis von Kultur und Technik im Zusammenhang des Verhältnisses von Natur und Gesellschaft zu bearbeiten. Allerdings stellen diese Oppositionen nur ein Verfahren dar, um bestimmte Bereiche des Netzes mit hoher Auflösung „abtasten" zu können.

Erleichtert wird diese Herangehensweise durch die ebenso auffällige wie bedeutsame Feststellung, dass wir es hier wesentlich mit Korrelatbegriffen zu tun haben, also solchen, die nur durch Bezug auf einen Gegenbegriff näher bestimmt werden (können). Das Paradebeispiel dafür ist die Kultur, die alles das umfasst, was nicht Natur ist, die ihrerseits all das ist, was „von Natur aus" so ist, wie es ist, also nicht Kultur ist (vgl. Gedö 1986; Laitko 1986).

Obwohl nun (in einem ontologischen Sinne) letztlich nicht zu klären ist, was denn Kultur und Natur substanziell (d.h. für sich genommen) sind, und wie sich die Erkenntnis des einen sauber von der des anderen trennen ließe, sind die Begriffe Natur und Kultur damit nicht sinnlos: sie sind nur aufeinander Bezug nehmend (antinomisch) zu bestimmende, relationale Kategorien (Konstrukte), die den (im Einzelnen) zu untersuchenden Erfahrungen und Problemen vorausgehen (vgl. auch Böhme 1992; vgl. hierzu auch Hubig in diesem Band).

Vergleicht man Kultur mit (bzw. gegen) Gesellschaft, so gewinnt man einen Kulturbegriff im engeren Sinne: die „höhere" Kultur, die sich etwa in Kunst, Musik und Literatur äußert, findet hierbei ihren Ausdruck in nicht-zweckorientiertem Handeln. Gesellschaft hingegen wird mit zweckmäßigem, „niederen" Tun verbunden und meist der „naturnotwendigen" Sphäre der Sozioökonomie gleichgesetzt.

Vergleicht man hingegen Kultur mit (bzw. gegen) Natur, so gelangt man zu einem Kulturbegriff im weiteren Sinne: Kultur wird mit Gesellschaft gleichgesetzt, sie ist soziale, kommunikative und technische, materielle Kultur.

Deutlicher wird dies unter Hinzuziehung des Vergleichs von Natur und Gesellschaft: Natur wird hierbei zum unabhängig vom Menschen So-Seienden, wird verstanden als vom Menschen unbeeinflusstes Dasein gleich Natur-Sein. Gesellschaft hingegen wird so zum Produkt des Menschen, zum artifiziellen Dasein, zum so (und nicht anders) Gestalteten und Gemachten.

Es ist aber zu bezweifeln, ob die Implikation, dass nämlich das Gesellschaftliche dem menschlichen Akteur restlos verfügbar ist, da es von ihm hervorgebracht wird, auch tatsächlich stimmen kann. Schließlich ist das Gesellschaftliche von den Akteuren nicht hinterschreitbar – sie selbst sind gesellschaftlich konstituierte Größen. Nicht weniger zu bezweifeln ist, ob ein Naturbegriff stimmen kann, der sie als unabhängig vom Menschen So-Seiendes fasst, denn schließlich fällt der Mensch selbst, als Naturwesen, in den Zusammenhang des Natürlichen, der von ihm ebensowenig hinterschreitbar ist.

2.4   Verständnisse und Verwendungen

Einem anderen Blickwinkel folgend lässt sich bemerken, dass wir es auf diesem Felde mit „Konstrukten" zu tun haben, also nicht mit „Dingen" oder „Phänomenen", die man (relativ) direkt messen oder (relativ) umstandslos beobachten könnte, sondern mit Einheiten, die einen konstitutiven Bestandteil haben, der aus einer *Vorstellung* über ihr Innerstes besteht: Natur, Gesellschaft, Kultur, Technik und Medien verhalten sich so, wie etwa Raum und Zeit, Realität und Virtualität sowie das Wesen des oder die Identität von Menschen.[2]

Unsere begrifflichen Konzepte der Natur sind – genauso wie unsere Konzepte des Menschen und der Kultur – symbolisch-sprachliche Einheiten („Formen", „Schema-

---

2   Hinzuweisen ist hier auf die wachsende Bedeutung der sich entwickelnden Beziehungen zwischen „realen" und „virtuellen" Räumen (vgl. u. a. Bühl 2000, S. 156ff.; Castells 2001, S. 431ff.); für Mike Sandbothe stellen „real" und „virtuell" „Reflexionsbegriffe" dar (vgl. Sandbothe 1998, S. 68).

ta"), die innerhalb von permanenten gesellschaftlichen Diskursen gebildet und wirksam werden. Als solche stellen sie „soziale Konstruktionen" dar, deren Bedeutungsinhalte gleichermaßen aufeinander bezogen werden und sich voneinander abheben.

Was „Kultur" und „Technik" *an sich* sind, lässt sich nicht unabhängig davon erörtern, was sie *für uns* sind, und für die Frage, was ihr Verhältnis ausmacht, gilt das gleiche. Die Bedeutungen, die „Kultur" und „Technik" annehmen, die ihr Verhältnis annimmt, sind historisch veränderbare Attributionen, die abhängig von gesellschaftlicher Praxis sind, also von Strukturen, Formen und Mustern des sozialen Wahrnehmens und Handelns. Für das „moderne" Verständnis von Kultur und Technik spielt dabei nicht zuletzt die Trennung von „Sciences" und „Humanities" (bzw. von Natur- und Technik- sowie Geistes- und Sozialwissenschaften) eine entscheidende Rolle, insofern sie ihre begriffliche Distinktion vorprogrammiert. Dies geschieht meistens so, als ob es sich um ontologisch geschiedene Gegenstandsbereiche handeln würde, statt um epistemisch differenzierte Aufmerksamkeitssphären.

„Kultur" ebenso wie „Sprache" gibt es eigentlich nirgends, abgesehen von der in den Kulturwissenschaften respektive den Sprachwissenschaften vertretenen Idee, dass alle konkret vorfindbaren, distinkt existierenden Kultur*en* und natürlichen Sprach*en* Ausdruck von etwas Essentiellem sind, das den Gegenstand ihrer Wissenschaften bildet. Es lohnt sich also darüber nachzudenken, wie es im Fall der „Technik" vor dem Hintergrund der Herausbildung der Technikwissenschaften ist.

Die distinkte Exklusivität im Verhältnis von Natur- und Kulturwissenschaften spiegelt sich in den Friktionen kulturalistischer und naturalistischer Beschreibungen des Verhältnisses von Umwelt, Technik und Gesellschaft wider. Nicht auszuschließen ist jedoch, dass sich deren Erkenntnisprozesse (vor allem in inter- und transdisziplinären Forschungskooperationen) wechselseitig aufschaukeln können.

2.5 Vernetzung und Bewegung

Hinzu tritt allerdings noch etwas, denn alles fließt, es gibt eine Geschichte, eine Entwicklung, und in Phasen, in denen Diskontinuitäten und Sprünge auftreten, werden die Begriffe und ihre Bedeutungen unsicher, verflüssigt, offen und sensitiv für neue Zuschreibungen. Sie erfolgen, um etwas bezeichnen und reflektieren zu können, das zwar erkennbar in der Welt geschieht, das aber um so weniger zu begreifen ist, je mehr unsere Begriffe gereinigte und tradierte Bestände darstellen, geschützt von treuhänderisch verfahrenden Disziplinen.[3]

---

3   Ob z. B. eine mit Floureszenz-Genen veränderte Qualle nun ein „Naturwesen" oder ein „technisches Artefakt" darstellt, ist nicht nur eine Streitfrage, sondern auch eine erkennbare Belastung für das bisher gültige kategoriale System. Diagnosen wie „Hybride" (vgl. Latour 1995) oder „Biofakte" (vgl. Karafyllis 2006) lösen das Problem zwar vordergründig, verschärfen es aber in der Tat, eben weil sie die begriffliche Ambivalenz explizit machen.

In unserem semantischen Netz oder Bedeutungsgewebe sind alle Begriffe nicht nur miteinander verbunden, sondern verschieben die Inhalte, die sie im Kern ausmachen, wie in einem Kräfteparallelogramm, nämlich durch aufeinander einwirkende wechselseitige Bezugnahmen. Sich wesentlich verändernde Praktiken, auch und gerade insofern sie durch gesellschaftliche Transformationen, technisch-mediale Entwicklungsschübe oder neu sich formierende Problemlagen angetrieben werden, nehmen damit notwendigerweise Einfluss auf das gesamte semantische Netz, nicht nur auf einzelne Begriffe, wie etwa den der „virtuellen" Identität (vgl. weiter Metzner-Szigeth 2007).

Klar ist, dass (*die*) „Kultur" und (*die*) „Technik" (und damit auch *das* Verhältnis zwischen ihnen) nichts Essenzielles sind, sondern ihrerseits etwas gesellschaftlich Konstituiertes, Geformtes und Ausbuchstabiertes sind – etwas sich Entwickelndes sind, Punkte sind, welche sich unter sich verändernden kulturellen, technischen, sozialen oder ökologischen Umgebungsbedingungen verändern, als Phänomene *und* als Begriffe.

3 Kultur & Technik: evolutionäre Genese und existenzielle Funktionen

3.1 Sozioanthropogenese (ausgehend vom Tier-Mensch-Übergangsfeld)

Der Begriff der „Sozioanthropogenese" trägt die Bedeutung, dass der evolutionäre Prozess der Menschwerdung und die Herausbildung einer zur sozio-kulturellen Evolution fähigen Gesellschaft gleichzeitig und abhängig voneinander erfolgten (vgl. Leakey/Lewin 1993; Löther 1988). Jede Tiergesellschaft, mithin jede Affengesellschaft, lebt als natürliche Einheit in einer natürlichen Umwelt (vgl. Ploog 1972; Rodseth et al. 1991). Im Übergang zur menschlichen Gesellschaft verschwinden diese beiden Größen nicht, werden aber symbolisch konstituiert: die Einheiten „menschliche Gesellschaft" und „ökologische Umwelt" werden so gedoppelt. Sie sind nicht mehr einfach nur eine real existierende Population in einer real existierenden Umwelt, sondern sie sind eine symbolisch existierende (sich selbst beschreibende) Gesellschaft in einer symbolisch existierenden (gesellschaftlich beschriebenen) Umwelt. Menschliche Gesellschaft und ökologische Umwelt „existieren" also sowohl in einem physisch-naturalen, als auch in einem kulturell-symbolischen Sinne (vgl. u. a. Fischer-Kowalski/Weisz 1998; Redclift/Woodgate 1997, p. 61).

Die „symbolische Konstituierung der Welt" erlaubt es, sich ihr gegenüber hypothetisch zu verhalten, und zwar sowohl im Verhältnis zur äußeren, physischen Umwelt, zur sozialen, intermediären Mitwelt als auch zur inneren, psychischen Innenwelt.

Sie ist (evolutionär gesehen) etwas qualitativ Neues, ein Spezifikum der „conditio humana". Sie eröffnet die Freiheitsgrade, die das menschliche Handeln gegenüber dem tierischen Verhalten auszeichnen. Sie ermöglicht eine Vergegenwärtigung intendierten Handelns innerhalb unserer Vorstellung und entlastet uns von der Notwendigkeit, gleichzeitig konkret handeln zu müssen. Durch die symbolische Konstituierung der Erfahrungswelt innerhalb der Sprache wird nicht nur die Möglichkeit geschaffen, eine „Haltung" gegenüber der äußeren Wirklichkeit einzunehmen, sondern auch gegenüber dem eigenen inneren Erleben, so dass in der Folge das Verhältnis von innerem Erleben und äußerer Welt in einem bis dahin unbekanntem Maße verfügbar wird.[4]

Vor diesem Hintergrund ist erkennbar, dass Modelle, die die Wechselwirkungen natürlicher und sozialer Prozesse abbilden wollen, nicht darauf abstellen können, dass es einfache Ursache-Wirkungs-Beziehungen zwischen diesen geben könnte, denn zwischen physischen Ereignissen (oder Bedingungen) und ihren gesellschaftlichen Wirkungen (oder Konsequenzen) liegt die Kontingenz menschlichen Wahrnehmens, Entscheidens und Handelns (vgl. auch Metzner 1993, S. 134ff.).

Als Moment der Unterscheidung von tierischem Verhalten von menschlichem Handeln[5] wurde der Begriff der Kontingenz von Max Weber (in Anschluss an verschiedene Anthropologen) in die Gesellschaftswissenschaften eingeführt und durch die Systemtheorie weiter etabliert. Kontingenz meint, dass es für Akteure möglich ist, auf verschiedene Weise zu „handeln", statt sich bestimmten Bedingungen gegenüber nur auf eine Weise „verhalten" zu können. Handeln ist in diesem Sinne nicht determiniert durch eine Kombination feststehender innerer Mechanismen (Verhaltensdispositionen im Sinne der Instinkttheorie oder des Behaviorismus) und externaler (physischer) (Verhaltens-)Bedingungen, sondern wird (intrinsisch) determiniert durch symbolisch konstituierte Situationen, Ziele und Mittel, die einen mit Bedeutung aufgeladenen „Bezugsrahmen des Handelns" (vgl. Parsons 1978) bilden.

Unabhängig von aller möglichen systemischen Geschlossenheit des Handelns und Kommunizierens sind diese Tätigkeiten keineswegs etwas Selbstzweckhaftes, im Sinne elementarer Operationen, die unabhängig von menschlichen Akteuren und den

---

4   Die symbolische Konstituierung der Welt ist damit die Voraussetzung jeglicher Planung (bzw. aller bewusstseinsgetragenen Entscheidungsprozesse), insofern sie die Möglichkeiten des Durchspielens von Handlungsoptionen im Zusammenhang ihrer Bedingungen und Folgen eröffnet. Sie ist damit auch die Voraussetzung jeglichen Handelns unter Prämissen des Risikos, da das Bewusstsein der Bindung der Handlungsfolgen an vorausgehende Entscheidungen reflexiv verfügbar wird (vgl. Metzner 2002).

5   Mangels eines besseren Ansatzes verwende ich dieses distinktive Konzept weiter, wohl wissend, dass im Lichte der modernen Primatenforschung nicht mehr länger von einer scharfen Trennung zwischen Tieren und Menschen auszugehen ist. Dies ergibt sich sowohl hinsichtlich der untersuchten Fähigkeiten des Erlernens, des Gebrauchs und der Erzeugung symbolisch-sprachlicher Zeichen, als auch hinsichtlich der untersuchten Fähigkeiten zur Tradierung oder Enkulturation von Techniken des Gebrauchs und der Herstellung von Werkzeugen.

Funktionen, die sie für diese erfüllen, betrachtet werden könnten. Sie sind an die Existenz von Menschen (und ihre sozialen und ökologischen Existenzbedingungen) gebundene Operationen, die Bedürfnisse und die Möglichkeiten ihrer Befriedigung vermitteln. Diese Bedürfnisse sind die eines lebendigen, selbstbewussten Organismus, dessen Existenz physisch-organisch, psychisch und sozio-kulturell zu verwirklichen ist (vgl. Maturana 1980, 1987).

Soziale Systeme zeichnen sich im Allgemeinen gegenüber bloßen Populationen durch Einschränkung der Konkurrenz unter Individuen zugunsten von Kooperation aus. Beim Menschen erfolgt diese Regulierung wesentlich nicht mehr durch biologische Verhaltensprogramme, sondern durch soziale Institutionen, die Aktivitäts-Schemata bereitstellen, die symbolsprachlich sinnprozessierend konstituiert werden. In diesem Sinne sind „soziale Systeme" als „konstruktive" Gebilde zu verstehen, die innerhalb von kommunikativen Prozessen hervorgebracht werden, die zwischen menschlichen Akteuren hin- und herlaufen und ihr Handeln orientieren.

3.2   Symbolische und materielle Kultur (in der Ökologie der Gesellschaft)

Selbst unter Berücksichtigung der Relativität der Aussage, dass der Mensch anthropologisch als „Mängelwesen" zu verstehen sei, liegt die Auffassung nahe, dass die Lebensweise des Menschen existenziell dadurch bestimmt wird, dass er sich eine artifizielle „Welt" schaffen muss, die seine Reproduktion als Gattung innerhalb einer ökologischen Umwelt vermittelt.

Diese „artifizielle Welt" ist aber keineswegs einfach mit Kultur im herkömmlich vorherrschenden Sinne gleichzusetzen, denn sie umfasst notwendigerweise nicht nur die symbolsprachlich-kommunikative Kultur, sondern gleichermaßen die materielltechnische Kultur. Sie im Sinne von Arnold Gehlen als „zweite Natur" des Menschen zu begreifen (vgl. Gehlen 1978, S. 38, 80f.), ist also durchaus angemessen. Seine These von der Erfindung sozialer Institutionen zur Absorption der Unsicherheiten des „riskierten Wesens" trifft allerdings höchstens eine Seite der Medaille (vgl. Claessens 1980; Schülein 1987). Direkt in den Zusammenhang der Selbstorganisation und Selbstherstellung des Sozialen fällt mit mindestens ebensoviel Gewicht auch die Technologie.

Technisierung ist – kulturanthropologisch gesehen – ein nicht weniger geeignetes Mittel als die Institutionalisierung sozialen Handelns, wenn es um die Absorption von Unsicherheiten geht (vgl. Halfmann 1996, S. 91ff., insb. S. 94ff.; vgl. hierzu auch Grunwald in diesem Band). Sie stellt einen ebenso sozialen wie materiellen Prozess dar. Auch sie verändert Bedingungen des Handelns durch Handeln.

Technik und Sprache lassen sich – der Abhandlung über „Hand und Wort" von André Leroi-Gourhan folgend – als gleichermaßen wichtige Medien der menschlichen

Vergesellschaftung begreifen, mit ebenso großer Relevanz für die Ausdifferenzierung sozialer Systeme (vgl. Leroi-Gourhan 1988; vgl. hierzu auch Habermas 1976; Keil-Slawik 2003).

Als Katalysatoren von Vergesellschaftung fungieren also nicht nur normative, sondern auch stoffliche Strukturen, nicht nur symbolische Kommunikationsmedien, sondern auch technische Infrastruktursysteme, um die herum sich geordnete Systeme des Handelns verdichten.

Als Hervorbringung der menschlichen Gesellschaft stellt Kultur keinen Selbstzweck dar, sondern sie ist notwendige und permanente Bedingung der Existenz und Erhaltung jeder menschlichen Lebensweise. Erst sie ermöglicht das menschliche Leben, indem sie seine Auseinandersetzung mit der ökologischen Umwelt ganzheitlich vermittelt und organisiert.

- Eine Leistung der sozialen, kommunikativen Kultur ist hierbei die Konstruktion einer gesellschaftlichen Wirklichkeit, ist das Konstruieren einer Gesellschaft und Natur umfassenden differenzierten und komplexen „Welt" (oder Weltsicht), anhand derer sich Menschen in ihrer Umwelt in ihrem Handeln orientieren (vgl. Berger/Luckmann 1966).
- Eine Leistung der materiellen, technischen Kultur ist das tätige, kreative Hervorbringen, das Produzieren einer artifiziellen (Um-)Welt von – auch symbolisch besetzten – Gegenständen, also Behausungen, Werkzeugen, Werk- und Wirkstoffen sowie „Lebens-Mitteln" aller Art (vgl. Leroi-Gourhan 1973; Tinland 1977).

Beide Aspekte menschlicher Kultur erfüllen so gesehen zwar existenzielle Funktionen, sind aber trotzdem nicht einfach instrumentell als Werkzeuge des „Überlebens" oder gar der „Anpassung" zu verstehen, denn aus Kultur kann man nicht aussteigen, sie ist systemisch, umgibt den Menschen, indem sie ihn erschafft. Kultur ist daher beides zugleich, Zweck und Mittel. Als menschliche Kultur ermöglicht sich das menschliche Leben selbst und besteht innerhalb dieser systemischen Rekursion fort: Menschen „leben" dann nicht nur in von ihnen symbolisch erschlossenen, sondern gleichermaßen in von ihnen tätig veränderten „Welten" (vgl. Morin 1973).

3.2.1   Basis und Überbau?

Um Verlusten vorzubeugen, ist hier darauf hinzuweisen, dass, unabhängig von der Unstimmigkeit anderer, wichtiger Elemente seines Theoriegebäudes, es auch heute noch als Verdienst von Karl Marx gelten darf, die notwendige, durch „lebendige Arbeit" vermittelte, dialektische Verbindung der materiellen („ökonomischen") Reproduktion und der ideellen („politischen") Gestaltung von Gesellschaft hervorgehoben zu haben. Ob erstere der letzteren im Sinne des Basis/Überbau-Modells vorgeordnet werden kann, ist aber stark zu bezweifeln.

Folgt man statt dessen den Überlegungen des Kulturanthropologen Marshall D. Sahlins, so lässt sich mit ihm erstens einsehen, „daß sich die materiellen Aspekte nicht sinnvoll von den gesellschaftlichen trennen lassen, so als ob erstere sich auf die Bedürfnisbefriedigung durch die Ausbeutung der Natur bezögen und letztere auf die Probleme der Beziehungen zwischen den Menschen" (Sahlins 1981, S. 288).[6] Zweitens lässt sich mit ihm Folgendes begreifen: „Sowohl die Zweckbestimmungen als auch die Art und Weise, wie produziert wird, hängen von der Kultur ab: die materiellen Mittel der kulturellen Organisation wie auch die Organisation der materiellen Mittel" (Sahlins 1981, S. 291).[7]

3.2.2   Prozesse der Anpassung und des Lernens

Ohne seine Kulturfähigkeit ist die ubiquitäre Verbreitung des Menschen, der in allen Klimazonen siedelt, nicht zu erklären. Sie stellt den entscheidenden Faktor dar, denn unter Rekurs auf biologische Anpassung ist dieser Befund nicht plausibel zu machen (vgl. Campbell 1987). Im Vergleich zum Verhaltensrepertoire anderer Spezies generiert Kultur eine Adaptibilität besonderer Art. Mittel derselben sind die Herausbildung verschiedener Strategien der Nahrungsgewinnung, distinkter Strukturen des Zusammenlebens, unterschiedlicher Mechanismen der direkten und indirekten Bevölkerungsregulation, variierender Muster der Herstellung und Nutzung von Technologien etc., die „angepasst", das heißt in bestimmten Umwelten effektiv sind. Als Anpassungsvorgänge an die ökologischen Ressourcen und Bedingungen verschiedenster Biotope und Klimazonen sind diese kulturellen Phänomene insofern von „Anpassung" im Sinne der organischen Evolution zu unterscheiden, als sie nicht genetisch, durch zufällige Variationen und Selektion erfolgen, sondern durch Erfahrung, Lernen, Reflexion und Tradierung. Die menschliche Befähigung zur „aktiven (zielgerichteten, intentionalen) Anpassung" an externe Bedingungen beruht auf sozio-kulturellen Lernprozessen, die dafür verantwortlich sind, dass er einzigartige Fähigkeiten zur „aktiven Umgestaltung" seiner Umwelt aufbauen konnte (vgl. Casimir 1993, S. 217ff.).

Die unterschiedlichen Eigenschaften ökologischer Räume (geographische Lage, Nahrungs- wie Wasserangebot, Ressourcen, Klima etc.) sowie ihre Art und Weise der Interaktion mit der physischen Umwelt (Technologien, Kooperationsformen etc.) be-

---

6   Eine solche Trennung müsste dazu führen, entweder deterministisch das Soziale aus dem Materiellen ableiten zu wollen oder relativistisch zu verfahren: Die materielle und die symbolische Kultur stehen dann als isolierte nebeneinander, wobei für die eine der Schein der Naturnotwendigkeit, für die andere der der Voraussetzungslosigkeit entsteht. Sahlins betrachtet hingegen sowohl die technische wie die nicht-technische Kultur als symbolisch konstituiert auf der Basis geteilter, fundamentaler Bedeutungssysteme.

7   Um die soziale „Aneignung" der Natur zu verstehen, gilt es folglich zu rekapitulieren, wie diese in ihrer innigen Verbindung ihrer kulturell-kommunikativen und physisch-materiellen Momente gelingt (vgl. auch Eder 1988).

einflussen das Bild, das sich die Menschen in einer gegebenen Kultur von der sie umgebenden Natur, von sich selbst und von ihrer Beziehung zur Umwelt machen. Dieses Bild ist präsent in ihren Vorstellungen, ihrem Denken und Fühlen. Es gewinnt Bedeutung in ihren Normen, Werten und Verhaltensweisen, aber auch in ihren Technologien. Das heißt: sowohl die physisch-materielle Kultur einer Gesellschaft (ausgedrückt in ihren Werkzeugen, Gebrauchsgegenständen, Technologien und ihrer baulichen Infrastruktur) als auch die symbolisch-kommunikative Kultur einer Gesellschaft (ausgedrückt in Werten und Normen, Mythen und Weltanschauungen) sind durchtränkt mit der kulturell gebildeten Bedeutung der Natur für den Menschen, die sich im Kontext seiner Auseinandersetzung mit der ihn umgebenden Natur herauskristallisiert und verändert (vgl. Casimir 1993, S. 222; Kaplan/Kaplan 1981).

3.3   Zur Konstituierung gesellschaftlicher Wirklichkeit

Die Konstituierung gesellschaftlicher Wirklichkeit lässt sich – die bisherigen Überlegungen im Sinn – als ein dreifach abgestufter Prozess begreifen: Gesellschaften verändern die physische Wirklichkeit durch die tätige Verarbeitung von Stoffen in Kombination mit der Umwandlung von Energien, die psychische Wirklichkeit durch die Konstruktion der Bedeutung von Wahrnehmungsinhalten und Handlungsmotiven innerhalb von Kommunikationsprozessen und ordnen ihre eigene soziale Wirklichkeit durch Institutionen, die beides vermitteln.

Unterscheidet man – vor dem Hintergrund des symbolischen Interaktionismus von George Herbert Mead (vgl. Mead 1988) – mit Peter L. Berger und Thomas Luckmann Externalisierung, Objektivation und Internalisierung als drei Momente der dialektischen Vermittlung zwischen Akteuren und der von ihnen hervorgebrachten Welt (vgl. Berger/Luckmann 1966), so lässt sich – und das ist die hier vertretene These – dieser Dreisatz nicht nur wissenssoziologisch auf die *symbolische* Hervorbringung von sozialer Wirklichkeit anwenden, sondern auch auf die *materielle*.

Klaus P. Japp schreibt hierzu: „Institutionentheorien gehen davon aus, daß die aggregierten Effekte von Handlungen sich diesen gegenüber verselbständigen und den Charakter einer ‚objektiven Realität' annehmen" (Japp 1996, S. 35). Genau in diesem Sinne vertritt die hier entwickelte These die Auffassung, dass nicht nur Institutionen, sondern auch Technologien den sozial Handelnden, die sie hervorbringen, als zeiträumlich fixierte („objektive") Handlungsbedingungen gegenübertreten. Damit sind begründungsentlastete (oder wenn man so will: von doppelter Kontingenz entlastete) Prozesse der Herausbildung und Stabilisierung von (gängigen) Handlungsweisen und Handlungsmustern ermöglicht – und das bedeutet nichts anderes als ein Vergesellschaftungsprinzip!

Bauliche und technische Artefakte, infrastrukturelle Systeme, aber auch Werk- und Wirkstoffe aller Art sind Produkte menschlicher Entäußerung. Sie vergegenständlichen sich zu einer dinglichen Welt, die sich dem Wollen der Subjekte ein Stück weit entzieht, und sie wird von diesen als (zeiträumlich) fixierte Handlungsumgebung mitsamt der dadurch gegebenen Möglichkeiten und Beschränkungen internalisiert.

In diesem Zusammenhang liegt auch die Möglichkeit begründet, dass sich die dingliche Welt des technischen Fortschritts als von Menschen unkontrolliertes Risiko, als Gefahr darstellt, aber auch die Möglichkeit, dass sich der Lauf des Fortschritts als eine autonome Macht darstellt, unabhängig davon, ob sie als „Fluch" oder „Segen" wahrgenommen wird. Wendet man diesen (dialektischen) Zusammenhang reflexiv, ergibt sich, dass gesellschaftliche Gestaltungsprozesse symbolische und dingliche Dimensionen auf eine bestimmte Weise miteinander verbinden, und dass genau diese Schnittstelle aktiv veränderbar ist.

4   Kultur & Technik: als Zwecke, Mittel und Medien

4.1   Zur Doppelgestalt des Menschen als Natur- und Kulturwesen

Betrachten wir den Menschen als Zugleich von Natur- und Kulturwesen, so ließe sich die begriffliche Differenz von bestimmbar und unbestimmbar hieran ansetzend entwickeln: als Naturwesen ist der Mensch (objektivierend) bestimmbar, als Kulturwesen nicht. Als Kulturwesen bestimmt der Mensch sich selber!

Allerdings ist diese Überlegung so nicht abzuschließen. Als individuelles Wesen ist jeder Mensch in hohem Maße bestimmt, durch die besondere Kultur, in die er hineinwächst („Sozialisation").

Kultur wiederum entsteht in Prozessen kognitiver, emotionaler und praktischer Auseinandersetzung von interagierenden Individuen mit den Bedingungen ihres Handelns, die ihrerseits nicht nur soziale, sondern auch technische und ökologische Dimensionen umfassen.

Als Vorgaben für gesellschaftliche Prozesse sind beide als je aktueller Stand weiter veränder- und entwickelbar, aber nicht in beliebiger Weise, denn auch als der menschlichen Gestaltung offen stehende Phänomene folgen Technik und Ökologie eigenen Gesetzmäßigkeiten, die qua Natur bestimmt werden und sich von den Gesetzmäßigkeiten unterscheiden, die für soziale und kulturelle Systeme (im engeren Sinne) gelten.

Damit liegt die These nahe, dass der Mensch als Kulturwesen weder einfach „unbestimmt" noch einfach „selbstbestimmt" ist. Statt dessen ist folgende Marx'sche These nach wie vor aktuell: „Die Menschen machen ihre eigene Geschichte, aber sie machen sie nicht aus freien Stücken, nicht unter selbstgewählten, sondern unter unmittelbar vorgefundenen, gegebenen und überlieferten Umständen" (Marx 1960, S. 115).

Überhaupt ein Verhältnis von Natur und Kultur zu haben ist das, was die menschliche Gesellschaft als solche auszeichnet.[8] Die Gestalten, Inhalte und Ausprägungen dieses Verhältnisses kennzeichnen jede besondere Gesellschaft. Wenn es also etwas gibt, was von fundamentaler Bedeutung für die Leitbilder zur Gestaltung unserer Zukunft ist, dann liegt es in diesem Verhältnis verborgen.

Warum sollte also – um auf ein paar aktuelle Debatten anzuspielen – für die Wissenskultur der Nachhaltigkeit, die Gestaltung der elektronischen Räume und den Aufbau der „knowledge-based society" etwas anderes gelten als für die menschliche Kultur überhaupt? Sie muss sich bewähren gegenüber der äußeren und der inneren Natur und zwar im Angesicht der Aufgaben, vor die sie sich selbst stellt. Kultur ist daher weniger ein passives Rezipieren (geschweige denn ein bloßes Konsumieren) von Kulturgütern, sondern vielmehr ein aktives Hervorbringen. Auf den Punkt bringt dies ein „Bonmot" von Antoine de Saint-Exupéry: „Eine Kultur beruht auf dem, was von den Menschen gefordert wird, und nicht auf dem, was sie geliefert erhalten".

Insofern das für die Entwicklung des menschlichen Lebens (von Beginn an und nach wie vor) existenzielle Verhältnis von der Gesellschaft gegenüber und mit der Natur durch die tätigen, handelnden Hervorbringungen von Kultur und Technik vermittelt, formiert und gestaltet wird, lassen sich diese – so die hier vertretene These – als (gleichursprüngliche, aber seinsverschiedene) Medien der (Selbst-)Verwirklichung des Menschen als Menschen bestimmen.

4.2   Exkurs zum Begriff des Mediums

Das „Medium" konnotiert, Marshall McLuhans' Diktum „the medium is the message" folgend (vgl. McLuhan 1964), mit einem Verständnis, in dem es keineswegs nur den Charakter eines Mittels (für etwas) trägt, sondern auch den eines Zweckes (an sich).

Medien dienen der Speicherung und Wiedergabe von Information sowie der Übertragung und Vermittlung von Kommunikation, wobei unter „Kommunizieren" üblicherweise ein Austausch zwischen Individuen verstanden wird, der auf Gegenseitigkeit und Wechselwirkung basiert, während „Informieren" als Prozess gilt, der nur in eine Richtung erfolgt. Beide Vorgänge lassen sich dabei nicht auf den physikalischen Vorgang des „Sendens" und „Empfangens" reduzieren, weil sie notwendigerweise auch als Bedeutungen „enkodierende" und „dekodierende" interpretative Akte in einem sozialen „Umfeld" und vor einem kulturellen „Hintergrund" begriffen werden müssen (vgl. u. a. Faßler/Halbach 1998).

---

8   Neben der philosophischen Begründung dieser These (vgl. u. a. Moscovici 1968) liegt die Möglichkeit ihrer evolutionstheoretischen Herleitung (vgl. u. a. Harris 1979, 1989); beide Stränge fließen in den Denkzusammenhang einer (weit gefassten) „Kulturökologie" ein (vgl. u. a. Bargatzky 1986; Glaeser/Teherani-Krönner 1992), die sie auch vergleichend diskutieren könnte.

Ihr Begriff ist daher von vorne herein darauf angelegt, Systeme der Informations- und Kommunikationsvermittlung sowohl nach ihrer technischen als auch nach ihrer kulturellen Seite hin zu erschließen, wobei quer dazu einerseits ihre „Funktion" hinsichtlich des „Transports" von Inhalten im Vordergrund steht und zum anderen die „Form", in der dies geschieht und dabei die Möglichkeiten der „Verständigung" mit Anderen und der „Erfahrung" der Welt prägt.

Infolge von Wissenschaftsdualismus und professioneller Arbeitsteilung werden Medien üblicherweise entweder als (eher) artifiziell-technische Systeme *oder* als (eher) sozio-kulturelle Praktiken verstanden. Einer ganzheitlichen Medientheorie muss es jedoch darauf ankommen, beide Seiten in ihrer Verbindung miteinander zu erschließen, denn *gerade* in ihren Wechselwirkungen bildet sich das Spezifische eines jeden einzelnen, besonderen Mediums heraus.

Im Weiteren anzusprechen sind hier zwei zu einseitige Konzeptualisierungen. In Bezug auf die (neuen) Medien lässt sich zwischen einer (eher) medientheoretischen und einer (eher) kommunikationstheoretischen Engführung unterscheiden (vgl. Rammert 1999).

Die medientheoretische Engführung beruht auf der Denkfigur, dass das Medium selbst unabhängig von seiner Verwendung das Verhältnis des Menschen zur Welt verändert. Die Übertreibung dieser Denkfigur lautet: jedes Medium schafft eine andere Weltsicht. In dieser Übertreibung liegt ein stark vereinfachtes Verständnis über den Zusammenhang von Medium und Kommunikation, dass nämlich jede neue Medientechnologie eine andere Kommunikationsweise durchsetzt und die alten Formen der Kommunikation ablöst.

Die kommunikationstheoretische Engführung resultiert aus der Übertreibung der Denkfigur, dass das Medium ein neutrales Mittel sei, das neue Möglichkeiten eröffne, und dass es allein auf die menschlichen Akteure und ihre Handlungen ankomme, wie sich durch Mediennutzung die Kommunikations- und Interaktionsverhältnisse verändern. Diese Denkfigur setzt das Wirkungsspektrum von Medien dem von Werkzeugen gleich.

4.3 Rekursion & Dialektik

In den beiden zentralen Dimensionen menschlichen Lebens, Kultur und Technik, verweisen die je verschiedenen Möglichkeiten ihrer begrifflichen Erschließung zusammengenommen auf eine Beziehung der Rekursion oder Dialektik zwischen dem Hervorgebrachten und dem etwas Hervorbringenden, zwischen Objekt und Subjekt.

„Kultur" und „Technik" sind auch – neben anderen Funktionen – als Medien des Sich-Selbst-Verstehens, des Sich-Selbst-Erkennens zu betrachten (vgl. Weizenbaum 1977, S. 35), insofern sie auch dazu dienen, Bilder und Vorstellungen zu entwickeln, die nicht nur das Moment deskriptiver (Selbst- und Verhältnis-)Beschreibungen enthalten, sondern auch das Moment präskriptiver Vorschriften (Handlungskonzepte, Strategieansätze).

„Kultur" und „Technik", als notwendige „Medien" der Selbstverwirklichung des Menschen als Menschen, verwirklichen ihre Funktion im Verlauf von kontingenten Entwicklungswegen, auf denen sie – als „Projekte" – miteinander verbundene Linien der Kulturentwicklung (Kulturtechniken) und Technisierung (Technikkulturen) erzeugen.

Ein aktuelles Beispiel dafür ist das Internet. Es lässt sich als ein (gesellschaftliches) (Entwicklungs-)Projekt verstehen, ein Projekt mit riesigen Ausmaßen (Globalisierung) und ein Projekt von enormer (menschheits- bzw. gattungsgeschichtlicher) Bedeutung. Kein Projekt im Sinne des Projektmanagements, verkürzt, sondern ein gesellschaftliches Projekt, an dem alle/viele mitarbeiten, teilhaben und von dem alle/viele betroffen werden, das zukunfts- und gestaltungsoffen ist, und das die, die daran mitwirken, gleich mitverändert, das Akteure neu vernetzt (oder altmodisch: vergesellschaftet), ihre Ansichten verändert („Überbau"), über die Welt, sich selbst, den Menschen, die Technik, das Machbare und Wünschenswerte, das Nicht-Machbare und das Abzulehnende – und das Ängste und Hoffnungen evoziert.

Das Internet – ein „gesellschaftliches Projekt". Das ist eine Antwort, mit der Philosophen vermutlich weniger schnell zufrieden zu stellen sind. Aber das damit Gemeinte weist weit über etwas „nur" Soziologisches hinaus. In letzter Konsequenz handelt es sich vielmehr um eine anthropologische Bestimmung: es ist ein „Menschheitsprojekt", insofern, als „der Mensch" nicht nur dessen Subjekt, sondern auch dessen Objekt ist.

Seltsamerweise tritt der genuin philosophische Gehalt dieser These erst dann deutlich hervor, wenn man sie in scheinbar unkonkrete, etwas geheimnisvoll klingende Worte kleidet, etwa indem man sie wie Heinz Hülsmann über den Begriff der „Metonymie" einführt: „Stets treffen wir auf ein ‚Konzept Mensch' oder auf ‚den Menschen', der erlöst, befreit werden soll/muss, auf einen Menschen, der ein metaphysisches telos, der ein historisches telos, der ein evolutives telos hat, ist, auf welches hin Geschichte, menschliches Leben sich zu vollziehen hat oder schlicht vollzieht. Ob Gottes-Reich oder Menschen-Reich, das ist nur eine metonymische Formel. Die ökonomische und politische Hermeneutik dessen, was da ‚Mensch' ist oder bedeutet, vollzieht sich ebenso ökonomisch wie ökologisch, ebenso politisch wie technisch. Das ‚Konzept Mensch' ist zugleich eine Strategie, deren Identität der Mensch selber ist" (Hülsmann 1985, S. 13).

Carl von Linné ließ in seiner Systematik an der Stelle, an der „homo sapiens" zu beschreiben und damit wie alle anderen Spezies zu bestimmen gewesen wäre, eine Lücke, versehen mit dem Hinweis, dass diese nur durch das sich selbst bestimmende, sich selbst bezeichnende Tier gefüllt werden könne. Dabei tritt eine Komplikation auf: Tatsache ist, dass es für diese (Selbst-)Beschreibung keinen unabhängigen Beobachter gibt, wie etwa für einen Löwenzahn oder ein Gnu, kein Subjekt, dass nicht identisch mit dem Objekt wäre, dass es zu beschreiben gilt. Das Objekt der Beschreibung kann sich also derselben immer wieder entziehen, sie in Irrungen und Wirrungen laufen lassen, die nicht ohne weiteres als solche zu erkennen sind. Der Prozess der Bewusstwerdung, der sich innerhalb dieser Rekursion ergibt, verläuft also durch Widersprüche, durch Wesenszüge, die sich dem erkennenden Subjekt im und durch den Prozess des Beschreibens ebenso verbergen wie – frei nach Martin Heidegger – „ent"-bergen.

Und um nichts anderes geht es in Hülsmanns „Maske", um den Entwurf des Menschen, der dahinter steckt, der da realisiert wird, und um die Metamorphosen dieser „Masken", die der Erkenntnis unserer selbst streckenweise unzugänglich bleiben und mühsam wieder aufgedeckt werden müssen.

Darüber hinaus ist noch etwas zu berücksichtigen. Zwar wird die „Substanz" des Sozialen in gängigen Gesellschaftstheorien je anders bestimmt, Kollektivbewusstsein bei Émile Durkheim, Arbeit bei Karl Marx, Geselligkeit bei Georg Simmel, soziales Handeln bei Max Weber, symbolische Interaktion bei Georg H. Mead, soziale Handlungssysteme bei Talcott Parsons, kommunikatives Handeln bei Jürgen Habermas und Kommunikation bei Niklas Luhmann; nichtsdestoweniger gilt für alle das „Dogma", dass Soziales nur durch Soziales erklärt werden kann. Ohne daran rütteln zu wollen, bleibt zu fragen, inwieweit üblicherweise als nicht-soziale Tatsachen gehandelte technische oder ökologische Faktoren „substanziell" soziale sind, weil sie als Bedingungen und Resultate Momente materialen sozialen Handelns darstellen.

In Verbindung mit diesem Problem steht ein Gesichtspunkt, der wichtig ist, um einen übergeordneten (theoretischen) Rahmen aufspannen zu können. Er wird von Werner Rammert identifiziert, der auf eine Neuerung hinweist, die im Schnittfeld von Mensch-Computer-Interaktivität und von zwischenmenschlichen computervermittelten Interaktionen durch die Vernetzung entstanden ist: „So wie die Begegnung zweier Subjekte einen Raum der Intersubjektivität, den wir üblicherweise als Gesellschaft bezeichnen, schaffen, so scheinen die von mehreren Subjekten ausgelösten Interaktivitäten von Programmen und anderen Objekten einen Raum der Interobjektivität und der Intertextualität zu erzeugen, bei dem wir uns noch schwer tun, ihn auch als Teil der Gesellschaft zu erkennen und zu akzeptieren" (Rammert 1999, S. 33f.).

Gesellschaft findet so – wie ausgeführt – keineswegs nur im „Medium" der Intersubjektivität statt, sondern auch in dem der „Interobjektivität". Das, was bestimmt, ist also nicht hinreichend erfasst, wenn man sagt, es handele sich um das (menschliche, erkennende, wollende) Subjekt; auch nicht, wenn man die interaktiven Netzwerke an Subjekten ins Spiel bringt oder darüber hinaus die eigene Rolle sozialer Systeme betont. Bestimmend ist vielmehr das Netzwerk der intersubjektiven und interobjektiven Zusammenhänge, in denen wechselseitige Bestimmungen erfolgen, die das Verhältnis zwischen Subjekt(en) und Objekt(en) gestalten und damit natürlich auch das, was diese einzeln gesehen ausmacht.

„Menschwerdung" ist so gesehen mehr, als mit Mitteln der *Kultur* Beschreibungen seiner selbst anzufertigen und zu beginnen, sich diesen Beschreibungen entsprechend (kultiviert, zivilisiert) zu verhalten, sondern ist darüber hinaus ein Prozess des Sich-selbst-zugleich-mit-seiner-Welt-Veränderns, der (gleichursprünglich) auf die Mittel der *Technik* angewiesen ist.

Literatur

Banse, Gerhard (Hg.) (1997): Allgemeine Technologie zwischen Aufklärung und Metatheorie. Johann Beckmann und die Folgen. Berlin

Bargatzky, Thomas (1986): Einführung in die Kulturökologie. Umwelt, Kultur und Gesellschaft. Berlin

Berger, Peter L.; Luckmann, Thomas (1966): The Social Construction of Reality. A Treatise in the Sociology of Knowledge. New York

Böhme, Gernot (1992): Natürlich Natur. Über Natur im Zeitalter ihrer technischen Reproduzierbarkeit. Frankfurt am Main

Bühl, Achim (2000): Die Virtuelle Gesellschaft des 21. Jahrhunderts. Sozialer Wandel im Digitalen Zeitalter. Opladen

Campbell, Bernard (1987): Ökologie des Menschen. Unsere Stellung in der Natur von der Vorzeit bis heute. Frankfurt am Main/Berlin

Casimir, Michael J. (1993): Gegenstandsbereiche der Kulturökologie. In: Schweizer, Thomas; Schweizer, Margarete; Kokot, Waltraud (Hg.): Handbuch der Ethnologie. Berlin, S. 215-239

Castells, Manuel (2001): Das Informationszeitalter – Wirtschaft, Gesellschaft. Kultur. Teil 1: Der Aufstieg der Netzwerkgesellschaft. Opladen

Claessens, Dieter (1980): Das Konkrete und das Abstrakte. Soziologische Skizzen zur Anthropologie. Frankfurt am Main

Eder, Klaus (1988): Die Vergesellschaftung der Natur. Studien zur sozialen Evolution der praktischen Vernunft. Frankfurt am Main

Faßler, Manfred; Halbach, Wulf R. (Hg.) (1998): Geschichte der Medien. München

Fischer-Kowalski, Marina; Weisz, Helga (1998): Gesellschaft als Verzahnung materieller und symbolischer Welten. In: Brand, Karl-Werner (Hg.): Soziologie und Natur. Theoretische Perspektiven. Leverkusen-Opladen, S. 145-172

Gedö, Andras (1986): Die Geschichtlichkeit des Naturbegriffs. In: Dialektik, Bd. 12, S. 99-114

Gehlen, Arnold (1978): Der Mensch. Seine Natur und seine Stellung in der Welt [1940]. 12. Aufl. Wiesbaden

Glaeser, Bernhard; Teherani-Krönner, Parto (Hg.) (1992): Humanökologie und Kulturökologie. Opladen

Habermas, Jürgen (1976): Zur Rekonstruktion des Historischen Materialismus. Frankfurt am Main

Halfmann, Jost (1996): Die gesellschaftliche „Natur" der Technik. Eine Einführung in die soziologische Theorie der Technik. Leverkusen-Opladen

Harris, Marvin (1979): Cultural Materialism. The Struggle for a Science of Culture. New York

Harris, Marvin (1989): Kulturanthropologie. Frankfurt am Main

Hörning, Karl Heinz (1985): Technik und Symbol – Ein Beitrag zur Soziologie alltäglichen Technikumgangs. In: Soziale Welt, H. 2, S. 185-207

Hülsmann, Heinz (1985): Die Maske. Essays zur technologischen Formierung der Gesellschaft. Münster

Japp, Klaus P. (1996): Soziologische Risikotheorie. Funktionale Differenzierung, Politisierung und Reflexion. Weinheim/München

Kaplan, Stephen; Kaplan, Rachel (1981): Cognition and Environment. Functioning in an Uncertain World. New York

Karafyllis, Nicole C. (2006): Biofakte – Grundlagen, Probleme, Perspektiven. In: Erwägen Wissen Ethik, Jg. 17, H. 4, S. 547-558

Keil-Slawik, Reinhard (2003): Technik als Denkzeug. Lerngewebe und Bildungsinfrastrukturen. In: Keil-Slawik, Reinhard; Kerres, Michael (Hg.): Wirkungen und Wirksamkeit neuer Medien in der Bildung. Münster, S. 13-29

Laitko, Hubert (1986): Natur – Zur Entwicklung einer philosophischen und wissenschaftlichen Kategorie. In: Dialektik, Bd. 12. S. 115-130

Latour, Bruno (1995): Wir sind nie modern gewesen. Berlin

Leakey, Richard; Lewin, Roger (1993): Der Ursprung des Menschen. Frankfurt am Main

Leroi-Gourhan, André (1973): Milieu et technique. Paris

Leroi-Gourhan, André (1988): Hand und Wort. Über die Evolution von Technik, Sprache und Kunst. Frankfurt am Main

Löther, Rolf (Hg.) (1988): Tiersozietäten und Menschengesellschaften. Philosophische und evolutionsbiologische Aspekte der Soziogenese. Jena

Marx, Karl (1960): Der 18te Brumaire des Louis Napoleon [1852]. In: Marx, Karl; Engels, Friedrich: Werke. Bd. 8. Berlin, S. 113-207

Maturana, Humberto R. (1980): Man and Society. In: Benseler, Frank; Hejl, Peter M.; Köck, Wolfram K. (eds.): Autopoiesis, Communication and Society. The Theory of Autopoietic System in the Social Sciences. Frankfurt am Main/New York 1980, pp. 11-31

Maturana, Humberto R. (1987): Biologie der Sozialität. In: Schmidt, Siegfried J. (Hg.): Der Radikale Konstruktivismus. Ein neues Paradigma im interdisziplinären Diskurs. Frankfurt am Main 1987, S. 287-302

McLuhan, Marshall (1964): Understanding Media: The Extensions of Man. Cambridge, MA (dt.: Die magischen Kanäle. Understanding Media. Düsseldorf 1992)

Mead, George Herbert (1988): Geist, Identität und Gesellschaft aus der Sicht des Sozialbehaviorismus. 7. Aufl. Frankfurt am Main

Metzner, Andreas (1993): Probleme sozio-ökologischer Systemtheorie – Natur und Gesellschaft in der Soziologie Luhmanns. Opladen. – Reprint: URL: http://sammelpunkt.philo.at:8080/1812

Metzner, Andreas (2002): Die Tücken der Objekte. Über die Risiken der Gesellschaft und ihre Wirklichkeit. Frankfurt am Main

Metzner-Szigeth, Andreas (2007): Internet & Gesellschaft: Ein Humanes Projekt? In: Sic et Non. Zeitschrift für Philosophie und Kultur – im Netz, no. 8. – URL: http://www.sicetnon.org/content/pdf/internet&gesellschaft.pdf

Morin, Edgar (1973): Le paradigme perdu: la nature humaine. Paris

Moscovici, Serge (1968): Essai sur l'histoire humaine de la nature. Paris (dt.: Versuch über die menschliche Geschichte der Natur. Frankfurt am Main 1982)

Parsons, Talcott (1978): Action Theory and the Human Condition. New York/London

Ploog, Detlev (1972): Kommunikation in Affengesellschaften und deren Bedeutung für die Verständigungsweisen des Menschen. In: Gadamer, Hans-Georg; Vogler, Paul (Hg.): Neue Anthropologie. Bd. 2: Biologische Anthropologie. Zweiter Teil. Stuttgart/München, S. 98-178

Rammert, Werner (1999): Virtuelle Realitäten als medial erzeugte Sonderwirklichkeiten – Veränderungen der Kommunikation im Netz der Computer. In: Faßler, Manfred (Hg.): Alle möglichen Welten. München, S. 33-48

Redclift, Michael; Woodgate, Graham (1997): Sustainability and Social Construction. In: Redclift, Michael; Woodgate, Graham (eds.): The International Handbook of Environmental Sociology. Cheltenham, UK/Northampton, US, pp. 55-82

Rodseth, Lars; Wrangham, Richard W.; Harrigan, Alisa M.; Smuts, Barbara B. (1991): The Human Community as a Primate Society. In: Current Anthropology, vol. 32, no. 3 (June), pp. 221-254

Ropohl, Günter (1993): Technik. In: Brockhaus-Enzyklopädie. Bd. 21. Mannheim, S. 672-674

Sahlins, Marshall D. (1981): Kultur und praktische Vernunft. Frankfurt am Main

Sandbothe, Mike (1998): Transversale Medienwelten. Philosophische Überlegungen zum Internet. In: Vattimo, Gianni; Welsch, Wolfgang (Hg.): Medien, Welten, Wirklichkeiten. München, S. 59-83

Schülein, Johann August (1987): Theorie der Institution. Eine dogmengeschichtliche und konzeptionelle Analyse. Opladen

Tinland, Frank (1977): La différence anthropologique. Essai sur les rapports de la nature et de l'artifice. Paris

Weizenbaum, Joseph (1977): Die Macht der Computer und die Ohnmacht der Vernunft. Frankfurt am Main

Kultur und Technik
Schnittstellen für die Interkulturelle Kommunikation

Marc Hermeking

1   Einleitung: Kultur und Technik

Kennzeichen der Globalisierung ist eine Intensivierung weltweiten Austauschs von Gütern, Dienstleistungen, Kapital und Informationen und somit auch der Interaktionen und Kontakte zwischen Menschen aus unterschiedlichen Kulturen. Technik als Artefakt oder Sachsystem spielt hierbei eine zentrale Rolle: So sind technische Güter zum einen ein wesentlicher Bestandteil des globalen Warenhandels, zum anderen die Grundlage globaler arbeitsteiliger Produktionssysteme und schließlich als verkehrs- und kommunikationstechnische Mittel auch Voraussetzung aller globalen Austauschprozesse. Technische Güter sind dabei stets auch Bestandteil von Kultur – als Teil der materiellen Sachkulturen und Alltagswelten ihrer Nutzer bzw. Verwender sowie als Produkte der Kulturen ihrer Ursprungsländer.

Konsequenzen daraus ergeben sich in großer Zahl: So stehen z. B. einem aus Herstellersicht als unsachgemäß beurteilten Umgang mit Technik „made in Germany" oftmals hohe Gewährleistungsansprüche der Abnehmer in arabischen Ländern wegen aus ihrer Sicht mangelhafter Technik gegenüber, woraus persönliche und wirtschaftlich-rechtliche Konflikte entstehen können (vgl. Hermeking 2001). Unterschiedliche kulturelle Kommunikationsstile wirken sich z. B. auf die Handhabung moderner interaktiver Technik aus, wie etwa auch der tragische Flugzeugunfall von Überlingen zeigt (vgl. Hermeking 2008).

Damit zeichnen sich erste Wesenszüge der zugrunde gelegten Begrifflichkeiten Kultur und Technik ab: Unter Kultur wird hier der weite Begriff für kollektiv geteilte, symbolisch vermittelte, Orientierung stiftende und häufig habitualisierte Muster[1] des Erlebens, Denkens und Handelns von Mitgliedern einer historisch, sprachlich oder lebensweltlich konstituierten Gemeinschaft verstanden, auf eben deren spezifischen Mustern sowie deren materielle Produktionen bzw. Artefakte ihre kollektive Identität und Mentalität beruht. Als Artefakt oder Sachsystem liegt Technik eine substanzielle

---

Begriffsauffassung zugrunde, wobei die Handlungszusammenhänge ihrer Herstellung und Verwendung im Sinne eines „mittelweiten" Technikbegriffs (vgl. Ropohl 2001, S. 16) eingeschlossen sind.

2   Das Fachgebiet Interkulturelle Kommunikation

Die Interkulturelle Kommunikation (IKK) befasst sich mit der Interaktion zwischen Menschen aus unterschiedlichen Kulturen, sei dies bei internationalen Begegnungen oder innerhalb multikultureller Gesellschaften. Obwohl der Schwerpunkt bei interpersonaler Kommunikation liegt, werden mitunter auch materielle Dinge wie Technik als Bestandteil interkultureller Interaktionen betrachtet (vgl. Hermeking 2001; Roth 1999). Dieses anwendungsorientierte Fach und seine Bezeichnung basieren auf den Pionierarbeiten des US-amerikanischen Anthropologen Edward T. Hall seit den frühen 1950er Jahren (vgl. Moosmüller 2007, S. 13f.; Roth/Roth 2001); als Mutterdisziplinen gelten Anthropologie und Ethnologie, Psychologie sowie (Fremd-)Sprachwissenschaften.[2] Zu diesen „zentralen Disziplinen" treten eine Reihe von „peripheren Disziplinen" wie Kommunikations- und Wirtschaftswissenschaften, Soziologie, Pädagogik, Philosophie und Religionswissenschaft (vgl. Thomas 2007, S. 54f.). Entsprechend heterogen sind IKK-Lehrstühle aufgestellt, auch hinsichtlich einer kulturallgemeinen oder regionalspezifischen Ausrichtung.

Das Kulturkonzept der IKK ist weit gefasst und unterscheidet sich je nach Kontext der wissenschaftlichen Frage- oder praktischen Problemstellung zum Teil erheblich (vgl. Moosmüller 2004): So existieren z. B. räumlich offene versus eher geschlossene, dynamische versus statische, eher bewusst konstruierte versus unbewusst determinierende oder eher identitäts- versus mentalitätsbezogene Konzepte von Kultur, die sich alle auf den zentralen Gegenstand des Fachgebietes beziehen und bestimmte Facetten daraus aus jeweils adäquaten, operationalen Blickwinkeln beleuchten. Insofern macht es in der IKK wenig Sinn, eine Kulturdefinition als universellen Standard festzulegen; derartige Bemühungen seitens anderer Disziplinen offenbaren zwangsläufig Defizite.[3]

Die Anwendung unterschiedlicher Kulturkonzepte auf dem Gebiet der IKK erleichtert interdisziplinäres Arbeiten, gerade in Bezug auf Technik: So vermag das Fachgebiet generell Konflikte zu vermeiden bzw. die Kommunikation zwischen Angehörigen unterschiedlicher Kulturen zu fördern – hier auch die zwischen Geistes-

---

2   Die Fachbezeichnung stellt insofern kein „neues Modewort" dar, das auf lediglich „zwei Wurzeln" (Hubig/Poser 2007, S. 24) basiere.

3   So lässt z. B. eine philosophische Definition von Kultur als „Summe technischer, institutioneller, symbolischer, ästhetischer und kognitiver Artefakte" (Ropohl 2008) u. a. die affektive Dimension vermissen (vgl. Banse/Hauser, Metzner-Szigeth und Böhn in diesem Band); neben (materiellen) Artefakten wären Mentefakte als Inbegriff geistiger Kulturaspekte zu betonen.

bzw. Kultur-, Wirtschafts- und Technikwissenschaften, die sonst nur selten Berührung zueinander finden. Voraussetzung ist die Reflexion eigener wie fremder Perspektiven und Konzepte, auch innerhalb der beteiligten Disziplinen. Im Folgenden wird eine – sicherlich nicht vollständige – Auswahl an Beiträgen verschiedener Disziplinen zum Thema Kultur und Technik vorgestellt, bei denen sich für die IKK besonders relevante Schnittstellen im Hinblick auf kulturell bedingte Differenzen und interkulturelle Konfliktpotenziale im Umgang mit Technik zeigen.

3   Schnittstellen zur Technikgeschichte

Die historische Entwicklung und Verbreitung von Technik in einer Region ist eng verbunden mit ihrer Wirtschafts- Sozial- und Religionsgeschichte. Daran anknüpfend versucht die neuere Technikgeschichte, „Technik in ihrer Herstellung und Verwendung sowie in ihren Wirkungszusammenhängen mit Kultur, Wirtschaft und Gesellschaft darzustellen" (König 2001, S. 239). Dabei treten auch spezifische kulturelle Wertegefüge zum Vorschein, die zu Invention, Akzeptanz und Diffusion bestimmter Technik beigetragen oder diese verhindert haben: So lässt sich etwa industrielle Technik sehr verallgemeinert als originäres Produkt makrokultureller westlich-abendländischer Wertegefüge beschreiben (vgl. Hermeking 2001, S. 33ff.); aussagekräftiger ist jedoch die Untersuchung einzelner Techniken als „eine Art historische Innovationsforschung" (König 2001, S. 236), die auch Aufschluss über gegenwärtige Technikentwicklungen in verschiedenen Regionen im Hinblick auf deren historisch gewachsene kulturelle Kontexte liefern kann.

Aus Sicht der IKK überaus relevant erscheinen auch historische Arbeiten über nationale bzw. regionale „technische Stile" bzw. „Technikkulturen" als idealtypische Art und Weise der Herstellung und Handhabung von Technik in einer (Landes-)Kultur: So zeigen sich z. B. historische Unterschiede hinsichtlich Konzeption, Produktion und Verwendung von Kältetechnik zwischen den USA und Deutschland (vgl. Dienel 1992) oder hinsichtlich der „Produktionskultur" im Maschinenbau der USA gegenüber der „Konstruktionskultur" im Maschinenbau Deutschlands, Großbritanniens und Frankreichs (vgl. König 2003). Die dabei erkennbaren unterschiedlichen (makro-)kulturellen Kontexte der Technik sind zum Teil auch für die Gegenwart von Bedeutung, in der das Aufeinandertreffen dieser oder abgewandelter Stile im Rahmen globaler Arbeitsteilung für interkulturelle Konflikte sorgen kann. Als Beispiel dafür lässt sich unter anderem auch die gescheiterte deutsch-amerikanische Fusion der Automobilkonzerne Daimler und Chrysler anführen.

Das Konzept räumlich und zeitlich fixierter, eher statischer Kultur wird in dieser Disziplin als tendenziell stabile Struktur verstanden, innerhalb der sich handelnde Akteure stets auch konstruktiv als dynamisches, diese Spielräume bestätigendes oder erneuerndes Moment bewegen (vgl. König 2001, S. 238). Historisch fundierte Ergebnisse hinsichtlich moderner computerisierter Technik und regional sowie kulturspezifisch „angepasster" Mensch-Maschine-Systeme der Gegenwart (vgl. Radkau 1989) sind wohl nur eine Frage der Zeit.

4   Schnittstellen zur Techniksoziologie

Techniksoziologische Beiträge folgen ganz unterschiedlichen Paradigmen. So stehen dem als „Realismus" betitelten Ansatz soziotechnischer Systeme, vertreten z.B. durch Bernward Joerges, einige neuere und zum Teil populärere Ansätze gegenüber. Zu diesen zählen der „Sozialkonstruktivismus" und der davon stark beeinflusste „pragmatistische" Ansatz, vertreten z.B. durch Bruno Latour, sowie der „praxistheoretische" Ansatz, vertreten z.B. durch Karl Hörning (vgl. Rammert 2007; Wieser 2004).

Beim Ansatz soziotechnischer Systeme trägt Kultur – implizit etwa als „Handlungsweisen" (vgl. Joerges 1989) – Technik beeinflussende, häufiger aber durch Technik „festgelegte" und insgesamt eher statische Züge. Systemvergleiche hinsichtlich des Interdependenzverhältnisses zwischen Sachtechnik und soziokulturellem Handeln bieten Schnittstellen zur IKK im kultur- bzw. ländervergleichenden Kontext internationaler Begegnungen.

Sozialkonstruktivistisch wird Technikherstellung und -verbreitung als materieller Ausdruck bzw. Institutionalisierung (oftmals geradezu verschwörerischer) politischer und ökonomischer Interessen interpretiert – damit allenfalls indirekt als Produkt dominanter Wertegefüge einer insgesamt statischen Kultur. Neuere Ansätze betonen dagegen rekonstruierte oder neu entworfene technische Praktiken „von unten", quasi die Produktion von (Alltags-)Kultur: Im praxistheoretischen Ansatz stehen „soziale Praktiken" bzw. der alltägliche Umgang mit technischen Artefakten, z.B. Computern, im Sinne der „Handlungsnormalität" einer „Doing Culture" im Vordergrund, deren kreative Dynamik, Flexibilität und „Translokalität" betont wird (vgl. Hörning/Reuter 2004). Dies wird insbesondere transnationalen Gruppen wie Arbeitsmigranten und dem Phänomen hybrider Identitäten gerecht und entspricht dem dynamischen Kulturkonzept der IKK im multikulturellen Kontext (vgl. Moosmüller 2004).

Im pragmatistischen Ansatz werden Praktiken der Sachtechnik als Handlungsträger bzw. „Agentur" betont, in deren Gestalt Intentionen und kulturelle Werte (sozialkonstruktivistisch) materialisiert bzw. eingeschrieben sind; Gesellschaft, Mensch und Technik bilden dabei eine „hybride" Einheit (vgl. Rammert 2007). Kulturelle Unterschiede werden damit allerdings nicht ausreichend erfasst: Folgt man z.B. der provokanten Akteur-Netzwerk-Theorie Latours und seinen Exempeln des automatischen Türschließers oder des Berliner Schlüssels (vgl. Latour 1992), wäre aus Sicht der IKK noch die kulturelle Relativität und Spezifik der quasi universalistisch eingeschriebenen Werte sozialer Ordnung in diesen ordnenden „Akteuren" herauszuarbeiten, hier etwa schon angesichts des spezifischen Wertes stets geschlossener Türen bzw. Räume. Solch ein „Lesen" der kulturspezifischen Dinge (vgl. Roth 1999) kann ethnologische Sachkulturforschung leisten.

5 Schnittstellen zu Anthropologie und Ethnologie

Technik wurde in diesen Disziplinen als Untersuchungsgegenstand lange Zeit vernachlässigt. Vor allem im Rahmen klassischer ethnologischer Sachkulturforschung werden u.a. technische Gegenstände wie Arbeitsgeräte hinsichtlich kultureller Zusammenhänge ihrer Herstellung und Verwendung untersucht. Neuere Studien über die Adaptation bzw. das kulturell „kreative" Umfunktionieren und Umdeuten beim Umgang mit nur vordergründig global einheitlicher Technik (vgl. Roth 1999) sind aufgrund des dabei entstehenden interkulturellen Konfliktpotenzials, wie zu Beginn angedeutet, besonders relevant.

Sofern ein internationaler oder ein multikultureller Kontext gegeben ist, kann diese Relevanz auch die ethnologische Arbeitskulturforschung besitzen, die zunehmend die Virtualisierung bzw. Durchdringung der Arbeitswelt mit digitaler Technik sowie die „widerständigen und eigensinnigen" Umgangsweisen mit dieser – etwa in Form des privaten Versendens von Witzen unter Arbeitskollegen im Intranet – untersucht (vgl. Herlyn 2004).

Aus der Digitalisierung bzw. Virtualisierung des Alltags gehen die relativ jungen Zweige „kulturwissenschaftliche Technikforschung" sowie „Cyberanthropologie" hervor, die sich intensiv mit dem Einfluss dieser Technisierung auf die Lebensgestaltung befassen. Dabei haben Untersuchungen der Auswirkung computertechnisch vermittelter Kommunikation auf Bildung und Erhalt kulturell definierbarer „virtueller Gemeinschaften" – z.B. politisch aktiver Chinesen in der „Diaspora" (vgl. Ong 2007) – sowie vor allem die diesbezüglich spezifischen Kommunikationsstile und Praktiken Bezug zur IKK, wie z.B. der Kontrast zwischen deutschen und französischen Weblog-Nutzern verdeutlicht (vgl. Schönberger 2007).

Betont wird hier überwiegend das dynamische, dem praxistheoretischen Ansatz sowie dem multikulturellen Kontext der IKK entsprechende Konzept räumlich flexibler Kultur, das in der neueren ethnologischen und anthropologischen Forschung generell bevorzugt wird.

Die spezifische Methodik dieser Disziplinen findet als ethnographische Designforschung oder „Design Anthropology" (vgl. Jordan 2003) auch verstärkt Anwendung im Hinblick auf die Mensch-Maschine-Interaktion: So wurde z.B. entdeckt, dass in Indonesien Mobiltelefone mit GPS-Funktion vor allem der Ortung Mekkas dienen, was in neueren Handys nun explizit berücksichtigt wird. Vor allem industrielle Produzenten digitaler, computerisierter Technik (z. B. Intel) gewinnen solche Informationen über kulturspezifische Anforderungen an ihre aktuellen oder zukünftigen Produkte im Alltag, wobei eine dem interkulturellen Marketing entsprechende Fokussierung auf Nutzermilieus bzw. Subkulturen einerseits sowie auf (nationale) Kulturregionen andererseits erfolgt.

6   Schnittstellen zur (Fremd-)Sprachwissenschaft

Den Arbeiten Edward Sapirs und Benjamin Lee Whorfs folgend, können das Denken bzw. geistig-kulturelle Aspekte bezüglich Technik auch über ihre jeweilige sprachliche Einbettung nachvollzogen werden. So erfährt z. B. im deutschen Sprachraum neuartige, unvertraute oder risikoreiche Technik sehr oft mittels mimetischer sowie metaphorischer Ausdrücke und Redensarten eine „Assimilation" an Altbekanntes und Vertrautes, wird bildlich mehr oder weniger stimmigen Vergleichsobjekten zugeordnet (z. B. beim Kern-„Meiler" oder Dampf-„Ross") und dadurch kognitiv und emotional akzeptabel bzw. kulturell integriert. Zudem existieren zahlreiche „Anthropomorphismen", mittels derer Technik in der deutschen Alltagssprache selbst zum Agens erhoben wird, dem sich der Mensch unbewusst anzupassen hat (vgl. Landsch 1993). Ähnliche Untersuchungen in anderen Sprachräumen dürften Indizien für diesbezügliche Mentalitätsunterschiede im alltäglichen Verhältnis zu Technik offenbaren, die gerade bei interkulturellen Interaktionen Relevanz besitzen.

Ebenso bedeutsam sind unterschiedliche kulturelle Konventionen in der Beschreibung von Technik und Technikgebrauch (vgl. Rothkegel 2007): Anhand der Textsorte technische Bedienungsanleitung zeigt Peter Schmitt z. B. Unterschiede in der Differenziertheit von Signalwörtern in Sicherheitshinweisen aus Großbritannien und Deutschland, die offenbar auf jeweils kulturspezifischen „Sicherheitsphilosophien" beruhen (vgl. Schmitt 1995). Anhand weiterer Beispiele aus deutsch- und englischsprachigen Bedienungsanleitungen[4] demonstriert er vielfältige interkulturelle „Inkongruenzen", etwa hinsichtlich sprachspezifischer Begriffshierarchien und –assoziationen (z. B. „Hammer" als Schlosserhammer versus Klauenhammer), spezifischer Konstruktionskonzepte (z. B. bei Kühltürmen), Ordnungs- und Klassifizierungsschemas (z. B. bezüglich Pkw-Kategorien) sowie Formen und Inhalte technischer Zeichnungen (vgl. Schmitt 1989, 1999). Aufgrund solcher unterschiedlicher kultureller Kontexte der Technik entziehen sich ihre Bedienungsanleitungen meist einer einfachen Über-

---

4   Die Kulturspezifik dieser Textsorte ist nicht auf diese okzidentalen Industrieländer beschränkt:
    So offenbaren z. B. fernöstliche Bedienungsanleitungen neben einem ausgeprägt bildhaften
    Kommunikationsstil in der Art der Darstellung von Technik als niedliche Lebewesen ein für die-
    se Kulturregion spezifisches Natur- und Technikverständnis (vgl. Hermeking 2008).

tragung in einen anderen Sprachraum bzw. besitzen hohes Potenzial für interkulturelle Missverständnisse.

Derartige sprachlich-kulturelle Aspekte, die vor allem das Unbewusst-Selbstverständliche und Determinierende der Kultur als Mentalität herausarbeiten, bestehen in Form computer-technisch vermittelter Texte fort (vgl. Hermeking 2008; Rothkegel 2007) und sind auch für das Forschungsfeld der interkulturellen Mensch-Maschine-Interaktion relevant.

7   Schnittstellen zur Psychologie

Die diversen Teildisziplinen dieser Wissenschaft vom menschlichen Erleben und Verhalten treffen im Zusammenhang mit Technik zunächst eher kulturunabhängige Aussagen. So etwa die Entwicklungspsychologie hinsichtlich der onto- und phylogenetischen bzw. individuellen und kollektiven Sozialisation des Menschen in seiner technischen Lebenswelt, worauf z. B. Phänomene von Technikeuphorien oder -phobien beruhen können, oder etwa die Arbeitspsychologie hinsichtlich kognitiver ergonomischer Aspekte („Human Factors") technischer Ausstattungen am Arbeitsplatz oder zu Hause. Hierunter fällt etwa auch die Ausrichtung von Kippschaltern nach oben (z. B. in den USA, Kontinentaleuropa) oder nach unten (z. B. in Großbritannien, Australien) für das „übliche" Einschalten. Gestaltungsempfehlungen für nutzergerechtes Produktdesign, vor allem bezüglich technischer Konsumgüter, liefert ebenso die „Psychologie für Gebrauchsgegenstände" von Donald Norman (vgl. Norman 1989).

Eine Überprüfung psychologischer Hypothesen und Theorien nach universeller Gültigkeit bzw. kulturellen Differenzen erfolgt indes vor allem im Rahmen der kulturvergleichenden Psychologie (vgl. Thomas 2007, S. 62). In diesem Zusammenhang sind Forschungsbeiträge der internationalen Konsumentenverhaltensforschung hervorzuheben, insbesondere der IKK und der Kulturpsychologie nahe stehende Untersuchungen über die Benutzungs- und Bedienungsfreundlichkeit technischer Produkte im Kulturvergleich.

So zeigt etwa eine Studie über chinesische Nutzer von Mobiltelefonen und über indische Nutzer von Waschmaschinen zahlreiche kulturell bedingte Anforderungen hinsichtlich des Umgangs mit dieser Technik, die notwendigerweise zu entsprechender Anpassung bzw. Lokalisierung diverser Gestaltungselemente der technischen Produkte führen (vgl. Honold 2000): Handys in China können z. B. auch als Halsschmuck dienen; Waschprogramme in Indien müssen z. B. kürzer sein, um dem Halbtags-Dienst der Haushälterinnen entgegen zu kommen. Im Vordergrund steht dabei vor allem die Methodik von Produkttests und Nutzerbefragungen im fremdkulturellen Umfeld. Diese gewinnen auch bezüglich des kulturell angepassten Designs von Bedienelementen computergesteuerter Produktionsanlagen bzw. „interkultureller Mensch-Maschine-Systeme" in der Industrie (vgl. Röse 2002) als Teil des Forschungsfeldes der Mensch-Maschine-Interaktion zunehmend an Bedeutung; dabei wird nicht zuletzt die Gleichgewichtung technischer Industrie- und Konsumgüter hinsichtlich der prinzipiell auf diese einwirkenden Kultureinflüsse belegt.

Kultur wird hier vor allem als eher unbewusstes, handlungsleitendes Orientierungssystem verstanden, wobei zahlreiche Teilgebiete der Psychologie „noch ein unerschlossenes Feld wichtiger Ressourcen" für die IKK darstellen (vgl. Thomas 2007, S. 61).

8   Schnittstellen zur betriebswirtschaftlichen Marketinglehre

In der Marketingforschung findet z. B. die Diffusion (digitaler) technischer Güter auf fremden Ländermärkten nach dem „Technology Acceptance Model" zunehmend Beachtung (vgl. Benedetto/Calanone/Zhang 2003): Hierbei beschreibt ein System interdependenter Einstellungen, Wahrnehmungen und Intentionen im Hinblick auf die Vorzüge neuer Technik die Entscheidungsgrundlage für ihre Anschaffung. Da der Einfluss von Kultur darin bislang kaum näher untersucht wird, stellt sich hier eine Herausforderung für die IKK.

Das zentrale Thema des Marketing betrifft indes Standardisierung versus Adaptation von Gütern bzw. Leistungen hinsichtlich Zielgruppen- und Marktspezifika, insbesondere im Rahmen der Produktpolitik. Kulturelle Parameter wie Werte, Präferenzen und Gewohnheiten als Grundlage für eine adaptierte Gestaltung technischer Produkte werden dabei vor allem im Rahmen des Konsumentenverhaltens bei Gebrauchsgütern berücksichtigt, wobei meist auf Forschungsergebnisse der Psychologie, zum Teil auch auf ethnographische Designforschung zurückgegriffen wird. Der Export technischer Großanlagen wird dagegen seltener hinsichtlich (inter-)kultureller Aspekte untersucht (vgl. Hermeking 2001).

Mit Zunahme computervermittelter Kommunikation, insbesondere in Form des elektronischen Handels (e-commerce) sowie der Werbung im World Wide Web, ist auch die Kommunikationspolitik von kulturellen Dispositionen hinsichtlich der mit ihr verbundenen Informations- und Kommunikationstechnik betroffen. Relevant ist hierbei z. B. die benutzer-freundliche Anpassung bzw. Lokalisierung marketingrelevanter Webseiten im Hinblick auf kulturelle Wertegefüge und Kommunikationsstile (etwa hinsichtlich Inhalt, Text- versus Bilddominanz, Navigationshilfen, Multimedialität) als Teilaspekt sowohl der Werbeforschung als auch der Mensch-Maschine-Interaktion (vgl. Hermeking 2005, 2008).

Da sämtliche Marketinginstrumente kommunikativer Natur sind, bestehen zahlreiche Bezüge zur IKK. Allerdings sind die Zielgruppen des Marketings meist als aggregierte Cluster oder Marktsegmente innerhalb von Ländermärkten definiert, womit Kultur – entsprechend den übrigen Einflussfaktoren eines nationalen Marktszenarios – oft als nationaler Parameter verstanden wird. Diese räumliche Fixierung von Kultur als unbewusster determinierender Faktor hat meist operationale Gründe (vgl. Hermeking 2005). Dennoch werden auch bewusste, identitätsbezogene Werte und (Konsum-)Handlungen, die durchaus auch technische Produkte betreffen, berücksichtigt; so z.B. bei als (ethnische) Sub-Kulturen positionierbaren Zielgruppen innerhalb von Ländermärkten.

9   Schnittstellen zu Volkswirtschaftslehre und Politikwissenschaften

Über das Verhältnis zwischen wirtschaftlich-gesellschaftlicher und technischer Entwicklung wird in diesen Disziplinen angesichts diesbezüglich enormer internationaler Unterschiede zum Teil kontrovers diskutiert. Das Themengebiet Technische Entwicklungszusammenarbeit ist dabei besonders relevant, zumal der technische Entwicklungsstand eines Landes als Indikator für seine gesamtgesellschaftliche Entwicklung gilt.

Zu einem für die Entwicklungszusammenarbeit seitens der Bundesrepublik Deutschland maßgeblichen Rahmenkonzept zählt seit einigen Jahren die Berücksichtigung „sozio-kultureller Schlüsselfaktoren" in Form der Legitimität bzw. Akzeptanz von Entwicklungsmaßnahmen, des bisher erreichten Entwicklungsstandes, sowie der sozio-kulturellen Heterogenität der Bevölkerung im Partnerland (vgl. Simson 1993). Dieses Konzept folgt der Einsicht, dass lokale Kultur in Form solcher Schlüsselfaktoren, die auf Durchführungsebene stets zu konkretisieren sind, je nach Umständen entwicklungshemmend oder –fördernd wirken kann (vgl. Nett-Kleyboldt/Ohe 1986): So kann z.B. die Anschaffung moderner Technik eher elitären Prestige- und Machtinteressen als Kosten-Nutzen-Kalkülen und lokaler Kompetenz entsprechen; sozialer Aufstieg durch erfolgte Know-how-Vermittlung hingegen kann Technik-Bedienung verhindern (vgl. Hermeking 2001). In ökonomische und politische Diskurse über Fortschritt durch Transfer von Know-How und Technik fließt damit auch der Faktor Kultur, der einerseits – entsprechend zahlreicher topografischer und anderer Entwicklungsfaktoren – als regionale oder nationale Determinante fungiert, aber als „flexibles symbolisches System" (Simson 1993, S. 26) gerade in konkreten Projekten im Sinne einer dynamischen Größe verstanden und so durchaus auch einem bewusst intendierten Wandel unterzogen wird.

In den Mittelpunkt des genannten Diskurses rückt zunehmend auch der Zugang zu digitaler Technik, da diese – vor allem in Form des Internets – als Voraussetzung bzw. Instrument demokratischer und ökonomischer Entwicklung angesehen wird (vgl. Afemann 2002). Die daher oft geforderte Überbrückung des „Digitalen Grabens" entsprechend den Konzepten „angepasster Technologie" sowie mittels benutzerfreundlichen bzw. „nutzerzentrierten Designs" (vgl. Dray/Siegel 2003) kann auch mit kulturspezifischen Kommunikationsstilen, Werten und Präferenzen hinsichtlich dieser Techniknutzung in den entwicklungsschwachen Ländern in Verbindung gebracht werden (vgl. Hermeking 2005). Damit besteht auch für dieses Themengebiet Bezug zur interkulturellen Mensch-Maschine-Interaktion.

10   Schnittstellen zur Technikphilosophie

Die „moderne Technikphilosophie" ist um interdisziplinäre Synthese und Generalisierung technikbezogenen Wissens bemüht. Die hierbei im Sinne einer „Interdisziplinwissenschaft" postulierten Kriterien wie lebensweltliche Relevanz, fachübergreifende Begriffskompetenz, modelltheoretische Flexibilität und Reflexion, Ganzheitlichkeit sowie Tauglichkeit für die Handlungspraxis (vgl. Ropohl 2001, S. 26ff.) zeigen bereits gewisse Schnittmengen mit dem anwendungsbezogenen Fachgebiet IKK und dem darin vermittelten Konzept Interkultureller Kompetenz, das unter anderem Merkmale wie kommunikative Kompetenz, Selbstreflexion, Flexibilität, Offenheit und Ambiguitätstoleranz umfasst.

In der Technikphilosophie finden theoretische Begriffsreflexionen (wie zu Natur, Kultur und Technik) breiten Raum. Vor allem Beiträge zu einzelnen interdisziplinären Themenfeldern wie „Innovationskulturen" (vgl. Irrgang 2007) oder „Sicherheitskultur(en)" (vgl. Banse/Hauser 2008 sowie in diesem Band) können Bezug zur IKK aufweisen, sofern dabei Überlegungen zu diesbezüglich unterschiedlichen Handlungsmustern im Rahmen multikultureller oder internationaler Zusammentreffen angestellt werden.

Fragen nach Sinn und Folgen des zunehmenden Einflusses digitaler Technik sowie der künstlichen Intelligenz auf die Menschen und ihre Lebenswelt wird ebenfalls intensiv nachgegangen. Computervermittelte Kommunikation, darunter vor allem das Internet, wird zunehmend im Hinblick auf kulturelle Wechselwirkungen betrachtet (vgl. Ess 2001; Hauser 2009), womit auch Aspekte interkultureller Mensch-Maschine-Interaktion ins Blickfeld rücken.

Ethische Aspekte der Technikbewertung bzw. Technikfolgenabschätzung als Wissensbasis für eine (nachhaltige) gesellschaftliche Technikgestaltung (vgl. Grunwald 2002) zeigen im internationalen Kontext Bezug zur IKK hinsichtlich der Frage nach universell gültigen versus kulturell relativierbaren Wertmaßstäben. Dieser Frage geht auch die junge „Interkulturelle Philosophie" in ihrem Bemühen um eine „umsetzbare Ethik mittlerer Reichweite" nach; ihr eher statisches Konzept von Kultur im Sinne unbewusster Mentalität und Sprachwelt deckt dabei „von Artefakten bis zu Sinn- und Wertzuschreibungen" (vgl. Hubig/Poser 2007, S. 30ff.) ein weites Spektrum ab.

11 Querschnittsthemen

Die vorgestellten Disziplinen beinhalten spezielle interdisziplinäre Themengebiete und Forschungsfelder, die als Querschnittsthemen für alle genannten Disziplinen gleichermaßen relevant sind und als solche auch Schnittstellen zur IKK aufweisen.

Ein solches Themengebiet stellen z. B. „Ingenieurskulturen" dar: So unterscheidet Wolfgang König exemplarisch vier Industrieländer in der Zeit um 1900 hinsichtlich ihrer Ingenieurs- bzw. Konstrukteursausbildung in „Praxiskulturen" (z. B. die USA) und „Schulkulturen" (z. B. Deutschland) (vgl. König 2003). Diese Unterschiede weisen Analogien zu den kulturellen (Denk-)Stilen nach Johan Galtung auf (vgl. Galtung 1983) und sind auch für internationale Begegnungen von Technikern in der Gegenwart relevant. Dies zeigt etwa auch der Vergleich von Japan mit Deutschland hinsichtlich der Ingenieurausbildung sowie des Prozesses der technischen Konstruktion bzw. Produktentwicklung (vgl. Koda 2003; Moritz 1996).

Eng mit diesem Prozess verbunden ist das Thema „Innovationskulturen" (vgl. Irrgang 2007): So zeigt z. B. „kreatives" (technisches) Problemlösungsverhalten in Japan und den USA eine offensichtlich kulturelle Affinität zu „Adaptoren" oder aber „Innovatoren" (vgl. Herbig/Jacobs 1996), was Deutungen etwa mittels der Kulturdimensionen Individualismus und Unsicherheitsvermeidung (vgl. Hofstede 2001) ermöglicht. Derartige Interpretationen erfolgen ebenso in zahlreichen Beiträgen der Internationalen Marketing-Forschung zur „Innovativität" bzw. Konsumbereitschaft für neuartige (technische) Produkte im Ländervergleich (vgl. Hermeking 2005). Ein ähnlicher Länder(kultur)vergleich ist vermutlich hinsichtlich der Art und Anzahl von patentamtlich gemeldeten Innovationen möglich (vgl. Jungnickel/Witczak 2006). Die regional unterschiedliche Invention und Diffusion technischer Innovationen wird auch in religionsgeschichtlichen Beiträgen mit spezifischen kulturellen Wertegefügen verbunden (vgl. Noble 1999; Stöcklein/Rassem 1990).

Wichtig ist das Thema technischer „Risiko-" oder „Sicherheitskulturen" (vgl. Banse/Hauser 2008 sowie in diesem Band). Zwar dominieren hier branchen- und organisationskulturelle Analysen, zu denen auch ethnologische Beiträge zählen, doch lassen sich die kollektive Sinnkonstruktion sowie das „Problem der Risikogenese durch Kommunikation" (vgl. Weißbach et al. 1994, S. 29) prinzipiell auch auf landes- bzw. makrokultureller Ebene betrachten. Damit verbunden ist das „brennende Problem" (vgl. Gottstein 1990) unterschiedlicher technischer Wartungs- und Instandhaltungs-„Kulturen" in Schwellen- und Entwicklungsländern, die z.B. auch ein Vergleich von Abwasseraufbereitungsanlagen in Indien und China zeigt (vgl. Litty 2008).

Ein zunehmend in den Mittelpunkt rückendes Thema ist das der „Cyberkulturen", das nicht nur den Einfluss der neuen digitalen Technik auf Kultur, sondern vor allem auch den Einfluss von Kultur auf diese Technik im Sinne regional oder translokal bzw. virtuell unterschiedlicher Praktiken, Produkte und Kommunikationsstile betrifft (vgl. Bell/Kennedy 2006).

Als diesen Themen übergeordnetes, generelles Querschnittsthema schließlich eignen sich „technische Stile" bzw. „Technikkulturen". Diese umfassen kulturelle Kontexte und Spezifika der Herstellung bzw. Entwicklung von Technik, aber ebenso ihrer Handhabung und Nutzung, etwa im Sinne von „Verwenderkulturen" (vgl. Joerges 1988, S. 16): Aspekte etwa der Innovationsbereitschaft oder Akzeptanz von Technik, des technischen Sicherheits- und Wartungsverhaltens, des Umgangs mit digitaler bzw. virtuell kommunizierender Technik und viele weitere mehr können prinzipiell beim Aufeinandertreffen und Interagieren von Angehörigen unterschiedlicher Technikkulturen beinhaltet sein.

Diese praxisnahen Querschnittsthemen besitzen im international vergleichenden sowie im multikulturellen Kontext sowohl große interdisziplinäre Breite als auch reiche inhaltliche Tiefe, was sie für Forschung und Lehre auf dem Gebiet der IKK überaus geeignet erscheinen lässt.

12   Fazit

Der kurze, abrissartige Einblick in diese mit Technik und Kultur befassten (Rand-) Disziplinen offenbart zahlreiche Schnittstellen mit der IKK. Ohnehin gelten die hier ausgewählten Gebiete in ihrer allgemeinen Ausrichtung fast alle als zentrale oder zumindest periphere Grundlagen des Faches. Reflexive Offenheit der IKK gegenüber den unterschiedlichen Kulturkonzepten dieser Disziplinen ermöglicht ein sowohl ganzheitlich-synthetisches als auch kontrastives interdisziplinäres Arbeiten auf dem Themengebiet.

Computergestützte bzw. digitale Technik und die Interaktion zwischen jener und den Menschen gewinnen dabei aufgrund der zunehmenden Computerisierung der Technik und ihrer Benutzeroberfläche sowohl im beruflichen wie im privaten Alltag generell an Bedeutung.

Umfassende IKK-Lehrfächer oder Lehrmodule zu dem hier beschriebenen Themengebiet allgemein oder zu speziellen interdisziplinären Querschnittsthemen im Besonderen stellen allerdings an Hochschulen und Universitäten bislang noch ein Desiderat dar.

Literatur

Afemann, Uwe (2002): „E-velopment": Entwicklung durch Internet. In: epd-Entwicklungspolitik, Nr. 11, Juni 2002, S. 32-36. – URL: http://www.home.uni-osnabrueck.de/uafemann/ Internet_Und_Dritte_Welt/epd.pdf [15.07.2008]

Banse, Gerhard; Hauser, Robert (2008): Technik und Kultur: Das Beispiel Sicherheit und Sicherheitskultur(en). In: Rösch, Olga (Hg.): Technik und Kultur. Berlin, S. 61-83

Bell, David; Kennedy, Barbara M. (eds.) (2006): The Cybercultures Reader. 2nd ed. London/New York

Benedetto, Anthony C. di; Calantone, Roger J.; Zhang, Chuan (2003): International Technology Transfer: Model and Explanatory Study in the People's Republic of China. In: International Marketing Review, no. 4, pp. 446-462

Dienel, Hans-Luidger (1992): Eis mit Stil. Nationale technologische Stile in der deutschen und amerikanischen Kältetechnik 1850-1950. In: Hurrle, Gerd (Hg.): Technik – Kultur – Arbeit. Dokumentation einer Tagung vom 27. bis 29. Mai 1991. Marburg, S. 35-54

Dray, Susan M.; Siegel, David A. (2003): Adressing the Digital Divide through User-centered Design. In: Coronado, Jose; Day, Donald; Evers, Vanessa; Honold, Pia; Röse, Kerstin (eds.): Designing for Global Markets 5: Proceedings of the Fifth International Workshop on Internationalisation of Products and Systems (IWIPS). Kaiserslautern (Universität Kaiserslautern), pp. 177-187

Ess, Charles (2001): Introduction: What's Culture Got to Do with It? Cultural Collisions in the Electronic Global Village, Creative Interferences, and the Rise of Culturally-mediated Computing. In: Ess, Charles; Sudweeks, Fay (eds.): Culture, Technology, Communication: Towards an Intercultural Global Village. Albany, NY, pp. 1-50

Galtung, Johan (1983): Struktur, Kultur und intellektueller Stil. Ein vergleichender Essay über sachsonische, teutonische, gallische und nipponische Wissenschaft. In: Leviathan. Zeitschrift für Sozialwissenschaft, Nr. 3, S. 303-338

Gottstein, Kaus (1990): Ein brennendes Problem: Die Instandhaltung technischer Geräte in Entwicklungsländern. Technologietransfer und kulturelle Identität – Ein Tagungsbericht. München

Grunwald, Armin (2002): Gesellschaftliche Technikgestaltung und die Herausforderungen an Interdisziplinäre Technikforschung. In: Krebs, Heike (Hg.): Perspektiven interdisziplinärer Technikforschung. Konzepte, Analysen, Erfahrungen. Münster, S. 105-117

Hauser, Robert (2009): Technische Kulturen oder kultivierte Technik. Das Internet in Deutschland und Russland (im Druck)

Herbig, Paul; Jacobs, Laurence (1996): Creative Problem-solving Styles in the USA and Japan. In: International Marketing Review, no. 2, pp. 63-71

Herlyn, Gerrit (2004): Die andere Seite der Informationsgesellschaft. Zur privaten Nutzung des Internet am Arbeitsplatz. In: Hirschfelder, Gunther; Huber, Birgit (Hg.): Die Virtualisierung der Arbeit. Zur Ethnographie neuer Arbeits- und Organisationsformen. Frankfurt am Main/New York, S. 273-288

Hermeking, Marc (2001): Kulturen und Technik. Techniktransfer als Arbeitsfeld der Interkulturellen Kommunikation. Beispiele aus der arabischen, russischen und latein-amerikanischen Region. Münster u. a.

Hermeking, Marc (2005): Culture and Internet Consumption. Contributions from Cross-cultural Marketing and Advertising Research. In: Journal of Computer Mediated Communication, issue1, article 10, pp. 192-216. – URL: http://jcmc.indiana.edu/vol11/issue1/hermeking.html [01.07.2008]

Hermeking, Marc (2008): Kulturelle Kommunikationsstile in der Mensch-Maschine-Interaktion: Einflüsse auf technische Bedienungsanleitungen und Internet-Webseiten. In: Rösch, Olga (Hg.): Technik und Kultur. Berlin, S. 163-185

Hörning, Karl H.; Reuter, Julia (2004): Doing Culture. Kultur als Praxis. In: Hörning, Karl H.; Reuter, Julia (Hg.): Doing Culture. Neue Positionen zum Verhältnis von Kultur und sozialer Praxis. Bielefeld, S. 9-18

Hofstede, Geert (2001): Cultures Consequences. 2nd ed.: Comparing Values, Behaviors, Institutions, and Organizations across Nations. Thousand Oaks, CA

Honold, Pia (2000): Interkulturelles Usability Engineering: Eine Untersuchung zu kulturellen Einflüssen auf die Gestaltung und Nutzung technischer Produkte. Düsseldorf

Hubig, Christoph; Poser, Hans (2007): Technik und Interkulturalität. In: Hubig, Christoph; Poser, Hans (Hg.): Technik und Interkulturalität. Probleme, Grundbegriffe, Lösungskriterien. Düsseldorf, S. 11-56

Irrgang, Bernhard (2007): Innovationskulturen, Technologietransfer und technische Modernisierung. In: Kornwachs, Klaus (Hg.): Bedingungen und Triebkräfte technologischer Innovationen. München (acatech), S. 149-166

Joerges, Bernward (1989): Soziologie und Maschinerie – Vorschläge zu einer „realistischen" Techniksoziologie. In: Weingart, Peter (Hg.): Technik als sozialer Prozess. Frankfurt am Main, S. 44-89

Jordan, Ann T. (2003): Business Anthropology. Long Grove, IL

Jungnickel, Rolf; Witczak, Daniela (2006): Innovationen am Standort Deutschland im internationalen Vergleich. In: Spur, Günter (Hg.): Wachstum durch technologische Innovationen. Beiträge aus Wissenschaft und Wirtschaft. München (acatech), S. 171-188

Koda, Ryoichi (2003): Technological Innovation in Japan: A Comparison of Japanese NC-machine Tool Development with the Western Process. In: Kegler, Karl R.; Kerner, Max (Hg.): Technik Welt Kultur. Technische Zivilisation und kulturelle Identitäten im globalen Zeitalter. Köln/Weimar/Wien, S. 141-161

König, Wolfgang (2001): Technikgeschichte. In: Ropohl, Günther (Hg.): Erträge der Interdisziplinären Technikforschung: Eine Bilanz nach 20 Jahren. Berlin, S. 231-243

König, Wolfgang (2003): Technikkulturen im internationalen Vergleich. Beispiele aus dem Maschinenbau um 1900 und dem Automobilbau um 2000. In: Kegler, Karl L.; Kerner, Max (Hg.): Technik Welt Kultur. Technische Zivilisation und kulturelle Identitäten im globalen Zeitalter. Köln/Weimar/Wien, S. 163-179

Landsch, Marlene (1993): Sprache und Technik: Technik als kulturelles Erbe. In: König, Wolfgang; Landsch, Marlene (Hg.): Kultur und Technik. Zu ihrer Theorie und Praxis in der modernen Lebenswelt. Frankfurt am Main u. a., S. 73-99

Latour, Bruno (1992): Where are the Missing Masses? The Sociology of a Few Mundane Artifacts. In: Bijker, Wiebe E.; Law, John (eds.): Shaping Technology – Building Society. Studies in Sociotechnical Change. Cambridge, MA/London, pp. 225-258

Litty, Klaus (2008): User-oriented Wastewater Treatment Technology in Developing and Newly Industrialising Countries. Karlsruhe (Universität)

Moosmüller, Alois (2004): Die Schwierigkeit mit dem Kulturbegriff in der Interkulturellen Kommunikation. In: Alsheimer, Rainer; Moosmüller, Alois; Roth, Klaus (Hg.): Lokale Kulturen in einer globalisierenden Welt. Münster u. a., S. 15-31

Moosmüller, Alois (2007): Interkulturelle Kommunikation aus ethnologischer Sicht. In: Moosmüller, Alois (Hg.): Interkulturelle Kommunikation. Konturen einer wissenschaftlichen Disziplin. Münster u. a., S. 13-50

Moritz, Eckehard F. (1996): Im Osten nichts Neues. Theorie und Praxis von Produktinnovation in Japan im Vergleich zu Deutschland. Sottrum

Nett-Kleyboldt, Sylvia; Ohe, Werner von der (1986): The Significance of Socio-cultural Factors in the Development Process. In: Gottstein, Klaus (ed.): Islamic Cultural Identity and Scientific-technological Development. Baden-Baden, pp. 111-133

Noble, David F. (1999): The Religion of Technology: The Divinity of Man and the Spirit of Invention. New York/Toronto/London

Norman, Donald A. (1989): Dinge des Alltags: Gutes Design und Psychologie für Gebrauchsgegenstände. Frankfurt am Main/New York

Ong, Aihwa (2007): Cyberpublics and Diaspora Politics among Transnational Chinese. In: Bell, David; Kennedy, Barbara M. (eds.): The Cybercultures Reader. 2nd ed. London/New York, pp. 305-320

Radkau, Joachim (1989): Technik in Deutschland. Vom 18. Jahrhundert bis zur Gegenwart. Frankfurt am Main

Röse, Kerstin (2002): Methodik zur Gestaltung interkultureller Mensch-Maschine-Systeme in der Produktionstechnik. Kaiserslautern (Universität)

Rammert, Werner (2007): Technik – Handeln – Wissen. Zu einer pragmatistischen Technik- und Sozialtheorie. Wiesbaden

Ropohl, Günter (2001): Das neue Technikverständnis. In: Ropohl, Günter (Hg.): Erträge der Interdisziplinären Technikforschung: Eine Bilanz nach 20 Jahren. Berlin, S. 11-30

Ropohl, Günter (2008): Technikbegriff – neuere Ansätze. Impulsvortrag I des Workshops „Technik und Kultur – Bedingungs- und Beeinflussungsverhältnisse" des ITAS in Karlsruhe, 06. März 2008

Roth, Klaus (1999): Zur Sache! Materielle Kultur und Interkulturelle Kommunikation. In: Grieshofer, Franz; Schindler, Margot (Hg.): Netzwerk Volkskunde: Ideen und Wege. Festgabe für Klaus Beitl zum 70. Geburtstag. Wien, S. 317-335

Roth, Klaus; Roth, Juliane (2001): Interkulturelle Kommunikation. In: Brednich, Rolf W. (Hg.): Grundriss der Volkskunde. Einführung in die Forschungsfelder der Europäischen Ethnologie. 3. überarb. Aufl. Berlin, S. 391-442

Rothkegel, Annely (2007): Kulturspezifische Technikkommunikation. In: Straub, Jürgen; Weidemann, Arne; Weidemann, Doris (Hg.): Handbuch interkulturelle Kommunikation und Kompetenz. Grundbegriffe – Theorien – Anwendungsfelder. Stuttgart, S. 604-612

Simson, Uwe (1993): Die sozio-kulturellen Faktoren in der Praxis der Entwicklungszusammenarbeit. In: Fremerey, Michael (Hg.): Kultur der Entwicklung. Zur Fragwürdigkeit von Entwicklungsparadigmen. Frankfurt am Main, S. 25-36

Schmitt, Peter A. (1989): Kulturspezifik von Technik-Texten: Ein translatorisches und terminographisches Problem. In: Vermeer, Hans J. (Hg.): Kulturspezifik des translatorischen Handelns. Heidelberg (Universität), S. 49-87

Schmitt, Peter A. (1995): Warnhinweise in deutschen und englischen Anleitungen: Ein interkultureller Vergleich. In: Gnutzmann, Claus (Hg.): Fremdsprachen Lehren und Lernen. Kontrastivität und kontrastives Lernen. Tübingen, S. 197-222

Schmitt, Peter A. (1999): Translation und Technik. Tübingen

Schönberger, Klaus (2007): Technik als Querschnittsdimension. Kulturwissenschaftliche Technikforschung am Beispiel von Weblog-Nutzung in Frankreich und Deutschland. In: Zeitschrift für Volkskunde, H. 2, S. 197-221

Stöcklein, Ansgar; Rassem, Mohammed (Hg.) (1990): Technik und Religion. Düsseldorf

Thomas, Alexander (2007): Interkulturelle Kommunikation aus psychologischer Sicht. In: Moosmüller, Alois (Hg.): Interkulturelle Kommunikation. Konturen einer wissenschaftlichen Disziplin. Münster u. a., S. 51-66

Weißbach, Hans-Jürgen; Florian, Michael; Illgen, Eva-Maria; Möll, Gerd; Poy, Andrea (1994): Technikrisiken als Kulturdefizite. Die Systemsicherheit in der hochautomatisierten Produktion. Berlin

Wieser, Matthias (2004): Inmitten der Dinge. Zum Verhältnis von sozialen Praktiken und Artefakten. In: Hörning, Karl H.; Reuter, Jutta (Hg.): Doing Culture. Neue Positionen zum Verhältnis von Kultur und sozialer Praxis. Bielefeld, S. 92-107

Elektrizitätsversorgung als Rückgrat der Gesellschaft

Wie der elektrische Strom unser Leben beeinflusst

Yannick Julliard

1   Problemstellung

Im Folgenden sind einige Überlegungen zur Elektrizität als einem Kulturphänomen zusammengefasst, die auf der Beobachtung beruhen, dass die elektrische Energie ein für die philosophische Reflexion von Technik besonders ergiebiges Beispiel ist. Insbesondere vermag sie als Testfall für die verschiedenen technikphilosophischen Einsichten gelten, an dem sogar die Leistungsfähigkeit einer Vielzahl technikphilosophischer Entwürfe zu erproben ist. Einige Hinweise mögen vorab genügen.

Die ersten naiven technikphilosophischen Entwürfe, die sich einer artefaktgestützten Betrachtungsweise verdanken, wie sie von Martin Heidegger, Arnold Gehlen und Herbert Marcuse thematisiert sind, werden ihr nicht gerecht. Vornehmlich das naive Beispiel des Werkzeuges, seines Gebrauchs und Missbrauchs, mutet außerordentlich unzureichend an und berücksichtigt die systemische Perspektive nicht ausreichend. Wenn dieses Argument Beachtung verdient, dann verwundert es, weshalb zur Beurteilung von Technik Werkzeug und Werkzeuggebrauch in handwerklicher Tradition immer noch als Referenzbeispiele für eine Fundierung der Technikethik herhalten müssen. Die Entwicklung systemtheoretischer Betrachtungen stellt einen wesentlichen Schritt in der philosophischen Reflexion dar, weil dort die Querverbindungen zwischen den Techniken eine wesentliche Rolle spielt. Aber auch systemtheoretische Betrachtungen wie bei Günter Ropohl (vgl. Ropohl 1991) kommen dem Beispiel nicht bei, weil sie sich in ihrer jetzigen Fassung immer noch zu stark an der Vernetzung konkreter Artefakte und ihrer Verwendungen in einem System orientieren, den ubiquitären Einsatz von elektrischer Energie in allen Lebensbereichen und die immanente Weiterverwendung in ganz unterschiedlichen Kontexten aber nicht Rechnung tragen und die Frage nach einer etwaigen Medialisierung der Elektrizität nicht thematisieren, wohingegen die Medialitätsthese der Technik zwar die ubiquitäre Weiterverwendung erfasst, aber übersieht, dass für diese konkrete Technik immer noch Menschen und Systeme mit einem hohen Aufwand einstehen müssen, um das System der Energieversorgung zu sichern, es also keinesfalls spurenlos und unbeeinflussbar ist.

Elektrische Energie hat sich als Systemtechnik der Infrastruktur – schon dies ist ein interessanter Begriff, der eine gewisse Unverzichtbarkeit nahelegt – etabliert und ist bis in die entferntesten Winkel unseres Alltagslebens eingedrungen. In den folgenden Betrachtungen werde ich der Frage nachgehen, wieso dies so ist und welche Schlussfolgerungen sich für die Zukunft ergeben. Wenn die Metapher selbst überzogen erscheint, so ist die Rede von der „All Electrical Society" für die entwickelten Gesellschaften der nördlichen Hemisphäre doch zu einem Gutteil schon Realität geworden, denn die einfachsten Verrichtungen des Alltagslebens scheinen nur noch mit elektrischen Hilfsmitteln zu gelingen. Dies reicht vom Wecken am Morgen bis hin zum Zähneputzen am Abend. Ohne Strom steht das Leben in vielen Bereichen still, und die Teilnahme am gesellschaftlichen Leben wird abhängig von Elektrizität. Damit bekommt die Frage nach dem Zugang zu Strom eine deutlich andere politische Gewichtung als dies noch vor einigen Jahren der Fall war. Im Rahmen der Gerechtigkeitsdebatte wird eine ethische Bewertung des Zugangs zu elektrischer Energie virulent, weil sie Zugang und Partizipation am gesellschaftlichen Leben ermöglicht.

Im digitalen Zeitalter hat sich Strom zur Grundlage des Zusammenlebens entwickelt. Die Vernetzung von Teilbereichen unseres Alltagslebens führt dazu, dass Bereiche, die früher unabhängig funktionierten, im digitalen Zeitalter vernetzt auftreten und sich auf Strom stützen. Der Zwang zur Verwendung elektrischer Energie nimmt zu, und damit einhergehend gibt es immer weniger Nichtnutzer von Elektroenergie. Der Zugang zu elektrischer Energie ist ein soziales Grundbedürfnis der digitalen Welt. Auf der Technikfolgenseite nehmen die Umweltbelastungen stetig zu. Empirisch scheint, so bleibt festzuhalten, dass sich die neuen Probleme nur durch alternative Technik oder Weiterentwicklung bestehender Technik bewältigen lassen.

Im folgenden Abschnitt möchte ich nun die globalen Aspekte beleuchten, welche die raumzeitlich ausdifferenzierte Nutzung elektrischer Energie zeitigt und wie in der konkreten Planung des Weltenergieszenarios die Bereitstellung der prognostizierten Menge elektrischer Energie in den nächsten dreißig Jahren geplant ist.

2   Hintergrundinformationen: Globale Planung zur Sicherstellung elektrischer Energie

Aus dem World Energy Outlook wird erwartet, dass sich in den nächsten 30 Jahren der Verbrauch elektrischer Energie verdoppeln wird. Die Mehrheit des Zuwachses wird nach wie vor aus fossiler Erzeugung stammen, die erneuerbaren Energien werden einen überproportionalen Beitrag leisten. Für einen Hersteller elektrischer Energietechnik stellen die geschilderten Szenarien einen Rahmen dar, auf dem intern geplant wird, der aber nicht im Zugriff des Herstellers ist. Eine Schwierigkeit bei der Bewertung der Szenarien stellen die extrem langfristigen Planungsszenarien dar, in denen Energieversorger elektrische EnergieerzeugungS und –verteilungssysteme bauen und betreiben. Die mittleren Planungsszenarien für Kraftwerke erreichen 15 bis 20 Jahre, bei den Netzen planen die einschlägigen Unternehmen auf 30 und mehr Jahre hinaus.

Angesichts der Herausforderungen durch die Wirkungen der elektrischen Energienutzung im Hinblick auf die Umwelt stellen sich Fragen, wie eine ethisch zu rechtfertigende großtechnische Nutzung von elektrischer Energie in Zukunft stattfinden kann.

Die elektrische Energie stellt in weiten Teilen der Welt ein Kulturphänomen dar, das in die letzten Winkel unseres Alltagslebens eingetreten ist. In der modernen Industriegesellschaft gibt es kaum noch einen Bereich, in dem die Nutzung elektrischer Energie nicht stattfindet. Damit einhergehend zeitigen sich Wirkungen auf der sozialen Seite, denn durch die Verbreitung elektrischer Geräte bis hinein in unseren Alltag kommt es dazu, dass die vitalen Funktionen der Gesellschaft heute ohne das Verfügen über elektrischen Strom nicht mehr möglich sind.

Herausforderungen zur Bereitstellung elektrischer Energie kommen leicht unter einem Aspekt rein technischer Optimierung zur Sprache, obwohl sie eher unter die Kategorie der kulturellen Herausforderung fallen. Zu diesen Herausforderungen zählen der steigende Energiebedarf einer immer mehr städtisch organisierten Menschheit, die Beschränktheit der heute am meisten genutzten Ressourcen für die Energieerzeugung und die damit einhergehende Zunahme der Umweltbelastungen.

Während ein Hersteller elektrischer Systemtechnik weniger die kulturellen Rahmenbedingungen zum Thema erhebt, kann er doch mit einer Reihe optimierter Lösungen auf die Herausforderungen antworten. Dem steigenden Energiebedarf, der an sich ein Thema gesellschaftspolitischer Debatten ist, lässt sich einerseits mit hocheffizienten Kraftwerken, der vermehrten Verwendung von Erzeugung elektrischer Energie aus regenerativen Quellen und neuartigen Speichermedien begegnen, andererseits zeigen Lehren aus der Vergangenheit, dass Effizienzgewinne auf der Erzeugungsseite mit einen erhöhten Bedarf auf der Verbrauchsseite überkompensiert werden. Zusätzlich zu Fragen der Erzeugung gilt der Bereitstellung elektrischer Energie über hochverfügbare Netze ein besonderes Augenmerk. Die dringendste Aufgabe aber bleibt derzeit das Management der mit der Erzeugung zusammenhängenden Belastung durch CO_2. Wie bei jeder technosozialen Herausforderung ist dabei zu beachten, dass es wegen der Vermeidung von gesellschaftlichen Umbrüchen Änderungen am Energieversorgungssystem und seiner Verfügbarkeit nur durch verbesserte neue Technologien geben kann, während eine Abschaffung allerhöchstens in sehr langen Szenarien in Frage kommt. Auf den Zusammenhang zwischen der Einbindung der Stromversorgung in das tägliche Leben gehen die nachfolgenden Überlegungen noch im Detail ein. Zunächst aber folgen einige Anmerkungen zum Weltenergieszenario (siehe Abbildung 1).

Abbildung 1:   Weltenergieszenario

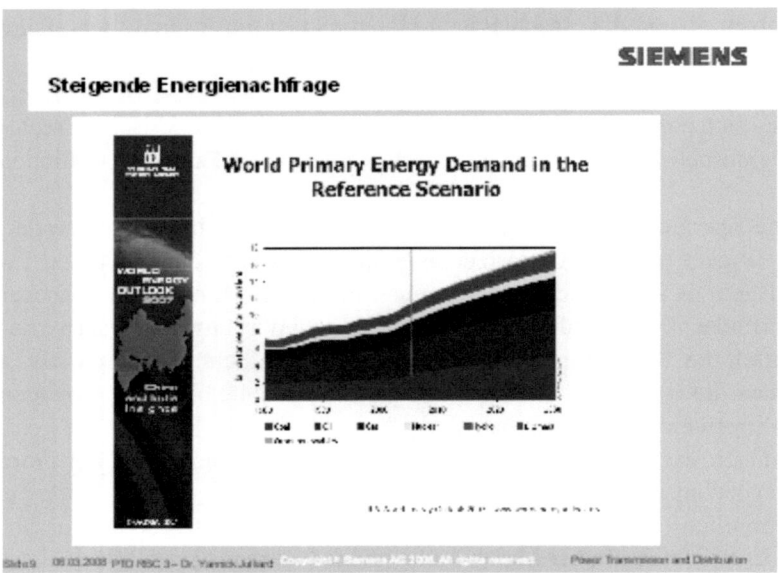

Quelle: IEA/Siemens AG

Wie in Abbildung 1 zu sehen, soll sich zwischen 2008 und 2030 der Verbrauch elektrischer Energie nochmals gegenüber dem heutigen Wert verdoppeln. Dieses prognostizierte Wachstum stützt sich auf die Prognosen der Weltenergieagentur, die in vielen Unternehmen als Referenzszenario dienen.

Der Energieverbrauch und der Strombedarf steigen nach diesem Szenario weiterhin an. Mit welchen Energieträgern kann dieser Bedarf gedeckt werden?

Die fossilen Energieträger werden auch in 2020 noch ca. ¾ des gesamten Energieverbrauchs decken. Öl wird nahezu ausschließlich im Verkehrssektor eingesetzt, die Stromversorgung wird durch Kohle und Erdgas bei den fossilen Energien und durch Nuklear-Kraftwerke, Wasserkraft und andere Erneuerbare, insbesondere Windenergie, gedeckt.

Der Ausbau der Erneuerbaren erfolgt überproportional, aber ihr Beitrag zur weltweiten Stromerzeugung bleibt bis 2020 auf weniger als 10% beschränkt. Während ein Kernkraftwerk eine Auslastung von bis zu 8.000 h/a hat und ein Kohleblock ca. 7.000 h/a im Volllastbetrieb ist, haben Windkraftanlagen eine Auslastung von 1.800 bis ca. 3.300 h/a je nach Standort. Die starke Fluktuation der Windkraft stellt zudem die Stromsysteme ab einer relativen Kapazität, wie sie in Deutschland erreicht wird, vor gravierende Probleme hinsichtlich der Regelungsleistung, die zu einer Destabilisierung des Netzes führen kann.

Bei den fossilen Energien werden zunehmend unkonventionelle Energieträger wie Ölsande, Ölschiefer und Methanhydride an Bedeutung gewinnen, da ihr Einsatz bei den höheren Energiepreisen wirtschaftlich wird (z.B. betragen bei kanadische Ölsänden die Produktionskosten 20 bis 40 $/Barell je nach Produktionsprozess – zum Vergleich: die Produktionskosten im Nahen Osten liegen bei ca. 10 $/Barell). Die unkonventionellen Energieträger werden auch z.B. über Vergasungstechnologien (IGCC) in die Stromerzeugung einbezogen werden.

Für den Verkehrssektor kommt auch eine Transformation von Kohle, Gas oder Biomasse in synthetische Brennstoffe in Betracht.

Die für die Erzeugung elektrischer Energie einzusetzenden Energieträger bestehen weiterhin aus den fossilen Brennstoffen Kohle, Öl und Gas, aus Kernbrennstoffen sowie aus einem bereits prognostizierten außergewöhnlichen Zuwachs an regenerativen Energien, die wesentlich auf dem Ausbau der Windenergie an bevorzugten Standorten des offenen Meeres (offshore) und an Land (onshore) beruhen.

Im Gegensatz zur physikalischen Modellbildung ist tatsächlich von einer Erzeugung und Vernichtung elektrischer Energie zu sprechen, denn die einmal in einem Kraftwerk verbrannten Primärenergieträger lassen sich bislang nicht wiederherstellen. Die Vernichtung dieser Energieressourcen hat einen Anstieg an CO_2 in der Atmosphäre zur Folge, dessen Auswirkungen derzeit Gegenstand politischer Debatten sind. Derzeit lässt sich bei Einsatz der modernsten Technik und in Erwartung weiterer bahnbrechender Innovationen mit einem Fall rechnen, der eine Stabilisierung der CO_2-Konzentration bei 450 ppm anvisiert. Dieses Niveau stellt allerdings nur eine Reaktion auf die derzeit bestehende bzw. zu erwartende Steigerung des Energieverbrauchs dar und keinesfalls einen Erwartungswert, bei dem sich die Klimaszenarien in einem für die Menschheit tolerierbaren Niveau bewegen. Zu der Begrenzung der Emissionen sind Szenarien entworfen worden, die eine holistische Sicht des Gesamtverbrauchs an Primärenergie in Betracht ziehen. Für die nahe Zukunft ist zu erwarten, dass es weitere Anreize zur Entwicklung alternativer Technologien geben wird. Daneben lassen sich im Rahmen einer technosozialen Komponente – der derzeit vorzufindende Kapitalismus lässt wohl keine anderen Anreizmechanismen zu – die Etablierung eines bestimmten Preisniveaus für die Verursachung von CO_2 vorschlagen, die zumindest zu einer finanziellen Bewertung der Nebenwirkungen der Energieerzeugung in Betracht zu ziehen sind.

Ferner bleibt eine der gesellschaftlichen Herausforderungen für die Zukunft, eine ressourcenschonende Lebensweise als neuen Lifestyle zu etablieren, der mehr ist als die bislang eher als Marketing-Gag einzuordnenden „green approaches", die eine die Absicht schlecht kaschierende grüne Verpackung um den westlichen Lebensstil mit hohem Energieverbrauch herstellen. Solange hoher Energieverbrauch gleichzusetzen ist mit erstrebenswertem Lebensstil, werden sich die Energieprobleme in Zukunft eher verschärfen als abmildern.

Auf den ersten Blick stellt die derzeitige Infrastruktur der Energieerzeugung aus philosophischer Sicht ein ethisches Scheinproblem dar. Ein naheliegender philosophischer Fehlschluss legt die Stilllegung der Energieversorgung nahe, da damit auch die problematischen Nebenwirkungen, die sich – wie Johannes Rohbeck formuliert – zu Hauptwirkungen verdreht haben, scheinbar auflösen lassen (vgl. Rohbeck 1993, S. 256ff.). Auf den ersten Blick hat diese Argumentation eine gewisse Stringenz, denn wenn es wirklich stimmen sollte, dass die Nebenwirkungen den Nutzen übersteigen, dann ist aus ethischer Sicht tatsächlich auf eine Abschaffung des Systems zu insistieren. Diese klassische technikphilosophische Argumentation übersieht aber die technosozialen Zusammenhänge auf eine fundamentale Weise und hat darüber hinaus den Nachteil einer völligen Blindheit gegenüber einigen Effizienzüberlegungen, die sich für den Ingenieur in praxi recht leicht herleiten lassen. Zunächst kommt eine Abschaffung der derzeit existierenden Infrastruktur nicht in Frage, weil damit gleichzeitig das öffentliche Leben vollständig zusammenbräche und dies nur noch durch Anwendung von Alternativen zu stabilisieren wäre. Zum Anderen übersieht diese Argumentation die Effizienzpotenziale der breiten Nutzung elektrischer Energie vollständig.

Einige Effizienzpotenziale bleiben ungehoben, die sich durch eine vermehrte Anwendung elektrischer Energie in bisher nicht genutzten Bereichen ergeben. So lässt sich im Bereich der Mobilität die Effizienz des Antriebs hinsichtlich des Einsatzes von Primärenergie durch elektrischen Antrieb von 18% beim Benzinmotor bis auf 38% durch Ersatz des Verbrennungsmotors durch elektrischen Antrieb steigern. Im Bereich der Heizungen bestehen durch einen weiten Einsatz von Wärmepumpen weitere Potenziale, die eine gegenüber der Verbrennungsheizung verbesserte Effizienz um 195% erreichen, und zwar bezogen auf den Einsatz der Primärenergie und der Nutzenergie.

Wie lassen sich nun die hier vorgetragenen Überlegungen in einem technischen Kontext so umsetzen, dass sich die Herausforderungen zu bewältigenden Chancen entwickeln?

Als Hersteller von Infrastrukturtechnik bildet das Energieszenario eine Gegebenheit des kulturellen Umfeldes, das sich nicht direkt beeinflussen lässt. Auf den erhöhten Bedarf kann man mit Steigerungen der Effizienz antworten, wenn auch in einem beschränkten Maße, denn in den Großkraftwerken beansprucht diese hohe Effizienz bereits heute alle eingesetzten Materialien bis an die bekannten Belastungsgrenzen. Parallel zur bisher eingesetzten Technik forschen wir deshalb in den Bereichen alternativer Energieerzeugung, etwa an Wind- und solarthermischen Kraftwerken, an Kohlevergasung und an Speichermedien für elektrische Energie. Der hohe Aufwand der hier betriebenen Forschung macht eine stabile Energiepolitik wünschenswert, die für eine gewisse Investitionssicherheit sorgt. Da andererseits die Investitionen in die Infrastruktur begrenzt sind und die in über hundert Jahren gewachsene Infrastruktur einen nicht zu vernachlässigenden Schatz darstellt, achten seriöse Experten darauf, disruptive Entwicklungen möglichst zu vermeiden und statt dessen auf einen schrittweisen Umbau des bestehenden Systems zu setzen. Soll eine gesellschaftlich akzeptierte Energieversorgung in Zukunft gelingen, gilt es, gesellschaftliche Leitbilder geeignet zu berücksichtigen, um eine Inkompatibilität langfristig zu vermeiden.

Diese Vorgehensweise bietet sich auch deshalb an, weil die Abhängigkeit von elektrischer Energie für ein funktionierendes Alltagsleben immer mehr an Bedeutung gewinnt. Wie es dazu kommen konnte, ist ein wahres Musterbeispiel und ein Testfall für Überlegungen aus dem Umfeld der Technikphilosophie, auf die ich im Folgenden eingehen werde.

3 Elektrische Energie auf dem Weg zum Medium? – Einige philosophische Überlegungen

Betrachtet man die historische Entwicklung der elektrischen Energienutzung, dann lassen sich im Anschluss an Peter Janich's Überlegungen zur historisch-handwerklichen Dimension dieser Entwicklung die folgenden Überlegungen hinsichtlich der methodischen Ordnung für die Entwicklung elektrischer Energiesysteme anstellen (vgl. Janich/Hartmann 1996, 1997 sowie Janich in diesem Band).

Am Anfang der technischen Entwicklung steht das Vermögen, isolierte Drähte herstellen zu können. Diese wurden zunächst in der Telegrafentechnik im Rahmen des Morseapparates und des von Werner von Siemens entwickelten Zeigertelegrafen genutzt. Schon bei der Entwicklung der Telekommunikationstechnik steht die Kunst, Leitungen über weite Entfernungen zu verlegen, als eine Kernkompetenz im Mittelpunkt, die nachfolgend zu einer Netzinfrastruktur der Telekommunikation führte. Die ingenieurtechnischen Leistungen der transatlantischen Kabelverlegung und der Telegrafenlinie London – Kalkutta sind sicherlich Meilensteine der Industriegeschichte.

Die Hinzuerfindung der Dynamomaschine, mithin also des elektrodynamischen Prinzips, bei dem aus einer mechanischen Drehbewegung elektrischer Strom erzeugt, über Drähte übertragen und dann wiederum in Lichtenergie, Wärme oder aber mechanische Energie umgewandelt werden kann, ist ein frühes Beispiel für das, was wir heute converging technologies nennen. An dieser Stelle konvergieren die leitungsgebundene Übertragung und das elektrodynamische Prinzip: Es wird nun möglich, Energie für die Telekommunikation über weite Strecken aus elektrodynamischer Erzeugung zu nutzen, und das Netzprinzip der Telekommunikation wird auf das elektrische System übertragen. Die nachfolgenden Umwidmungen gehen über diese anfänglichen Vollzüge hinaus, beruhen aber alle auf dem elektrodynamischen Prinzip und der Telegrafentechnik, können also, um mit Janich zu sprechen, nicht mehr hinter diese Erfindungen zurück, stellen aber gleichwohl eigenständige Umwidmungen und Weiterentwicklungen dar. Zu nennen sind die Beleuchtungstechnik, die elektrische Antriebstechnik, Kraftwerke, die eine Synthese aus Wärmekraftmaschine und elektrodynamischem Prinzip darstellen, die Automatisierungstechnik als einer eigenständigen Richtung (die über die Kybernetik eine ganz eigene Rückwirkung auf die Technikphilosophie hatte), und schließlich die Datenverarbeitungstechnik bzw. die Rechnertechnik, die heute wiederum unser Selbst- und Weltbild beeinflussen und die ganz wesentlichen Einfluss auf die Systemtheorie haben.

Nun stehen die oben genannten Überlegungen im Verdacht, dass rein technische Momente diese Entwicklung dominiert haben. Ein Blick auf die Entwicklung der Geschäftsideen von Alvar Edison zeigt aber, dass der soziale Faktor und das Vermögen, neue Zwecke hinzuzuerfinden, in den Anfangsjahren elektrischer Energiesysteme eine prominente Rolle spielen. Das Marktumfeld, in dem Edison eine elektrische Beleuchtung zu vermarkten suchte, war eher negativ, denn es gab eine ausgereifte Technik der Gaslampen, und Gas wurde auch zum Kochen genutzt. Eine Infrastruktur für Gas war vorhanden, und fallende Gas-Preise bestimmten das Umfeld. Die Glühlampe ist kein typischer Fall einer Radikal-Erfindung. Erst durch technische Verfeinerung der Lampentechnik und nach dem Vorhandensein lichtstarker Lampen, „10 Lumen", war Gas kein Wettbewerb im Umfeld der Beleuchtungstechnik mehr. Meilensteine bei der Einführung des elektrischen Lichts waren:

- 1879: Beleuchtung des Laborgebäudes in Menlo Park durch Edison;
- 1880: Präsentation tausender Glühlampen durch Edison auf der Pariser Weltausstellung; Verkauf der ersten Glühlampen für 80 Cent; Kosten der Herstellung 120 Cent;
- Anschluss der ersten 85 Abnehmer in New York an zwei große, dampfmaschinenbetriebene Generatoren; die Leitungen verlegte Edison auf eigene Kosten.
- Markteinführungsprobleme durch Kurzschlüsse und Unfälle.

Dennoch war langfristig die Idee elektrischer Beleuchtung ein Erfolg, vor allem wegen der Kombination von „Licht und Kraft"-Versorgung über elektrische Netze. Edison war in dieser Hinsicht ein Meister im Hinzuerfinden von neuen Zwecken und in der Verdrängung alternativer Techniken: So gab es z. B. anfänglich gasbetriebene Waschmaschinen; diese Technik wurde aber durch das Dominantwerden der elektrischen Maschinen verdrängt.

Bei genauerer Betrachtung finden sich die Spuren der Anfänge der Beleuchtungstechnik bis weit in das 20. Jh. als nicht mehr erkannte Relikte. Z. B. geht der Drehschalter des elektrischen Lichts aus dem Gashahn hervor, mit dem Gaslampen mittels der Drehbewegung an- und auszuschalten waren, und der uns bekannte „Dimmer" hat seine helligkeitskontrollierende Funktion, die in einem Drehelement zu regeln, ist ebenfalls aus der Regelfunktion des Gasventils geerbt.

Eine interessante Frage bleibt, weshalb sich elektrische Energie innerhalb der letzten Jahrzehnte in so vielen Anwendungen und quer durch sehr viele Kulturen durchsetzen konnte. Darauf will ich mit folgenden kulturphilosophischen Überlegungen antworten: Die technischen Vorzüge elektrischer Energie, so die These, konvergieren mit kulturellen Vorzügen, und diese Kombination aus kultureller Anschlussmöglichkeit und technischen Vorzügen machen den Erfolg und die weite Anwendung elektrischer Energie erklärbar. Elektrische Energie hat den Vorzug, in alle anderen technisch nutzbaren Energieformen umwandelbar zu sein. Darüber hinaus funktioniert dies nicht nur unidirektional, sondern in den meisten Anwendungen bidirektional. Ein Beispiel ist der Elektromotor, der sich durch mechanisches Antreiben auch als elektrischer Generator nutzen lässt. Diese Bidirektionalität der Umwandlung gibt es für Verbrennungsmotoren (bislang) noch nicht; aus einem Dieselmotor beispielsweise kann man durch mechanisches Antreiben der Welle keinen Diesel generieren. Der zweite Vorzug ist die beliebige Dosierbarkeit elektrischer Energie, die einen geringen Aufwand für die Beherrschung unterschiedlicher Leistungsanforderungen stellt. Elektromotoren z. B. gibt es vom mW-Bereich (tausendstel Watt) bis hin zu mehrstelligen MW (Millionen Watt) bei ähnlichem strukturellem Aufbau.

Ein die Inkulturierung erleichternder Fakt ist die sichere Beherrschbarkeit elektrischer Energie durch Nichtexperten, solange es sich um festumrissene Kontexte handelt. Elektrische Energie erfordert beispielsweise im Gegensatz zu Gas keine Vorkehrungen im Rahmen des Explosionsschutzes und hat den Vorzug, dass der Endnutzer keine Vorräte vorhalten muss. Für elektrischen Strom bedarf es im Rahmen adäquat gesicherter Kontexte (Beachtung der Norm und geeignete Sicherung) keines Expertenwissens für die Anwendung. Ein weiterer Vorteil ist der extrem niedrige Aneignungsaufwand zur Nutzung, denn in den meisten Fällen genügt das Wissen zur Bedienung eines Schalters, das bereits in der Kindheit sehr leicht zu erwerben ist.

Einen in technikphilosophischer Hinsicht problematischen Vorteil stellt die lokale Nebenwirkungsfreiheit dar. Für einen Nutzer elektrischer Energie, der diese aus elektrischen Netzen bezieht, sind die Auswirkungen und die Nebenwirkungen nur schwer erkennbar, es sei denn, er lebt in direkter Nähe zu einem Kraftwerk und macht sich diese Tatsache bewusst. Die mit der Erzeugung elektrischer Energie einhergehenden Emissionen in die Atmosphäre entstehen im Gegensatz zur Verbrennungsmaschine oder anderen Nutzformen von Energie nicht am Ort der Anwendung, sondern sind in der Regel lokal nicht sichtbar. Diese örtliche Trennung des Nutzens und der Nebenwirkungen macht eine Zuordnung von Nutznießern und Betroffenen und der zugehörigen Verantwortung fast unmöglich und trägt dazu bei, dass elektrische Energie im Alltagsleben als eine vermeintlich nebenwirkungsfreie Energieform wahrgenommen wird. Diese am Ort der Anwendung nicht sichtbaren Nebenwirkungen von Kraftwerken verführen bei Laien oft zur Annahme, elektrische Energie sei per se eine saubere Energie. Diese disjunkte Wahrnehmung lässt sich sehr oft in Debatten feststellen: Zwar klagen auch jüngst wieder viele über den weiteren Bau von thermischen Kraftwerken, sind sich aber wenig bewusst, dass die vermehrte Nutzung elektrischer Energie im Verbraucher seinen Ausgang nimmt, der sein Leben zunehmen mit elektrischen Apparaten ausstattet.

Die vermehrte Nutzung des elektrischen Stroms in immer mehr Lebensbereichen führt dazu, dass nur noch mit und durch das Verfügen über elektrische Energie das Alltagsleben gelingt. Die Vernetzung elektrischer Energie mit unserem Alltag stellt einen Prozess dar, in dem die Verfügbarkeit und die Verlässlichkeit elektrischen Stroms eine strategische Frage für das Funktionieren der Gesellschaft im digitalen Zeitalter wird. Zugleich bleibt festzustellen, dass auf Grund der stabilen Lage der Infrastruktur in Deutschland elektrische Energie sich immer mehr zu einer stets verfügbaren und verlässlichen Energieform entwickelt, deren Vorhandensein nicht mehr in Frage steht. Mit einem Ausfall des elektrischen Stromes würde das Alltagsleben auf eine dramatische Ebene stillstehen. Strom erlangt dadurch den Status – um es mit Worten Martin Heideggers zu sagen – eines „Vorhandenen", sein Fehlen (sodann es einmal auftritt) macht es zu einem „Zuhandenen" (vgl. Heidegger 1993, S. 69, 211). Für einen „einfachen" Nutzer hat Strom durchaus eine mediale Qualität, dessen Vorhandensein nur dann schmerzhaft empfunden wird, wenn er fehlt. Manche Beobachter gehen deshalb davon aus, dass elektrische Energie eines der Musterbeispiele für das Medialwerden der Technik ist. Auch wenn auf den ersten Blick vieles dafür spricht, das Medialwerden der Technik am Thema Elektrizität zu thematisieren, möchte ich auf einige Beschränkungen eingehen. Doch zunächst der zustimmungsfähige Teil: Man kann festhalten, dass ohne Strom nichts geht, und dass Vorstellungen aus der elektrischen Systemtechnik weit hinein reichen in die Art und Weise, wie wir die Welt beschreiben, mithin unser Selbst- und Weltbild mit Christoph Hubig's Worten „technomorphe Züge" aufweist (vgl. Hubig 2006) Dies beginnt mit den kybernetischen Beschreibungen des Menschen als eines Regelsystems, dass in Medizin und Psychologie seine Spuren hinterlassen hat, bis hin zur Modellierung des Gehirns und Nervensystems zunächst als Analogie zur Stromverteilung und später mit dem Auftreten der Computertechnik als intelligentes, vernetztes Rechnersystem. Unsere Welt- und Selbstbeschreibungen sind dermaßen technomorph, dass wir nicht nur in unserem physischen Überleben auf den Strom angewiesen sind, sondern dieser in unserer Selbstbeschreibung bereits Spuren hinterlässt. In diesem Sinne kann man Jürgen Habermas' These einer zunehmenden Kolonisierung der Lebenswelt durch Technik – hier im speziellen durch elektrischen Strom – zustimmen (vgl. Habermas 1981, S. 522ff.). Die Abhängigkeiten von der Verfügbarkeit elektrischer Energie sind allerdings alle aus einer reinen Sicht des Nutzers beschrieben worden, bei dem die Frage nach der Gestaltbarkeit oder Eigengesetzlichkeit der elektrischen Systemtechnik eine dominierende Rolle spielt. Dass an diesem System elektrischer Energieerzeugung Heerscharen von Ingenieurinnen und Ingenieuren arbeiten, dieses System planen, entwickeln, instand halten und weiter ausbauen, gerät leicht in Vergessenheit. Dass sich dabei ganze Stäbe von Planern beteiligen und in einem hoch diversifizierten Prozess gut strukturierte und langfristige genaue Überlegungen mit Entscheidungen bewusst getroffen werden, ist eine weitere Tatsache, die nicht recht in das Bild der „sich verlierenden Spur" technischer Entwicklungen passen will. Hier von einer Eigengesetzlichkeit des Mediums zu sprechen, trägt schon leicht naive Züge und geht an den Realitäten weit vorbei.

Wie lässt sich nun die weite Verbreitung elektrischer Systeme verstehen, ohne dass deshalb gleich ein problematischer Medienbegriff in Anspruch genommen werden muss, gleichwohl auf die Unverzichtbarkeit und dominante Rolle der Stromversorgung Rücksicht genommen wird. Die Antwort bedarf meines Erachtens einer gründlichen Betrachtung der historischen Entwicklungspfade und der technosozialen Verflechtung von Handlungsmöglichkeiten und materiellen Techniken. Sie muss in geeigneter Weise die Nutzer- und die Gestalterperspektive berücksichtigen. Vorstellbar ist dies mit Hilfe der Metapher der technologischen Textur als eines Gewebes von Handlungsmöglichkeiten und konkreten Techniken. Ein Hauptaugenmerk in der Darstellung dieser Textur liegt auf den Querverbindungen zwischen Handeln und Techniken einerseits und zwischen den Kombinationen von Technik und Handlungsmöglichkeiten andererseits, die durch Umwidmung und Weiterentwicklung der Textur entstehen.

Die materielle Seite der gesellschaftlichen Praxis, die sich in einer gewissen Gerätetechnik und im Umgang mit bestimmten bewährten Techniken innerhalb der Alltagswelt manifestiert, kann als aktuelle technologische Textur einer Gesellschaft bzw. als Kulturstufe bezeichnet werden. Die technologische Textur einer Gesellschaft ist die derzeitige materielle, technologische Konkretisierung des Lebensvollzugs, die sich in der Nutzung bestimmter Techniken durch verschiedene Gruppen innerhalb dieser Gesellschaft äußert. Die Metapher „Textur" soll andeuten, dass es sich dabei um vielfältige Interdependenzbeziehungen handelt, die einerseits gesellschaftliche Praxen und andererseits materielle Techniken umfassen. Das Gebilde kann in der Art eines Gewebes mit verschiedenen Verknüpfungspunkten modelliert werden.

Neue Techniken knüpfen in der Regel an bestehende gesellschaftliche Praxen und bestimmten, zu einem historischen Zeitpunkt vorfindliche Techniken an. Dabei wird einerseits auf Bestehendem aufgebaut, andererseits ergeben sich neue Handlungsmöglichkeiten durch Kombination bestehender Technik. Gleichzeitig erscheinen Anknüpfungspunkte sowohl für neue Techniken als auch für neue gesellschaftliche Üblichkeiten. Für den Erfolg neuer Produkte ist maßgeblich, dass sie sich in diese Textur einpassen lassen, indem sie an bisherigen Vorstellungen anknüpfen oder ihnen ähnlich sind. So ist die Erfindung der E-Mail beispielsweise deutlich am damals bestehenden Brief- und Telefonsystem orientiert, auch wenn sie sich anderer technologischer Mittel bedient. Im Verlauf der Inkulturierung hat sich um die E-Mail eine neue Praxis mit eigenständigem Profil etabliert. Die E-Mail setzt sowohl das System der Energieversorgung und die Telekommunikation als auch den Umgang mit elektronischen Datenverarbeitungssystemen voraus, geht aber über diese hinaus.

Neue Techniken lassen sich in der Regel nicht vollkommen isoliert betreiben. Sie sind deshalb an bestehende Techniken anzubinden bzw. anzupassen. Dies ergibt sich normalerweise aus der Ausweitung des Nutzerkreises, die bereits eine gewisse Infrastruktur – z. B. an Händlern und Service-Punkten sowie an Ersatzteilbeschaffung – voraussetzt. Als Folge der Inkulturierung kommt es zu Anbindungen an bestehende Technologien.

Die technologische Textur und das zugehörende Know-how formen in materieller und ideeller Weise das „Archiv einer Gesellschaft" mit. Auf der Ebene des Wissens als Handlungsanweisung, wie sie im methodischen Kulturalismus verstanden wird, hat die Textur wiederum Einfluss auf das kollektive Know-how einer Gesellschaft. Techniken als Methoden werden im Verlauf des Inkulturierungsprozesses Teil des „kollektiven Gedächtnisses" einer Gesellschaft. Dieser Vorgang, den man in Anlehnung an geologische Vorstellungen als Sedimentierungsprozess bezeichnen kann, beginnt mit der Verankerung bisher nicht üblicher Techniken in der sozialen Praxis.

3.1   Verankerung in der gesellschaftlichen Praxis

Den ersten Schritt zur Inkulturierung stellt die Verankerung einer neuen Technik in der gesellschaftlichen Praxis durch Ausweitung des Nutzerkreises dar. Dies ist oben an Hand des Beispiels von Edison und seiner Kampagne zur Durchsetzung von elektrischer Beleuchtungstechnik erläutert worden. Im Marketingbereich ist das Verbraucherverhalten modelliert, dass einer Gauss-Verteilung entspricht, bei der es Innovatoren als frühe Techniknutzer, als Frühaufnehmer, als eine frühe und späte Mehrheit von Anwendern und als Nachzügler gibt. Begleitet wird dies durch typische Technologie- und Produktlebenszyklen, die Früh-, Reife- und Abbauphasen aufweisen. Für die elektrische Energieversorgung lässt sich festhalten, dass wir uns im Stadium des Reifezustands befinden. Auch hier zeigte sich ein bestimmtes Muster bei der Einführung und weiteren Verbreitung der Technik. Allerdings lässt sich – abweichend vom Standardmuster – bislang kein Punkt festhalten, an dem ein Abbau der Elektrizitätsversorgung beginnt; eher handelt es sich hier um eine Umstrukturierung hinsichtlich der Erzeugungsmöglichkeiten elektrischer Energie.

Von Bedeutung für die Inkulturation – und dies ist auch am Beispiel elektrischer Energie festzustellen – ist die Tatsache, dass sich grundlegende Funktionen und Prinzipien nur in relativ langen Zeiträumen von 10 bis 50 Jahren ändern, während Gerätegenerationen typischerweise alle fünf bis 15 Jahre wechseln und Varianten wesentlich schnellere Zyklen aufweisen. Relevant für die Inkulturierung als gesellschaftlichen Vorgang ist die Einführung neuer Funktionen und Prinzipien, während wechselnde Generationen- und Gerätevarianten bewährter Techniken nur geringen Einfluss haben, weil sie keine grundlegende Veränderung der gesellschaftlichen Praxis darstellen. Die elektrische Beleuchtung verfolgt immer noch gleiche Zwecke, erreicht diese aber heute durch andere Beleuchtungsmedien, wie LED, Halogenlampen usw.

Ein wesentlicher Schritt während des Inkulturierungsvorgangs ist die Ausweitung des Nutzerkreises und die Etablierung einer bestimmten Technik. Dies kann mit gesellschaftlichen Konflikten zwischen Technikneuerern und Technikskeptizisten beladen sein.

3.2   Schaffung von Sekundärtechniken und Folgetechniken

Aus logistischen Gründen steht bei der Ausweitung des Nutzerkreises schon bald die Schaffung geeigneter Infrastrukturen und Sekundärtechniken an, die die Inkulturierung der neuen Technik weiter vorantreiben. Sekundärtechniken sollen dabei all jene Zweige der Technik genannt werden, die als direkte Folge der Inkulturierung einer Technik entstehen, also durch die Einführung der Primärtechnik selbst bedingt sind. Unter Sekundärtechniken fallen Anpassungen oder Neuschaffungen von Infrastrukturen genauso wie die Etablierung entsprechender Vertriebs- und Servicestützpunkte. Kennzeichnend für diese Phase der Inkulturierung ist, dass sie einen länger währenden Prozess darstellt, der immer breitere Gesellschaftsbereiche erfasst. Selten läuft diese Phase in revolutionären Kategorien ab; sie gleicht vielmehr einer langsamen und methodisch geordneten Einführungsphase, die sich ohne weiteres über mehrere Jahre und – je nach Technologie – sogar Jahrzehnte ausdehnen kann. Für die elektrische Stromversorgung sind z. B. die Verbesserung des Leitungsnetzes, die Schaffung neuer Brennstoffbereitstellungsstrukturen und deren Logistik, die Technik der Sicherheitseinrichtungen, die Pflege- und Instandhaltungstechnik, die Zulieferindustrie usw. zu nennen. Die Auswirkungen der Etablierung und Stabilisierung dieser Primär- und Sekundärtechniken kann relativ weit in gesellschaftliche Strukturen hineinreichen und z. B. zur Schaffung neuer Berufsbilder führen. Hier sei lediglich die gegenseitige Abhängigkeit von Computerentwicklung und den Berufsbildern des Netzadministrators, Informationselektronikers und Softwareentwicklers genannt.

Zeitgleich zu diesem Prozess setzt eine weitere iterative Weiterentwicklung ein, und die Technik etabliert sich in der gesellschaftlichen Praxis, womit die Verwendung dieser Techniken und die Nutzung der zugehörigen Technologie zur allgemeinen Üblichkeit werden. Darauf folgend entwickeln sich in idealtypischer Weise durch Umwidmungen und Weiterentwicklungen der nun inkulturierten Technik Folgetechniken, deren Voraussetzung die bisherige Primärtechnik ist. Der Prozess folgt nicht notwendigerweise in dieser chronologischen Reihenfolge, sondern je nach technologischer Flexibilität der Technik teilweise parallel. Ein Beispiel dafür ist die sich derzeitig abzeichnende gleichzeitige Nutzung des PCs als Büro-Arbeitsplatz, Musikmedium, Fernseher und Kommunikationsmedium, die die frühere Tendenz nach Einzeltechniken zusammenfasst und verdrängt.

Der Prozess der Inkulturierung als Verankerung in der gesellschaftlichen Praxis und die Schaffung von Sekundär- und Folgetechniken hat eine je nach Technik stärker oder schwächer wirkende, aber nicht vernachlässigbare Sozialdimension. Diese Sozialdimension steht in der Gefahr, in der Technikentwicklung latent übersehen zu werden, weil sie nicht direkt mit der Produktentwicklung in Zusammenhang steht, sondern erst wesentlich später in Erscheinung tritt und wegen der Offenheit der Zukunft im Hinblick auf die gesellschaftliche Akzeptanz und Inkulturierungsfähigkeit nicht integral überschaubar ist. Sie hängt unter anderem von Inkulturierungsschwellen ab. In gesellschaftlicher Perspektive ändert sich der Lebensvollzug einer Gesellschaft durch neue Techniken. Dies hat Rückwirkungen auf die Gesellschaftsstruktur und beeinflusst wiederum die weitere Technikentwicklung. Die Ein- und Anbindung neuer Techniken kann als Verwebungsprozess mit der bestehenden technologischen Textur der Gesellschaft modelliert werden

3.3   Verwebung mit der technologischen Textur einer Gesellschaft

Die Einbettung der neuen Technik in die gesellschaftliche Praxis lässt sich auf der materiellen Seite als Verwebungsprozess vorstellen. Die Einführung neuer Techniken ist, metaphorisch, gesprochen das Einfügen eines neuen Fadens in das bereits bestehende Gewebe der technologischen Textur. Bestandteile dieses Gewebes sind einerseits bereits bestehende Techniken und andererseits gesellschaftliche Praxen. Das Einweben der neuen Technik in die technologische Textur erfolgt nach und nach durch die Schaffung von Verknüpfungen sowohl mit bestehenden Technologien und Techniken als auch mit gesellschaftlichen Üblichkeiten der Technikanwender. Dabei entstehen ein neues Muster und neue Verknüpfungspunkte für spätere Folgetechniken. Die Verwebung ist ein sukzessiver Prozess, bei dem Verknüpfungspunkte mit älteren Techniken nach und nach entstehen und neue gesellschaftliche Üblichkeiten mit in die Textur eingebunden werden. Sie wird im Laufe der Zeit immer intensiver. Sekundärtechniken lassen sich parallel einbinden, wobei die Verknüpfungen vielfältig sind und sich nicht exklusiv auf die jeweilige Primärtechnik beschränken. Je nach Technik ist am Ende des Verwebungsprozesses ein unterschiedlich dichtes Verknüpfungsmuster entstanden, je nachdem, wie intensiv die Technik den Lebensvollzug der Gesellschaft prägt. Nach erfolgreicher Verwebung wird eine Stilllegung der Technik umso aufwendiger, je mehr sie in den Lebensvollzug eingebunden ist. Bei Infrastrukturtechniken kann dies soweit gehen, dass eine Auslösung aus der gesellschaftlichen Praxis nicht mehr möglich ist, ohne den Lebensvollzug einer Gesellschaft insgesamt zu gefährden. Besonders eindrücklich ist hier die Versorgung moderner Gesellschaften mit elektrischer Energie, die in vielfältigen Weiterentwicklungs- und Umwidmungsvorgänge involviert ist. Eine Stilllegung der Stromversorgung ist nicht ohne weiteres möglich und würde zu einem Zusammenbruch des gesellschaftlichen Lebens führen. Die Stilllegung und der Ersatz solch stark verwobener Technologien können nur in langwierigen Prozessen unter Entwicklung von Alternativtechnologien erfolgen.

Ist der Prozess beendet, hat sich also die neue Technologie in der Gesellschaft bewährt, kann davon gesprochen werden, dass die Technik nun fest mit dem Wertesystem und der Praxis verbunden ist. Dabei setzt sich der Gebrauch der Technik nach und nach in breiten Schichten der Bevölkerung durch. Ist dieses Stadium erreicht, kann die Inkulturierung als abgeschlossen gelten.

Die gesellschaftlichen Gestaltungsmöglichkeiten von Techniken sind in der Inkulturierungszeit am größten, weil die Verwebung mit der technologischen Textur nur langsam an Intensität zunimmt. Nun ist dies nicht nur ein einseitiger Technikgestaltungsprozess. Mit fortschreitender Inkulturierung steigt auch der gesellschaftsformende Einfluss der Technik.

Nach Abschluss der Inkulturierung, und je nach Technik parallel dazu, etablieren sich neue Handlungsstrategien. Die Technik ist nun voll in den Lebensvollzug einer Gesellschaft integriert und nicht mehr ohne weiteres und sofort ablösbar Auf neuer Technik aufbauend entwickeln sich Folgetechniken und Umwidmungen dieser Technik innerhalb neuer technologischer Zweige, die diese Technik als Fundament benutzen. Auf Grund des Erneuerungsprozesses werden teilweise Verknüpfungen zu älteren Technologien gelöst, und diese lassen sich nachfolgend stilllegen oder unter historischen Aspekten konservieren. Elektrische Systeme haben hier seit mehreren Jahrzehnten einen grundlegenden Veränderungsprozess eingeleitet und sind weit in alle Lebensvollzüge eingebunden. Eine Loslösung bestimmter Techniken ist deshalb umso schwerer, je höher der Verwebungsgrad mit dem Lebensvollzug der Gesellschaft ist (siehe Abbildung 2).

Abbildung 2:   Elektroenergie und technologische Textur

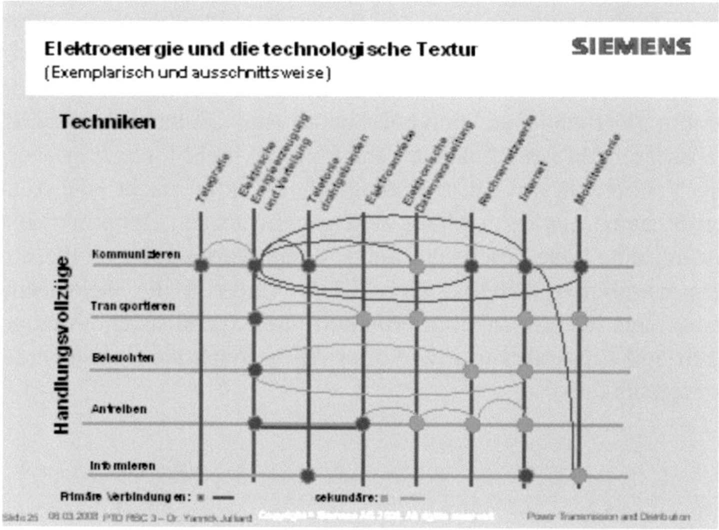

Quelle: Siemens AG, eigene Darstellung

Techniken, die vorhergehend als Mittel zur Erreichung bestimmter Zwecke erfunden wurden, können im Verlauf dieses Prozesses selbst zu Zwecken werden, die weitere Zwecke ermöglichen und in historischer Dimension dem Aufbau neuer Kulturstufen dienen und, wenn diese etabliert sind, sich nicht ohne weiteres wieder aus dem technosozialen Gefüge entfernen lassen.

4   Zusammenfassung

Die elektrische Energieversorgung und ihre historische Entwicklung samt der mit ihnen parallel stattfindenden gesellschaftlichen Umbrüche sind wegen ihrer starken Verwebung in den Lebensvollzug der Gesellschaft ein aus technikphilosophischer Sicht interessanter Forschungsgegenstand. An ihnen lassen sich in ausgeprägter Weise Überlegungen über die Sinnhaftigkeit und Tragfähigkeit fast aller technikphilosophischen Ansätze anstellen. Der hier gewählte Ansatzpunkt beim methodischen Kulturalismus stellt sich als ein möglicher Ausgangspunkt dar, der besonders stringente Argumentationen zur Verfügung stellt.

Hinsichtlich der im Moment gerade in der Diskussion befindlichen Medialisierung der Technik spielt der elektrische Strom wieder die Rolle eines Testkandidaten. Während Vieles dafür spricht, den Argumenten einige Beachtung zu schenken, weist die völlige Blindheit gegenüber den Entwicklungspfaden technischer Systeme entscheidende Nachteile auf. Zuzustimmen ist sicher, dass die Verfügbarkeit von Strom immer mehr festlegt, wie wir zu Handeln vermögen und welche neue Handlungsmöglichkeiten (z. B. „virtuelle Welt") sich ergeben, die zu neuen kulturellen Kategorien führen. Andererseits wird, wer keinen Zugang zu Strom hat, vom „globalen Dorf" abgehängt. Das Hineindiffundieren der Elektrizität in immer mehr Lebensbereiche führt dazu, dass Strom zum „Vorhandenen" und bei Ausfall zum „Zuhandenen" wird, dessen technische Voraussetzungen vom einzelnen Nutzer nicht mehr hinterfragt werden. Die immer stärkere Verwebung mit der technologischen Textur macht eine Auslösung des elektrischen Systems aus dem Alltag zum gegenwärtigen Zeitpunkt fast unmöglich und verweist auf eine hohe gesellschaftliche Verantwortung der an diesem großtechnischen System beteiligten Akteure. Den Erfolg verdankt die elektrische Energie einer Kombination aus leichter Inkulturierbarkeit, ihrer technischen Vorzüge hinsichtlich Dosierbarkeit und Einsatzbreite sowie ihrer Attraktivität als Basistechnologie für die Informationstechnik.

Literatur

Grunwald, Armin; Julliard, Yannick (2005): Ethik als Reflexionsbegriff. Zur semantischen Struktur des Redens über Technik. In: Philosophia naturalis, H. 1, S. 127-157

Habermas, Jürgen (1981): Theorie des kommunikativen Handelns. Bd. II: Zur Kritik der funktionalistischen Vernunft. Frankfurt am Main

Heidegger, Martin (1993): Sein und Zeit [1927]. 17. Aufl. Tübingen

Hubig, Christoph (2006): Die Kunst des Möglichen. Grundlinien einer dialektischen Philosophie der Technik. Bd. 1: Technikphilosophie als Reflexion der Medialität. Bielefeld

Hubig, Christoph (2007): Die Kunst des Möglichen. Grundlinien einer dialektischen Philosophie der Technik. Bd. 2: Ethik der Technik als Provisorische Moral. Bielefeld

Janich, Peter; Hartmann, Dirk (Hg.) (1996): Methodischer Kulturalismus. Zwischen Naturalismus und Postmoderne. Frankfurt am Main

Janich, Peter; Hartmann, Dirk (Hg.) (1997): Die kulturalistische Wende. Zur Orientierung des philosophischen Selbstverständnisses. Frankfurt am Main

Julliard, Yannick (2003): Ethische Technikgestaltung. Technikethik aus Sicht eines Ingenieurs. Frankfurt am Main u. a.

Rammert, Werner (1993): Technik aus soziologischer Perspektive. Forschungsstand, Theorieansätze, Fallbeispiele. Ein Überblick. Opladen

Rohbeck, Johannes (1993): Technologische Urteilskraft. Zu einer Ethik technischen Handelns. Frankfurt am Main

Ropohl, Günter (1991): Technologische Aufklärung. Eine Systemtheorie der Technik. 2. Aufl. München/Wien

WEA – World Energy Agency (2007): World Energy Outlook. Paris. – URL: www.worlsenergyoutlook.org

Technik als kulturelle Unternehmung

Oliver Parodi

Im ersten Teil dieses Beitrags werden einige konzeptionelle Überlegungen zu Technik als kulturelle Unternehmung angestellt, um dann – diesen Überlegungen folgend – im zweiten Teil am Beispiel Wasserbau konkret kulturelle Elemente in Technik aufzuzeigen. Der grundlegende Gedanke meiner Ausführungen lautet dabei: Technik im weiten Sinne kann als materielles, institutionelles und geistiges Produkt sowie als ebensolcher Prozess unter den Bedingungen von Kultur aufgefasst werden.

Was aber kann eine solche begriffliche Okkupation von „Technik" durch „Kultur" leisten? Keine wirkliche Leistung wäre die Erkenntnis, die alles Mensch-Gemachte, auch die Technik, der Kultur anheim stellt.[1] Es geht hier nicht darum, Spezifika von oder Unterschiede zwischen Technik und Kultur zu verwischen oder zu ignorieren, sondern vielmehr darum, Technik unter Gesichtspunkten des Kulturellen, sprich aus kulturtheoretischer (Abschnitt 2) und kulturwissenschaftlicher (Abschnitt 3) Perspektive zu betrachten. Hieraus sind zum einen neue Erkenntnisse über Technik möglich, zum anderen lassen sich Zusammenhänge zwischen spezifisch Technischem (im engen Sinne) und Kulturellem (ebenfalls im engen Sinne) theoretisch fundiert herstellen, die andernfalls nicht oder nur sehr umständlich zu erkennen wären.

1   Grundlegung – Technik und Kultur

Ohne Begrifflichem im Rahmen dieses Aufsatzes zuviel Gewicht einräumen zu wollen, muss dennoch vorab eine zumindest kurze Erläuterung zur Verwendung der höchst divers belegten Begriffe „Kultur" und „Technik" stattfinden.

1.1   Zum Kulturbegriff

„Kultur" findet hier im Sinne eines zeitgenössischen Kulturverständnisses (siehe den Beitrag Banse/Hauser in diesem Band) Verwendung, in dem Kultur nicht mehr in der

---

1   Kultur und Technik wurden und werden oft als getrennte „Reiche" angesehen. Welches der beiden die Vorherrschaft im Gang der Geschichte einnimmt, ist dabei vehement umstritten.

Abgrenzung zu Natur definiert wird, sondern über das gleichzeitige Vorhandensein der kulturellen Grundelemente *Kollektivität, Kommunikation* und *Konvention* beschrieben wird (vgl. Hansen 2000). Unter Kultur kann so jedes nicht ausschließlich naturbedingte Geschehen und Entstandene unter Bedingungen der Konvention, Kommunikation und Kollektivität verstanden werden.

Wenn im Folgenden von „Kultur" die Rede ist, dann geht es hier zunächst nicht um eine Abgrenzung zu anderen Kollektiven, nicht um die Kommunikation und Konventionen der Polen oder Chinesen, auch geht es nicht um jenen Bereich der „Hoch-Kultur", der die Künste, Theater, Film etc., umfasst, sondern allgemein und sehr viel basaler um Kultur als etwas, was jedem beständigen Kollektiv zueigen ist, dieses zusammenhält, auch uns betrifft und unseren Alltag unablässig durchzieht.

Der Begriff der „Konvention" meint das weder zufällige noch zum direkten Überleben erforderliche Gleichverhalten von Mitgliedern eines Kollektivs. Konventionen finden sich in allen Bereichen menschlichen Lebens: im Verhalten, im Denken, im Handeln, in der Kommunikation und selbst in den Gefühlen. Kultur wird am Leben erhalten, indem nach Konventionen gelebt wird. Institutionen garantieren dabei die Kohäsion und Stabilität einer Gemeinschaft. Kultureller Wandel vollzieht sich sodann im Brechen und Neugestalten von Konventionen.

Kommunikation nimmt eine Schlüsselstellung in der Kultur ein. Sie ist stets an ein Kollektiv gebunden, und nur über sie lässt sich kulturelle Gemeinsamkeit überhaupt herstellen. Im kulturellen Kontext nun tragen Zeichen mehrere Schichten von Bedeutung, die (oft unterschwellig oder suggestiv) transportiert wird. Auch technische Artefakte können als Zeichen fungieren.

Kultur kann nur in einem Kollektiv stattfinden, genauer: im Wechselspiel zwischen Kollektiv und Individuum. Dabei kann „Kollektiv" nicht ohne „Individuum" und umgekehrt gedacht werden kann: „Das Verhältnis von Individuum auf der einen und Kultur bzw. Kollektiv auf der anderen Seite ist also ein dialektisches" (Hansen 2000, S. 158). Die Individuen bilden das Kollektiv. Dieses wiederum „formt" jene Individuen, die ihre Identitäten in Reaktion auf kollektive Vorgaben gewinnen, welche in Abweichung von den Vorgaben wiederum das kollektive Deutungsarsenal befüllen (vgl. Hansen 2000, Kap. 3.2). Die Größe, das verbindende Gemeinsame und die damit verbundene kulturelle Ausprägung dieser Kollektive können indes höchst unterschiedlich sein. Kulturen und Kulturspezifisches lassen sich in Nationen, Parteien, Firmen, Vereinen, Internet-Communities, Familien etc. finden.

Für die folgenden Ausführungen ist ferner von Bedeutung, dass Kultur eine materielle, eine institutionelle und auch eine geistige Dimension umfasst. Bauwerke und Denkmäler gehören genauso zu (einer) Kultur wie traditionelle Feste oder politische Einrichtungen. Und auch geistige Produkte, wie z. B. herausragende Reden, Gründungs-Mythen, Gemein-Wissen, Denkweisen oder Werthaltungen, sind Teil von Kultur.

1.2 Zum Technikbegriff

Eine Erläuterung des Technikbegriffs kann an dieser Stelle nahezu unterbleiben. Zum einen sei hier auf die Beiträge von Günter Ropohl und Armin Grunwald in diesem Band verwiesen, zum anderen lässt die hier verfolgte Absicht durchaus eine gewisse Unschärfe, sprich Bedeutungsbreite, von „Technik" zu.

Wichtig ist an dieser Stelle, dass im Gegensatz zu einem engen Verständnis von „Technik" (vgl. z. B. Sachsse 1992, S. 359) hier ein weites Technikverständnis in Anschlag gebracht wird. Der Begriff „Technik" zeigt nicht nur auf Geräte und Maschinen (Artefakte), sondern auch auf „öko-soziotechnische Systeme" (Hans Lenk in Erweiterung von Ropohl 1999, insbesondere Kap. 3.5). So geht es bei „Technik" auch nicht nur um Produkte, sondern auch um Prozesse, z. B. um technisches Handeln bzw. – allgemein – um reproduzierbares Handeln. Nähere Spezifizierungen zum Technikbegriff erfolgen im Zuge der weiteren Ausführungen.

2 Technik als Kulturprodukt und kultureller Prozess

Betrachtet man obige Grundelemente von Kultur (bzw. besser noch die gesamte Kulturkonzeption von Klaus P. Hansen; vgl. Hansen 2000), so zeigt sich zunächst ganz allgemein, dass auch unsere heutige moderne Technik in ihren kollektiven und institutionalisierten bzw. durch Institutionen flankierten Prozessen und mit ihren je spezifischen Konventionen und Kommunikationsformen jene oben genannten Bedingungen von Kultur erfüllt. Es gibt mannigfaltige technische Konventionen und Institutionen (viele davon niedergelegt in Regelwerken) sowie stärker oder schwächer abgegrenzte Kollektive von Technikentwicklern oder -nutzern mit einer spezifischen Kommunikation (z. B. über Fachbegriffe oder auch in Form eines technikspezifischen „Slangs"). In der Herstellung und der Verwendung spezifischer Techniken oder Technologien lassen sich ausgeprägte Technikkulturen erkennen.

Was folgt nun konkret daraus, technisches Tun, die Gestaltung und den Umgang mit Technik[2] als kulturellen Prozess und Technik als Kulturprodukt zu betrachten? Die folgenden Abschnitte werfen jeweils Schlaglichter auf einige Aspekte dieser Sichtweise.

2.1 Kultureller Hintergrund von Technik

Betrachtet man die bereits erwähnte geistige Ebene einer Kultur, so lässt sich sagen, dass in jeder Kultur grundlegende kollektive Weltdeutungsmuster abgelegt sind, gelebt und tradiert bzw. reproduziert werden.

---

2 Der Umgang mit Technik schließt deren Umnutzung oder Entsorgung mit ein.

Mit Kultur vollzieht sich ständig und grundlegend das Programm der Internalisierung. Vorstellungen und Werthaltungen, die kollektiv geteilt werden, rücken als kollektive *Gewissheiten* in den kulturellen Hintergrund, werden (nicht weiter reflektiert) zu Normalität, Konvention und Habitus: Kultur als Implikation und Internalisierung von Bewährtem.

Die Gesamtheit dieser Deutungsmuster lassen sich in einem weiten Verständnis von „Weltbild" zusammenfassen (vgl. Parodi 2008, Kap. 3) und enthalten als geistige Konglomerate sowohl Wissen als auch Vorstellungen, Einstellungen und Wertungen. Dabei liegen weite Teile dieser Weltbilder oft nicht aktualisiert als bewusste und begründete (bzw. begründungsbedürftige) Inhalte denn mehr als kollektive Gewissheiten – durchaus im Sinne von Ludwig Wittgenstein (vgl. Wittgenstein 1990) – und damit über weite Strecken unbewusst und unhinterfragt vor. Diese Weltbilder prägen den kollektiven und individuellen Umgang mit der (jeweiligen) (Um-)Welt stark (vgl. Parodi 2008, S. 94f.).[3]

Dies gilt auch für Technik, für den technischen Umgang mit der Welt. Aus kulturtheoretischer Perspektive lässt sich sagen, dass die Gestaltung und der Gebrauch von Technik *vor* allem über die kulturell verankerten Weltbilder orientiert werden.

Diese Aussagen erfolgen analog dem Weizsäcker-Schema der „Schichtung von Kausalitäten" (vgl. Weizsäcker 1977, S. 63f., und Huber 1989, S. 144f.): Durchstößt man die erste Schicht naturwissenschaftlich-technischer Erklärungen wie auch die zweite Schicht gesellschaftlich-institutioneller Erklärungsansätze, die wahlweise ökonomische, politische oder rechtliche „Rahmenbedingungen" für die Entwicklung und Gestaltung von Technik als maßgeblich erklären, so gelangt man zu jener dritten Schicht der sozialpsychologischen und kulturellen Verfasstheiten, zu den Vorstellungen und Überzeugungen von der Welt; letztlich „am Grunde des begründeten Glaubens" (Wittgenstein 1990, § 253).[4]

So sind es nicht allein die gesetzten Ziele der Technikentwickler, nicht technikimmanente Bestrebungen oder das Wissen um Technik, nicht allein gesellschaftliche Rahmenbedingungen, die die Technikgestaltung orientieren, sondern – all dem vorgelagert – werthafte Gewissheiten im kulturellen Hintergrund, die in Technik einfließen und konkrete Technikentwicklung als auch Rahmenbedingungen aus dem kulturellen

---

3   „Welt" sei hier nicht streng universell, sondern kulturspezifisch aufgefasst: das für eine Kultur relevante Ganze, die „kollektive Lebenswelt". Zirkulär gilt, dass der Umgang mit der Welt wiederum die Weltbilder prägt.

4   Nach Auffassung des Autors sollte hier vielmehr von einer *Schichtung von Begründungsformen* gesprochen werden. Hier sei ein Beispiel zur Verdeutlichung der Schichtung von Begründungsformen am Phänomen „Waldsterben" gegeben: „Der Wald stirbt aufgrund des technisch bedingten sauren Regens" (Schicht 1), „Der Wald stirbt aufgrund des wirtschaftlich-politisch-rechtlichen Rahmens, welcher Technik steuert" (Schicht 2), „Der Wald stirbt als Folge der Vorherrschaft eines neuzeitlich anthropozentristischen, rationalistisch-sensualistischen Weltbildes" (Schicht 3); vgl. Weizsäcker 1977, S. 63f.

Hintergrund heraus orientieren. Sowohl die ausformulierten Ziele der Technikentwicklung als auch die gesellschaftlichen Rahmenbedingungen und Institutionen der Technik lassen sich eingebettet in einen kulturellen Hintergrund, in Weltbildern und kollektiven Gewissheiten erkennen.[5]

Bevor im Abschnitt 3 der Konnex zwischen kulturspezifischen Weltbildern und der Technik am Beispiel Wasserbau konkret aufgezeigt wird, soll dieser hier noch ad abstractum verdeutlicht werden.

Abbildung 1:   Zielschema nach Ropohl

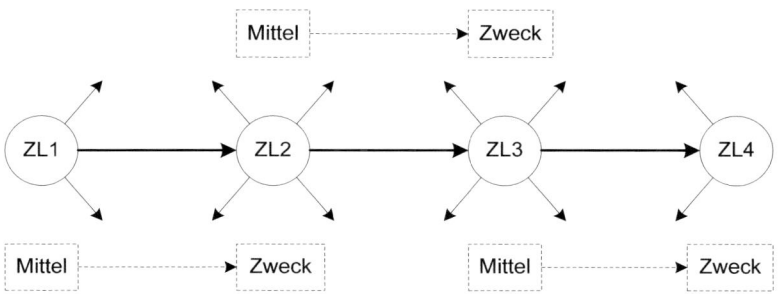

Quelle: Verändert nach Ropohl 1999, S. 154

Um Technik zu charakterisieren, wird oft auf ihre Zweckhaftigkeit bzw. ihren Mittelcharakter abgehoben. Die angestrebten Zwecke der Technik aber können letztlich nicht für sich stehen, sondern gründen in (gemeinsamen) sinngebenden Vorstellungen und Weltdeutungen einer Kultur. Anschaulich wird dies, wenn man sich Günter Ropohls Technik beschreibende Mittel-Zweck-Kette vor Augen führt (siehe Abbildung 1). Unbenommen der Aussagen, die Ropohl anhand dieser Kette zu Technik trifft, wirft die Darstellung doch Fragen auf: Ist der abgebildete Ausschnitt Teil einer endlichen oder endlosen Kette? Worauf zielt diese, wodurch wird diese (in ihrer Ausrichtung) orientiert?

Meine Antwort lautet: Die Mittel-Zweck-Kette lässt sich – wie angedeutet – fortsetzen, verliert aber in ihrer Unterscheidung „Mittel/Zweck" zunehmend an Klarheit, verliert sich allmählich in der Sinnhaftigkeit (kultureller Gewissheiten). Am Ende der

---

5   Diese Gewissheiten kommen dabei auf allen Ebenen, in den Zielsetzungen der Entwickler und Nutzer, in den technischen Institutionen (Regelwerken oder auch Verwaltungseinheiten) und letztlich auch in den technischen Artefakten selbst, in der Gestalt von Geräten und Bauwerken, wieder zum Ausdruck. (bzw. lassen sich rekonstruieren, siehe Abschnitt 3).

Zwecke steht der Sinn.[6] Die Ausrichtung, die Orientierung dieser Kette erfolgt über die Kultur, ist eingebettet in einen sinnstiftenden kulturellen Hintergrund.

Technik nur auf die gegebenen, sprich evidenten Zwecke zu reduzieren, Technik ohne diesen Zwecke-orientierenden, sinnstiftenden kulturellen Hintergrund zu denken, greift demnach zu kurz und wird dieser in ihrer kulturellen Verfasstheit nicht gerecht.

2.2   Technisches Handeln und Verhalten

Durch die perspektivische Weitung des Blicks auf Technik als kulturelles Unterfangen rücken mit dem kulturellen Hintergrund nicht nur rationale, sondern auch arationale, unbewusste Elemente von Technik und deren Gestaltung in den Blick. Dies spiegelt sich auch im technischen Tun wider: Gestaltung, Produktion von und Umgang mit Technik werden nicht nur als technisches Handeln, sondern auch als technisches Verhalten sichtbar.

Menschliches – und damit auch technisches – Tun lässt sich aus kulturtheoretischer Perspektive in die Kategorien „Handeln" und „Verhalten" unterteilen.[7] Technikentwicklung als Agieren (z. B. von Ingenieuren) und auch Technikbenutzung weisen je Anteile dieser genannten Kategorien auf.

Handeln setzt sowohl ein Problembewusstsein voraus als auch die Wahl zwischen verschiedenen Zielen und Wegen. Dem Handeln geht eine (oft lange) Phase der Überlegung voraus, die in einem Entschluss, in einer Entscheidung gipfelt. Kann man auch davon ausgehen, dass „mithin die typischen Sinnstiftungen und Orientierungen [einer Kultur selbst; O.P.] das Handeln steuern" (Hansen 2000, S. 127; vgl. Parodi 2008, S. 94ff.), so bleibt im Gegensatz zum Verhalten aber Bewusstsein und Wahlfreiheit zumindest partiell erhalten.

Verhalten dagegen vollzieht sich im Rahmen eines Kollektivs, ist kulturbedingt und erfolgt ohne große Willensanstrengung sowie meist unbewusst. Verhalten ist hoch ritualisiert und belastet als „Höhepunkt kultureller Standardisierung" weder Verstand noch Willen noch Bewusstsein. „Die Kultur" ist der „Hauptakteur" und nimmt dem Individuum die Mühe des Entschlusses und die Arbeit der Ausgestaltung weitgehend ab. Eine Verweigerung oder Abweichung von Verhalten geschieht bereits bewusst und ist insofern eine Handlung (vgl. Hansen 2000, S. 123f.).

Dementsprechend kann man die Entwicklung von und den Umgang mit Technik durch Individuen oder Gruppen ebenfalls geschichtet aus Handeln und Verhalten auffassen. Nimmt man z. B. einen Technikentwickler – bzw. heute üblicher ein Entwicklerteam –, so *handelt* dieser (bzw. dieses) im Bezug auf seine Kernaufgabe: dem Erdenken, Planen und Konstruieren eines neuen technischen Artefakts – was wieder-

---

6   Werden die kulturellen Gewissheiten nicht (mehr) geteilt, enden die Zwecke in der Sinnlosigkeit.

7   „Reflex" und „Routine" wären weitere Kategorien. Diese spielen hier aber keine Rolle.

um meist in der zweckhaften Komposition anderer technischer Artefakte besteht. Bezüglich des konkreten (Nah-)Ziels der Gestaltung eines technischen Produktes liegt ein hohes Problembewusstsein vor. Bis zur Vollendung des Produktes bedarf es (langwieriger) Entscheidungsprozesse, in denen mannigfaltige Alternativen abzuwägen sind. Bezüglich anderer Aspekte allerdings *verhält* sich der Gestalter (die Gruppe) vielmehr, so z. B. in der Anwendung gängiger Berechnungsverfahren und Konstruktionsprinzipien oder im Einsatz üblicher Materialien, Bauteile und Komponenten, der in vielen Fällen (aus dem internalisierten Lehrwissen und/oder Erfahrungen) aus der jeweiligen Technikkultur heraus spontan und unhinterfragt erfolgt.

Wenn man das Janichsche Bild der „Kulturhöhe" von Technik (vgl. Janich 2003 und in diesem Band) heranzieht, so handelt der Techniker (allermeist) nur in Bezug auf die oberste Spitze, das Neue, dieser Technikanhäufung. Die oft seit Jahrhunderten kumulierte und tradierte „Basis" der Innovation (Rad $\Rightarrow$ Zahnrad $\Rightarrow$ Getriebe; Holz $\Rightarrow$ Eisen $\Rightarrow$ Aluminiumlegierung) sowie die damit verbundenen sinngebenden kulturellen Gewissheiten bleiben dabei allermeist unbeachtet, sie kommen als technische und kulturelle Konventionen unhinterfragt zur Anwendung.

Auch in Bezug auf die (ethische) Werthaftigkeit der Technik *verhält* sich der Technikgestalter bzw. die Gruppe meist weitgehend. Die kulturell verankerten Werte der zu entwerfenden Technik belasten weder Verstand noch Wille und treten meist gar nicht ins Bewusstsein (vgl. Gorp 2005). Die „Kultur" nimmt als „Hauptakteur" dem Ingenieur die Mühe des (moralischen) Bewertens weitgehend ab. Damit bleiben aber für den Technikgestalter (zumindest aus dem Kontext seiner Profession heraus) „nicht-technische" Werte und gesellschaftliche Ziele oft im Verborgenen bzw. werden zumindest nicht handlungsrelevant.[8] Was hier für den Einzelnen dargestellt wird, findet sich auch im Agieren von Gruppen oder fixiert in Institutionen wieder.

Die Produkte der Technikentwicklung sind somit eben beides: „Ergebnis zielbewusster Tätigkeit" (Tondl 2003, S. 84) wie aber auch elementar aus dem gemeinsam geteilten technischen wie kulturellen Hintergrund unbewusst Hervorgegangenes: kulturell Gewordenes. Auf Technik reflektierende Wissenschaft und Technikphilosophie betonen dabei – aus ihrer professionell verengten Sicht als rationale Erkenntnisunternehmungen – meist das rationale Moment an Technik (vgl. Tondl 2003, S. 84; vgl. auch Ropohl 1999; Sachsse 1992). Die arationalen Momente in Technikgestaltung und -gebrauch aber, die „Nachtseite der Technik" (vgl. Fischer 2004), wird meist nicht betrachtet (vgl. hierzu Rohbeck 1993, S. 10-24).

---

8 Das soll keinesfalls bedeuten, dass z. B. Ingenieure kein moralisches Bewusstsein für ihr technisches Tun entwickeln können – und auch entwickeln. Doch dies geschieht eben meist nicht institutionalisiert im Rahmen ihrer Profession als Technikentwickler, sondern vielmehr „nebenbei". Zwingt dieses Bewusstsein sie gar zum Handeln, so bedeutet dies meist gleichzeitig einen Verstoß gegen die herrschende Kultur ihrer unmittelbaren Umgebung (der Entwicklungsgruppe, des Unternehmens). Dementsprechend konfliktreich und selten sind solche Fälle.

Technisches Verhalten gegenüber Konstruktionsprinzipien oder auch der Werthaftigkeit von Technik zeigen (unter der Kultur-Perspektive) zunächst nichts anderes als die Entlastung von Individuen durch die Kultur und damit den Normalbetrieb und gelingenden Vollzug von Kultur – hier eben im Umgang mit Technik. Erfolgreiche, d. h. gelungene Weltdeutungen und Umgangsformen mit der Welt werden tradiert und – ohne den Einzelnen zu belasten – reproduziert.

Dieser basale kulturelle und für sich genommen unproblematische und sinnvolle Vorgang wird allerdings über die Eigenheiten heutiger Technik (Reichweite und Wirkmächtigkeit) und moderner, technisierter Gesellschaften (existenzielle Verflechtung von Technik und Gesellschaft, rasanter Fortschritt) oft problematisch – gegebenenfalls sogar für das Fortbestehen der jeweiligen Kultur selbst.[9]

Abschließend sei an dieser Stelle bemerkt, dass die Betrachtung von Technik als kulturelle Unternehmung – geschichtet aus Handeln und Verhalten – auch den technischen Fortschritt als Konglomerat von kulturellem Werden und rationalem Gestalten sichtbar macht. Das Erkennen von Technikfortschritt als determiniert bzw. nichtdeterminiert lässt sich so als perspektivische Engführung auf je einen der beiden Aspekte deuten.

3.3 Technik als These der Gesellschaft

Stellt man Technik in einen größeren Rahmen, so kommt sie als kulturelle Unternehmung nicht nur in Bezug zur Gesellschaft, sondern vielmehr mitsamt dieser und in gewisser Hinsicht auch als Spiegel dieser in Betracht. Die kulturelle Auffassung von Technik und die Mitbetrachtung von Weltbildern erlauben einen komplementären Blick zur üblicherweise eingenommenen gesellschaftlich-funktionalen Perspektive auf Technik. Aus dieser heraus lässt sich sagen: Technik – und gerade Großtechniken und Infrastruktur-Techniken – spiegeln in hohem Maße die Gewissheiten einer Gesellschaft wider; und zwar Gewissheiten nicht nur in Form von erlangtem und gesichertem Wissen, sondern umfassender auch von kollektiv geteilten Weltbildern, Vorstellungen und unhinterfragten Überzeugungen. Den Ausführungen von Theodor W. Adorno folgend, Kunst sei Antithese der Gesellschaft (vgl. Adorno 1972, S. 336f.),

---

9 Technikethik und andere auf Technik reflektierende Erkenntnisunternehmen setzen an dieser Stelle an und fungieren – indem sie Implizites explizieren, auf Wertkonflikte aufmerksam machen und Bestehendes zur Disposition stellen – als modernes, aufklärendes Kultur-Korrektiv bzw. als Korrektiv „aufgeklärter" Kulturen. Die Gegenläufigkeit von „Kultur" und „Ethik" lässt sich dabei deutlich im Verhältnis von Sein und Sollen erkennen: Legt in der Kultur das (gemeinsame) Sein das Sollen fest, so gilt dies in der Ethik geradezu als Kardinalfehler und Menetekel. Ethik trägt so – indem sie werthafte Widersprüche und rationale Inkonsistenzen in Weltbildern und kulturellen Praxen (antizipativ) zu vermeiden sucht – ihrerseits als Korrektiv zur Kohäsion des Kollektivs und damit zur Stabilität der Kultur bei.

lässt sich (Groß-)Technik in modernen Gesellschaften als „These der Gesellschaft" bezeichnen (vgl. Parodi 2008, S. 45).

Sinn und Zweck von Techniken, speziell von Großtechniken, stimmen heute in hohem Maße mit dem kulturellen Selbstverständnis moderner Gesellschaften überein. Großtechnik ist selbstverständlich, deren Sinn und Zweck oft banal. So lässt sich heute über Sinn und Zweck der Versorgung von Einwohnern mit sauberem Trinkwasser, mit Gütern, Energie, Mobilität, Information und Kommunikation über Großtechnik und Infrastrukturen kaum streiten.

Öffentliche Debatten über Abwassersysteme, Autos und Autobahnen, Flussschifffahrt, Internet, Stromerzeugung und -leitungen etc. *an sich* finden nicht statt.[10] Infrastruktur-Techniken sind oft dermaßen selbstverständlich und unanstößig, dass sie sogar drohen, selbst in Vergessenheit zu geraten. Dabei werden die meisten technischen Leistungen heute (mutmaßlich) im Betrieb und in der Instandhaltung bestehender Technik vollbracht – weitgehend unbeachtet von Öffentlichkeit und auch von Wissenschaft. Auch diese Leistungen sind selbstverständlich und unterliegen als Routine dem kulturellen Mechanismus des Vergessens – und geraten damit in Gefahr (vgl. „Maintenance as Morality", Ravetz 2008).[11]

Auch in Wissenschaft und Philosophie bleibt Technik als These der Gesellschaft ihrer Selbstverständlichkeit wegen oft unterbelichtet. Die kulturellen Gewissheiten von Technik bleiben in wissenschaftlichen Debatten – da sie nicht in Widerspruch zu den wissenschaftlichen stehen und damit keine Irritation erzeugen – oft im Verborgenen. So resultiert auch die (inzwischen widerlegte) Aussage einer „Wertfreiheit der Technik" aus der mangelnden Differenz zwischen den grundlegenden kulturellen Werten, die in der Technik manifest sind, und denen, die der auf Technik reflektierenden Wissenschaft zugrunde liegen. Technik hebt sich nicht vom kulturellen Hintergrund der Gesellschaft und auch nicht von dem der Wissenschaft ab. Die „Wertfreiheit der Technik" zeigt sich nicht als absolute, sondern relative und perspektivisch eingeschränkte. Technik und Betrachter gründen auf demselben, kollektiv geteilten Weltbild und Wertehorizont. Erst vor dem Kontrast einer anderen, gänzlich unterschiedlichen Kultur oder im Zuge eines kulturellen (Gesinnungs-)Wandels, bzw. einer kulturellen Pluralisierung, wird die kulturelle Prägung von Technik offensichtlich.

Aber wie gesagt, (Groß-)Technik kann nur als These der Gesellschaft – nicht als deren Wahrheit – bezeichnet werden. Denn als These steht sie auf Abruf, steht unter Beweislast und muss im Zweifelsfall begründet werden. Der Zweifelsfall tritt genau dann ein, wenn das kulturelle Selbstverständnis zerbricht, die These nicht mehr kol-

---

10 Debatten entbrennen sehr wohl über die konkrete Gestaltung, z. B. wo und wie ein Flughafen, ein Kraftwerk gebaut wird („NIMBY: Not In My Back Yard"), nicht aber darüber, dass Kraftwerke und Flughäfen gebaut werden.

11 Die Problematik unterlassener Instandhaltung von Gebäuden, Leitungssystemen etc. ist heute virulent.

lektiv geteilt wird („Wir brauchen keine Autos und Straßen mehr"). Dass dies durchaus geschieht, zeigen beispielsweise die Debatten um die Kernenergie.[12]

Technik als These zu bezeichnen trifft auch zu, insofern Technik etwas ist, was mit der Realisierung und Installation von Technik (kollektiv) *geäußert* wird. Technik als Geäußertes ist dann wiederum das Vorfindliche, das, von dem als These auszugehen ist, und etwas, das sich eben im Zweifelsfall (unter veränderten Bedingungen)[13] als anstößig erweist und Widerspruch provoziert.

Gerade bei Großtechniken, die oft viele Generationen überdauern, ist aber zunächst eben unvermeidlich, von diesen auszugehen. Techniken, technische Infrastrukturen – und der mit diesen manifestierte Umgang mit der Welt – gehören zu unserem kulturellen Fundus, sind bei einer Enkulturation das Vorfindliche und Normale. Auch hier dominiert das technische Sein zunächst als „Konvention" das (kulturelle) Sollen. Die manifestierten technischen Thesen zu hinterfragen bedarf dann zunächst der Individuation, einer gehörigen kritische Energie und erlangten Autonomie des Betrachters (von Kultur und Kollektiv). Nicht nur technisch und ökonomisch, auch kulturell sind Großtechniken und Infrastrukturen, einmal in die Welt gesetzt, nicht ohne erhebliche Anstrengungen wieder zu entfernen. Die Techniken erweisen sich als persistent, die Thesen als hartnäckig.

Abschließend sollen an dieser Stelle noch zwei wesentliche Aspekte einer kulturellen Unternehmung Technik zumindest Erwähnung finden:

Erstens: Vollzieht sich Technik in den Ausmaßen wie heute in modernen Gesellschaften, dann lässt das weder Technik noch Kultur unberührt. Eine Technisierung von Kultur und eine Kultivierung von Technik sind unumgänglich. Technik formt Kultur, hebt bestehende Merkmale von Kultur heraus (z.B. „Entlastungsfunktion") oder trägt Technisches, beispielsweise das Zweckhafte, bis in die entlegensten Bereiche unserer modernen Kultur (Stichwort „Ökonomisierung der Lebenswelt"). Andererseits kann sich Technik auf Dauer nicht einer Kultivierung entziehen, Technik wird reglementiert, umgedeutet, vervielfältigt und vermenschlicht.

Zweitens: Technik kann als Kulturprodukt exakt das widerfahren, was jeder Äußerung im kulturellen Kontext widerfahren kann: Sie kann umgedeutet, mit neuen Deutungen versehen, mit neuem Sinn belegt werden. Wenn man z.B. von Technik als Mittel, als Zweckdienliches ausgeht, dann lässt vieles von dem, was alltagssprachlich als Technik bezeichnet wird, zwar noch einen Mittelaspekt erkennen, in der kulturellen Nutzung aber überwiegen nicht-technische Aspekte. Neben der Umdeutung von Technik als Statussymbol ist hier die Umdeutung von *Technik als Spiel* interessant:

---

12 So kann es in pluralen Gesellschaften durchaus auch vorkommen, dass Techniken als These von Beginn an umstritten sind.

13 Z.B. durch technischen Fortschritt, veränderte ökonomische oder politische Bedingungen, Gesinnungswandel etc.

Im Spiel wird die Technik eine gänzlich zwecklose, sich selbst genügende, in diesem Sinne also zur Nicht-Technik: *Homo faber* trifft *homo ludens*.

3 Zwei Wasserbaustile und ihre kulturellen Wurzeln

Auch diesem Abschnitt liegt der Gedanke der Technik als kultureller Unternehmung zugrunde. In Ergänzung zu den obigen theoretischen Überlegungen soll hier nun der Zusammenhang von Kultur und Technik konkret und anschaulich dargestellt werden. Dazu wird im Folgenden Wasserbautechnik in Verbindung mit Motiven und Strömungen der abendländischen Geistesgeschichte (als ein Kernbereich von Kultur) gebracht. Dieser Konnex gelingt auf der Basis der oben ausgeführten Überlegungen zu Kultur und Technik.

Abbildung 2:   Massiv ausgebauter Flussabschnitt der Saar

Quelle: Foto Bernhart

Die im Folgenden dargestellten Verbindungslinien zwischen Technik und Kultur, Artefakt und Geistesgeschichte entspringen einem Projekt, das zunächst mit der Fragestellung gestartet war, ob sich in der Technik, im technischen Umgang mit der Welt spezifische Weltbilder, Vorstellungen von und Werthaltungen zur Welt erkennen bzw. rekonstruieren lassen (vgl. Parodi 2008, Kap. 2 und 3). Die Verbindungen zur Geistesgeschichte zu ziehen war zunächst nicht intendiert, ergab sich aber – vor dem theoretischen Hintergrund von „Kultur" fast zwangsläufig – aus der Bearbeitung der Fragestellung.

3.1   Das Projekt

Um die Ergebnisse nicht gänzlich unvermittelt darzureichen ist es erforderlich, zumindest auf einige wesentliche (voraussetzungsreiche) Punkte des von 2003 bis 2006
dauernden Projektes aufmerksam zu machen.

Abbildung 3:   Naturnah ausgebauter Flussabschnitt der Donau

Quelle: Foto Bernhart

Im Mittelpunkt der Betrachtungen standen nicht – wie häufig bei wissenschaftlichen
Reflexionen auf Technik – die technischen, sozialen, ökonomischen, politischen oder
ethischen Bedingtheiten und Auswirkungen von Technik, wie sie z. B. in Innovationsforschung, Technikethik, Technikfolgenabschätzung oder Techniksoziologie in den
Blick genommen werden, sondern jene Zusammenhänge, die sich zwischen Technik
und den „Vorstellungen" von der Welt, den Weltbildern, erkennen lassen. Das Projekt
leuchtet somit (gemäß dem Weizsäcker-Schema) in jene geistige Region der sozialpsychologischen und kulturellen Verfasstheiten, in der Erkennen und (technisches)
Handeln eingebettet in kulturelle Prozesse und einen weltbildhaften Hintergrund verstanden werden können.

   Sichtbar werden so nicht (nur) gesellschaftliche Funktionen, Ziele und Bedingtheiten von Technik, sondern anhand von „Kultur" die Werthaltungen und Welt-Vorstel-
lungen (Weltbilder) der diese Technik gestaltenden und betreibenden Gemeinschaft.

   Die projekteigenen Fragestellungen und Antworten sollen einen Beitrag zu einem
umfassenderen Verständnis von Technik (und unserer technisierten Kultur) leisten,

dementsprechend sollen sie als perspektivisch *komplementär* zu gängigen Fragestellungen der sozialwissenschaftlichen, ethischen und philosophischen Technikreflexion verstanden werden.

3.2   Die beiden Technikstile: Massivwasserbau und Naturnaher Wasserbau

Die Suche nach den Weltbildern, und damit auch nach der kulturellen Verfasstheit von Wasserbautechnik, wurde anhand eines Vergleichs zweier historischer „Wasserbaustile" vorgenommen.[14] Zeitlich lassen sich in Deutschland die beiden Stile „Massivwasserbau" und „Naturnaher Wasserbau" zum einen in den massiven flussbaulichen Maßnahmen der 1950er Jahre, zum anderen in der naturnahen Flussgestaltung Anfang dieses Jahrtausends verorten. In den beiden Stilen finden sich zunächst wesentliche Unterschiede in der Gestalt der Wasserbautechnik, in den Artefakten und Bauwerken, in den Bauweisen und in der damit verbundenen Landschaftsgestaltung.

Massivwasserbau hebt sich zunächst über die Massivität der Baustoffe (Beton, Stahl und grober Steinwurf) und der technischen Eingriffe in die Natur bzw. bestehender Ökologie und Hydrogeologie ab. Beispiele hierfür wären begradigte, betonbefestigte Flüsse und Bäche, große Stau- und Wehranlagen u. ä. Im Naturnahen Wasserbau hingegen werden vorzüglich gewässertypische und biogene Materialien verwendet, die Eingriffe fallen weitaus „sanfter" aus, d. h. die materiale „Kultivierung"[15] der Fließgewässer erfolgt weniger weitreichend. Typische Beispiele hierfür wären jede Art von „renaturierten" Gewässern", ökologische Ausgleichsmaßnahmen (z. B. Fischtreppen) oder ökologisch verträgliche Neubauten. Die Abbildungen 2, 3, 4a und 4b lassen die Unterschiede in den Bauweisen deutlich werden.

In den artefakttechnischen (den technischen Funktionen im engen Sinne) und gesellschaftlichen Funktionen (Ziele) der Wasserbaustile lassen sich sowohl wesentliche Unterschiede als auch viele Gemeinsamkeiten feststellen. So sind Trink- und Brauchwassergewinnung, Hochwasserschutz, Wasserkraftnutzung, Landnutzung, Transport als Zielsetzungen bei beiden Stilen zu finden – allerdings in unterschiedlicher Ausprägung, Betonung und Priorisierung. Neu hinzu kommt beim Naturnahen Wasserbau ein prägendes Bündel an diffusen ökologisch-naturnahen Zielen (vgl. Parodi 2008, S. 65ff.), die in ihrer Intension teils über die Bewahrung der ökologischen Existenz-

---

14   Die Benennung der Wasserbauarten als „Technikstile" (als charakteristisch ausgeprägte Art der Technik, inklusive der Ausführung, des technischen Tuns) weist auf die idealtypisierte Betrachtung, die Historizität des Phänomens, die Bandbreite an Ausdrucksformen bei doch formalen Gemeinsamkeiten hin und bringt Technik als kollektive Äußerung in die Sphäre deutbarer, bzw. deutungsbedürftiger, kultureller Phänomene.

15   „Kultivierung" findet hier abweichend zur sonstigen im (althergebrachten) Sinne einer Umwandlung der Natur durch Arbeit Verwendung – was Naturnahen Wasserbau im eigentlich hier verwendeten Kulturverständnis um nichts weniger kulturell erscheinen lässt als Massivwasserbau.

grundlage einer Gesellschaft hinausweisen, in dem sie den Schutz der Natur, von Tieren oder Gewässern an sich als Ziel formulieren oder implizieren.

Abbildung 4:   Massives Betonwehr (a) und naturnahe Pendelrampe (b)

Quelle: Foto Grober

3.3   Zum Vorgehen

Die beiden Wasserbaustile wurden daraufhin untersucht, ob sich in den (unterschiedlichen) kollektiven Praxen des Wasserbaus (unterschiedliche) Weltbilder widerspiegeln bzw., vorsichtiger formuliert, ob sich zu den Technikstilen Naturnaher Wasserbau und Massivwasserbau unterschiedliche Weltbilder rekonstruieren lassen. Und, wenn ja, wie diese Weltbilder im Falle von Naturnahem Wasserbau und Massivwasserbau konkret aussehen: Welche Werthaltungen, welche Vorstellungen von der Welt lassen sich zu den Wasserbaustilen rekonstruieren? Wo verortet sich dort jeweils der Mensch? Welches Verständnis von (bzw. Verhältnis zu) Natur, Gewässer, Technik etc. lässt sich im jeweiligen Wasserbaustil erkennen?

Zur Rekonstruktion der Weltbilder wurden folgende Quellen aus der kulturellen Unternehmung Wasserbau herangezogen und ausgewertet:

- zentrale Gesetze und Richtlinien (Wasserhaushaltsgesetz);
- Bauwerke bzw. Abbildungen von Bauwerken und Flusslandschaften;
- Handbücher, technische Lehrbücher des Wasserbaus und der Wasserwirtschaft;
- Lehrpläne (Studienpläne), Prüfungsordnungen und Vorlesungsverzeichnisse des Studiengangs „Wasserbau";
- Leitbilder (programmatische Schriften von öffentlichen Verwaltungen zur Gestaltung von Gewässern).

Es wurden jeweils Quelltexte und Bauwerke aus den 1950er Jahren und entsprechende Stellen (Bauwerke) aus den ersten Jahren des neuen Jahrtausends vergleichend ausgewertet. Zudem wurden ergänzend hinzugezogen:

- Interviews mit Wasserbauern (die beide Stile miterlebt haben);
- Sekundärliteratur über den Wasserbau.

Insgesamt wurde die Rekonstruktion der Weltbilder anhand von über 200 Quellenstellen (Texte aus Gesetzen, Handbüchern etc. und Fotos) vollzogen. Diese wurden einander gegenübergestellt und – vor dem Hintergrund bekannter Weltbild-Motive aus der Literatur – miteinander verglichen.

Die Rekonstruktion der Weltbilder geschah, der Aufgabenstellung entsprechend, als *Interpretation*.[16] Es handelt sich um eine Deutung, die somit auch nur in den Grenzen einer solchen intersubjektive Gültigkeit beanspruchen kann. Wesentliche Elemente einer solchen Deutung sind die Transparenz ihrer Genese und die Rückbindung an die Originalquellenstellen. Beides muss im Zuge der dichten Darstellung im Rahmen dieses Aufsatzes weitgehend unterbleiben (ausführlicher zu Deutungsprozess und Ergebnis vgl. Parodi 2008, S. 123-205).

3.4   Ergebnisse: Kulturelle Bindungen

Die Deutung der Quellen führte u.a. zu folgenden generellen, hinsichtlich der kulturellen Verfasstheit von Technik relevanten Ergebnissen:

(1) In den Weltbildern des Naturnahen Wasserbaus und des Massivwasserbaus lassen sich viele und erhebliche Unterschiede erkennen.
(2) Zwischen der Ausprägung der beiden Technikstile und der Geistesgeschichte des abendländischen Kulturkreises sind – je spezifisch – deutliche Verbindungen festzustellen.

Verbindungen von Wasserbautechnik und Kultur im engeren Sinne lassen sich dabei in den beiden Stilen auf drei Ebenen erkennen:

(1) Ebene einzelner Weltbild-Motive;
(2) Ebene kulturgeschichtlicher Strömungen;
(3) Ebene menschheitsgeschichtlicher Dimension.

Im Folgenden werden beispielhaft einige Ergebnisse zu den einzelnen Ebenen dargestellt.

---

16 Theoretisch wurde die Rekonstruktion der Weltbilder über ein eigens entwickeltes Weltbildkonzept gestützt, das erkenntnis- und handlungstheoretisch u.a. die Möglichkeit einer solchen Rekonstruktion sichert; vgl. Parodi 2008, S. 69-122.

(1) Weltbild-Motive

In der wasserbaulichen Praxis kommen – bezüglich der beiden Technikstile je andere – Weltbild-Motive[17] (Vorstellungen, Ideen, Einstellungen) aus dem Fundus der abendländischen Geistesgeschichte zum Ausdruck, die sich teils bis in die Antike zurückverfolgen lassen. Vielfach sind diese Motive aus ihren „ursprünglichen" Bedeutungszusammenhängen herausgelöst und liegen – eben motivisch – in den Technikstilen zu neuen Weltbildern rekombiniert vor.

Somit zeichnet sich auch in der Technik jener kulturelle Sachverhalt ab, dass Kultur einen Fundus an Deutungsmöglichkeiten (zum Umgang mit der je gegebenen Lebenswelt) bereithält, aus dem sich Individuen und Kollektive zur Bewältigung ihres Lebens (im umfassenden Sinne) bedienen können bzw. aus dem heraus sie in ihrem Umgang geprägt werden.[18] Das Durchscheinen der geistesgeschichtlichen Motive in konkreter technischer Praxis legt nahe, dass dieser kulturelle Prozess eben auch in der Technik stattfindet: Auch der technische Umgang mit der Welt, die technische Lebensbewältigung erfolgt unter den Deutungsangeboten (oder Vorgaben) eines umfassenden kulturellen Fundus.

Betrachtet man die Technikstile detailliert, so steht im Naturnahen Wasserbau beispielsweise das natura-naturans-Motiv einer schöpferischen und bewegenden Natur im Vordergrund, wohingegen im Massivwasserbau vielmehr der Mensch als zentrales bewegendes Moment gesehen wird. Hierbei zeigt sich im Naturnahen Wasserbau stark aristotelisches Gedankengut, wobei im Massivwasserbau eher platonisch-christliche Auffassungen fortgeführt werden. Geht der Naturnahe Wasserbau von einer vollkommenen Natur aus, welcher es nachzustreben gilt, so wird im Massivwasserbau Natur als unvollkommene betrachtet. Natur gilt es zu verbessern und in Ordnung zu setzen. Zeigt sich hier der Mensch als „Krone der Schöpfung", so dort als „ökologisches Mängelwesen", der Natur in ihrer Entwicklung behindert oder diese bestenfalls in ihrer Entwicklung zu unterstützen vermag.

Tauchen im Massivwasserbau Vorstellungen einer machina mundi auf, so ist im Naturnahen Wasserbau vielmehr die Ansicht einer systema mundi zu finden. Konkret wird im Massivwasserbau beispielsweise der (ausgebaute) Fluss als Maschine betrachtet, dargestellt und verwirklicht, wohingegen im Naturnahen Wasserbau das Gewässer eher als belebt, als Organismus und Individuum wahrgenommen wird.

---

17 „Motiv" wird hier nicht im psychologischen Sinne als auslösendes Moment und Ausgangspunkt einer Handlung verwendet, sondern in Anlehnung an die Ästhetik als (variierbares) Thema, als Einheit einer größeren Komposition.

18 In den Kulturwissenschaften und anderen Disziplinen ist es umstritten, in wieweit Kultur für das Individuum prägend wirkt oder eben diesem (passiv) nur Deutungsangebote vorgibt.

Die in den Technikstilen jeweils wirksamen Technikverständnisse korrelieren mit den jeweiligen Naturauffassungen. So lässt sich im Massivwasserbau eine klar eutope Einstellung zur Technik erkennen. Technik wird dort als Chance und Verheißung gesehen. Sie ist produktives Werkzeug des Wohlstandes, verbessert Lebensbedingungen und ist Ausdruck menschlicher Potenz. Im Naturnahen Wasserbau hingegen mischen sich Elemente eutopen und dystopen Technikverständnisses: Technik wird auch hier als Chance wahrgenommen, aber auch kritisch in ihrem Gefährdungspotenzial erkannt. Im Gegensatz zum Massivwasserbau wird Technik differenziert betrachtet und zwischen „guter" (naturnaher) und „schlechter" (massiver) Technik unterschieden. Die technisch-menschliche Kraft zur Veränderung von Natur und Umwelt wird *auch* in ihrer Destruktivität wahrgenommen. Entsprechend zurückhaltend wird sie eingesetzt. Bessere Lebensbedingungen können sich nach Vorstellung des Naturnahen Wasserbaus mitunter auch durch einen Verzicht auf (massive) technische Maßnahmen ergeben.

Im Massivwasserbau herrscht zudem deutlich ein mechanistisches Technikverständnis vor. Wasserbautechnik wird als eindeutiges, geometrisches, statisches und deterministisches System am Gewässer realisiert. Naturnaher Wasserbau hingegen weist ein komplexes Technikverständnis (vgl. Banse 2002, S. 22) auf. Großer Wert wird auf Dynamik und Vielfalt gelegt. Gewässer werden (mathematisch) stochastisch gefasst und illustrierend beschrieben. Die Realisierung von Technik erfolgt interdisziplinär.

(2) Kulturgeschichtliche Strömungen

Die beiden Technikstile Massivwasserbau und Naturnaher Wasserbau lassen sich – in der Komposition der einzelnen Motive – deutlich zwei unterschiedlichen kulturgeschichtlichen Strängen zuordnen. Wird im Massivwasserbau eine klar possessionistische Natureinstellung verfolgt, so zeigt sich im Naturnahen Wasserbau eine vorwiegend sympathetische. Natur ist im Massivwasserbau Gegenstand und Gegenbegriff, etwas Äußeres, das man nutzen kann und vor dem man sich zu schützen hat. Im Naturnahen Wasserbau dagegen übernimmt Natur Vorbildfunktion, ist erstrebenswert und wird positiv bewertet. Natur als Gegenbegriff (zu Mensch, Kultur, Technik) schwächt sich ab (vgl. hierzu Großklaus/Oldemeyer 1983). Damit aber lassen sich die beiden Wasserbaustile in der Tradition je eines ideengeschichtlichen Stranges von Naturvorstellungen erkennen (vgl. Huber 1989): Im Falle des Massivwasserbaus als Fortsetzung der Linie René Descartes, Francis Bacon, Materialismus, Ökonomismus; im Falle des Naturnahen Wasserbaus als Verlängerung der ideengeschichtlichen Gegenentwürfe und Sub-Kulturen von Jean-Jacques Rousseau über die Romantik zum Ökologismus.

So, wie die beiden kulturgeschichtlichen Stränge antithetisch angelegt sind, so zeigen sich auch die wasserbaulichen Praxen der Technikstile in mancher Hinsicht antithetisch. Auf der Ebene der Artefakte wird dies z. B. dadurch deutlich, dass ein Großteil der naturnahen Maßnahmen schlicht in der Demontage und Entsorgung massivwasserbaulicher Technik besteht.

(3) Menschheitsgeschichtliche Dimension

Selbst im großen Raster einer Typologie menschlicher Naturverhältnisse, die Ernst Oldemeyer (vgl. Oldemeyer 1983, 2005) in Anlehnung an Martin Buber (vgl. Buber 1973, 1960) in der Betrachtung großer menschheitsgeschichtlicher Umbrüche (im Naturverhältnis) aufstellt, finden sich Unterschiede in den beiden Technikstilen. Oldemeyer spannt seine entwicklungsgeschichtliche Typologie der Naturverhältnisse in Analogie zu sprachlich fixierten menschlichen Beziehungstypen auf: von der (paradiesischen) eineinheitlichen Ich-Ich-Beziehung bis zur modernen Ich-Es-Beziehung („Ich" = Mensch; „Es" = Natur).

In dieser Typologie weist der Massivwasserbau ein klar ausgeprägtes, distanziertes Ich-Es-Verhältnis auf. Natur ist im Massivwasserbau etwas dem Menschen Gegenüberstehendes. Als äußere ist sie ihm Objekt zur Bearbeitung und uneingeschränkten Nutzung. Die Welt wird im Massivwasserbau klar in die Bereiche „Natur" und „Kultur" aufgeteilt. Die erhabene Stellung des Menschen als verstandesbegabtes und kulturfähiges, von der Natur verschiedenes Subjekt wird deutlich herausgestellt. Autonomie und Getrennt-Sein von der Natur werden als wohltuend erfahren und sollen mit massivwasserbaulichen Maßnahmen gestärkt werden.

Im Naturnahen Wasserbau dagegen wird ein beginnender Perspektivenwechsel von einem Ich-Es- zu einem Ich-Wir-Naturverhältnis sichtbar.[19] Im Übergang zu einem Wir-Naturverhältnis tritt die dichotome Trennung von Natur und Kultur zugunsten eines (hierarchischen, aber zumindest gedanklich allumfassenden) ökosystemaren Naturganzen in den Hintergrund. Der Mensch erkennt sich als – mitsamt seiner kulturellen Sphäre – einverwoben in einen ökologischen Seinsverband aller Naturdinge, erkennt sich selbst als Teil einer umfassenden „Ökonatur" (Parodi 2008, Kap. 4.2.2). Die Vorstellung der ökonatürlichen Welt zeigt sich im Naturnahen Wasserbau somit als eine perspektivisch totale. Dementsprechend wird die Ökonatur von innen aus der Teilnehmerperspektive erfasst und kann indes (im Gegensatz zu den Vorstellungen des Massivwasserbaus) für den Menschen nie vollständig erkennbar und erklärbar sein. Die Ausgestaltung der Beziehung zu den anderen Mitgliedern dieser öko-natürlichen Wir-Welt differiert allerdings, zeigt sich mehr oder weniger hierarchisch. So werden im Naturnahen Wasserbau sowohl anthropozentrierte als auch ökozentrierte Positionen eingenommen.

---

19 Dass sich dieser Perspektivenwechsel im Wasserbau im Rahmen der menschheitsgeschichtlichen Typologie der Naturverhältnisse erkennen und einordnen lässt, bedeutet indes nicht, dass sich damit ein Perspektivenwechsel der gesamten Menschheit vollziehen oder auch nur andeuten würde.

Das im Umbruch befindliche Naturverhältnis erzeugt indes Widersprüche. Bislang gültige Gewissheiten, die Stellung des Menschen und dessen Selbstverständnis werden in Frage gestellt. Dies sorgt nicht zuletzt für eine gewisse Orientierungslosigkeit im Umgang mit „Natur" im Allgemeinen und auch konkret im technischen Umgang mit Gewässern. Der im Naturnahen Wasserbau aufkommende Ich-Wir-Naturbezug vollzieht sich dabei nicht in einer radikalen Negierung und Überwindung des Es-Typus, sondern vielmehr in dessen Überformung. Dabei wird mit dem Aufkommen eines Ich-Wir-Naturverhältnisses auch die Möglichkeit eröffnet, unterschiedliche Beziehungen zu den Dingen und Mitgliedern dieser ökonatürlichen Wir-Welt einzunehmen: weiterhin eine (eher) gegenständliche, gebrauchende Ich-Es-Beziehung oder eine partnerschaftliche Ich-Du-Beziehungen zu pflegen oder auch eine mystische Ich-Ich-Einheit zu suchen. Dies geschieht allerdings immer unter der Bedingung (der Möglichkeit) des Wissens um die anderen Beziehungsformen, der Möglichkeit der Wahl zwischen diesen, und im Gewahrsein der diese Formen umfassenden, unhintergehbaren Ich-Wir-Beziehung zur Ökonatur.

Literatur

Adorno, Theodor W. (1972): Ästhetische Theorie. In: Adormo. Th. W.: Gesammelte Schriften. Bd. 7. Frankfurt am Main

Banse, Gerhard (2002): Technikphilosophische und allgemeintechnische Herausforderungen. In: Banse, Gerhard; Meier, Bernd; Wolfgramm, Horst (Hg.): Technikbilder und Technikkonzepte im Wandel – eine technikphilosophische und allgemeintechnische Analyse. Karlsruhe (FZK), S. 19-36

Buber, Martin (1973): Das dialogische Prinzip. Heidelberg

Buber, Martin (1960): Urdistanz und Beziehung. Heidelberg

Fischer, Ernst P. (2004): Die aufschimmernde Nachtseite der Wissenschaft. Kreativität und Offenbarung in den Naturwissenschaften. Konstanz

Gorp, Anke van (2005): Ethical Issues in Engineering Design. Safety and Sustainability. Delft

Großklaus, Götz; Oldemeyer, Ernst (Hg.) (1983): Natur als Gegenwelt. Beiträge zur Kulturgeschichte der Natur. Karlsruhe

Hansen, Klaus P. (2000): Kultur und Kulturwissenschaft. 2. Aufl. Tübingen/Basel

Huber, Josef (1989): Technikbilder. Weltanschauliche Weichenstellungen der Technologie- und Umweltpolitik. Opladen

Janich, Peter (2003): Technik und Kulturhöhe. In: Grunwald, Armin (Hg.): Technikgestaltung, Wunsch und Wirklichkeit. Berlin u. a., S. 91-104

Oldemeyer, Ernst (1983): Entwurf einer Typologie des menschlichen Verhältnisses zur Natur. In: Großklaus, Götz; Oldemeyer, Ernst (Hg.) (1983): Natur als Gegenwelt. Beiträge zur Kulturgeschichte der Natur. Karlsruhe, S. 15-42

Oldemeyer, Ernst (2005): Die Ich-Es-Einstellung als Voraussetzung technischer Kreativität. Bewusstseinsgeschichtliche Bemerkungen im Anschluss an Martin Buber. In: Dürr, Renate; Gebauer,

Gunter; Maring, Matthias; Schütt, Hans P. (Hg.): Pragmatisches Philosophieren. Festschrift für Hans Lenk. Münster, S. 302-314

Parodi, Oliver (2008): Technik am Fluss. Philosophische und kulturwissenschaftliche Betrachtungen zum Wasserbau als kulturelle Unternehmung. München

Ravetz, Jerome (2008): Maintenance as Morality. Vortrag, Royal Academy of Engineering, London. – URL: http://www.illigal.uiuc.edu/web/wpe/program/ [09.06.2009]

Rohbeck, Johannes (1993): Technologische Urteilskraft. Zu einer Ethik technischen Handelns. Frankfurt am Main

Ropohl, Günter (1999): Allgemeine Technologie. Eine Systemtheorie der Technik. München/Wien

Sachsse, Hans (1992): Technik. In: Seiffert, Helmut; Radnitzky, Gerard (Hg.): Handlexikon zur Wissenschaftstheorie. München, S. 358-361

Tondl, Ladislav (2003): Technisches Denken und Schlussfolgern. Neun Kapitel einer Philosophie der Technik. Berlin

Weizsäcker, Carl Friedrich von (1977): Der Garten des Menschlichen. Beiträge zur geschichtlichen Anthropologie. München

Wittgenstein, Ludwig (1990): Über Gewissheit [1949/51]. Frankfurt am Main

Einführung in die Digitale Ontologie [1]

Rafael Capurro

Wir leben in digitalen Kulturen. Die digitale Technik prägt bis in den Alltag hinein unsere Lebensweise, die Art und Weise, wie wir wissenschaftlich lehren und forschen, unsere Politik und Ökonomie, unser Rechts- und Verwaltungssystem usw. Zwar ist das Verhältnis von Technik und Kultur in der Menschheitsgeschichte immer eng gewesen, aber das Besondere unserer heutigen Situation besteht m. E. darin, dass dies global, beinahe gleichzeitig und auf der Basis digitaler Technik geschieht, die sich auch in vergleichsweise extrem kurzer Zeit entwickelt hat. Die digitalen Kulturen sind Teil einer globalen Kultur, die aber nicht notwendigerweise kulturelle Unterschiede einebnet. Sie bedeutet auch nicht, dass alle Menschen im gleichen Ausmaß und auf gleicher Weise von ihr bestimmt werden. Das Schlagwort von der „digitalen Spaltung" (*digital divide*) zeigt diesen Unterschied an, auch wenn zum Beispiel die Frage des Zugangs zum Internet die Differenzen zwischen den von der digitalen Technik geprägten Informationsgesellschaften vereinfacht darstellt. Aber nicht etwa das *World Wide Web*, sondern generell die Digitalisierbarkeit aller Phänomene macht das Besondere der heutigen digitalen Kulturen aus. Wir sehen, verstehen, konstruieren und manipulieren alle Phänomene im Horizont des Digitalen. Wenn diese Wahrnehmung unseres Zeitgeistes stimmt, dann können wir vom Digitalen als von einem den Wirklichkeitsbegriff lokal und global auf unterschiedlicher Weise bestimmenden Horizont sprechen. Mit dem Wirklichkeitsbegriff befassen sich in der Philosophie bekanntlich Ontologie, Metaphysik und Erkenntnistheorie.

Ich unterscheide in diesem Zusammenhang, Martin Heidegger folgend, zwischen Ontologie (oder „Fundamentalontologie") im Sinne der Seinsverfassung des Menschen, und Metaphysik oder Lehre vom Seienden, die aber, so Heidegger in Anschluss an Immanuel Kant, die Bedingungen ihrer Möglichkeit in der menschlichen Erkenntnis (Kant) bzw. im menschlichen Dasein (Heidegger) nicht kritisch reflektiert (vgl. Heidegger 1991). Wenn Metaphysik auf der Endlichkeit menschlicher Erkenntnis bzw. menschlichen Existierens basiert, dann ist die Objektivität „symbolischer

---

1 Dieser Aufsatz ist die gekürzte und veränderte Fassung eines Email-Dialogs mit Michael Eldred im Jahre 1999, vgl. Capurro 1999; Eldred 1999, 2008. – Alle griechischen Begriffe, auch in den Zitaten, werden transkribiert und kursiv gesetzt.

Formen", im Sinne des Kulturphilosophen Ernst Cassirer, der sich in der berühmten „Davoser Disputation" mit Martin Heidegger auseinandersetzte, in eben dieser endlichen Seinsverfassung begründet (vgl. Cassirer 1994; Heidegger 1991). Kultur und Technik, symbolische und „poietische" Formungen, sind als ontische oder kategoriale Phänomene zu verstehen. „Jedes neue Werkzeug, das der Mensch findet, bedeutet demgemäß einen neuen Schritt, nicht nur zur Formung der Außenwelt, sondern zur Formierung seines Selbstbewusstseins" (Cassirer 1994, Bd. 2, S. 258). Kultur und Technik beruhen, so meine These, auf einer nicht endgültig fixierbaren Seinsdeutung, wobei man wiederum menschliches Seinsverständnis als Kultur *im ontologischen Sinne* bezeichnen kann.

„Was ist das Seiende?", diese Grundfrage der Metaphysik lässt sich aus der Sicht eines endlichen Erkennens nicht ein für allemal beantworten. Metaphysik bedeutet einen solchen Versuch, das Sein des Seienden „essentialistisch" zu fixieren. Auf unsere gegenwärtige Problematik einer digitalen Kultur bezogen: Eine digitale Ontologie ist eine mögliche Bestimmung des Seins des Seienden, welches sich auf die Digitalisierbarkeit bezieht. Eine digitale Ontologie ist aber stets in Gefahr, zu einer digitalen Metaphysik in dem Augenblick zu mutieren, in dem sie sich als die wahre Antwort auf die Seinsfrage missversteht. Die digitale Ontologie ist ein mögliches Seinsverständnis menschlicher endlicher Erkenntnis. Alle Regionen oder Sphären des Seienden erscheinen oder werden aufgefasst als digital-seiend. Wir sprechen von e-Commerce, e-Economy, von virtuellen Gemeinschaften und virtuellen Hochschulen, von digitalen Bibliotheken usw.

Ich bezeichne unsere gegenwärtig vorherrschende Seinsdeutung in Abwandlung des Satzes von George Berkeley „Das Sein der Dinge ist ihr Wahrgenommensein" („*Their esse* is *percipi*") (Berkeley 1965, p. 62) mit dem Satz „*esse est computari*". Das bedeutet also keineswegs, alles sei bloß virtuell oder die Dinge bestünden, „essentialistisch" gedacht, aus bits, sondern es bedeutet, dass wir meinen, etwas in seinem Sein erklärt und verstanden zu haben, wenn wir es auf der Basis von Zahlen und Punkten im elektromagnetischen Medium erfassen. Es wäre auch möglich, diesen Satz so zu formulieren: „*esse est informari*", wobei der Informationsprozess im Sinne eines im elektromagnetischen Medium stattfindenden Formungsprozesses zu verstehen ist. Die globale digitale Vernetzung ist die Art und Weise, wie wir heute jene Totalität erfahren und gestalten, die die Metaphysik das Seiende im Ganzen nannte. Der Ursprung dieses digitalen Weltentwurfs liegt, so meiner These, in der griechischen Metaphysik. Im Rahmen dieser Einführung ist es nicht möglich, die weitere Entwicklung, etwa über Raimundus Lullus, Blaise Pascal, René Descartes, Gottfried Wilhelm Leibniz, die britischen Empiristen, die Erfindung des Computers usw., nachzuzeichnen.

1   Der griechische Ursprung

Wir sollten zunächst bedenken, inwiefern die Kategorie des Signals zum Seienden selbst im metaphysischen Sinne gehört oder ob sie aus einem Handelnden – einem Göttlichen oder einem Menschlichen oder einem sonst Existierenden – zu verstehen ist. Mir scheint, dass die antike Philosophie eher den ersten Sinn betont, während der zweite seit der Neuzeit aufgrund der Trennung von Subjekt und Objekt vorherrschend wird. Das moderne *Verstehen* von 0 und 1 hat auch eine andere Bewandtnis im Rahmen einer Theorie der Signalübertragung als zum Beispiel im Rahmen einer kabbalistischen Überlegung über die Bedeutung dieser Zeichen. Letzteres würden wir dann eher als Symbol kennzeichnen. In der Neuzeit wird die Unterscheidung zwischen Signal und Symbol teilweise eingeebnet. Genau genommen werden aber keine Reihen von Nullen und Einsen gesendet, sondern elektromagnetische Strömungen, die wir dann als 1 und 0 interpretieren. Der Code 0/1 ist also unser Anteil am ontologischen Entwurf. Dieser Code bedeutet nicht, dass allen Phänomenen einer zweiwertige Logik zugrunde gelegt wird. Zahlen werden bekanntlich im Computer binär dargestellt und dienen der Berechnung der *fuzzy logic* oder der Erfassung quantenmechanischer Phänomene nicht weniger als der Codierung natürlicher Sprache. Ob die Quantenmechanik – in deren Rahmen bereits eine „Quantentheorie der Information" entwickelt wurde (vgl. Lyre 1998) – auf dem Weg über den Quantencomputer zu einer Quantenkultur oder gar zu einer Quantenontologie im Sinne einer grundlegenden menschlichen Einstellung zum Sein mit allen ontischen Konsequenzen führen kann oder wird, ist eine offene Frage.

Wir nehmen die Signalübertragung als ein Ganzes wahr. Das Gehirn braucht dazu Zeit. Aber phänomenal gesehen entsteht der *Eindruck* der Ganzheit. Die Tätigkeit des Gehirns ist auf Ganzheit hin ausgerichtet. Hier ist eine metaphysische Kategorie (*to holon*) impliziert. Es ist eine beliebte Metapher, die gegliederte Auflösung in 0/1 im digitalen Bereich mit der Auflösung im neuronalen Netz unseres Gehirns zu *vergleichen*. Wir müssten dabei eine metaphysische Unterscheidung (*diairesis*) vornehmen. Zahl und *logos* hängen in der Sprache der Metaphysik (Platon) so zusammen, dass die Zahl einen höheren Seinswert (Freisein vom materiellen Substrat) hat als der *logos*. Insofern erfasst die Zahl das *eidos* der Dinge, während der *logos* die Möglichkeit hat, näher am Wahrnehmbaren zu sein.

Als Ausgangspunkt dieser Einführung in die digitale Ontologie dient uns folgende Passage aus Heideggers *Sophistes*-Vorlesung vom Wintersemester 1924/25: „Dabei ist zu beachten, dass für Aristoteles die primäre Bestimmung der Zahl, sofern sie auf die *monás* als die *arché* zurückgeht, einen noch viel ursprünglicheren Zusammenhang mit der Konstitution des Seienden selbst hat, sofern zur Seinsbestimmung jedes Seienden ebenso gehört, dass es ‚ist', wie dass es ‚eines' ist; jedes *on* ist ein *hen*. Damit bekommt der *artithmós* im weitesten Sinne – der *arithmós* steht hier für das *hen* – für die *Struktur des Seienden überhaupt* eine grundsätzlichere Bedeutung als ontologische Bestimmung. Zugleich tritt er in einen Zusammenhang mit dem *lógos*, sofern das Seiende in seinen letzten Bestimmungen nur zugänglich wird in einem ausgezeichneten *lógos*, in der *nóesis*, während die geometrischen Strukturen allein in der *aisthesis* gesehen werden. Die *aisthesis* ist das, wo das geometrische Betrachten halt machen muss (*stesetai*), einen Stand hat. In der Arithmetik dagegen ist der *lógos*, das *noein*, am Werk, das von jeder *thesis*, von jeder anschaulichen Dimension und Orientierung, absieht" (Heidegger 1992, S. 117).

Das Trennen (*chorizein*), so Heidegger, ist der „Grundakt der Mathematik" für Aristoteles (Trennen, aber kein Getrenntes – vgl. Heidegger 1992, S. 100). Die *mathematiká* sind ein Herausgenommenes aus den natürlichen Dingen (*physei onta*). Der Mathematiker bringt etwas von seinem Platz (*chora*) weg. Es gibt für Aristoteles keinen himmlischen Ort (*topos ouranós*) für die Zahlen. Der Unterschied zwischen Geometrie und Arithmetik besteht zunächst darin, dass die *monas* nicht gesetzt wird (*ousia áthetos*), der Punkt (*stigme*) aber doch. Die *monas* ist das, was schlechthin bleibt. Punkte muss man setzen, Orte gehören zum Seienden. Jedes Seiende hat seinen Ort: das Feuer oben (*ano*), die Erde unten (*kato*) etc. Diese Bestimmungen gelten für Aristoteles teilweise absolut, dann aber auch für uns (*pros hemas*), d.h. je nachdem, wo wir uns befinden. Der Ort ist schwer zu fassen. Erst z.B. beim Bewegenden, d.h. beim Ortswechsel, werden wir uns des Ortes bewusster. Der Ort ist die Grenze des *periechon*, also dessen, was einen Körper umgrenzt, was an seine Grenzen stößt. Die Welt ist für Aristoteles absolut orientiert, es gibt ausgezeichnete Orte (ein absolutes Oben etc.). Heideggers Fazit lautet: Der Ort hat eine *dynamis*, er ist die „Möglichkeit der rechten Hingehörigkeit eines Seienden", er gehört zum Seienden als sein „Anwesendseinkönnen", sein „Dortseinkönnen". Es ist, wenn es da ist (vgl. Heidegger 1992, S. 109).

Heidegger erörtert anschließend die Genesis von Geometrie und Arithmetik im Ausgang vom *topos*. Wenn man vom *topos* absieht und nur die möglichen Lagen und Orientierungsmomente behält, dann sind wir bei der Geometrie. Das Geometrische ist nicht mehr an seinem Ort. Die *pérata* sind nicht mehr *als* die Grenzen des physischen Körpers verstanden, sondern sie erhalten durch die *thesis* eine eigentümliche Eigenständigkeit. Es ist aber nicht so, dass die höheren Gebilde aus solchen Grenzen (Punkte usw.) einfach zusammengesetzt sind. Linien entstehen nicht aus Punkten, Körper nicht aus Flächen, denn zwischen zwei Punkten gibt es immer eine Linie (*grammé*). Aristoteles und Platon sind hier „in der schärfsten Opposition": „Zwar sind die Punkte die *archai* des Geometrischen, aber doch nicht so, dass aus ihrer Summierung die höheren geometrischen Gebilde aufgebaut werden könnten" (Heidegger 1992, S. 111). Eine „bestimmte Zusammenhangsart" ist darüber hinaus erforderlich. Ähnlich im Bereich des Arithmetischen ist die *monás* noch keine Zahl. Die erste Zahl ist die zwei. Weil die *monás* im Unterschied zu den Elementen der Geometrie keine *thesis* in sich trägt, ist die Zusammenhangsart eines arithmetischen Ganzen anders als bei Punkten. Beide Formen von Mannigfaltigkeit (Faltung) sind verschieden oder, wie wir auch sagen könnten, beide Formen der *Vernetzung* sind verschieden. Zahlen sind anders *vernetzt* als Punkte usw.

Wie aber? Es gibt mehrere Formen, wie Dinge miteinander (vernetzt) sind – Heidegger bezieht sich dabei auf Aristoteles' *Physik* V, 3 –, nämlich:

- *hama*: zugleich; wenn Dinge an einem Ort sind;
- *choris*: getrennt; was an einem anderen Ort ist;
- *haptesthai*: sich berühren (an einem Ort);
- *metaxy*: dazwischen (oder das Medium: wie z. B. der Fluss, in dem sich ein Schiff bewegt);
- *epheches*: das Darauffolgende; da gibt es zwischen dem, was vorher ist, und dem, was folgt, kein Zwischen vom selben *genus* (Seinsabkunft) wie das Vernetzte. So stehen die Häuser einer Straße in einer Reihe, aber in einem Medium, was kein Haus ist. Das ist die Art der Vernetzung der *monades*, wobei bei ihnen nichts dazwischen steht. Sie berühren sich aber nicht wie bei der *syneches*;
- *echomenon*: was sich hält, ein Nacheinander, was sich zusammenhält und sich berührt, die Enden stoßen zusammen an einem Ort (wie etwa bei Kabel und Steckdose);
- *syneches – continuum*: hier gibt es kein Zwischen; es ist ein *echomenon*, aber ohne Zwischen, also ein ursprüngliches *echomenon* (Beispiel: Die Grenzen des einen Hauses sind identisch mit denen der anderen); das ist die Vernetzungsart der Punkte, die eine Linie bilden.

Jedes Seiende (*on*) ist ein *hen*. In der Geometrie ist die Wahrnehmung (*aisthesis*) am Werk, während in der Arithmetik der *logos* von jeder Setzung (*thesis*) und jeder Anschauung absieht. Die Dinge, *sofern* sie eins sind, gehören zusammen oder sind vernetzt in der Weise der *epheches*, d. h., sie müssen sich nicht berühren und es muss nicht immer etwas dazwischen sein (vgl. Heidegger 1992, S. 113-116).

So, wie die Griechen die Zahlen aus dem Zusammenhang mit den natürlich Seienden (*physis*) lösten, so lösen wir sie heute aus ihrem *gedanklichen* Zusammenhang mit dem menschlichen Geist (*nous*) und dem menschlichen Leib und verlagern sie nicht mehr in einen *theo*-logischen, sondern in einen *techno*-logischen Ort. Was zunächst aber rätselhaft erscheint, ist die Möglichkeit eines Zugangs zum Sein ohne den *logos*. Ich denke an Gadamers Satz: *„Sein, das verstanden werden kann, ist Sprache“*. Er schreibt anschließend: „Das hermeneutische Phänomen wirft hier gleichsam seine eigene Universalität auf die Seinsverfassung des Verstandenen zurück, indem es dieselbe in einem universellen Sinne als *Sprache* bestimmt und seinen eigenen Bezug auf das Seiende als Interpretation. So reden wir ja nicht nur von einer Sprache der Kunst, sondern auch von einer Sprache der Natur, ja überhaupt, von einer Sprache, die die Dinge führen" (Gadamer 1975, S. 450).

Sofern *wir* es sind, die das Sein auslegen, ist immer die *Zeit* im Spiel, denn wir sind zeitlich (vgl. Heidegger 1992, S. 632). Offenbar stellt Heidegger hier die Möglichkeit, das Sein des Daseins vom Sein der Welt auszulegen oder umgekehrt, zur Entscheidung und entscheidet sich für das Gegenteil. Der Grund? Weil das Zeitlich-sein des Daseins eine eigene (eigentliche) Zeitlichkeit besitzt, die nicht identisch ist mit der Zeitlichkeit der Welt (und somit mit den Seinskategorien der Welt). „Der nächste Sinn von Sein" ist nämlich der Sinn vom Sein (der Welt) als das Gegenwärti-ge (vgl. Heidegger 1992, S. 633). Für uns ist aber Vergangenheit und Zukunft eine Weise zu sein, die dem Sein der Welt in seinem Begegnen nicht entsprechen. Welt ist nur da in der Weise der Anwesenheit. „Das Sein der Welt ist Anwesenheit" (Heideg-ger 1992, S. 633). Die Aneignung des Seienden in logischen und digitalen Zusam-menhängen wird der Interpretation des Seins des Daseins nicht gerecht. Umgekehrt aber gilt, dass durch die zureichende Interpretation des Seins des Daseins „der nächste Sinn von Sein", die Anwesenheit nämlich, die auch das Sein der logischen und digita-len Zusammenhänge ausmacht, positiv aufgeklärt werden kann. Es ist schon etwas merkwürdig, dass Aristoteles von Herauslösen spricht, wo man in der Regel meint, der Denker der Loslösung (*horismos*) sei ja Platon.

Ich fasse zusammen. Punkte haben einen Ort, und dadurch lassen sie sich voneinander differenzieren. Zahlen sind zwar ortlos, aber in sich selbst differenziert. Beide, sowohl Punkte als auch Zahlen, werden aus dem natürlich Seienden (*physis*) herausgelöst, also sie bestehen zunächst nicht für sich, wie Platon meint. Das digital Seiende, oder das Seiende, sofern es digital ist, oder die aus dem natürlich Seienden herausgelöste Zahl-Struktur, löst das Seiende zugleich aus seinem natürlichen Ort heraus. Das digitalisierte Seiende oder das Seiende in seinem Digitalisiert-sein ist ortlos, weil sie als Zahl aufgefasst werden. Das ist die Bedingung der Möglichkeit für die Einrichtung einer Technik, die genau den Gesichtspunkt des Ortes weglässt, im Gegensatz etwa zu einer Bibliothek, die auf die Materie (*hyle*) der Bücher baut. Zugleich aber schafft die Schrift auch eine Ortlosigkeit, denn Bücher können woanders sein, als dort, wo sie hergestellt wurden. Die Ortlosigkeit des *logos* ist eine merkwürdige Eigenschaft, die vielleicht den Unterschied zwischen Platon/Sokrates und den Sophisten ausmacht. Denn Platon legt immer großen Wert auf die situationelle Gebundenheit des Logos gegenüber der Schrift, wie er dies im *„Phaidros"* in Zusammenhang mit dem Mythos der Erfindung der Schrift darlegt. Die Sophisten scheinen den *logos* von der strengen dialektischen Situation zu lösen, um die so losgelösten Erkenntnisse überall zu vermarkten. Der sophistische mündliche *logos* wäre also, von Platon aus gesehen, nicht weniger losgelöst als der schriftlich fixierte *logos*. Aristoteles knüpft an die Einsicht der Sophisten an, ohne aber deren Praxis zu teilen.

Mit Bezug auf die Ortlosigkeit des *logos* lösen die *techné* und die *poiesis* das natürlich Seiende mit seiner *hyle* aus seinem angestammten Ort heraus. Die Frage ist aber, ob durch die Vernetzung den Zahlen doch ein wechselbarer Ort zugewiesen wird: Sie sind immer irgendwo, aber nicht ausschließlich an *einem* Ort. Sie sind also an der technischen Schnittstelle zwischen *hyle*, Punkt und *logos* angesiedelt. Wie steht es aber mit der von Heidegger hervorgehobenen Unterscheidung zwischen *monas* und *hen*? Wenn das *hen* zu dem natürlich Seienden gehört, dann sind das *ens et unum convertuntur* der Scholastik (griechisch: *on kai hen*) sowie das „Ein und Alles" (*hen kai pan*) von hier aus zu verstehen. So, wie sich also das Seiende gegen das Nicht-Seiende abhebt, so hebt sich die *monas* gegen die 0 ab. Zunächst haben wir also die natürliche Welt und dann durch Herauslösung das Ort- und Weltlose (*atopos*). Wir haben also folgende Abstufung der *Abstraktion* oder der Herauslösung aus dem natürlich Seienden:

- *das natürlich Seiende* (*physei onta*): bestimmt durch Einheit, Ort und Setzung (*hen, topos, thetos*);
- *der Punkt* (*stigme*): bestimmt durch Ortlosigkeit und Setzung (*atopos, thetos*) und Berührung (*syneches, continuum*);
- *die Einheit* (*monas*): bestimmt durch Ortlosigkeit und Ungesetztheit (*atopos, athetos*).

Diese Herauslösung ist heute gekoppelt mit der technischen Einprägung oder *Herstellung* von Zahl und Punkt im elektromagnetischen Medium. Die Frage, die wir uns angesichts der Entwicklung von der Formung durch den Schöpfer über den Golem bis hin zum Computer stellen, ist dann die unseres möglichen Aufenthaltes in der so erschlossenen Welt.

Die Griechen – weniger pauschal: Platon und Aristoteles – orientierten sich am *logos* und entwickelten demnach eine Ontologie. Der Logos behält die Kontrolle auf verschiedenen Stufen, letztlich auch als Logos, der den Ursprung der *monas*, d. h. das *hen* erkennt. Heidegger geht auf die Diskussion des *on* als *hen* (Parmenides) ein. Der Satz „Alles, was ist, ist Eins" (*hen on to pan*) stellt eine verwickelte Geschichte über die Deckung oder Nicht-Deckung dieser Begriffe mit der wohlgerundeten Kugel des Parmenides dar. Ein wichtiger Unterschied ist der zwischen der Einheit im Sinne der Ganzheit von Teilen und der Einheit, die dieser Ganzheit vorausgeht (vgl. Heidegger 1992, S. 457). Griechisch ausgedrückt: *hen* als *pathos epitois meresi* oder *syneches ek pollon meron on* und *hen alethos*, das letztlich aufgedeckte Eins. Das hat zur Folge, dass das *on* als ein *hen* (*alethos*) nicht gleich dem *holon* als Ganzheit von Teilen ist. Wenn das *holon* aus dem *on* als solchem herausfällt, dann fallen auch *genesis* und *ousia* heraus, weil das Werden in einem gewordenen Ganzen im Sinne eines fertigen, ganzen Seienden sich vollendet. Wenn es aber kein Werden und kein Sein gibt, dann ist das *on* nicht. Der Satz des Parmenides führt also, wie Heidegger Platons Überlegungen nachzeichnet, in einen Selbstwiderspruch.

Da Platon im Horizont des *hen* argumentiert und dem *me on* eine entsprechende Stelle im Ganzen zuweist, wäre die Frage, wie das *me on* im Horizont des Digitalen zu denken ist: Was ist eine digitale Spur? Sie verweist auf das Gewesene (*me on*) des Digitalen. Es scheint mir so zu sein, dass wir es in einer digitalen Ontologie mit einem umgekehrten Parmenides zu tun haben: Während bei Parmenides das *holon* – also die Ganzheit im Sinne der Ganzheit von Teilen – aus dem *on* herausfällt, und es somit keine *genesis* und keine *ousia* gibt, so fällt bei der digitalen Ganzheit das *hen* aus dem *on* heraus, so dass wir nur *genesis* und *ousia*, aber nicht „Sein" und „Totalität" (*pan*) haben. Die Frage ist dann, ob in der digitalen Ontologie lediglich die *monas* und nicht das *hen* gesehen werden kann.

2   Digitale Ontologie

Durch die Computertechnik und die Vernetzung haben wir eine andere Möglichkeit für die Ortlosigkeit der Zahlen geschaffen: Sie sind zwar ortlos, aber sie können an allen möglichen Orten sein, oder besser gesagt, sie sind zunächst technisch an einem Ort, aber an diesen Ort nicht von Natur aus gebunden, also zugleich ortsgebunden und ortlos. Wenn jetzt nicht nur Raum und Zeit, sondern sogar ein elektromagnetisches Medium hinzukommt, dann haben wir es wohl hier mit der Konstitution des „digital Seienden" zu tun. Und wie steht es mit der Frage nach der Vernetzung? Mir scheint, dass wir heute den Begriff der Vernetzung sehr inflationär gebrauchen. Welches neue Phänomen wird dadurch konstituiert?

Die digitale Welt ist eine Welt und doch keine, sie ist lokal und doch global – und umgekehrt. So hat der Mensch nicht nur die Möglichkeit, zuweilen beim Immerseienden zu verweilen, sondern auch bei einer Art von Seiendem, das von der *techné monas* hervorgebracht wird. Was passiert, wenn wir den *logos* mit der Welt der technisierten Arithmetik verbinden? Dass der *logos* sich vom natürlich Seienden und somit von der Stimme (*phone*) trennen lässt, zeigt die Auseinandersetzung von Sokrates/Platon mit den Sophisten und Platons *Kratylos* in der *physei-thesei*-Debatte.

Wir sprechen in der Informationswissenschaft von *information retrieval,* d.h. vom Abruf von Information (vgl. Capurro 1986). Wie unterscheiden sich der logische und der mathematische Abruf des Seienden? Um was für einen Vorgang handelt es sich hier? Dass die natürlichen Dinge sich uns „zusprechen", mag einsichtig sein, aber wie können uns Dinge ansprechen, die wir erst konstruieren müssen? Für Platon lag hier ein höherer Zuspruch wohl vor, dem wir entsprechen, wenn wir die Ideen nachahmen. Die Platonische Lösung dessen, was wir Kreativität nennen, sind die Ideen als Vorbilder für die künstliche Herstellung vom Seienden. Für Aristoteles bleibt das natürlich Seiende das Leitende, wovon sich die *logoi* abheben. Zahl und *logos* lassen Seiendes anders sein als es von sich aus, d.h. natürlich, ist, und sie lassen auch deshalb Seiendes anders werden, d.h. Seiendes vom *logos* oder von der Zahl her entstehen, *techné on*, onto- und monado- oder arithmo-logisch. Die Verbindung ergibt *das* onto-arithmo-logisch Seiende. Dadurch wird nicht nur das natürlich Seiende (*physei onta*) anders vergegenwärtigt, sondern es wird Seiendes in seinem Sein anders vernommen. Mit anderen Worten, die onto-arithmo-logische Technik lässt Seiendes anders sein als eben die *physis* und die bisher bekannten Formen der Herauslösung (Punkt, Zahl).

Wie ist also das onto-arithmo-techno-logische Seiende zusammen? Indem es zugleich an einem Ort, aber nicht an ihn gebunden ist.

Das elektromagnetische Medium ist eine Prägemasse. *To ekmageion* ist die Masse, worin man etwas abdrückt, Wachs, Gips, und *to ekmagma* ist das Aus- oder Abgedruckte in Wachs, Gips, daher ein getreues Abbild, Ebenbild. Dieses Wort entspricht dem Lateinischen *informatio* (vgl. Capurro 1978). *Mageia* bedeutet Zauberei. Das *ekmageion* kommt bei Platon in der berühmten Stelle über das Aufnehmende (*chora*) im „Timaios", in der es um das Aufnehmende für alles Seiende, um die „Amme des Werdens" (Timaios 52b), die selber „von allen Sichtbarkeiten (*eidon*) frei sei" und „alle Herkünfte (*gene*) in sich aufnehmen, empfangen soll" (Timaios 50e). Platon behauptet, „dasjenige aber, das weder auf Erden noch irgendwo am Himmel sei, das sei nicht" (Timaios 52b). Übersetzt heißt dies, dass jedes Seiende eines Mediums bedarf. Das elektromagnetische Medium ist eine Prägemasse, die das digital Seiende aufzunehmen vermag. Das digital Seiende kann sich aber auch frei durch dieses Medium bewegen und Platz darin einnehmen. Insofern ist das elektromagnetische Medium wie die *chora* ein Raum zum Aufnehmen von digital, d. h. arithmologisch zergliedertem Seienden. Bereits in der Verschriftlichung des *logos* findet eine Herauslösung des Mitgeteilten aus dem Zusammenhang und somit aus dem Ort statt, was Platon in seiner Schriftkritik klar erkennt. Aber schon der gesprochene *logos* ist eine Herauslösung aus der Seele des Sprechenden, wodurch dann die Praxis der Sophisten möglich wird, sofern diese die *logoi*, losgelöst vom Ziel der Wahrheitssuche, für beliebige Zwecke verwenden.

Die Ontologie orientiert sich am *logos* oder am *on legomenon*, d. h. am Seienden, wie es vorliegt als das Worüber eines Sagens. Hier liegt ein Unterschied zu uns: Wir orientieren uns an der *monas* oder an den *mathematika*, aber nicht schlechthin, sondern sofern diese – die *monades* oder Einheiten – techno-logisch digital eingebunden sind. Die Bezeichnung *digitale* Onto*logie* ist, von hier aus gesehen, ein Oxymoron. Eher könnten wir von *digitaler Ontoarithmetik* sprechen.

Für Aristoteles wird das *hypokeimenon* als das schon Vorliegende im Hinblick auf das *legein*, also als etwas, was *vor* dem Sprechen schon da ist, verstanden. Wie aber, wenn der Grundcharakter des Seins nicht aus dem *logos*, sondern aus dem *arithmos* gewonnen wird? Und wie, wenn dieser *arithmos* techno-logisch aufgefasst wird? Welches ist dann die formale Bestimmung von etwas, was überhaupt ist? Was liegt vor dem Zählen? Was macht das Zählen möglich? Die *monas*, die ja ungesetzt (*athetos*) ist. Aristoteles schreibt, dass das *hen* das Prinzip für etwas ist, was wir dann unter dem Gesichtspunkt des Zählens (*arithmos*) auffassen können (vgl. Metapysik, V, 1016b18ff.). Das *hen* ist aber ein Metaprädikat, denn, was wir jeweils als *hen* betrachten, ist je nach Seiendem unterschieden. Wenn das, was wir zählen, von der Art des Unteilbaren (*adiaireton*) und Ungesetzten (*atheton*) ist, dann ist die Einheit, die *monas*, etwas Unteilbares. Eine Linie ist dann in eine Richtung teilbar etc. Aristoteles trifft hier eine weitere Unterscheidung: Das *hen*-sein lässt sich der Zahl nach oder dem *eidos* oder der Analogie nach unterscheiden:

- das *hen*, *der Zahl nach*, hat mit der *hyle* zu tun;
- dem *eidos* nach mit dem *logos*, oder dem *schema tes kategorias*;
- *der Analogie nach*, wie das Verhältnis des Einen zum Anderen.

Aristoteles schreibt, dass das Verhältnis dieser drei Ebenen so ist, dass die erste Ebene, die der Zahl, die grundlegende ist. Was also der Zahl nach eins ist, hat auch *ein* Eidos (aber nicht umgekehrt). Die *monas* ist also eine Form (unter anderen) von Einheit *hen*. Aristoteles sagt wenig später, dass die Einheit in der Zahl Ursprung und Maßstab ist (*en tou arithmou arche kai metron*). Gemeint ist wohl, dass das *hen* als *monas* oder besser gesagt, dass das *hen arché* der *monas* ist und dass die *monas* wiederum Ursprung des Zählens (*arithmos*) ist.

Kehren wir aber zu Heidegger zurück. Was ist ontologisch entscheidend: die *monas* oder das *hen*? Jedes *on* ist zwar ein *hen*, aber das *hen*-sein des Seienden ist ja nicht einerlei und nicht mit der *monas* und dem *arithmos* gleich. Dennoch ist das *hen* der Zahl nach grundlegend für das Einssein von Eidos und Analogie. Die Zahl (*arithmos*) liegt dem *logos* voraus, denn sie ist nicht gesetzt, *athetos*). Heidegger schreibt, dass deshalb die Zahl für Platon grundlegender ist als der *logos* im Hinblick auf die ontologische Besinnung, weil sie weniger braucht als der Punkt, wobei aber das *hen* „nicht mehr selbst Zahl ist" (Heidegger 1992, S. 121). Er schreibt mit Bezug auf die Zahl: „Dasselbe ist durchgeführt am Beispiel des *logos*" (Heidegger 1992, S. 120). Zahlen und Silben sind eigenständig. Es gibt keine Silbe überhaupt, während ein Punkt wie alle Punkte ist.

Die Zahlen sind, wenn sie an der technischen Schnittstelle zwischen Materie (*hyle*), Punkt und *logos* angesiedelt werden, nicht schlechthin ortlos, aber auch nicht an einen Ort gebunden Das ist erstaunlicherweise auch eine Form von Im-Ort-Sein, die Thomas von Aquin den (von der Materie) „getrennten Intelligenzen" (*intelligentiae separatae*) zuweist. Die oft als lächerlich empfundenen scholastischen Überlegungen zur Seinsweise der *intelligentiae separatae*, also dessen, was theologisch „Engel" genannt wird, könnten ein sehr interessantes Gedankenexperiment in Zusammenhang mit der Seinsweise digitaler Virtualität ausgelegt werden (vgl. Capurro 1993). Es waren die arabischen Philosophen des Mittelalters, die in Anschluss an die antike Kosmologie diesen Begriff prägten. Die „getrennten Intelligenzen" sollten zum Beispiel dazu dienen, die Sterne und Planeten ewig zu bewegen. Sie waren also als *motores* gedacht. Die himmlische Mechanik wurde in der Neuzeit durch natürliche Kräfte ersetzt, woraus sich dann auch eine sehr praktische Industrie der Maschinenherstellung entwickeln konnte.

Am Ende dieser Entwicklung werden die Maschinen wieder abstrakt und wir kommen zurück zu einer Art von „Intelligenz", die sich durch ihre Virtualität auszeichnet, die aber nicht von einem göttlichen, sondern von einem menschlichen Erbauer hergestellt wird. Die reine universelle Zahlenmaschine vermischt sich aber im Laufe des 20. Jh.s mit dem *logos*. Um aber dem universellen Charakter der Zahlen und Punkte zu entsprechen, muss der *logos* künstlich berechenbar werden. Gehört zu diesem *logos* eine besondere Form von Verstehen? Ergibt sich daraus nicht so etwas wie eine *digitale Hermeneutik* (vgl. Capurro 2008)? Kommen wir dem Sein dadurch, paradoxerweise, (anders) näher als durch die *natürliche* Sprache? Ist das „aisthetische Sichzeigen" nicht bereits ebenfalls eine Loslösung des Seienden zum „Anderen" hin? Denn nach Aristoteles bildet sich „in der Seele" ein Bild (*phantasmata*) der sichtbaren Dinge, was aber nicht wie eine Verdoppelung der Dinge im Bewußtsein zu interpretieren ist, sondern eher so, dass die Wahrnehmung auf die Dinge je mit dem jeweiligen Sinnesorgan zugeht und dabei das „Eigene" – Aristoteles nennt es *idia* – „wahrnimmt". So nimmt das Ohr zum Beispiel sein „Eigenes", also die Laute wahr.

Ist es aber nicht so, dass die metaphysische Vorstellung vom Ort des *logos* in der Seele (*psyche*) und vom Ort des Denkens als einem Dialog der Seele mit sich selbst (Platon) die eigentliche Herauslösung des *logos* aus dem existentiellen Zwischen bedeutet, was Heidegger mit dem Vorrang der Rede und mit ihr des „hermeneutischen Als" vor dem „apophantischen Als" bezeugt (vgl. Heidegger 1976, S. 153ff.)? Gilt die Unwahrheit bzw. Verstellung nur für den *logos* oder auch für die Zahlen? Wo liegt der Unterschied in der Art der Entbergung zwischen den Zahlen und dem *logos*? Wie gehören diese beiden Formen der Entbergung zusammen? Gibt es nur diese zwei oder auch andere? Und wenn nicht, warum nur diese zwei?

3   Ausblick

Für uns ist nicht die *sophia* als Wissenschaft vom *hen*, sondern die Wissenschaft und Technik von der *monas* und dem *arithmos* grundlegend. Wenn wir also den *arithmos* als grundlegend für die Struktur für alles Seiende nehmen, dann bedeutet dies, dass wir uns zwar in den Fußstapfen der griechischen Ontologie bewegen, aber ohne das *hen* und die *sophia*. Das bedeutet auch, dass wir dem Gegenwärtigen den Primat auch bei der Auslegung des Daseins geben. Heute besitzen wir eine ausgebildete Mathematik und Logik, aber keine Ontologie im Sinne einer Wissenschaft vom Einen. Geblieben ist lediglich das Eine als logische Kategorie. Eine Wissenschaft vom „Einzigen" scheint heute nur im Bereich der Religion, öfter in dem der Esoterik, möglich. Zugleich aber entwickelt sich eine digitale Ontologie, deren Herrschaft, in Gestalt einer digitalen Metaphysik, mir nicht kleiner erscheint als die des Materialismus im vorigen Jahrhundert.

Die digitale Ontologie bedenkt einen Code und ein Medium, nämlich die digitale Weltvernetzung, in dem unser Sein sich der Weise eines vielfältigen Rufens und Angerufenwerdens abspielt, wo also die Grenzen zwischen der *one-to-many*-Struktur der Massenmedien und der *one-to-one*-Struktur der Individualmedien beim Telefon im Hegelschen Sinne „aufgehoben" werden. Wenn wir uns des griechischen Wortes für *message,* nämlich *angelia*, erinnern, dann können wir sagen, dass wir eine neue angeletische Situation vor uns haben, deren Fundament gegenwärtig die digitale Ontologie darstellt. Ich nenne die Wissenschaft, die sich mit dem Phänomen (dem Code) Bote/Botschaft befasst, *Angeletik* (vgl. Capurro 2003). Die Hermeneutik – als Theorie des Verstehens von Botschaften – setzt stillschweigend dieses Phänomen voraus.

Die digitale Sicht des Seienden im Ganzen (*holon*), dass wir also alles, was ist, nur dann in seinem Sein zulassen, wenn wir es im Horizont des Digitalen verstehen, macht die Kernthese der digitalen Ontologie aus. Sofern sie sich darüber im Klaren ist und diesen Seinsentwurf nicht für den einzig gültigen hält, mutiert sie nicht zur digitalen Metaphysik (vgl. Capurro 2006).

Literatur

Berkeley, George (1965): A Treatise Concerning the Principles of Human Knowledge (part I) [1710]. In: Berkeley: Philosophical Writings. Ed. by Desmond M. Clarke. London, pp. 42-128.

Capurro, Rafael (1978): Information. Ein Beitrag zur etymologischen und ideengeschichtlichen Begründung des Informationsbegriffs. München. – URL: http://www.capurro.de/info.html

Capurro, Rafael (1986): Hermeneutik der Fachinformation. Freiburg/München

Capurro, Rafael (1993): Ein Grinsen ohne Katze. Von der Vergleichbarkeit zwischen „künstlicher Intelligenz" und „getrennten Intelligenzen". In: Zeitschrift für philosophische Forschung, Januar/ März, S. 93-102. – URL: http://www.capurro.de/grinsen.html

Capurro, Rafael (1999): Beiträge zu einer digitalen Ontologie. – URL: http://www.capurro.de/ digont.htm

Capurro, Rafael (2003): Theorie der Botschaft. In: Capurro, Rafael: Ethik im Netz. Stuttgart, S. 105-122. – URL: http://www.capurro.de/botschaft.htm

Capurro, Rafael (2006): Towards an Ontological Foundation of Information Ethics. In: Ethics and Information Technology, vol. 8, no. 4, pp. 175-186. – URL: http://www.capurro.de/oxford.html

Capurro, Rafael (2008): Interpreting the Digital Human. In: Buchanan, Elizabeth; Hansen, Carolyn (eds.): Proceedings. Thinking critically: Alternative Methods and Perspectives in Library and Information Studies. Wisconsin-Milwaukee (University, Center for Information Policy Research, School of Information Studies), pp. 190-220. – URL: http://www.capurro.de/wisconsin.html

Cassirer, Ernst (1994): Philosophie der symbolischen Formen [1923]. 10. Aufl. Darmstadt. 3 Bde.

Eldred, Michael (1999): Entwurf einer digitalen Ontologie. – URL: http://192.220.96.165/ dgtlontl.html

Eldred, Michael (2008): Social Ontology. Recasting Political Philosophy Through a Phenomenology of Whoness. Heusenstamm

Gadamer, Hans-Georg (1975): Wahrheit und Methode [1960]. 4. Aufl. Tübingen

Heidegger, Martin (1976): Sein und Zeit [1927]. 15. Aufl. Tübingen

Heidegger, Martin (1991): Kant und das Problem der Metaphysik [1929]. 5. vermehrte Aufl. Frankfurt am Main

Heidegger, Martin (1992): Platon: Sophistes [1924/25]. In: Heidegger, Martin: Gesamtausgabe. Bd. 19. Frankfurt am Main

Lyre, Holger (1998): Quantentheorie der Information. Wien

Autorenverzeichnis

Banse, Gerhard; Professor Dr.; Karlsruher Institut für Technologie (KIT) – Campus Nord, Institut für Technikfolgenabschätzung und Systemanalyse (ITAS), Postfach 3640, 76021 Karlsruhe; E-Mail: gerhard.banse@kit.edu

Böhn, Andreas; Professor Dr.; Karlsruher Institut für Technologie (KIT) – Campus Süd, Institut für Literaturwissenschaft, 76128 Karlsruhe; E-Mail: andreas.boehn@kit.edu

Capurro, Rafael; Professor emer. Dr.; Direktor des Steinbeis-Transfer-Instituts Information Ethics (STI-IE), Redtenbacherstraße 9, 76128 Karlsruhe; Email: rafael@capurro.de

Grunwald, Armin; Professor Dr.; Karlsruher Institut für Technologie (KIT) – Campus Nord, Institut für Technikfolgenabschätzung und Systemanalyse (ITAS), Postfach 3640, 76021 Karlsruhe / Karlsruher Institut für Technologie (KIT) – Campus Süd, Institut für Philosophie, 76128 Karlsruhe; E-Mail: armin.grunwald@kit.edu

Hauser, Robert; Dr.; Karlsruher Institut für Technologie (KIT) – Campus Süd, Institut für Angewandte Kulturwissenschaft und Studium generale (ZAK), 76128 Karlsruhe; E-Mail: robert.hauser@kit.edu

Hermeking, Marc; Dr.; Ludwig-Maximilians-Universität, Institut für Interkulturelle Kommunikation, Geschwister-Scholl-Platz 1, 80539 München; E-Mail: marc.hermeking@t-online.de

Hubig, Christoph; Professor Dr.; Universität Stuttgart, Institut für Philosophie, Seidenstraße 36, 70174 Stuttgart; E-Mail: christoph.hubig@philo.uni-stuttgart.de

Janich, Peter; Professor emer. Dr.; Am Galgenberg 5, 35282 Rauschenberg; E-Mail: peter.janich@t-online.de

Julliard, Yannick; Dr.; Siemens AG PTD RBC3, Freyeslebenstraße 1, 91053 Erlangen; E-Mail: yannick.julliard@siemens.com

König, Wolfgang; Professor Dr.; Technische Universität Berlin, Institut für Philosophie, Wissenschaftstheorie, Wissenschafts- und Technikgeschichte, Straße des 17. Juni 135, 10623 Berlin; E-Mail: wolfgang.koenig@tu-berlin.de

Metzner-Szigeth, Andreas; PD Dr.; Universität Münster, Institut für Soziologie, Scharnhorststraße 121, 48151 Münster; E-Mail: metzner@uni-muenster.de

Parodi, Oliver; Dr.; Karlsruher Institut für Technologie (KIT) – Campus Nord, Institut für Technikfolgenabschätzung und Systemanalyse (ITAS), Postfach 3640, 76021 Karlsruhe; E-Mail: oliver.parodi@kit.edu

Ropohl, Günter; Professor emer. Dr.-Ing.; Kelterstraße 34, 76227 Karlsruhe-Durlach; E-Mail: ropohl@t-online.de

Theis, Dietmar; Professor Dr.; Edelweißstraße 14, 85521 Ottobrunn; E-Mail: dietmar.theis@freenet.de

Anhang: Auswahlbibliografie

Acland, Ch. R.: Residual Media. Minneapolis 2007

Arendt, H.: Vita Activa oder Vom tätigen Leben [1958]. München 1981

Ballard, E. G.: Man and Technology. Toward the Measurement of a Culture. 3rd ed. Pittsburgh 1980

Bammé, A.; Feuerstein, G.; Genth, R.; Holling, E.; Kahle, R.; Kempin, P.: Maschinen-Menschen, Mensch-Maschinen. Grundrisse einer sozialen Beziehung. Reinbek b. Hamburg 1986

Banse, G.; Grunwald, A.; König, W.; Ropohl, G. (Hg.): Erkennen und Gestalten. Eine Theorie der Technikwissenschaften. Berlin 2006

Banse, G.; Metzner-Szigeth, A.: Veränderungen im Quadrat: Computervermittelte Kommunikation und moderne Gesellschaft – Überlegungen zum Design des europäischen Forschungs-Netzwerks „Kulturelle Diversität und neue Medien". In: Teorie vědy. Časopis pro teorii vědy, techniky a komunikace/Theory of science. Journal for theory of science, technology & communication, H. 1/2003, S. 7-44

Bausinger, H.: Volkskultur in der technischen Welt [1961]. 2. Aufl. Frankfurt am Main 1986

Beck, St.: Umgang mit Technik. Kulturelle Praxen und kulturwissenschaftliche Forschungskonzepte. Berlin 1997

Bender, G.: Culture on the Brink. Ideologies of Technology. 2nd ed. Seattle 1998

Benthall, J.: Science and Technology in Art Today. London 1972

Berger, L.; Luckmann, Th.: Die gesellschaftliche Konstruktion der Wirklichkeit. 17. Aufl. Frankfurt am Main 2000

Berg-Olsen, J. K.; Selinger, E. (eds.): Philosophy of Technology: 5 Questions (Interviews). New York 2007

Bijker, W. E.; Hughes, T. P.; Pinch, T. J. (eds.): The Social Construction of Technological Systems. New Directions in the Sociology and History of Technology. Cambridge, MA/London 1987

Bollenbeck, G.: Bildung und Kultur. Glanz und Elend eines deutschen Deutungsmusters. Frankfurt am Main 1994

Bollenbeck, G.: Eine Geschichte der Kulturkritik. Von J. J. Rousseau bis G. Anders. München 2007

Bolten, J.; Schröter, D. (Hg.): Im Netzwerk interkulturellen Handelns. Theoretische und praktische Perspektiven. Sternenfels 2001

Bourdieu, P.: Die feinen Unterschiede. Frankfurt am Main 1987

Bourdieu, P.; Wacquant, L. J. D.: Reflexive Anthropologie. Frankfurt am Main 1996

Brey, P.: Theorizing the Cultural Quality of New Media. In: Technè, no. 1/2007 (Fall)

Burnham, J. (Ed.): Software. Information Technology: Its New Meaning for Art. New York 1970

Busche, H.: Was ist Kultur? Erster Teil: Die vier historischen Grundbedeutungen. In: Dialektik, H. 1/2000, S. 69-90

Callon, M.: Die Kreation einer Technik. Der Kampf um das Elektroauto. In: Rammert, W.; Bech-mann, G.; Nowotny, H.; Vahrenkamp, R. (Hg.): Technik und Gesellschaft. Jahrbuch 2: Techni-sche Entwicklung als gesellschaftliches Drama. Frankfurt am Main 1983, S. 140-160

Capurro, R.: Hermeneutik der Fachinformation. Freiburg/München 1986

Capurro, R.: Ethik im Netz. Stuttgart 2003

Cassirer, E.: Form und Technik [1930]. In: Cassirer, E.: Symbol, Technik, Sprache. Hamburg 1985

Castells, M.: Das Informationszeitalter. 3 Bde. Opladen 2001/03

Claessens, D.: Das Konkrete und das Abstrakte. Soziologische Skizzen zur Anthropologie. Frankfurt am Main 1980

Cooke, Ph.: Creative Regions. Technology, Culture and Knowledge Entrepreneurship. London 2007

Crary, J.: Techniques of the Observer. Vision and Modernity in the Nineteenth Century. Cambridge, MA 1990 (dt.: Techniken des Betrachters. Sehen und Moderne im 19. Jahrhundert. Dres-den/Basel 1996)

Crowley, D. J.; Heyer, P.: Communication in History. New York 1991

Daniel, U.: Kompendium Kulturgeschichte. Theorie, Praxis, Schlüsselwörter. Frankfurt am Main 2001

Davids, C. A.: The Rise and Decline of Dutch Technological Leadership: Technology, Economy and Culture in the Netherlands, 1350-1800. Brill 2008

Day, R. H.: The Technology Evolving Culture: Character and Consequence. In Journal of Evolutiona-ry Economics, vol. 18 (2008), no. 3-4 (August), pp. 313-322

De Certeau, M.: Kunst des Handelns. Berlin 1988

Dessauer, F.: Technische Kultur. Kempten 1908

Dettmering, W.; Hermann, A. (Hg.): Technik und Kultur. Bd. I – XII. Düsseldorf 1990-1994

Dienel, H.-L.: Herrschaft über die Natur? Naturvorstellungen deutscher Ingenieure 1871-1914. Stutt-gart 1992

Dienel, H.-L. (Hg.): Der Optimismus der Ingenieure. Triumph der Technik in der Krise der Moderne. Stuttgart 1998

Dietz, B.; Fessner, M.; Maier, H. (Hg.): Technische Intelligenz und „Kulturfaktor Technik". Münster 1996

Dolata, U.; Werle, R. (Hg.): Gesellschaft und die Macht der Technik. Sozioökonomischer und institu-tioneller Wandel durch Technisierung. Frankfurt am Main/New York 2007

Douglas, M.; Wildavsky, A.: Risk and Culture. Berkley/Los Angeles/London 1982

Durbin, P. T.: A Guide to the Culture of Science, Technology and Medicine. New York 1980

Durkheim, É.: Die Regeln der soziologischen Methode [1895]. Frankfurt am Main 1984

Dürr, R.; Gebauer, G.; Maring, M.; Schütt, H.-P. (Hg.): Pragmatisches Philosophieren. Festschrift für Hans Lenk. Münster 2005

Fillitz, T.; Gingrich, A.; Rasuly-Paleczek, G. (Hg.): Kultur, Identität und Macht. Ethnologische Bei-träge zu einem Dialog der Kulturen der Welt. Frankfurt am Main 1993

Fischer, P.: Technikphilosophie. Von der Antike bis zur Gegenwart. Leipzig 1996

Fleron, F. J.: Technology and Communist Culture: the Socio-cultural Impact of Technology under Socialism. New York 1977

Flichy, P.: Une histoire de la communication moderne. Paris 1991 (dt.: TELE. Geschichte der modernen Kommunikation. Frankfurt am Main/New York 1994)

Foucault, M.: Dispositive der Macht. Über Sexualität, Wissen und Wahrheit. Berlin 1978

Fouché, R.: Technology and Culture. Los Angeles 2008

Freyer, H.: Theorie des gegenwärtigen Zeitalters. Stuttgart 1955

Galimberti, U.: Psiche e Techne. L'uomo nell'età della tecnica. Milano 2000

Galtung, J.: Kultur, Kosmologie und Technologie. In: Landeszentrale für Politische Bildung des Landes NRW (Hg.): Technik – Wirtschaft – Kultur. Kultur im technologischen, ökonomischen und sozialen Entwicklungsprozess. Münster 1988, S. 85-99

Geertz, C.: Dichte Beschreibung. Beiträge zum Verstehen kultureller Systeme. Frankfurt am Main 1987

Gehlen, A.: Urmensch und Spätkultur. Bonn 1956

Gehlen, A.: Die Seele im technischen Zeitalter. Sozialpsychologische Probleme der industriellen Gesellschaft. Reinbek b. Hamburg 1957

Gehlen, A.: Der Mensch. Seine Natur und seine Stellung in der Welt [1940]. 13. Aufl. Wiesbaden 1986

Giedion, S.: Die Herrschaft der Mechanisierung. Ein Beitrag zur anonymen Geschichte. Frankfurt am Main 1982

Giesecke, M.: Der Buchdruck in der frühen Neuzeit. Eine historische Fallstudie über die Durchsetzung neuer Informations- und Kommunikationstechnologien. Frankfurt am Main 1991

Gladwin, Th. N.: Technology and Material Culture. In: Terpstra, V. (ed.): The Cultural Environment of International Business. Cincinnati, OH, 1978, pp. 175-218

Grau, O. (ed.): MediaArtHistories. Cambridge, MA 2007

Greenberg, M. L.; Schachterle, L.: Literature and Technology. Bethlehem, PA 1992 (Research in Technology Studies, Vol. 5)

Groh, R.; Groh, D.: Weltbild und Naturaneignung. Zur Kulturgeschichte der Natur. 2 Bde. Frankfurt am Main 1996

Gronau, N.; Eversheim, W. (Hg.): Umgang mit Wissen im interkulturellen Vergleich. Beiträge aus Forschung und Unternehmenspraxis. München (acatech) 2008

Großklaus, G.; Oldemeyer, E. (Hg.): Natur als Gegenwelt. Beiträge zur Kulturgeschichte der Natur. Karlsruhe 1983

Grunwald, A.: Technik für die Gesellschaft von morgen. Möglichkeiten und Grenzen gesellschaftlicher Technikgestaltung. Frankfurt am Main 2000

Grunwald, A.: Technikgestaltung – eine Einführung in die Thematik. In: Grunwald, A. (Hg.): Technikgestaltung zwischen Wunsch und Wirklichkeit. Berlin u. a. 2003, S. 1-16

Grunwald, A.; Banse, G.; Hennen, L.; Coenen, Chr.: Netzöffentlichkeit und digitale Demokratie. Tendenzen politischer Kommunikation im Internet. Berlin 2006

Günther, G.: Das Bewußtsein der Maschinen. Eine Metaphysik der Kybernetik. Krefeld/Baden-Baden 1957

Habermas, J.: Wissenschaft und Technik als „Ideologie". Frankfurt am Main 1968

Habermas, J.: Die Zukunft der menschlichen Natur. Auf dem Weg zu einer liberalen Eugenik? Frankfurt am Main 2001

Hackett, E. J.: The Handbook of Science and Technology Studies. 3rd ed. Cambridge, MA 2008

Hahn, H. P.: Materielle Kultur. Eine Einführung. Berlin 2005

Hanks, C.: Technology and Values: Essential Readings. Oxford 2009

Hansen, K. P. (Hg.): Kulturbegriff und Methode. Der stille Paradigmenwechsel in den Geisteswissen-schaften. Tübingen 1993

Hansen, K. P.: Kultur und Kulturwissenschaft. 2. Aufl. Tübingen/Basel 2000

Hanson, F. A.: The Trouble with Culture. How Computers are Calming the Culture Wars. Albany 2007

Harris, M.: Kulturanthropologie. Frankfurt am Main 1989

Hartmann, D.; Janich, P. (Hg.): Die Kulturalistische Wende. Zur Orientierung des philosophischen Selbstverständnisses. Frankfurt am Main 1988

Hartmann, F.: Medienphilosophie. Wien 2000

Hauser, R.: Technisierte Kultur oder kultivierte Technik: Das Internet in Deutschland und Russland. Dissertation. Karlsruhe 2009

Heidegger, M.: Die Frage nach der Technik [1953]. In: Heidegger, M.: Gesamtausgabe. Bd. 7. Frank-furt am Main 2000, S. 7-31

Hengartner, Th.; Rolshoven, J. (Hg.): Technik – Kultur. Formen der Veralltäglichung von Technik – Technisches als Alltag. Zürich 1998

Hermeking, M.: Kulturen und Technik. Techniktransfer als Arbeitsfeld der Interkulturellen Kommu-nikation. Münster 2001

Hermeking, M.: Kulturelle Kommunikationsstile in der Mensch-Maschine-Interaktion: Einflüsse auf technische Bedienungsanleitungen und Internet-Webseiten. In: Rösch, O. (Hg.): Technik und Kultur. Berlin 2008, S. 163-185

Hettlage, R.: Technologietransfer und Kulturkonflikt. Zur Notwendigkeit einer schöpferischen Selek-tion. In: Scheuringer, B. (Hg.): Wertorientierungen und Zweckrationalität. Soziologische Gegen-wartsbestimmungen. Opladen 1990, S. 71-90

Hickman, L. A.: Philosophical Tools for Technological Culture. Putting Pragmatism to Work. Bloo-mington, IN 2001

Hörning, K. H.: Technik im Alltag und die Widersprüche des Alltäglichen. In: Joerges, B. (Hg.): Technik im Alltag. Frankfurt am Main 1988, S. 51-94

Hörning, K. H.: Vom Umgang mit den Dingen. Eine techniksoziologische Zuspitzung. In: Weingart, P. (Hg.): Technik als sozialer Prozess. Frankfurt am Main 1989, S. 90-127

Hörning, K. H.: Technik und Kultur. Ein verwickeltes Spiel der Praxis. In: Halfmann, J.; Bechmann, G.; Rammert, W. (Hg.): Technik und Gesellschaft. Jahrbuch 8: Theoriebausteine der Techniksoziologie. Frankfurt am Main/New York 1995, S. 131-151

Hörning, K. H.; Reuter, J.: Doing Culture. Kultur als Praxis. In: Hörning, K. H.; Reuter, J. (Hg.): Doing Culture. Neue Positionen zum Verhältnis von Kultur und sozialer Praxis. Bielefeld 2004, S. 9-15

Honold, P.: Interkulturelles Usability Engineering. Eine Untersuchung zu kulturellen Einflüssen auf die Gestaltung und Nutzung technischer Produkte. Düsseldorf (VDI) 2000

Huber, J.: Technikbilder. Weltanschauliche Weichenstellungen der Technologie- und Umweltpolitik. Opladen 1989

Hubig, Chr.: Technologische Kultur. Leipzig 1997

Hubig, Chr.; Huning, A.; Ropohl, G. (Hg.): Nachdenken über Technik. Die Klassiker der Technikphilosophie. Berlin 2000

Hubig, Chr.: Die Kunst des Möglichen, Bd. I: Philosophie der Technik als Reflexion der Medialität. Bielefeld 2006, Kap. 7.1-7.4

Hubig, Chr.; Poser, H. (Hg.): Technik und Interkulturalität. Probleme, Grundbegriffe, Lösungskriterien. Düsseldorf (VDI) 2007

Hülsmann, H.: Die Maske. Essays zur technologischen Formierung der Gesellschaft. Münster 1985

Imamichi, T.: The Humanization of Technology and Chinese Culture. Washington, D.C. 1998

Irrgang, B.: Technologietransfer transkulturell. Komparative Hermeneutik von Technik in Europa, Indien und China. Frankfurt am Main 2006

Jakob, K.: Maschine, Mentales Modell, Metapher. Studien zur Semantik und Geschichte der Techniksprache. Tübingen 1989

Janich, P.: Natürlich künstlich. Philosophische Reflexionen zum Naturbegriff der Chemie. In: Janich, P.; Rüchardt, Chr. (Hg.): Natürlich, technisch, chemisch. Verhältnisse zur Natur am Beispiel der Chemie, Berlin/New York 1996, S. 53-79

Janich, P.: Die Struktur technischer Innovationen. In: Hartmann, D.; Janich, P. (Hg.): Die Kulturalistische Wende. Zur Orientierung des philosophischen Selbstverständnisses. Frankfurt am Main 1998, S. 129-177

Janich, P.: Technik und Kulturhöhe. In: Grunwald, A. (Hg.): Technikgestaltung zwischen Wunsch und Wirklichkeit. Berlin/Heidelberg/New York 2003, S. 91-104

Janich, P.: Kultur und Methode. Philosophie in einer wissenschaftlich geprägten Welt. Frankfurt am Main 2006

Janich, P.: Was ist Information? Zur Kritik einer Legende. Frankfurt am Main 2006

Kaiser, G.; Matejovski, D.; Fedrowitz, J.: Kultur und Technik im 21. Jahrhundert. Frankfurt am Main 1993

Kegler, K. R.; Kerner, M. (Hg.): Technik Welt Kultur. Technische Zivilisation und kulturelle Identitäten im Zeitalter der Globalisierung. Köln 2003

Klemm, F.: Zur Kulturgeschichte der Technik. München 1979

König, W. (Hg.): Propyläen Technikgeschichte. 5 Bde. Berlin 1990/92

König, W.: Künstler und Strichezieher. Konstruktions- und Technikkulturen im deutschen, britischen, amerikanischen und französischen Maschinenbau zwischen 1850 und 1930. Frankfurt am Main 1999

König, W.: Geschichte der Konsumgesellschaft. Stuttgart 2000 (Vierteljahrschrift für Sozial- und Wirtschaftsgeschichte, Beiheft 154)

König, W.: Technikgeschichte. In: Ropohl, G. (Hg.): Erträge der Interdisziplinären Technikforschung. Eine Bilanz nach 20 Jahren. Berlin 2001, S. 231-243

König, W.: Der Kulturvergleich in der Technikgeschichte. In: Archiv für Kulturgeschichte, 85 (2003), S. 413-35

König, W.: Technikkulturen im internationalen Vergleich. Beispiele aus dem Maschinenbau um 1900 und dem Automobilbau um 2000. In: Kegler, K. R.; Kerner, M. (Hg.): Technik Welt Kultur. Technische Zivilisation und kulturelle Identitäten im Zeitalter der Globalisierung. Köln u. a. 2003, S. 163-79

König, W.: Wilhelm II. und die Moderne. Der Kaiser und die technisch-industrielle Welt. Paderborn u. a. 2007

König, W.; Landsch, M. (Hg.): Kultur und Technik. Zu ihrer Theorie und Praxis in der modernen Lebenswelt. Frankfurt am Main u. a. 1993

Latour, B.: Die Hoffnung der Pandora. Frankfurt am Main 2000

Law, J.; Bijker, W. E. (eds.): Shaping Technology – Building Society. Studies in Sociotechnical Change. Cambridge, MA 1994

Leroi-Gourhan, A.: La geste et la parole. Paris 1964/65 (dt.: Hand und Wort. Über die Evolution von Technik, Sprache und Kunst. Frankfurt am Main 1988)

Linde, H.: Sachdominanz in Sozialstrukturen. Tübingen 1972

Linde, H.: Soziale Implikationen technischer Geräte, ihrer Entstehung und Verwendung. In: Jokisch, R. (Hg.): Techniksoziologie. Frankfurt am Main 1982, S. 1-31

Lipp, C.: Der industrialisierte Mensch. Zum Wandel historischer Erfahrung und wissenschaftlicher Deutungsmuster. In: Gerndt, H.; Dauskardt, M. (Hg.): Der industrialisierte Mensch. Münster 1993, S. 17-43

Lübbe, H.: Der Lebenssinn der Industriegesellschaft. Über die moralische Verfassung der wissenschasftlich-technischen Zivilisation. Berlin/New York 1990

Lübbe, H.: Im Zug der Zeit. Verkürzter Aufenthalt in der Gegenwart. Berlin u. a. 1992

MacKenzie, D.; Wajcman, J. (eds.): The Social Shaping of Technology. How the Refrigerator Got its Hum. Milton Keynes a. o. 1985

Margolis, J.: Culture and Cultural Entities. Towards a New Unity of Science. Dordrecht 1984

Metzner, A.: Probleme sozio-ökologischer Systemtheorie. Natur und Gesellschaft in der Soziologie Luhmanns. Opladen 1993 (Reprint: URL: http://sammelpunkt.philo.at:8080/1812)

Metzner, A.: Die Tücken der Objekte. Über die Risiken der Gesellschaft und ihre Wirklichkeit. Frankfurt am Main 2002

Mill, U.: Technik und Zeichen. Über semiotische Aktivität im technischen Kontext. Baden-Baden 1998

Mittelstraß, J.: Leonardo-Welt. Über Wissenschaft, Forschung und Verantwortung. Frankfurt am Main 1992

Moles, A. A.: Théorie de l'information et perception esthétique. Paris 1958

Moscovici, S.: Versuch über die menschliche Geschichte der Natur. Franfurt am Main 1982

Mumford, L.: Technics and Civilization. London 1934

Mumford, L.: Kunst und Technik. Stuttgart 1959

Mumford, L.: Mythos der Maschine. Kultur, Technik und Macht. Wien 1974

Noble, D. F.: The Religion of Technology: The Divinity of Man and the Spirit of Invention. New York 1999

Nye, D. E.: Narratives and Spaces. Technology and the Construction of American Culture. Exeter 1997

Ogburn, W. F.: Kultur und sozialer Wandel [1964]. Neuwied/Berlin 1969

Ohme-Reinicke, A.: Moderne Maschinenstürmer. Zum Technikverständnis sozialer Bewegungen seit 1968. Frankfurt am Main/New York 2000

Oldemeyer, E.: Leben und Technik. Lebensphilosophische Positionen von Nietzsche bis Plessner. München 2007

Ortega y Gasset, J.: Betrachtungen über die Technik [1939]. Stuttgart 1949

Orth, E. W.: Was ist und was heißt „Kultur"? Dimensionen der Kultur und Medialität der menschlichen Orientierung. Würzburg 2000

Paschen, H.; Wingert, B.; Coenen, Chr.; Banse, G.: Kultur – Medien – Märkte. Medienentwicklung und kultureller Wandel. Berlin 2002

Perpeet, W.: Kulturphilosophie. In: Archiv für Begriffsgeschichte, H. 1/1976, S. 42-100

Pfadenhauer, M.: Markengemeinschaften. Das Brand als „Totem" einer posttraditionalen Gemeinschaft. In: Hitzler, R.; Honer, A.; Pfadenhauer, M. (Hg.): Posttraditionale Gemeinschaften. Wiesbaden 2008, S. 214-227

Pierer, H. von; Oetinger, B. von: Wie kommt das Neue in die Welt? München/Wien 1997

Polanyi, M.: Implizites Wissen. Frankfurt am Main 1985

Rahner, K.: Experiment Mensch. In: Rombach, H. (Hg.): Die Frage nach dem Menschen. Freiburg/München 1966, S. 45-69

Rammert, W.: Wie das Telefon in unseren Alltag kam ... Kulturelle Bedingungen einer technischen Innovation und ihrer gesellschaftlichen Verbreitung. In: Hessische Blätter für Volks- und Kulturforschung, Jg. 24 (1989), S. 77-90

Rammert, W.: Technik aus soziologischer Perspektive. Opladen 1993

Rayan, N.: Digital Culture Unplugged. Probing the Native Cyborg's Multiple Locations. London 2007

Reckwitz, A.: Die Transformation der Kulturtheorien. Zur Entwicklung eines Theorieprogramms. Weilerswist 2000

Ribeiro, D.: Der zivilisatorische Prozeß [1968]. Frankfurt am Main 1971

Rösch, O. (Hg.): Technik und Kultur. Berlin 2008

Ropohl, G.: Eine Systemtheorie der Technik. Zur Grundlegung der Allgemeinen Technologie. München/Wien 1979 (2. Aufl. u. d. Titel „Allgemeine Technologie. Eine Systemtheorie der Technik". München/Wien 1999)

Ropohl, G.: Technologische Aufklärung. Beiträge zur Technikphilosophie. Frankfurt am Main 1991 (2. Aufl. 1999) (insbes. Kap. 10)

Schelsky, H.: Der Mensch in der wissenschaftlichen Zivilisation [1979]. In: Schelsky, H. (Hg.): Auf der Suche nach Wirklichkeit. Gesammelte Aufsätze zur Soziologie der Bundesrepublik. München 1961, S. 449-499

Schirmacher, W.: Technik und Gelassenheit. Freiburg/München 1983

Schneider, N.; Mall, R. A.; Lohmar, D. (Hg.): Einheit und Vielfalt. Das Verstehen der Kulturen. Amsterdam 1998

Schönberger, K.: Der Mensch als Maschine. Flexibilisierung der Subjekte und Hartnäckigkeit des Technikdeterminismus. In: Das Argument, Nr. 238 (2000), S. 812-823

Schönberger, K.: Technik als Querschnittsdimension. Kulturwissenschaftliche Technikforschung am Beispiel von Weblog-Nutzungen in Frankreich und Deutschland. In: Zeitschrift für Volkskunde, H. 2/2007, S. 197-222

Schulz-Schaeffer, I.: Technik in heterogener Assoziation. Vier Konzeptionen der gesellschaftlichen Wirksamkeit von Technik im Werk Latours. In: Kneer, G.; Schroer, M.; Schüttpelz, E. (Hg.): Bruno Latours Kollektive. Kontroversen zur Entgrenzung des Sozialen. Frankfurt am Main 2008, S. 108-152

Schwemmer, O.: Kultur. In: Mittelstraß, J. (Hg.): Enzyklopädie Philosophie und Wissenschaftstheorie. Bd. 2. Stuttgart 1984, S. 508-511

Segeberg, H.: Literarische Technik-Bilder. Studien zum Verhältnis von Technik- und Literaturgeschichte im 19. und frühen 20. Jahrhundert. Tübingen 1987

Segeberg, H. (Hg.): Technik in der Literatur. Frankfurt am Main 1987

Segeberg, H.: Literatur im Medienzeitalter. Literatur, Technik und Medien seit 1914. Darmstadt 1997

Segeberg, H.: Literatur im technischen Zeitalter. Von der Frühzeit der deutschen Aufklärung bis zum
Beginn des ersten Weltkriegs. Darmstadt 1997

Segeberg, H. (Hg.): Die Medien und ihre Technik. Theorien – Modelle – Geschichte. Marburg 2004
(Schriftenreihe der Gesellschaft für Medienwissenschaft, Bd. 11)

Siegel, L.: Against the Machine. Being Human in the Age of the Electronic Mob. New York 2008

Simondon, G.: Du mode de l'existence des objets techniques. 3. Aufl. Paris 1989

Slack, J. D.; Wise, J. M.: Culture & Technology. A Primer. New York 2005

Sloterdijk, P.: Nicht gerettet. Versuche nach Heidegger. Frankfurt am Main 2001

Snow, C. P.: Die zwei Kulturen [1959]. Hg. v. H. Kreuzer. München 1987

Sombart, W: Technik und Kultur. In: Verhandlungen des Ersten Deutschen Soziologentages. Tübingen 1911, S. 63-110

Spehr, M.: Maschinensturm. Protest und Widerstand gegen technische Neuerungen am Anfang der
Industrialisierung. Münster 2000

Stiegler, B.: Technik und Zeit. Zürich 2008

Thompson, M.; Ellis, R.; Wildavsky, A.: Cultural Theory. Boulder 1990

Tichi, C.: Shifting Gears. Technology, Literature, Culture in Modernist America. Chapel Hill 1987

Tschopp, S. S. (Hg.): Kulturgeschichte. Stuttgart 2008 (Basistexte Geschichte 3)

Weibel, P.; Latour, B. (eds.): Making Things Public. Cambridge, MA 2005

Wenchao, L.; Poser, H. (eds.): The Ethics of Today's Science and Technology. Berlin 2008

White, L. A.: The Evolution of Culture. The Development of Civilization to the Fall of Rome. New
York 1959

Wilson, St. (Ed.): Information Arts: Intersections of Art, Science and Technology. Cambridge,
MA/London 2002

Winner, L.: Do Artifacts have Politics? In: MacKenzie, D.; Wajcman, J. (eds.): The Social Shaping of
Technology. How the Refrigerator Got its Hum. Milton Keynes a. o. 1985, pp. 26-38

Woodward, K. M.: The Myths of Information. Technology and Postindustrial Culture. London 1980

Wyer, M.: Women, Science and Technology. A Reader in Feminist Science Studies. New York 2001

Zielinski, S.: Archäologie der Medien. Zur Tiefenzeit des technischen Hörens und Sehens. Reinbek b.
Hamburg 2002